일제의 언론 · 출판 · 방송 통제

일제의 언론·출판·방송 통제

일제침탈사연구총서

문화

42

동북아역사재단 일제침탈사 편찬위원회 기획
박용규 지음

동북아역사재단
NORTHEAST ASIAN HISTORY FOUNDATION

| 발간사 |

일본이 한국을 침탈한 지 100년이 지나고 한국이 일본의 지배로부터 벗어난 지 70년이 넘었건만, 식민 지배에 대한 청산은 이루어지지 못하고 있다. 일본의 독도영유권 주장은 도를 넘어섰다. 일본은 일본군'위안부', 강제동원 등 인적 수탈의 강제성도 인정하지 않고 있다. 일본군'위안부'와 강제동원의 피해를 해결하는 방안을 놓고 한·일 간의 갈등은 최고조에 이르고 있다. 역사문제를 벗어나 무역분쟁, 안보위기 등 현실문제가 위기국면을 맞고 있다.

한·일 간의 갈등은 식민 지배의 역사를 어떻게 볼 것인가 하는 역사인식에서 기인한다. 역사는 현재와 과거의 대화이며 이를 기반으로 미래로 나아갈 수 있다. 과거 침략의 역사를 미화하면서 평화로운 미래를 말하는 것은 불가능하다. 식민 지배와 전쟁발발의 책임을 인정하지 않고 반성하지 않으면 다시 군국주의가 부활할 수 있고 전쟁이 일어날 위험성도 배제할 수 없다. 미래지향적 한일관계를 형성하고 나아가 동아시아의 평화와 번영의 기틀을 조성하기 위해 일본은 식민 지배의 책임을 인정하고 그 청산을 위해 노력해야 할 것이다.

식민 지배의 역사를 청산하기 위해서는 식민 지배는 어떻게 이루어졌는지 그 실상을 명확하게 규명하는 일이 긴요하다. 그동안 일본제국주의에 맞서 조국의 독립을 위해 헌신한 독립운동가들의 활동을 찾아내고 역사적으로 평가하는 일에는 상당한 성과를 거두었다. 반면 일제 식민침탈의 구체적인 실상을 규명하는 일에는 충분한 노력을 기울이지 못했다. 제국주의가 식민지를 침탈했다는 것은 너무나 당연한 사실로 여겨졌기 때문에, 굳이 식민 지배에서 비롯된 수탈과 억압, 인권유린을 낱낱이 확인할 필요가 없었는지도 모른다. 그러는 사이 일본은 식민 지배가 오히려 한국에 은혜를 베푼 것이라고 미화하고, 참혹한 인권유린을 부인하는 역사부정의 인식을 보이는 데까지 이르고 있다. 일제의 통치와 침탈, 그리고 그 피해를 종합적으로 조사하고 편찬할 필요성이 여기에 있다.

일제침탈사를 체계적으로 정리하는 일은 개인이 감당하기 어렵다. 이에 우리 재단은 한국학계의 힘을 모아 일제침탈사 편찬위원회를 꾸렸다. 편찬위원회가 중심이 되어 일제의 식민지 침탈사를 정치·경제·사회·문화 모든 방면에 걸쳐 체계적으로 집대성하기로 했다. 일제 식민침탈의 실체를 파악하기 위해 2020년부터 세 가지 방면으로 사업을 추진하고 있다. 하나는 일제침탈의 실상을 구체적이고 생생한 자료를 통해서 제공하는 일로서 〈일제침탈사 자료총서〉로 편찬한다. 다른 하나는 이들 자료들을 바탕으로 연구한 결과물을 〈일제침탈사 연구총서〉로 간행한다. 그리고 연구의 결과를 대중들이 이해하기 쉽게 〈일제침탈사 교양총서〉를 바로알기 시리즈로 간행한다. 자료총서 100권, 연구총서 50권,

교양총서 70권을 기본 목표로 삼아 진행하고 있다.

〈일제침탈사 연구총서〉는 일제침탈의 실태를 정치·경제·사회·문화 분야로 대별한 뒤 50여 개 세부 주제로 구성했다. 국내외 학계 전문가들이 현재까지 축적된 연구 성과를 반영하면서 풍부한 자료를 활용하여 집필했다. 연구자뿐만 아니라 교육 현장에서도 활용되고 일반 독자들도 이해할 수 있도록 집필하기 위해 노력했다. 연구총서 시리즈가 일제침탈의 역사적 실상을 규명하고 은폐된 역사적 사실을 기억하고 왜곡된 과거사에 대한 인식을 바로 잡음으로써 역사인식의 차이로 인한 논란과 갈등을 극복하는데 기여하는 디딤돌이 되기를 바란다.

2021년

동북아역사재단 이사장

| 편찬사 |

1945년 한국이 일제 지배로부터 해방된 지 76년의 세월이 지났다. 그럼에도 불구하고 일본 사회 일각에서는 여전히 일제의 한국 지배를 합리화하고 미화하는 주장이 나오고 있으며, 최근에는 한국 사회 일각에서도 일제 지배를 왜곡하고 옹호하는 주장이 나오고 있다. 이는 한국과 일본 사회, 한일 관계와 동아시아 국제관계의 미래를 위해서도 결코 바람직하지 않은 일이다.

이에 동북아역사재단은 일제의 한국 침략과 식민 지배에 대한 학계의 연구 성과를 총정리한 〈일제침탈사 연구총서〉를 발간하기로 하였다. 이에 따라 2019년 9월 학계의 전문가를 중심으로 편찬위원회를 구성하였으며, 편찬위원회는 학계의 연구 성과를 토대로 정치·경제·사회·문화 부문에서 일제의 침탈이 어떻게 이루어졌는지 정리하여 연구총서 50권을 발간하기로 하였다.

주지하듯이 1905년 일제는 러일전쟁에서 승리한 뒤, 한국에 군대를 주둔시키면서 한국의 외교권을 빼앗고 통감부를 두어 내정에 간섭하였다. 1910년 일제는 군사력으로 한국 정부를 강압하여 마침내 한국을 강제 병합하였다. 이후 35년간 한국은 일제의 식민 통치를 받았다.

일제는 한국의 영토와 주권을 침탈하였을 뿐만 아니라, 군사력과 경찰력으로 한국을 지배하면서, 정치·경제·사회·문화의 모든 부문에서 한국인의 권리와 자유, 기회와 이익을 박탈하거나 제한하였다. 정치적으로는 군사력과 경찰력, 각종 악법을 동원하여 독립운동을 탄압하고, 한국인의 정치활동을 억압하고 참정권을 박탈하였으며, 집회와 결사의 자유를 억압하였다. 경제적으로는 일본자본이 경제의 주도권을 장악하고, 일본인 위주의 경제정책을 수행했으며, 식량과 공업원료, 지하자원 등을 헐값으로 빼앗아 갔고, 농민과 노동자 등 대다수 한국인의 경제생활을 어렵게 하였다. 사회적으로는 한국인들을 차별적으로 대우하고, 한국인의 교육의 기회를 제한하고, 한국인으로서의 정체성을 박탈하여 결국은 일본의 2등 국민으로 만들고자 하였다. 문화적으로는 표현과 창작의 자유, 종교와 사상의 자유를 억압하고, 한글 대신 일본어를 주로 가르치고, 언론과 대중문화를 통제하였다. 중일전쟁, 아시아태평양전쟁을 도발한 뒤에는 인적·물적 자원을 전쟁에 강제동원하고, 많은 이들을 전장에 징집하여 생명까지 희생시켰다.

〈일제침탈사 연구총서〉는 침탈, 억압, 차별, 동화, 수탈, 통제, 동원 등의 단어로 요약되는 일제의 침략과 식민 지배의 실상과 그 기제를 명확히 밝히고자 하였다. 이를 통해 일제의 강제 병합을 정당화하거나 식민 지배를 미화하는 논리들을 비판 극복하고, 더 나아가 일제 식민 지배의 특성이 무엇이었는지, 식민 통치의 부정적 유산이 해방 이후에 어떤 영향을 미쳤는지를 밝히고자 하였다.

편찬위원회는 연구총서와 함께 침탈사와 관련된 중요한 주제들에 관하여 각종 법령과 신문·잡지 기사 등 자료들을 정리하여 〈일제침탈사 자료총서〉도 발간하기로 하였다. 아울러 일반인과 학생들이 보다 쉽게 읽을 수 있는 〈일제침탈사 교양총서〉를 바로알기 시리즈로 발간하기로 하였다.

일제의 한국 침략과 식민 지배의 역사는 광복 후 서둘러 정리해냈어야 했지만, 학계의 연구가 미흡하여 엄두를 내기 어려웠다. 이제 학계의 연구가 어느 정도 축적되어 광복 80주년을 맞기 전에 이와 같은 작업을 할 수 있게 된 것을 다행으로 생각한다. 한일 양국 국민이 과거사에 대한 올바른 역사인식을 갖고 성찰을 통해 미래를 향해 함께 나아갈 수 있기를 기대하면서 삼가 이 책들을 펴낸다.

2021년

동북아역사재단 일제침탈사 편찬위원회

차례

서론

일제의 지배정책과 언론·출판·방송 통제

1. 지배정책의 특성과 언론·출판·방송 통제

일제 지배정책의 가장 큰 특성은 강력한 동화주의를 표방했다는 것이다. 일제는 식민지 지배를 정당화하기 위해 동화주의를 내세웠지만, 두 민족이 '동질화'를 이루어야 한다는 논리와 두 민족 사이에 '차별성'이 존재하는 현실 사이의 모순에 직면했다.[1] 식민지 지배 기간 내내 조선인과 일본인 사이의 평등을 수반한 동화가 실현되지 않았다는 점에서 동화주의는 일종의 '지배 이데올로기'에 불과했다.

일제는 강점 초기 강력한 무력을 활용해 조선인을 지배했다. 강력한 언론통제가 이루어져서 조선인의 의사 표현이 가능한 매체가 거의 허용되지 않았다. 그러나 1919년의 거족적인 3·1운동은 일제의 조선 지배에 큰 타격을 주어 종전의 헌병경찰에 의한 무단통치로는 도저히 지배를 계속해나갈 수 없도록 만들었다. 일제는 무력에 의한 지배의 한계를 느끼고 정책의 전환을 모색했다.

당시 일본의 한 신문이 "동화의 진수는 정신의 교통(交通)과 공명(共鳴)에 있다. 그리고 정신의 교통은 관헌과 법률의 힘으로 잘할 수 있는 것은 아니다"라고 하며 "요컨대 참다운 동화는 교화(敎化)의 힘에 기대하지 않을 수 없는 것이다"라고 했던 것은 정책 전환의 배경을 잘 보여준다.[2] 즉 일제는 무력에만 의존하던 무단통치의 한계를 인식하고 '교화'

---

1 김동노, 2006, 「일본 제국주의의 조선 지배의 독특성」, 『일제 식민지 시기의 통치체제 형성』, 혜안, 47-48쪽.

2 「조선의 통치-진정 후의 방침」, 『東京朝日新聞』 1919.4.16; 강동진, 1987, 『일본 언론계와 조선(1910-1945)』, 지식산업사, 190쪽 재인용.

를 통한 동화주의 실현을 위해 “문화의 발달과 민력의 충실”을 내걸고 문화정치로 전환했다.[3]

물론 총독부가 문화정치를 표방했다고 해서 무력 사용이 사라진 것은 아니었다. 다양한 동화주의정책이 물리력의 뒷받침을 받으며 실시되었다. 일제의 지배정책에서 동화주의정책이 ‘문화적 표현’이었다면, 군대와 경찰의 동원은 그 ‘무력적 표현’이었다.[4] 문화정치 실시 이후 경찰은 단순히 물리적 억압만 행사한 것이 아니라 언론통제를 주도함으로써 사상적·문화적 통제에도 앞장섰다. 일제강점기에 ‘강제의 행사’와 ‘동의의 창출’을 위한 활동은 긴밀히 연관되어 있었다.

문화정치의 실시와 함께 총독부는 언론·출판의 자유도 어느 정도 인정하여 새로운 매체의 발행을 허용했다. 강동진에 따르면 이런 정책을 실시한 이유는 조선인의 사상 동향을 파악하고, 민중의 반일감정과 불만의 폭발을 막기 위한 ‘안전판’으로 이용하는 동시에 일본어 해독률이 낮은 상황에서 조선어로 된 신문과 잡지를 통해 문화통치를 선전하며, 내외의 여론을 무마하고 가혹한 식민지 통치의 진상을 은폐하기 위한 것이었다.[5] 일제가 새로운 매체의 등장을 허용했던 것은 처음부터 ‘통제와 선전의 결합’이 가능하다고 보았기 때문이다.

총독부가 새로운 매체의 발행을 허용했지만, 이런 매체가 누릴 수 있는 자유에는 이미 명확한 한계가 설정되어 있었다. 총독부의 입장은 『동아일보』 창간호에 실린 사이토 마코토(齋藤實) 총독의 담화에서 잘 드러난다.

---

3 朝鮮總督府, 1922, 『施政に關する諭告·訓示竝演說』, 朝鮮總督府, 311-316쪽.

4 김규환, 1978, 『일제의 대한(對韓) 언론·선전 정책』, 이우출판사, 58-59쪽.

5 강동진, 1980, 『일제의 한국침략정책사』, 한길사, 172쪽.

통치의 근본 정신은 작금 새삼스럽게 운운할 필요가 없으나, 합병의 정신을 준수하여 영원히 일본의 일부로 전연(全然)히 내선(內鮮) 동등의 지위까지 득달(得達)케 하고자 함이다. 그러나 조선 장래의 운명에 관하여 혹 조선이 충분한 실력이 양성되는 날에는 독립을 용인하겠느냐 하면 그는 작금 상상할 수 없다. (중략) 피차(彼此)가 온전한 발전에 노력하여 인심이 침정(沈靜)하기를 절망(切望)하며 또 언론취재의 정도도 현하(現下)와 같이 아직도 인심의 안정을 얻지 못한 상태로는 심히 난처하나 여하간 취체(取締: 단속-인용자) 방법만 완정(完定)되면 상당한 정도는 물론 용허할 예정이다. (중략) 신문·잡지 등의 발행금지도 가급적 일선(日鮮) 구별이 없이 하고자 하나 집무상 장애가 되는 기사에 관하여는 부득이한 것이다.[6]

총독부는 조선의 독립은 절대로 용인할 수 없다는 기본 방침 아래 어느 정도의 언론자유를 허용한다고 하면서도 '집무상 장애'가 되는 기사는 통제하겠다고 처음부터 명백히 밝혔다. 즉 총독부는 이미 "언론자유를 허락하는 한 방심하지 않고 그 내용을 통제하는 것이 불가피하다"라는 인식을 지니고 있었다.[7] 총독부는 매체 발행을 허용한 이후 내내 "언론자유의 존중과 통치의 안정 속에서 통제의 수위와 방법을 놓고 갈등"했다.[8] 한편 매체들은 총독부의 통제와 민중의 기대 사이에서 기사의 내용과 방향을 놓고 고민했다. 따라서 총독부의 탄압 대상과 방법이 시기

---

6 齋藤實, 「동화의 의미를 불가해(不可解)」, 『동아일보』 1920.4.1, 6면.

7 M. 로빈슨 저, 김민환 역, 1990, 『일제하 문화적 민족주의』, 나남, 179쪽.

8 장신, 2009a, 「1920년대 조선의 언론출판관계법 개정 논의와 '조선출판물령'」, 『한국문화』 47집, 261쪽.

에 따라 어느 정도 변화했던 것은 당연한 일이었다. 역사적으로 정당성이 결여된 권력일수록 강력한 언론통제를 실행했다는 것을 감안하면,[9] 식민지 지배권력인 총독부는 3·1운동이라는 거족적 저항을 겪으며 형식적으로 언론자유를 허용했지만 실제로는 처음부터 강력한 언론통제를 의도하고 있었다.

언론통제는 어느 시기에나 비판적인 보도를 막는 것에 그치지 않고 우호적 여론 형성을 의도했다. 권력은 언론을 탄압해 비판을 막는 '소극적 통제'를 넘어서서 언론을 선전에 활용하는 '적극적 통제'를 실시했다. 총독부의 언론통제는, 그 결과로 나타나는 조선인 발행 매체의 내용을 통해 선전 효과도 얻을 수 있었다. 식민지 현실에서 조선인 발행 매체에 대한 민중의 기대와 믿음이 컸던 만큼 총독부 선전 매체보다 조선인 발행 매체를 활용해 동의를 획득하는 방법이 더 효과적이었다. 조선인 발행 매체에 대한 총독부의 통제가 '금지와 권장의 병행' 형태로 나타났던 것은 당연했다.[10] 문화정치의 일환으로 실시한 매체 발행 허용정책 등이 "현실에서의 동의를 이끌어내는 무시할 수 없는 힘으로 작용했다는 점"을 고려할 필요가 있다.[11] 일제가 조선인 발행 매체를 탄압해 민족개량주의나 친일논조로 변질시켰던 것은 단순히 비판을 막는 차원을 넘어서서 이런 매체 내용의 정치적 효과를 노린 행위였다. 특히 일제 말기에는 매

---

9 Walter M. Brasch and Dana R. Ulloth, 1986, *The Press and The State: Sociohistorical and Contemporary Interpretations*, Lanham, Maryland: University Press of America, p.479.

10 한만수, 2015, 『허용된 불온-식민지시기 검열과 한국문학』, 소명출판, 96-98쪽.

11 오하타 히로시, 1992a, 「헤게모니 관점에서 재조명한 일제하 언론사 연구」, 『한국 사회와 언론』 2호, 139-163쪽.

체 지형을 완전히 개편하여 매체들을 전쟁 협력을 위한 수단으로 적극적으로 활용하고자 했다.

일제의 언론정책은 동화주의의 실현을 내세우면서도 여러 가지 면에서 차별성을 드러냈다. 일본 도쿄, 오사카, 나고야 방송국의 호출부호인 JOAK, JOBK, JOCK에 이어서 경성방송국의 호출부호가 JODK가 된 것은 처음부터 의도했던 것은 아니나, 결과적으로는 동화주의의 산물인 양 주장되었다. 그러나 이것뿐이었고 실제로는 모든 언론정책에서 차별적이었다. 일본인, 조선에 거주하는 일본인, 조선인을 대상으로 하는 언론법이 따로 있었고, 그 내용이나 언론통제의 실행 과정에서 확실한 차별을 보였다. 일제 말기에 민족말살정책이 자행되는 가운데도 광복 때까지 총독부 조선어 기관지 『매일신보』와 조선방송협회의 조선어 방송채널이 존재했다는 사실은 '동화주의의 딜레마'를 잘 보여준다.

총독부는 강점 기간 내내 조선인 발행 매체의 활동을 통제했다. 무단통치기에는 매체 발행 자체를 금지했고, 문화정치 실시 이후에는 매체 발행을 허용하면서 통제의 수위와 방법을 고민했다. 일제의 언론통제는 단순히 비판을 막는 것에 그치는 것이 아니라 그로 인한 정치적 효과까지 노렸다. 일제 말기로 갈수록 언론통제를 더욱 강화했지만 끝내 조선어 기관지와 조선어 방송채널을 없애지는 못했다. 이 책에서는 일제의 지배정책 변화 과정에 따른 언론통제의 수위와 방법에 대한 고려, 그 결과가 보여주는 정치적 효과, 그 바탕에 깔려 있던 딜레마를 종합적으로 살펴볼 것이다. 이를 통해 일제의 언론통제가 식민지 지배정책에서 차지했던 의미와 역할을 정리하고자 한다.

2. 기존 연구

일제강점기의 언론에 관한 연구는 크게 일제의 언론통제에 관한 연구와 이에 맞섰던 조선인의 언론운동으로 나눌 수 있다. 최준의 『한국신문사』는 물론, 이후에 나온 정진석의 『한국언론사』, 김민환의 『한국언론사』 등의 통사들은 모두 언론통제와 언론운동을 함께 다루었다. 또한 일제강점기의 언론을 집중적으로 분석한 김규환의 『일제의 대한(對韓) 언론·선전정책』, 최민지의 『일제하 민족언론사론』, 김민환·박용규·김문종의 『일제강점기 언론사 연구』도 두 측면을 모두 검토했다. 이 중 특히 김규환과 정진석의 연구는 일제의 언론통제에 관해 상당히 구체적인 내용을 담고 있다. 김규환의 연구는 제목에서 드러나듯이 언론통제와 선전의 문제를 포괄적으로 다뤘다. 정진석은 『한국언론사』에 일제의 언론통제 내용을 최초로 분석했던 『일제하 한국언론투쟁사』 내용을 수정·보완해서 재수록했다.[12]

일제 언론통제의 근거가 되었던 언론규제법에 관한 연구도 비교적 일찍 시작되었다. 박용상은 일제강점기의 언론규제법을 전반적으로 정리했고, 최기영은 '광무신문지법'을 심층적으로 살펴보았다. 오랫동안 일제강점기의 언론규제법 연구가 이루어지지 않다가 2000년대 이후 몇몇 연구들이 나왔다. 김창록과 이재진은 일제의 언론규제법을 체계적으

12 최준, 1960, 『한국신문사』, 일조각; 정진석, 1990, 『한국언론사』, 나남; 김민환, 1996, 『한국언론사』, 사회비평사; 김규환, 1978, 앞의 책; 최민지, 1978, 『일제하 민족언론사론』, 일월서각; 김민환·박용규·김문종, 2008, 『일제강점기 언론사 연구』, 나남; 정진석, 1975, 『일제하 한국언론투쟁사』, 정음사.

로 정리했고, 한영학은 일제강점기 조선의 신문지법과 일본의 신문지법을 비교했다. 장신은 1920년대 조선의 언론·출판관계법 개정 논의를 살펴보았으며, 송민호는 출판법의 내용과 그 영향을 잘 정리했다.[13]

2000년대 이후에는 검열에 관한 연구가 가장 두드러졌다. 정진석의 연구 이후 오랫동안 사각지대로 남아 있던 검열 문제를 문학이나 사회학에서 다시 연구하기 시작했다. 문학의 한만수, 한기형, 박헌호 등과 사회학의 정근식 연구가 가장 활발했다. 이들이 모여 활동했던 검열연구회를 중심으로 연구가 활성화되었고, 그 성과가 『식민지 검열: 제도·텍스트·실천』이라는 책으로 나왔다. 정근식 등이 쓴 『검열의 제국: 문화의 통제와 재생산』도 일본과의 공동연구를 통해 나온 다양한 성과를 담고 있다.[14]

한만수는 검열제도의 작동 방식과 검열제도에 대한 대응을 심층적으로 분석한 책을 통해 검열 연구를 체계화했다. 한기형도 검열 구조와 검열의 산물로 나온 문학에 대해 포괄적으로 다룬 연구성과를 내놓았다. 이 책들은 두 연구자의 연구성과를 집대성한 것으로서 검열제도와 텍스트를 심층적이고 체계적으로 다루었다는 점에서 의미가 크다. 박헌호의 초기 연구는 신문을 대상으로 검열의 논리와 내면화를 다루어서 많은

---

13 박용상, 1980, 「한국의 언론법사」 상, 『신문연구』 21권 2호, 8-44쪽; 최기영, 1981, 「광무신문지법에 관한 연구」, 『역사학보』 92집, 37-99쪽; 김창록, 2006, 「일제강점기 언론·출판법제」, 『한국문학연구』 30집, 239-317쪽; 이재진·이민주, 2006, 「1920년대 일제 '문화정치' 시기의 법치적 언론통제의 폭압적 성격에 대한 재조명」, 『한국언론학보』 50권 1호, 221-251쪽; 한영학, 2011, 「광무신문지법과 일본 신문지법의 비교」, 『한국언론학보』 55권 1호, 337-360쪽; 장신, 2009a, 앞의 글, 261-282쪽; 송민호, 2014, 「대한제국시대 출판법의 제정과 출판검열의 법-문자적 기원」, 『한국현대문학연구』 43집, 5-40쪽.

14 검열연구회 편, 2011, 『식민지 검열: 제도·텍스트·실천』, 소명출판; 정근식 외, 2016, 『검열의 제국: 문화의 통제와 재생산』, 푸른역사.

시사점을 주었고, 최근에는 검열 연구의 흐름을 잘 보여주고 있다. 최근 문학 분야에서 검열에 관해 많은 연구성과를 내놓은 문한별의 책도 검열제도가 문학작품에 미친 영향을 깊이 있게 분석했다.[15]

문학 분야의 연구와는 달리 사회학 분야의 정근식은 검열제도에 중점을 두고 더욱 심층적으로 접근했다. 정근식은 초기에 단독연구나 최경희와의 공동연구를 통해 검열관과 검열기구에 관해 구체적인 분석을 했다. 이후 정근식은 '검열표준'에 관한 연구와 대만과의 비교 연구를 진행했다. 또한 일제 말기에 '검열과 선전'이 결합되어 나타났던 양상을 분석한 연구성과도 발표했다.[16]

검열연구를 시작했던 언론학 분야에서도 다시 연구를 추진했다. 정진석은 『극비 조선총독부의 언론검열과 탄압』에서 검열기구와 검열표준은 물론 검열의 결과로 나타나는 행정처분과 사법처분에 대해서도 다시 한번 체계적으로 정리했다. 이민주도 신문을 중심으로 검열 현실의 다양한 측면을 구체적으로 분석했다. 이연의 연구는 일제의 언론통제를 집중

15 한만수, 2015, 앞의 책; 한기형, 2019, 『식민지 문역』, 성균관대학교 출판부; 박헌호, 2005, 「'문화정치'기 신문의 위상과 반일 검열의 내적논리: 1920년대 민간지를 중심으로」, 『대동문화연구』 50집, 199-259쪽; 박헌호, 2018, 「검열연구의 여정과 가능성」, 『한국학연구』 51집, 687-713쪽; 문한별, 2017a, 『검열, 실종된 작품과 문학사의 복원』, 고려대학교 민족문화연구원.

16 정근식, 2003, 「식민지적 검열의 역사적 기원」, 『사회와 역사』 64권, 5-46쪽; 정근식, 2005, 「일제하 검열기구와 검열관의 변동」, 『대동문화연구』 51집, 1-44쪽; 정근식·최경희, 2006, 「도서과의 설치와 일제 식민지 출판경찰의 체계화, 1926-1929」, 『한국문학연구』 30집, 103-169쪽; 정근식, 2012, 「식민지 검열과 '검열표준'」, 『대동문화연구』 79집, 7-43쪽; 정근식, 2014, 「일제하 대만 출판경찰과 검열텍스트」, 『사회와 역사』 104권, 207-259쪽; 정근식, 2013, 「식민지 전시제체하에서의 검열과 선전, 그리고 동원」, 『상허학보』 38집, 221-277쪽.

적으로 다루었다.[17]

검열의 결과로 나타나는 필화나 금서에 관한 연구들도 있다. 장신의 『신천지』 필화사건 연구와 박현수의 『신생활』 필화사건 연구는 검열의 정치적 효과에 대해 의미 있는 분석을 제시했다. 이중연은 금서의 역사를 정리하며 상당 부분을 일제강점기 출판정책과 금서의 내용을 정리하는 데 할애했고, 다른 연구에서 일제 말기의 금서에 대해 심층적인 분석도 시도했다. 정진석은 일제강점기 금서목록을 해제했고, 고영수와 나경민은 일제강점기 금서의 현황을 정리했다. 그럼에도 일제강점기의 필화나 금서에 관한 깊이 있는 연구는 여전히 부족하다. 특히 출판의 역사에 관한 연구 자체가 부족한 현실에서 일제강점기의 금서만을 집중적으로 분석한 연구성과를 기대하기는 어렵다.[18]

장신과 박용규는 1920년 문화정치의 실시와 함께 조선인의 신문 발행을 허용한 배경과 과정을 밝혔다. 박용규, 성주현, 장신은 1940년 『동아일보』와 『조선일보』의 폐간 과정을 정리했다. 신문을 제외한 다른 매체의 창간과 폐간 과정을 심층적으로 분석한 연구는 드문데, 최수일의 『개벽』 연구는 창간과 폐간 과정까지도 깊이 있게 다루었다는 점에서 의미

---

17 정진석, 2007, 『극비 조선총독부의 언론검열과 탄압』, 커뮤니케이션북스; 이민주, 2020, 『제국과 검열』, 소명출판; 이연, 2013, 『일제강점기 조선언론통제사』, 박영사.

18 장신, 2004, 「1922년 잡지 신천지 필화사건 연구」, 『역사문제연구』 13호, 319-347쪽; 박현수, 2019a, 「신문지법과 필화의 사이: 〈신생활〉 10호의 발굴과 연구」, 『민족문학사연구』 69호, 269-300쪽; 박현수, 2019b, 「〈신생활〉 필화사건 재고」, 『대동문화연구』 106집, 345-378쪽; 이중연, 2001, 『'책'의 운명: 조선~일제강점기 금서의 사회·사상사』, 혜안; 이중연, 2005, 「중일전쟁 이후 일제의 출판·독서 통제」, 『한국문화연구』 8집, 95-120쪽; 정진석 편, 2014, 『일제강점기 금지도서목록』, 소명출판; 고영수, 1986, 「일제하의 금서출판소고」, 『출판학연구』 28호, 240-254쪽; 나경민, 1995, 「일제시대 금서에 관한 연구」, 성균관대학교 석사학위논문.

가 크다.[19] 다양한 매체의 창간과 폐간에 관한 연구도 일제의 언론정책을 이해하는 데 큰 의미가 있기 때문에 더 많은 관심을 기울일 필요가 있다.

3. 이 책의 내용과 구성

최근 검열에 대한 관심을 중심으로 활발해진 일제의 언론통제에 관한 연구는 일제강점기의 매체를 좀 더 폭넓게 이해하는 데 크게 기여했다. 그러나 다양한 매체가 허가되고 폐간에 이르기까지의 과정에서 일제가 실시했던 다양한 통제 방법과 그 결과에 대해서는 여전히 전체적으로 정리한 연구는 없다. 특히 신문, 잡지, 단행본, 방송 등 다양한 매체 중에 주로 신문과 잡지만이 연구 대상이 되었다. 일제의 언론통제는 매체의 발행을 허가하는 것에서부터 매체의 발행을 금지하는 데 이르기까지 일관된 흐름을 보여주었다. 총독부는 지배정책의 효율적인 수행을 위해 매체를 "허가하고, 검열하며, 처벌하고, 발행금지"했다. 주요한은 이런 과정을 다음과 같이 설명했다.

19 장신, 2021a, 「1920년 대정친목회의 조선일보 창간과 운영」, 『조선·동아일보의 탄생』, 역사비평사, 15-57쪽; 박용규, 2015c, 「1920년대 초 〈시사신문〉의 창간과 특성」, 『한국언론학보』 59권 5호, 178-204쪽; 박용규, 2018, 「1920년 조선어 민간신문 창간의 배경과 과정」, 『한국언론학보』 62권 5호, 107-135쪽; 박용규, 2001, 「일제 말기(1937-1945)의 언론통제정책과 언론구조변동」, 『한국언론학보』 46권 1호, 194-228쪽; 성주현, 2009, 「1930년대 이후 한글 신문의 구조적 변화와 기자들의 동향」, 『한국민족운동사연구』 58집, 153-204쪽; 장신, 2021b, 「조선총독부의 언론통제와 동아일보·조선일보 폐간」, 『조선·동아일보의 탄생』, 역사비평사, 197-235쪽; 최수일, 2008, 『『개벽』 연구』, 소명출판.

조선에서 신문지를 발행하려면 총독의 허가가 있어야 하고 서적을 발행하려면 그 원고를 검열받아야 된다. 일본 내지에서는 신문지의 발행은 계출(屆出: 신고-인용자)과 보증금의 적립만 있으면 되는 법이요 단행본은 인쇄 후 발간 전에 2부를 내무성에 납본만 하면 된다. 첫째의 견루(堅壘: 보루-인용자)다. 행정처분에 관한 제도는 대략 일본 내지와 같다. 즉 경찰 당국은 그 자체 단편(單編)의 판단에 의하여 불온하다고 인정하는 출판물은 압수·발행정지·발행금지를 시키며 기사의 게재금지를 명령할 권리를 가지었다. 외국에서는 이러한 행동은 재판관의 판결이 없이는 절대로 못하는 법이니 이것이 일본 제도의 미비 상태를 표시하는 것이다. 거기에는 이러한 행정처분에 대하여 형식이나마 불복하고 행정재판을 시험할 수 있는 행정재판법이 있지마는 조선에는 그것이 없다. 이것이 둘째 포루(砲壘)다. 사법처분은 신문지법·출판법이 징역 및 벌금의 형을 과할 수 있는 외에 보안법, 대정(大正) 8년 제령 제7호, 치안유지법 등이 있다. 그래서 편집인·발행인·인쇄인·필자 등은 이 법률에 대하여 항상 책임을 져야 한다. 이것이 제3선이다. 이와 같은 3중의 제도가 있는 것은 실로 조선의 특수상이다. 그것을 세인(世人)은 비문명적이라 하고 차별적이라 하고 ××적이라고 한다. 이런 겹겹의 제한은 주로 어떤 색채의 언론에 대하여 어떤 정도까지 발동되는가. 이것은 우리가 너무도 잘 아는 사실이다. 조선의 언론취체는 주로 민주사상과 민족사상과 공산사상의 3자를 상대로 한다.[20]

20 주요한, 1932, 「조선 언론계 진흥책」, 『혜성』 2권 1호, 12-13쪽.

주요한은 허가제와 검열, 행정처분, 사법처분을 언론통제의 '3중의 제도'라고 표현했다. 신문지법에 따라 허가된 신문과 잡지는 원칙적으로 납본검열을 받았던 반면에 대부분의 잡지와 단행본은 원고검열을 통해 매번 발행 가능 여부를 허가받아야 했기 때문에 허가와 검열을 묶어서 보았다. 김근수는 허가제, 검열, 행정처분과 사법처분을 언론탄압을 위한 3중의 제도라고 주장했다. 검열의 결과로 행정처분과 사법처분이 이루어지기 때문에 이렇게 주장한 것이다.[21]

매체마다 허가와 검열의 경계와 순서가 다소 달라 일률적으로 허가와 검열을 순차적으로 보기는 어렵다. 그럼에도 큰 틀에서 언론통제를 허가, 검열, (행정적·사법적) 처분 순으로 살펴보는 데 큰 무리는 없다. 설의식도 조선의 언론이 "허가와 검열과 처분이란 권력 밑에" 있다고 표현했다.[22] 따라서 일제의 언론통제를 연구하기 위해서는 먼저 관련 법을 살펴보고, 그 다음으로 언론에 대한 허가, 검열, 처분 과정을 정리한 후 언론통제의 마지막 단계라고 할 수 있는 폐간 과정도 분석해야 한다. 폐간은 행정처분의 일종인 발행금지를 의미하지만, 검열의 결과를 통해 시행하는 행정처분의 차원을 넘어서는 정책적 결정의 산물이기도 하기 때문에 별도로 다룰 필요가 있다. 이 책에서는 신문, 잡지, 단행본과 함께 방송에 대해서도 살펴볼 것이다. 또한 일본에서의 언론통제는 물론 일제의 식민지였던 대만에서의 언론통제와도 간략히 비교해볼 것이다.

제1장에서는 언론관계법으로 먼저 신문지법과 출판법을 살펴보고자

---

21 김근수, 1974, 「1920년대 언론과 언론정책-잡지를 중심으로」, 『일제 치하 언론출판의 실태』, 영신아카데미, 604-605쪽.

22 설의식, 1930, 「조선은 어디로 가나, 언론계」, 『별건곤』 1930.11, 3-4쪽.

한다. 신문지법과 출판법의 구성과 내용을 구체적으로 살펴봄으로써 일본의 관련 법과의 차별성뿐만 아니라 조선에 거주하는 일본인에게 적용하는 법률과의 차별성도 비판할 것이다. 방송에 관해서는 무선전신법과 방송용사설무선전화규칙에 관해 설명하고자 한다. 그동안 경성방송국 허가의 법적 근거에 대한 설명이 부족했다는 점을 감안했다. 언론관계법에 대한 분석을 통해 매체의 창간과 규제의 법적 근거를 밝히고자 한다. 언론에 대한 처분은 대부분이 언론법뿐만 아니라 사상통제에 관한 법도 함께 적용했기 때문에 치안유지법 등에 대해서도 살펴보려고 한다.

제2장에서는 신문, 잡지, 출판, 방송의 허가 과정을 구체적으로 살펴볼 것이다. 신문의 경우 1920년에 창간된 『조선일보』, 『동아일보』, 『시사신문』은 물론이고 이후 창간된 『시대일보』, 『중외일보』, 『중앙일보』의 허가 과정도 분석하고자 한다. 이외에도 신문지법에 따라 허가받은 신문들을 모두 정리할 것이다. 다음으로 신문지법에 따라 허가받은 잡지들과 '교정쇄검열승인원'[23] 제도로의 변화에 대해서도 살펴보고자 한다. 출판물은 크게 두 가지로 나누는데, 하나는 잡지임에도 신문지법에 따른 허가를 받지 못해 매회 단행본처럼 원고검열을 통해 발행 허가를 받아야 하는 '계속출판물'이고, 다른 하나는 일반적인 단행본을 가리키는 '보통출판물'이다. 이 책에서는 당연히 이 둘을 모두 살펴볼 것이다. 특히 『신문지출판물요항(新聞紙出版物要項)』, 『조선의 출판물 개요(朝鮮に於ける出版物概要)』, 『조선출판경찰개요(朝鮮出版警察概要)』 등의 총독부 자료에 실려 있는 계속출판물과 보통출판물의 허가 및 불허 건수에 관한 내용을 분

---

23 金宅源, 「諺文定期刊行物出版許可申請手續改正に關して」, 『警務彙報』 1933.10, 134쪽.

석해서 허가 비율의 변화와 불허된 출판물의 특성을 살펴볼 것이다. 마지막으로 경성방송국의 허가 과정에 대한 구체적인 내용을 정리하고자 한다.

제3장에서는 언론검열기구와 검열표준을 먼저 살펴보고, 검열의 구체적인 실행 과정과 이에 대한 언론의 대응을 다루려고 한다. 특히 시기에 따른 검열의 방법과 수위의 변화를 정리하고, 이런 변화가 가져온 정치적 효과를 분석할 것이다. 이 책에서는 경무국 도서과가 검열의 대상으로 삼는 매체 중에 신문, 잡지, 출판물에 대해서만 살펴볼 것이다. 방송의 경우 경무국 보안과가 원고검열을 하고, 체신국 감리과가 감청을 통해 방송을 감시했는데, 이런 방송검열과 감청제도에 대해서도 체계적으로 정리하고자 한다. 경무국이 매체에 대한 검열과 감시를 담당했음을 분석함으로써 일제가 사상통제의 차원에서 언론통제를 했다는 사실을 밝힐 것이다.

제4장에서는 검열의 결과로 이루어지는 행정처분과 사법처분을 살펴보려고 한다. 행정처분과 사법처분에 관한 그동안의 연구성과를 토대로 하면서 필화와 금서 등에 관한 내용을 보완하려고 한다. 특히 사법처분에 관해서는 그동안 신문에 재직했던 사람들이 연구의 중심이었다면, 이 책에서는 다른 매체에서 활동했던 인물들도 살펴볼 것이다. 또한 금서에 대해 살펴봄으로써 출판 분야의 행정처분에 대해 좀 더 깊이 이해하기 위한 시도를 할 것이다. 단파방송청취사건은 방송 활동이 문제가 된 사건은 아니었지만 방송인이 사법처분을 받은 사건이었다는 점에서 다루려고 한다.

제5장에서는 일제 말기 매체들의 폐간 과정과 그 결과를 살펴보려고 한다. 『동아일보』와 『조선일보』의 폐간은 물론 다양한 잡지들의 폐간과

통폐합 과정도 정리할 것이다. 신문과 잡지의 통폐합으로 만들어진 전쟁 협력을 위한 언론구조 속에 실제로 이루어지는 선전 활동을 살펴보려고 한다. 일제 말기 방송의 '조선어 채널의 폐지와 부활 과정'을 살펴보고, 방송의 전쟁 협력을 위한 선전 매체로서의 활동도 정리할 것이다.

결론 부분에서는 일제 언론통제의 잔재와 영향을 살펴볼 것이다. 먼저 일제 언론통제의 내용과 특성을 체계적으로 정리하고, 다음으로 일제의 언론통제를 위한 언론관계법과 검열제도 등이 해방 이후 어떤 영향을 미쳤는지를 정리할 것이다. 이를 통해 일제 언론통제의 잔재가 한국 언론구조의 형성 과정에 큰 영향을 주었음을 밝히고자 한다.

제1장
언론 · 출판 · 방송의 통제 관련 법

1. 언론·출판·방송 관련 법

1) 신문지법

일제의 강점 이전에 신문에 관한 별도의 법은 없었고, '칙령 제124호'인 '국내우체규칙'(1895.5.26)에 인가에 관한 사항만 포함되어 있었다. 제1조에서 우편물을 세 가지로 분류하며 '제2종'을 "관보와 매월 1회 이상 발행하는 신문지, 잡지 및 학술에 관한 강의록 혹 보고서 등"으로 정의하고, '제2종'에 대한 우편요금 할인을 규정했다. 제19조에서 "제2종 우체물은 관보 외는 미리 그 발행인으로서 그 본제(本題)와 매일 혹 매월에 수차 발행하는 사유를 기록한 서면에 본지 일개(一個)를 견양(見樣)으로 첨부하고 농상공부에 보내어 인가를 받고 매호에 농상공부 인가라 하는 표기를 보기 용이하게 인쇄함이 가함"이라고 해서, 사실상 신문 발행을 위해서는 농상공부의 인가가 필요하다는 점을 규정했다. 제71조에 "농상공부의 인가를 득(得)하지 못하고 우체물(郵遞物)에 농상공부 인가한 문자를 사용한 자는 태(笞) 80대에 처함"이라고 규정했다.[1]

농상공부의 인가만 받으면 신문 발행이 가능하게 되어 있었는데, 최준은 "이처럼 신문 발행은 쉬웠다. 물론 실제로는 행정적인 고려로 말미암아 반드시 인가를 얻는 것이 손쉬운 일이 아닐 경우는 있었을지 모를

1 『고종시대사』 3권, 高宗 32年, 乙未(1895) 閏5月 26日(국사편찬위원회 한국사데이터베이스).

일이나 적어도 법제상으로는 그러했다"고 설명했다.[2] 인가를 받지 않고 신문에 인가받은 것처럼 표기한 것에 대해 처벌하는 규정 외에 언론을 단속하는 법률은 없었다. 다만 신문기사가 문제가 될 때 농상공부가 인가를 취소하는 것은 가능했다.[3] 기사가 치안을 방해했다는 이유로 신문을 단속하려고 할 때는 "대명률(大明律) 잡도(雜盜)편 불응위(不應爲)조 따위의 다른 법규에 의존하는 형편"이었다.[4]

일제는 러일전쟁이 발발한 1904년 2월부터 조선의 언론을 직접 탄압하려고 시도했다. 일제는 군사력을 동원해 이미 1904년 8월부터 조선인 발행 신문에 대해 사전검열을 실시했다. 일본군 헌병사령부는 러일전쟁 중인 1904년 7월 20일에 조선 언론의 전쟁 보도를 통제하기 위해 '군사경찰훈령'을 공포했다. 이 훈령의 제2조 제2항은 "집회 또는 신문이 치안에 방해된다고 인정되는 것은 정지시키고 관계자를 처분할 사(事). 단 신문은 발행 전에 미리 군 사령부의 검열을 받게 함을 요함"이라고 규정했다.[5] '치안방해'를 할 경우에 조선 언론을 발행정지시키고, 이를 위해 군 사령부가 검열을 실시하겠다는 점을 명확히 밝혔다. 같은 해 10월 9일에는 '군정 시행에 관한 내훈'을 제정했다. 그 내용 중에 '군정

2 최준, 1976, 『한국신문사논고』, 일조각, 304쪽.

3 위의 책, 297쪽.

4 위의 책, 304쪽.

5 계훈모 편, 1979, 『한국언론연표』, 관훈클럽신영연구기금, 1252쪽. 각종 법령의 내용은 계훈모가 편찬한 『한국언론연표』(1881~1945)의 Ⅲ부에 나와 있는 자료들을 주로 사용할 것이다. 이 자료집은 관보 등에 실려 있는 법령들을 잘 정리해 놓았다. 또한 친일반민족행위진상규명위원회가 편찬한 『친일반민족행위관계자료집』 I(조약과 법령)도 법령을 현대적인 표기법으로 정리해 놓아 매우 유용했다. 다만 이 자료집들에 나와 있는 내용 외에 개정된 내용 등은 관보를 통해 직접 확인했다.

지역 내에서'라는 단서를 달기는 했지만, "집회 혹은 신문·잡지·광고 등이 치안에 방해가 있다고 인(認)하는 것은 이를 해산, 정지 또는 금지시킬 사(事)"라고 규정했다.[6] 역시 치안방해를 이유로 발행을 정지하거나 금지시킬 수 있다고 했다. 1905년 1월 8일에는 다시 '군사경찰에 관한 내훈'을 시달했는데, 여기에도 "신문·잡지·광고 등 치안에 방해가 유(有)하므로 인(認)하는 자는 차(此)를 정지 혹 금지할 사(事)"라고 규정하고, 이에 저촉한 자는 "사형·감금·추방·과료 혹 태형"에 처한다고 했다.[7]

신문지법이 제정되기 이전인 1898~1899년과 1906년에는 대한제국 정부도 언론규제를 위한 신문조례를 제정했으나 반포하지는 못했다. 1898년 8월에서 10월에 이르는 기간의 신문조례 제정은 열강의 요구로 외교 문제 해결을 위해 추진되었던 반면에 1899년 초의 신문조례 제정 시도는 독립협회와 이를 지지하는 신문들을 규제하기 위한 목적이었다. 대한제국 정부는 1906년에도 신문조례를 제정했지만, 1899년과 마찬가지로 반포하지는 않았다.[8]

1907년에 일제는 대한제국 정부에 신문을 규제하는 법을 제정하도록 압박을 가했다. 1907년 4월경에 대한제국 정부와 통감부가 신문규제 입법을 논의하기 시작했고, 5월 30일에 이완용 내각이 들어서면서 이런 논의가 급진전되어 7월 24일에 신문지법이 반포되었다. 신문지법의 반포는 "고종의 양위를 전후하여 한국민의 소요를 막기 위해 친일 내각과 통감부"가 취한 입법 조치의 일환이었다. 신문지법은 일제의 신문지조례

6 위의 책, 1253쪽.

7 정진석, 1990, 앞의 책, 220쪽.

8 최기영, 1981, 앞의 글, 41-49쪽.

를 모방해 만들었는데, 그중에서도 주로 강력한 규제를 위해 필요한 내용들을 포함시켰다.[9] 통감부는 1908년 4월 30일 조선에 거주하는 일본인(이후 '재조 일본인'으로 약칭)을 대상으로 하는 '신문지규칙'도 제정했다.

'신문지법'(1907.7.24, 법률 제1호)은 전근대적 언론탄압의 대표적 수단인 허가제와 검열제는 물론 발행인·편집인·인쇄인에 대한 허가제 및 강력한 사법적·행정적 처분규정까지 포함했는데, 주요 조항을 정리하면 다음과 같다.

> 제1조　신문지를 발행하고자 하는 자는 발행지를 관할하는 관찰사(경성은 경무사)를 경유하여 내부(內部)대신에게 청원하여 허가를 받아야 한다.
>
> 제2조　앞 조의 청원서에는 아래 사항을 기재해야 한다. 5. 발행인·편집인·인쇄인의 성명, 거주, 연령.
>
> 제4조　발행인은 보증금으로 금 3백 원을 청원서에 첨부하여 내부에 납부해야 한다.
>
> 제5조　학술·기예 혹 물가보고에 관한 사항만 기재하는 신문지는 보증금 납부를 필요로 하지 않는다.
>
> 제6조　(전략) 발행인·편집인·인쇄인이 사망하거나 약 제3조의 요건을 상실한 때는 1주일 이내에 후계자를 정하여 청원하여 허가를 받아야 한다. 그 허가를 받기까지는 담임자를 임시로 정하여 신고한 후에 발행을 계속할 수 있다.

9　김창록, 2006, 앞의 글, 291-293쪽.

제10조 신문지는 매회 발행에 앞서 미리 내부 및 그 관할 관청에 각 2부를 납부해야 한다.

제11조 황실의 존엄을 모독하거나 국헌을 문란하거나 혹 국제교의를 저해할 사항을 기재할 수 없다.

제21조 내부대신은 신문지가 안녕질서를 방해하거나 풍속을 괴란(壞亂)하는 것으로 인정할 때는 그 발매반포를 금지하고 압수하며 발행을 정지하거나 금지할 수 있다.

제25조 제11조를 위반한 경우에 발행인·편집인·인쇄인을 3년 이하 징역에 처하고 그 범죄에 사용된 기계를 몰수한다.

제26조 사회의 질서나 풍속을 괴란하는 사항을 기재한 경우에는 발행인·편집인을 10개월 이하 금옥(禁獄)이나 50원 이상 3백 원 이하의 벌금에 처한다.[10]

제1조에서는 신문을 발행하려면 내부대신의 허가를 받아야만 하는 것으로 규정했다. 신문지법 제정 이전에는 농상공부의 인가를 받던 것에서 내부의 허가를 받아야 하는 것으로 변경되었다. 일본에서는 1887년 '신문지조례'에서 허가제를 신고제로 바꾸었으나, 조선에서는 신문지법에 그대로 허가제를 규정했다.[11] 일제가 자신들의 정책에 부응하는 매체만 발행을 허용하겠다는 의지를 명백하게 드러낸 것이었다. 조선 거주 일본인을 대상으로 했던 신문지규칙에는 1908년 4월 제정 당시의 일

10 계훈모 편, 1979, 앞의 책, 1220-1221쪽.

11 한영학, 2011, 앞의 글, 342-343쪽.

본과 마찬가지로 신문 발행을 신고제로 규정했다가,[12] 1909년 8월 개정안에서는 인가제로 변경했다. "신청을 하여 인가를 받아야만 신문을 발행할 수 있는 것으로 요건이 강화"되었지만, "인가는 일정한 요건을 갖추었다는 사실의 확인을 의미한다는 점에서, 그것을 넘어서 특별한 권한을 행사하는 허가보다는 약한 것"이었다.[13] 이렇듯 일본에서의 신고제, 재조 일본인 대상의 인가제, 조선인 대상의 허가제 등 세 가지 제도가 운용되었다. 대만에서는 1900년 1월에 '대만신문지조례'가 만들어지고, 1917년에 이수입(移輸入)지에 대한 규정을 보완한 '대만신문지령'을 반포했는데, 일제는 대만에서도 신문에 대해서는 역시 허가제를 실시했다.[14] 조선에서 민족별로 차별적인 법률을 제정했던 것과는 달리 대만에서는 민족별 입법을 하지는 않았다.

제4조의 보증금제도는 신문사에 재정적 부담을 주기 위한 것으로, 일종의 간접적 탄압 방법이자 진입장벽의 의미가 있었다. 제5조에서는 "학술·기예 혹 물가보고에 관한 사항만 기재하는 신문지"는 보증금을 납부하지 않아도 된다고 나와 있다. 바꾸어 말하면 제5조는 신문지법에 따라 허가받았어도 보증금을 납부하는 매체라야 정치·시사 기사를 게재할 수 있다는 것을 의미했다. 신문지법에 따라 허가받은 매체 중에 보증금을 내려 해도 받아들여지지 않아서 정치·시사 기사를 게재하지 못하는 경우가 있었다. 정치·시사 기사를 게재하려면 사실상 다시 이에 관

---

12 '신문지규칙' 원문에는 신고라는 의미를 지닌 계출(屆出)이라는 단어를 쓰고 있다. 계훈모 편, 1979, 앞의 책, 1225쪽.

13 김창록, 2006, 앞의 글, 302쪽.

14 정근식, 2014, 앞의 글, 210-211쪽.

한 허가를 받아야만 했다.[15]

신문지법은 제정 당시에 부칙 제36조에서 "본법의 규정은 정기발행하는 잡지류에도 차(此)를 준용함"이라는 내용을 포함했는데,[16] 이 규정은 신문지법이 개정되면서 1908년 4월 20일에 부칙 제39조로 변경되었다.[17] 신문지법에 따라 허가를 받아 발행하는 잡지는 신문과 같은 방식의 검열을 받고, 같은 범위의 내용을 다룰 수 있다는 것을 의미했다. 다만 신문지법에 따라 허가받은 잡지라도 보증금을 납부하지 못한 경우는 정치·시사 기사를 게재할 수 없었다. 이 조항은 일본의 신문지조례나 재조 일본인 대상의 신문지규칙에는 없는 것이었다.

제2조는 허가를 받기 위한 청원서에 발행인·편집인·인쇄인의 성명, 거주지, 연령을 기재하라고 규정하고 있다. 이것은 허가 과정에 이들의 성향이 영향을 준다는 의미일 것이다. 제6조에서는 아예 이들의 변경을 위해서는 허가를 받아야 한다고 나와 있다. 이 조항은 총독부가 허가를 통해 신문사 경영진의 선임에 관여할 수 있도록 만들어주었다.

제10조에서는 발행에 앞서 납본할 것을 명시하여, 검열을 가능하게 만들었다. 최기영은 "신문지법 반포 당시에는 발행한 즉시 곧 인쇄한 다음에 납본했던 것이 아니라 인쇄에 앞서 조판대장을 경시청에 납본하여 검열을 받고 인쇄하였다"고 설명했다.[18] 대한제국 시기 신문검열업무를 담당했던 나카무라 겐타로(中村健太郎)는 좌담회에서 "검열이라야 작금 신문과는 틀립니다. 그때는 신문도 원고검열이었습니다"라고 회고

15 최수일, 2008, 앞의 책, 36-39쪽.

16 「신문지법(법률 제1호)」, 『관보』 3289호(1907.7.27).

17 「신문지법 개정에 관한 건(법률 제8호)」, 『관보』 4060호(1908.4.29).

18 최기영, 1981, 앞의 글, 73쪽.

했다.[19] 아마 1920년 이후의 초쇄(初刷)검열과 비교해 조판대장 단계의 검열을 '원고검열'이라고 생각했던 듯하다. 실제로 나카무라는 자신의 회고록에서 "신문사에서 일단 활자로 인쇄한 교정원고를 내가 있는 곳에 가지고 오는데, 항상 저녁 즈음이 되었다"고 하면서도 "5~6종의 원고검열에는 상당한 시간이 걸렸다"고 해서 원고검열이라고 표현하기도 했다.[20]

한만수는 1920년부터는 "인쇄한 첫 신문을 납본한 뒤 인쇄를 계속하다가 검열지시가 있으면" 이를 반영하는 형식으로 교정쇄검열이 실시되었다고 주장했다.[21] 신문지법 제10조의 '발행에 앞서'라는 표현은 '인쇄에 앞서'라는 의미에 가까웠고, 현실적으로는 이미 인쇄에 들어간 상태에서 검열이 이루어졌다. 따라서 "발행 전에 납부해서 검열을 받는다는 의미에서는 사전검열"이었다고도 할 수 있지만, "원고 자체를 제출해서 검열을 받았던 것이 아니라 조판대장과 같은 일정 부분 제작이 끝난 형태로 납부해 검열을 받고, 이미 인쇄가 진행되고 있는 상태에서 검열을 받아 검열된 사항을 즉시 반영하고 있었기 때문에 발행 전에 검열을 받는 엄밀한 의미의 사전검열은 아니었던 것"이다.[22]

최말순은 대만에서도 신문은 발행 전에 납본해 사전검열을 받아야

---

19 「창간 이래 40년, 본보 성장의 회고, 본보 선배의 좌담회」, 『매일신보』 1938.5.5, 기념호, 12면.

20 中村健太郎, 1969, 『朝鮮生活 五十年』, 青潮社, 44쪽; 배병욱, 2019, 「한말·일제하 웅본(熊本) 국권당(國權黨)의 '조선어학생 파견사업' 연구」, 동아대학교 박사학위논문, 91쪽 재인용.

21 한만수, 2015, 앞의 책, 135-136쪽.

22 이민주, 2010, 「일제시기 조선어 민간신문의 검열에 대한 연구」, 서울대학교 박사학위논문, 74쪽.

했지만, 실제로는 "납본 제출 후 행정처분 절차에 많은 시간이 걸리고 복잡하여 행정의 부담과 발행자의 손실이 컸기 때문에 또 다른 방식인 선인쇄본검열[下刷檢閱]을 진행"했다고 설명했다.[23] 정근식도 대만에서 검열관이 신문 인쇄소에서 직접 검열하는 '하쇄검열' 방식이 사용되었다고 하며, 이런 방식은 "발매반포금지를 예방하려는 신문사의 이익과 합치"되는 것이었다고 했다.[24] 대만에서 실시하던 '하쇄검열'은 조선에서 시행하던 교정쇄검열과 비슷한 것이었다고 할 수 있다.

조선에서나 대만에서나 시간에 쫓기며 취재·보도 활동을 하는 일간지를 대상으로 엄격한 의미의 사전검열을 하는 것이 현실적으로 불가능했기 때문이었다. 총독부는 제작 과정 중에 이루어지는 검열을 통해 각종 행정처분을 내리면서 의도하는 통제 효과를 얻을 수 있었다. 신문지규칙 제9조에는 "발행인은 그 발행한 신문지를 통감부 및 관할 이사청에 매호 각 2부를 납부해야 한다"고 해서 사전검열을 하지 않도록 되어 있었다.[25] 이렇듯 재조 일본인 발행 신문에 대해서는 허가제는 물론 사전검열도 실시하지 않았다. 다만 일본의 신문지법이나 재조 일본인 대상의 신문지규칙이 사후납본을 했다고 해서 검열로부터 완전히 자유로웠던 것은 아니었다.[26]

검열의 결과는 행정처분이나 사법처분으로 나타났다. 제21조는 내부대신의 신문에 대한 행정처분권을 규정하여 '안녕질서 방해'나 '풍속괴

---

23 최말순, 2017, 「『대만출판경찰월보』를 통해 본 식민지 대만의 언론검열과 조선문제」, 대만·만주·조선의 식민주의와 문화교섭 국제 심포지엄 발표문, 3쪽.

24 정근식, 2014, 앞의 글, 211쪽.

25 계훈모 편, 1979, 앞의 책, 1226쪽.

26 한영학, 2011, 앞의 글, 352쪽.

란' 등을 사유로 발매금지, 압수, 발행정지, 발행금지 등을 할 수 있도록 했다. 신문지규칙도 제12조에서 비슷한 내용을 규정하고 있다. 조선인 발행 신문은 물론 일본인 발행 신문도 정책 수행에 장애가 될 때 가차 없이 규제하기 위해 강력한 행정처분권을 보장했다. 일본의 신문지조례에서는 1897년의 개정 과정에서 삭제되었던 내용까지 신문지법에는 그대로 포함되어 있었다. 발행정지나 발행금지와 같은 행정처분은 "그 위법성 여부를 다툴 수 있는 규정을 두고 있지 않았기 때문에 행정재판소에로의 제소나 소원이 불가능"했고, "사법처분에 대한 예비적 처분이 아닌 독립적이고 종국적인 처분의 성격"을 지녔다.[27]

제11조에서는 '황실존엄 모독, 국헌문란, 국제교의 저해' 등의 내용을 담은 기사의 게재를 금지한다고 했다. 제25조에서는 이를 위반했을 경우의 처벌조항을 규정했는데, 발행인·인쇄인·편집인을 3년 이하의 체형에 처하고 인쇄기계를 몰수한다는 가혹한 내용이었다. 또한 제26조에서는 사회의 질서를 무너뜨리거나 풍속을 혼란스럽게 하면 10개월 이하 징역이나 50원에서 300원 사이의 벌금을 내도록 했다. 총독부는 "특별법인 신문지법의 조항이 명확하지 못한 까닭에 매번 형법이나 다른 형사법령을 적용하여 과중한 형량으로 언론기관을 통제"하려고 했다.[28] 실제로 언론인을 사법처분할 경우에 신문지법과 함께 보안법이나 치안유지법을 적용했다. 그럼에도 언론관계법에 처벌규정을 포함함으로써 강력하고 효율적으로 언론통제를 하겠다는 의지를 보여주는 효과는 있었다.

27 위의 글, 352쪽.

28 장신, 2009a, 앞의 글, 264쪽.

총독부는 '조선에서의 법령의 효력에 관한 건'(1910.8.29, 제령 제1호)과 '1910년 제령 제1호에 의한 명령의 구분에 관한 건'(1910.10.1, 제령 제8호)을 통해 강점 이전 법령의 효력을 지속시켰다.[29] 신문지법의 효력도 당연히 지속되었고, 신문지법은 일제강점기 내내 언론통제를 위한 가장 기본적인 수단이 되었다. 대한제국 시기에 제정되었지만, 통감부가 사실상 입법한 것이나 다름없었다는 사실을 보여주는 것이기도 했다. 신문지법은 허가제와 검열제 같은 전근대적인 언론탄압조항을 담고 있었고, 행정부에 의한 자의적인 발행정지나 발행금지 및 불명확한 사유에 의한 언론인에 대한 가혹한 체형까지 규정했던 악법이었다.

신문지법이 처음 공포될 때 국내에서 외국인이 발행하거나 외국에서 발간하는 신문에 대한 규제조항이 없었으므로, 이를 해결하기 위해 1908년 4월에 이 법을 개정했다. 신문지법 제34조에 "외국에서 발행하는 국문·국한문·한문의 신문지와 또는 외국인이 국내에서 발행한 국문·국한문·한문의 신문지로 치안을 방해하거나 풍속을 괴란한다고 인정할 때는 내부대신은 해당 신문지를 내국에서 발매·반포함을 금지하고 해당 신문지를 압수할 수 있다"라고 규정했다. 제35조와 제36조에서는 각각 처벌규정을 두었다.[30] 결국 조선에서 외국인이 발행하는 신문이나 해외에서 교포들이 발행하는 신문에 대한 사전통제를 위해서 신문지법을 개정했던 것이다.[31] 대만에서도 1900년의 '대만신문지조례'가 1917년에 '대만신문지령'으로 바뀌며 비슷한 내용이 들어갔다. 다만 조

29 김창록, 2006, 앞의 글, 303-304쪽.

30 「신문지법 개정에 관한 건(법률 제8호)」, 『조선총독부관보』 4060호(1908.4.29).

31 정진석, 1990, 앞의 책, 21-22쪽.

선에서는 일차적으로 영국인 배설이 국내에서 발행하던 『대한매일신보』의 통제를 겨냥해 개정했던 것인데, 대만에서는 이입(移入)[32] 또는 수입(輸入)되는 신문을 통제하기 위한 내용이 더 많은 부분을 차지했다는 점에서 다소 차이가 있었다.[33]

박용상은 신문지법이 "신문 발행의 허가제 및 보증금제, 신문업에의 취업 제한, 사전적 제한체제, 행정처분에 따른 제한, 사법처분에 의한 제한, 신문 내용에 대한 적극적 제한 등을 담고 있는 악법"이라고 비판했다.[34] 허가제와 보증금제도는 매체의 등장을 극도로 제한했고 발행인이나 편집인의 취임도 허가를 받도록 해서 언론인의 성향까지 통제하려고 했다. 사실상의 사전검열인 납본검열을 하도록 했고, 검열을 통해 행정처분이나 사법처분을 할 수 있도록 했다. 특히 "신문의 발행정지 또는 금지는 신문의 존립을 관리의 자의에 방기하는 위험을 내포하는 것"이었다. 언론계의 신문지법과 출판법 개정 요구로 논의가 이루어졌고, 총독부가 더욱 효율적인 통제를 위해 개정을 시도하기도 했지만 결국 어떤 시도도 성공하지는 못했고 신문지법과 출판법은 개정되지 않은 채 일제강점기 내내 언론통제를 위한 가장 기본적인 수단이 되었다.[35]

---

32 조선이나 대만에 일본에서 들어오는 것은 '이입(移入)', 일본 이외의 지역에서 들어오는 것은 '수입(輸入)'으로 구분해 용어를 사용했다.

33 이민주, 2020, 앞의 책, 326-327쪽.

34 박용상, 1980, 앞의 글, 26쪽.

35 장신, 2009a, 앞의 글, 261-282쪽.

2) 출판법

신문지법 반포 이후 신문에 대한 탄압은 빈번하게 이루어졌지만, 출판물을 압수하고 저작자를 탄압하는 일은 드물었다. 1908년 7월에 『금수회의록』을 문제 삼아 안국선을 체포해 조사하고 서적을 압수하는 일이 벌어졌지만, 조사 후에 별다른 처벌 없이 사건을 종결했다. 사안 자체가 경미했기 때문일 수도 있겠지만, 출판물 통제의 법적 미비도 영향을 주었을 가능성이 있다.[36] 일제의 경찰당국은 출판물에 대한 통제법안 제정이 필요하다고 판단했고, 통감부가 영향력을 행사해 친일내각이 '출판법'을 제정해 반포했다. 1909년 2월에 조선인을 대상으로 하는 '출판법'(1909.2.28, 법률 제6호)을 제정해 공포했고, 1910년 5월 28일에 재조 일본인을 대상으로 하는 '출판규칙'을 제정했다. 출판법은 사전검열을 통한 출판물의 허가를 규정하고, 강력한 처벌규정을 담고 있었다.

> 제2조 문서·도화를 출판하려는 때는 저작자, 그 상속자와 발행자가 연인(連印)하고 고본(稿本)을 첨부하여 지방장관(한성부에서는 경시총감으로 함)을 경유하여 내부대신에게 허가를 신청해야 한다.
>
> 제5조 제2조의 허가를 득하여 문서·도화를 출판한 때에는 즉시 제본 2부를 내부에 납부해야 한다.
>
> 제11조 허가를 받지 않고 출판한 저작자·발행자는 아래의 구별에 따라 처단한다.
>
> 1. 국교를 저해하거나 정체(政體)를 변괴(變壞)하거나 국헌을 문

36 송민호, 2014, 앞의 글, 18-23쪽.

란하는 문서·도화를 출판할 때는 3년 이하의 역형

2. 외교와 군사의 기밀에 관한 문서·도화를 출판할 때는 2년 이하의 역형
3. 전 2호의 경우 외에 안녕질서를 방해하거나 풍속을 괴란하는 문서·도화를 출판할 때는 10개월 이하의 금옥(禁獄)
4. 기타의 문서·도화를 출판할 시(時)는 100원 이하의 벌금

제13조 내부대신은 본법을 위반하여 출판한 문서·도화의 발매·반포를 금지하고 해당 각판(刻版)과 인쇄본을 압수할 수 있다.

제16조 내부대신은 본법 시행 전에 이미 출판한 저작물로 안녕질서를 방해하거나 또는 풍속을 괴란할 우려가 있다고 인정한 경우 발매·반포를 금지하고 해당 각판이나 인쇄본을 압수할 수 있다.

제2조에서 도서를 발행하기 위해서는 원고를 제출해 허가를 받아야만 하도록 규정했다. 출판법이 지닌 가장 큰 문제는 사전에 원고검열을 받고 통과해야만 발행할 수 있도록 했다는 것이다. 제5조에서는 출판 후에 2부를 납본하여 다시 검열을 받아야 한다고 규정했다. 출판법의 적용을 받는 서적이나 잡지는 원고검열이라는 가장 확실한 사전검열을 받고도, 납본 후에 또 한 번 검열을 받아야 하는 이중검열의 대상이 되었다. 재조 일본인을 대상으로 하는 출판규칙은 제1조에서 일본의 출판법을 준용한다고 했다. 출판법 제3조에서 "문서·도서를 출판할 때에는 발행의 날로부터 도달할 일수를 제한 3일 전에 제본 2부를 첨부하여 내무성에 계출(屆出)하여야 한다"고 하여 원고검열은 포함되지 않았다.[37]

---

37 계훈모 편, 1979, 앞의 책, 1231쪽.

1900년 2월에 공포된 '대만출판규칙'에서는 조선과 달리 출판물에 대해 신고주의를 채택했는데, 대만총독부가 당시 대만의 중국어 출판 상황이 이런 방식으로도 충분히 통제 가능하다고 보았기 때문이다.[38] 적어도 대만이 조선에 비해 출판에서만큼은 좀 더 자유롭게 활동할 수 있었다. 다만 대만에서는 "지방장관에게 발매금지와 인본(印本)과 각본(刻本)에 대한 압수의 권한을 부여"했는데, 이 규정은 신고주의로 미처 규제하지 못한 내용에 대해 즉각 통제할 수 있도록 하기 위한 것이었다.[39]

출판법에는 잡지 발행과 관련된 별도의 규정이 없었다. 신문지법에 의해 허가받지 않은 잡지는 출판법에 의해 '단행본의 계속출판'이라는 방식으로 간행할 수밖에 없었다. 형식상은 '단행본의 출판'이고 실질적으로는 '계속잡지의 발행'이었다. '계속잡지'의 기사 내용 범위는 재조 일본인 대상의 출판규칙을 따르게 했다.[40] 출판규칙이 준용하고 있는 일본의 '출판법' 제2조에는 "신문지 또는 정기적으로 발행하는 잡지를 제외하고는 문서·도서의 출판은 전부 이 법률에 의한다. 단, 학술·기예·통계·광고의 류(類)만을 기재하는 잡지는 이 법률에 의하여 출판할 수 있다"고 명확히 규정했다.[41]

출판규칙을 준용하면서 출판법에 따른 조선인 발행 잡지의 기사 내용도 제한을 받아 정치·시사는 다룰 수 없었다. 재조 일본인의 경우 신문지규칙과 출판규칙에 의해 발행되는 잡지들은 기사 내용에만 차이가 있었지만, 조선인의 경우 신문지법과 출판법에 의해 발행되는 잡지들은 기사

38 정근식, 2014, 앞의 글, 212쪽.

39 최말순, 2017, 앞의 글, 2쪽.

40 恒錄, 「朝鮮に於ける出版物の考察」 6, 『警務彙報』 1931.3, 15-16쪽.

41 계훈모 편, 1979, 앞의 책, 1231쪽.

〈표 1〉 신문지법과 출판법의 대상 매체와 검열 방식

<table>
<tr><th>구분</th><th colspan="3">신문지법</th><th colspan="2">출판법</th></tr>
<tr><td rowspan="2">대상 매체</td><td rowspan="2">신문</td><td colspan="2">잡지</td><td rowspan="2">잡지
(계속출판물)</td><td rowspan="2">단행본
(보통출판물)</td></tr>
<tr><td>보증금 납부</td><td>보증금 미납</td></tr>
<tr><td>기사 범위</td><td colspan="2">정치·시사 다룰 수 있음</td><td colspan="2">정치·시사 다루지 못함</td><td></td></tr>
<tr><td>검열 방식</td><td colspan="3">교정쇄검열</td><td colspan="2">원고검열</td></tr>
</table>

내용의 차이뿐만 아니라 원고검열의 유무라는 차이도 있었다. 즉 신문지법에 따른 허가를 받지 못한 잡지는 정치·시사 문제를 다루지 못하는 것은 물론 원고검열까지 받아야 하는 매우 어려운 처지에 놓이게 되었다.

제11조는 일본 "출판법의 제19조, 제21조, 제26조 등의 처벌적 조항을 번역하여 합친 것"으로 일제 강점 이전과 3·1운동까지의 기간 동안 제11조의 3항을 통해서 많은 출판물을 압수하고 처벌했다.[42] 또한 제16조를 통해서 이전에 출판된 출판물까지 소급하여 발매 및 반포 금지시키거나 압수할 수 있도록 했다.[43] 제13조에서는 출판법을 위반한 문서와 도서의 발매 및 반포의 금지는 물론 압수처분이 가능하다는 것을 규정했다. 원고검열이라는 철저한 사전검열을 하고도, 출판된 이후에 필요하다고 판단되면 언제든지 반포금지나 압수처분을 할 수도 있도록 했다. 출판법은 허가제와 이중검열, 그리고 가혹한 행정처분과 사법처분까지 포함하고 있어서, 일제강점기 내내 잡지나 서적의 통제를 위한 강력한 수단이 되었다.[44]

42 이재진·이민주, 2006, 앞의 글, 235쪽.

43 송민호, 2014, 앞의 글, 24-27쪽.

44 김철수, 1995, 「일제 식민지 시대 치안관계 법규의 형성과 적용에 관한 연구」, 『한국사회학』 29권 1호, 126-127쪽.

일본 정부는 1934년 3월에 통제 범위를 확대하고 처벌을 강화하기 위해 출판법을 개정했다.[45] '출판법 중 개정법률'(법률 제47호, 1934.5.1)은 제16조 중의 '곡비(曲庇)하고'를 '선동하거나 혹은 곡비하고'로, 제26조의 '정체를 변괴하거나'를 '황실의 존엄을 모독하고 정체를 변괴하거나'로, 제27조의 '풍속을 괴란하는'을 '안녕질서를 방해하거나 또[又]는 풍속을 괴란하는'으로 변경했다.[46] 출판법 중 개정법률은 '황실의 존엄에 대한 모독', '안녕질서에의 방해' 등을 추가·보강하려는 목적을 지니고 있었다.[47] 다만 총독부가 특수사정을 들어 조선 독자의 법 제정을 주장했기 때문에[48] 조선인들을 상대로 해서는 출판법 중 개정법률이 적용되지는 않았다.

3) 형법의 명예훼손 조항

형법의 명예훼손 조항도 언론탄압의 수단으로 이용되었다. 형법 제230조는, 공연히 사실을 적시하여 사람의 명예를 훼손한 자는 그 '사실의 유무를 불문'하고 1년 이하의 징역 또는 금고, 또는 5백 원 이하의 벌금에 처하도록 규정했다.[49] 이인은 이러한 명예훼손법에 대해 "아무리 천하주지의 공연한 사실이라도 명예훼손되는 기사는 이것을 게재하다가는 코를 다치게 되는 기현상이며 이것이 신문지 본래의 사명에 배치되는 의외의 과형(科刑)이라고 볼 수 있다"고 지적하고 동 법령의 개정

45 「의회를 통과한 법률안 해설 1」, 『동아일보』 1934.3.31, 1면.

46 최민지, 1978, 앞의 책, 443쪽.

47 이재진·이민주, 2006, 앞의 글, 235쪽.

48 장신, 2009a, 앞의 글, 281쪽.

49 양윤식, 1930, 「신문상식·법률강석(講釋)－명예훼손죄란 어떤 것인가」, 『철필』 1호, 80쪽.

을 요구했다.[50] 양윤식은 명예훼손이 일본과 한국에서 다르게 적용되고 있다는 점을 다음과 같이 지적했다.

> (일본의) 신문지법 및 출판법에는 이상 보통 형법규정에 대한 특별규정이 유(有)하여 기재사항이 사행(私行)에 범(犯)하는 것을 제(除)한 외(外) 재판소에서 악의에서 나온 것이 아니고 전혀 공익을 위하여 한 것이라고 인정할 때에는 피고인에게 그런 사실의 증명을 (공익을 위함이라는) 허할 수 있다는 취지의 규정이 있어 그 사실을 증명할 것 같으면 차 행위에 벌(罰)치 아니하지만 조선에서 시행되는 출판법 및 신문지법에는 여사한 규정이 무(無)하며 결국 조선에서는 위에 말한 바 일반 형법의 규정을 적용하게 될 것이다.[51]

양윤식의 주장처럼 실제로 일본의 신문지법 제45조에는 명예훼손에 대한 다음과 같은 특별규정이 있다.

> 신문지에 게재한 사항에 대하여 명예에 대한 죄의 공소를 제기한 경우에 있어서 그 사행(私行)에 걸친 것을 제외하고는 재판소에 있어서 악의로 나오지 않고 전혀 공익을 위하여 한 것이라 인(認)할 때에는 피고인에게 사실을 증명할 것을 허할 수 있다. 혹은 그 증명의 확립을 받을 때에는 그 행위는 이를 벌(罰)치 않는다. 공소에 관한 손해배

---

50 이인, 1935, 「신문·출판 양법(兩法)의 비판과 개정의 긴급」, 『저널리즘』 1호, 9쪽.

51 양윤식, 1930, 앞의 글, 81쪽.

상의 소에 대하여는 그 의무를 면한다.[52]

일본의 출판법 제31조에도 비슷한 내용이 있다.[53] 다만 출판법은 잡지나 단행본에 관한 규정을 담고 있는 만큼 신문지가 아니라 "문서·도서를 출판함으로써"라고 되어 있다. 명예훼손적인 기사에 대해 일본에서는 일반법인 형법이 아니라 특별법인 신문지법이나 출판법을 적용해서 공익성이 '위법성 조각(阻却) 사유'가 되었지만, 한국의 신문지법이나 출판법에는 관련 조항이 없어서 공익성이 있는 기사라 해도 위법성이 조각되지 않았다. 조선에 거주하는 일본인을 대상으로 하는 신문지규칙에도 명예훼손에 관한 특별규정은 없었다.

사실을 보도하더라도 명예훼손이 되고, 그 기사의 내용이 공익적이라도 면책이 되지 않았기 때문에 관료, 경찰, 친일파들이 빈번하게 명예훼손 소송을 제기해서 신문사나 기자들의 활동을 위축시키려고 했다. 언론이 공익적인 목적을 지니고, 명확한 사실을 보도하는 것조차 명예훼손이라고 처벌함으로써 권력에 대한 감시나 비판을 하기 어렵게 만들었다.

4) 조선불온문서임시취체령과 조선임시보안령

1930년대 중반 이후 사상통제 차원에서 언론통제를 강화하기 위한 법들이 제정되었다. 1936년 6월 13일에 공포된 일본의 '불온문서임시취체법(不穩文書臨時取締法)'을 조선에 그대로 적용한다는 '조선불온문서

---

52 계훈모 편, 1979, 앞의 책, 1225쪽.

53 위의 책, 1233쪽.

임시취체령(朝鮮不穩文書臨時取締令)'이 1936년 8월 8일부터 시행되었다. 불온문서임시취체법 제1조에는 "군질(軍秩)을 문란(紊亂)하고 재계를 교란(攪亂)하며 기타 인심을 혹란(惑亂)할 목적으로써 치안을 방해할 사항을 게재한 문서·도화로서 발행책임자의 씨명(氏名) 및 주소의 기재를 하지 않거나 또는 허위의 기재를 하거나 또는 출판법 또는 신문지법에 의한 납본을 하지 않은 것을 출판한 자 또는 이를 반포한 자는 3년 이하의 징역 또는 금고에 처한다"고 규정했다.[54] 경무국장은 조선불온문서임시취체령이 조선에서 '괴문서'의 출판 내지 횡행을 막아서 "인심의 불안을 제거하고 치안을 확보하려는 것"이라고 밝혔다.[55]

『조선중앙일보』는 일본에서 이 법의 제정이 논의되던 시기에 「전제내각의 언론취체」라는 사설에서 "그의 취체하려는 바 괴문서의 횡행이 어떠한 원인으로부터 나온 것임을 살펴보라. 언론탄압이 자심(滋甚)한 오늘날의 음울한 분위기가 도리어 괴문서의 나오는 온상이 아니고 무엇인가"라고 비판했다.[56] 이 법의 조선 적용에 대해서 『조선일보』는 '불필요한 이중의 제한'이라고 하며 사설에서 "일본 내지에 비하여야 언론출판의 자유가 극도로 제한되어 있는 조선에는 하등 그 필요가 없을 줄 안다. 조선에는 사회질서 유지에 대해서는 보안법이 있으며 사상 및 국체(國體) 문제에 관해서는 제령 제7호 및 치안유지법이 제정되었으며 출판에 관해서는 출판법이 있어 각기 제한을 가하여 만일에 치안을 방해할 사실이 있었다 하면 각기 소정에 따라 취체하고 있을 터인데 이 이상

---

54 위의 책, 1264쪽.

55 「괴문서 취체법」, 『동아일보』 1936.8.9, 3면.

56 「(사설) 전제 내각의 언론취체 괴문서 법안의 진의 약하(若何)」, 『조선중앙일보』 1936.5.19, 1면.

의 제한이 무슨 필요이랴?"라고 비판했다.[57] 조선불온문서임시취체령은 "지하신문 또는 익명의 출판물을 단속하기 위한 조처"였지만,[58] 실제로는 이런 경우에도 출판법이 적용되는 경우가 많았다.

실제로 '유언비어(流言蜚語)' 단속에 많이 적용된 것은 1941년 12월에 공포된 '조선임시보안령(朝鮮臨時保安令)'이었다. 조선임시보안령은 1936년에 공포된 조선불온문서임시취체령보다 그 구성요건을 확대, 강화한 치안법이라고 할 수 있다.[59] 일본의 '언론·출판·집회·결사 등 임시취체법'의 제17조와 제18조를 조선에 적용한 것으로 '시국에 관한 유언비어'라는 조항은 확대해석과 남용이 가능해 실질적으로는 "조선 민중의 모든 언사가 처벌 대상이 될 수" 있도록 만들었다.[60]

언론·출판·집회·결사 등 임시취체법의 제17조는 "시국에 관하여 조언비어(造言飛語)를 한 자는 2년 이하 징역 혹은 금고 또는 2천 원 이하의 벌금에 처한다"고 규정했고, 제18조는 "시국에 관하여 인심을 혹란(惑亂)시킬 사항을 유포한 자는 1년 이하의 징역 혹은 금고 또는 천 원 이하의 벌금에 처한다"고 규정했다.[61] 변은진은 "엄밀해 말해서 조언비어와 유언비어는 그 의미가 비슷하면서도 약간 다른데, 이 시기 일제 당국은 강도가 더 센 조언비어라는 말을 많이 사용했으며 양자에 대한 법의

57 「(사설) 불필요한 이중의 제한」, 『조선일보』 1936.8.12, 1면.

58 박용상, 1980, 앞의 글, 35쪽.

59 이연, 2013, 앞의 책, 510쪽.

60 변은진, 2013, 『파시즘적 근대체험과 조선 민중의 현실 인식』, 선인, 213-214쪽.

61 계훈모 편, 1979, 앞의 책, 1268쪽,

적용도 다소 달리했다"고 주장했다.[62] 제17조는 조언비어, 제18조는 유언비어에 대한 처벌규정을 담고 있었는데, 당연히 전자의 처벌규정이 후자에 비해 더 강력했다. 조언비어와 유언비어의 차이는 '의도성의 차이'에 있었을 것이다. 의도를 가지고 정보를 만들어 퍼트린 사람과 단순히 들은 정보를 주변에 옮긴 사람을 구분하려고 하는 것이었을 텐데 현실에서 이런 구분은 큰 의미를 지니지 못했다.

실제로 '불온언동' 관련 검거자들에게 가장 많이 적용된 것이 바로 조선임시보안령이었고,[63] 단파방송청취사건에도 조선임시보안령이 적용되었다.[64] 조선임시보안령은 언론에 대해서도 신문지법이나 출판법보다 상위법적인 성격을 지니기도 했다.[65] 일제 말기로 가면 신문이나 잡지 등의 매체뿐만 아니라 사람 사이의 정보 유통에 대해서도 강력히 처벌하려는 법이 제정되었다.

5) 무선전신법과 방송용사설무선전화규칙

일제강점기에 신문과 달리 방송에 관해서는 조선인에게만 적용되는 별도의 법률은 전혀 없었다. 조선인에게 독자적으로 방송을 허용했던 것이 아니기 때문에 별도의 법률을 제정하지 않고 일본의 방송 관련 법률을 조선에도 그대로 적용했다. 물론 아직 방송의 미래에 대해 정확히 예측하지 못했기 때문에 일본의 방송 관련 법률도 방송에 관한 구체적인

---

62 변은진, 2013, 앞의 책, 210쪽.

63 위의 책, 214쪽.

64 유병은, 1998, 『초창기 방송 시대의 방송야사』, KBS문화사업단, 127쪽.

65 이연, 2013, 앞의 책, 513쪽.

내용을 담고 있지는 않았다.

일본은 무선전신 기술의 발전과 함께 '무선전신법(無線電信法)'(법률 제26호, 1915.6.21)을 제정했다. 무선전신법은 제1조에서 "무선전신 및 무선전화는 정부가 이를 관장한다"고 규정했다.[66] 이 법률은 정부가 무선전신을 장악하여 강력히 감독·통제하는 데 그 목적을 두었다.[67] 다만 무선전신법 제2조에서 특정한 상황에서 "주무대신의 허가를 얻어 이를 사설(私設)"할 수 있다고 규정하여, 정부가 아닌 민간에서 무선전신을 사용할 수 있는 길을 열어 놓았다. '칙령 제186호'로 무선전신법을 '조선, 대만, 화태(樺太: 사할린)'에서도 그대로 시행한다고 규정했다.[68]

1920년대 들어서면서 방송용 무선전화에 대한 사회적 관심이 커졌다. 체신성은 방송에 관한 기본 방침을 정하기 위해 1922년 8월에 '방송용 사설 무선전화에 관한 의안(議案)'을 제출했고, 이를 검토하여 '방송 무선전화에 관한 조사개요'를 작성했다. '의안'과 '조사개요'의 주요 내용으로는 민영사업으로 방송사업 추진, 각 지역 내 1국 설치, 신문사·통신사와 라디오기기 제작판매업자 중심의 합동체에 사업 허가, 방송 내용에 대한 정부의 사전검열, 광고방송의 금지 등을 들 수 있다.[69]

관동대지진이 일어나고 3개월 정도 지난 1923년 12월에 '체신성령 제98호'로 '방송용사설무선전화규칙(放送用私設無線電話規則)'이 공포되

---

66 한국방송70년사 편찬위원회, 1997a, 『한국방송70년사』 별책, 한국방송협회·한국방송공사, 327쪽.

67 오하타 히로시, 1992b, 「일본방송사–국가통제로부터 자기통제로」, 『세계방송의 역사』, 나남, 192쪽.

68 「칙령 제186호」, 『조선총독부관보』 3621호(1924.9.6), 3면.

69 多菊和郎, 2009, 「放送受信料制度の始まり」, *Communication & Society* 19, 江戸川大學, 190쪽.

었다. 이 규칙은 무선전신법 제2조 제6호 "위의 각항 외에 주무대신이 특별히 시설이 필요하다고 인정한 것"이라는 규정을 근거로 제정된 것이다. 이 규칙은 전체 19조로 되어 있는데, 제1조에서 "시사·음악·기타 사항을 방송 또는 청취하기 위하여 시설하는 사설무선전화는 본령이 정한 바에 의한다"고 규정했다. 방송사업의 형태에 관한 세부적인 규정이 없어, 체신대신의 재량권이나 체신성의 의향이 크게 작용할 수 있었다.[70] 정부가 감독하기 쉽고, 청취자의 이익을 고려한 공익적 경영을 하며, 독점의 폐단을 막는다는 등의 이유로 공익적인 사단법인으로 방송국을 허가하도록 했다.[71]

조선에서도 방송에 관한 관심이 높아지면서 방송사업을 하려는 움직임이 나타났다. 총독부는 방송사업을 허가하기 위해 일본의 방송용사설무선전화규칙을 조선에 적용할 수 있도록 하는 '조선총독부령 제48호'(1924.9.6)인 '시사·음악 기타 사항을 방송 또는 청취하기 위하여 시설하는 사설무선전화에 관한 건'을 공포했다.

> 시사·음악 기타 사항을 방송 또는 청취하기 위하여 시설하는 사설무선전화에 관하여는 1923년 체신성령 제98호에 의한다. 다만, 동령 중 체신대신은 조선총독, 소할 체신국장은 조선총독부 체신국장, 내지는 조선, 사설무선전신규칙은 사설무선전신전화규칙으로 한다.[72]

---

70 加藤元宣, 2011, 「放送制度の成立と犬養毅」, 『放送研究と調査』(2011.4), 60쪽.

71 多菊和郎, 2009, 앞의 글, 197쪽.

72 「조선총독부령 제48호」, 『조선총독부 관보』 3621호(1924.9.6), 1면.

신문의 경우 일본의 법률, 조선에 거주하는 일본인에게 적용하는 법률, 조선인에게 적용하는 법률이 따로 있었지만, 방송에 대해서는 일본의 무선전신법과 체신성령 제98호를 그대로 조선에 적용했다. 당연히 방송사업의 형태도 일본과 마찬가지로 하나의 사단법인으로 통합해 운영하도록 했다. 방송 관련 법에는 방송 내용 규제에 관한 내용을 담고 있지는 않아서 방송에 대한 검열과 감청의 구체적인 법적 근거는 없었던 셈이다.

대만에서도 조선과 마찬가지로 일본에서 1915년에 제정된 무선전신법이 방송의 근거가 되었고, 방송 자체의 법령으로는 1926년에 '대만라디오청취규칙'을 제정했을 뿐이다. 대만에서는 조선보다 4년이나 늦은 1931년 1월 15일에 방송이 시작되면서, 조선과 마찬가지로 청취료에 의존하는 사단법인 형태로 방송을 시작했다. 대만의 방송 출범은 조선보다 늦었지만 방송이 시작되고 불과 보름 뒤인 1931년 2월 1일에 조선보다 더 빨리 방송협회가 만들어졌다는 점에서는 차이가 있었다. 조선과 마찬가지로 대만의 방송도 사단법인 형태임에도 철저하게 총독부의 통제를 받으며, 선전을 위한 역할이 강조되었다.[73]

---

73 엄진주, 2016, 「일제강점기 대만의 라디오 방송에 관한 연구」, 『한중인문학연구』 53집, 219-244쪽.

2. 언론통제에 동원된 사상통제법

1) 보안법과 제령 제7호

'보안법(保安法)'과 '제령(制令) 제7호'는 신문지법, 출판법과 더불어 "일제의 조선통치 목표인 동화주의를 강권적으로 실현하기 위해 실시된" 사상통제법이었다.[74] 보안법과 제령 제7호는 언론탄압에도 자주 사용되었다. 보안법은 신문지법과 마찬가지로 통감부 시대인 1907년 7월 29일에 법률 제2호로 공포된 것인데 제7조에서 "정치에 관하여 불온의 언론과 동작이나 타인을 선동, 교사, 사용하며 타인의 행위에 간섭하여 인하여 치안을 방해한 자는 50대 이상의 태형(笞刑)과 10개월 이하의 금옥(禁獄) 또는 2개월 이하의 징역에 처함"이라고 규정했다.[75]

보안법도 신문지법과 마찬가지로 일제강점기 내내 언론인에 대한 처벌규정으로 활용되었다. 보안법은 일본의 '치안경찰법'에 근거해 제정된 법률이었다. 보안법은 치안경찰법에 비해 추상적인 규정을 담고 있고 적용 사항이 더욱 확대된 차별적인 법으로서 조선에서 언론탄압을 강화하려고 이 법을 제정했음을 알 수 있다.[76] 보안법은 조선인의 다양한 활동을 탄압하는 데 동원되었고, 언론탄압에도 자주 적용되었다.

일제는 3·1운동 직후인 1919년 4월 15일 공포된 조선총독부 제령

74 장신, 1998, 「1920년대 민족해방운동과 치안유지법」, 『학림』 19집, 56-57쪽.

75 계훈모 편, 1979, 앞의 책, 1264쪽.

76 鈴木敬夫, 1989, 「법을 통한 조선식민지 지배」, 고려대학교 박사학위논문, 88-92쪽.

제7호인 '정치에 관한 범죄처벌의 건'도 언론탄압에 자주 이용했다. 동령 제1조에는 "정치의 변혁을 목적으로 하여 다수 공동하여 안녕질서를 방해하거나 또는 방해하려고 하는 자는 10년 이하의 징역 또는 금고에 처한다"고 규정되어 있다.[77] 이 제령 제7호가 3·1운동 직후에 제정 공포되었다는 점을 고려할 때, 동령에서 규정하고 있는 정치변혁은 모든 독립운동을 포함하는 것으로 볼 수 있다.[78]

이 법은 "정치의 변혁을 목적으로"라는 극히 "추상적, 포괄적, 불명확한 개념을 실체로서 정하고" 있고 특히 처벌규정이 이전 보안법 2년 이하의 징역에서 10년 이하의 징역 또는 금고로 처벌이 훨씬 강화되었다.[79] 이 법은 3·1운동 직후 민족주의 열기가 고조된 사회 분위기 속에서 "민족주의 운동에 대한 더욱 엄중한 탄압의 필요성"에서 제정되었다.[80] 보안법보다 형량을 높였을 뿐만 아니라 처벌의 대상도 더 넓혀서 일본 영토 밖의 활동이나 조선인 이외의 '제국신민'에 대해서도 효력이 미치도록 했다.[81] 제령 제7호는 보안법을 대체하는 법령으로서 1919년 4월 15일 이후 발생한 행위에만 적용할 수 있었기 때문에 "3·1운동의 만세시위 참가자에게 적용하기보다는 이후에 일어날지 모르는 비슷한 사건에 대응하기 위한 예방적 법령"이었다고 할 수 있다.[82]

---

77 계훈모 편, 1979, 앞의 책, 1271쪽.

78 김철수, 1995, 앞의 글, 136쪽.

79 鈴木敬夫, 1989, 앞의 글, 219-220쪽.

80 박용상, 1980, 앞의 글, 34쪽.

81 장신, 2007a, 「삼일운동과 조선총독부의 사법 대응」, 『역사문제연구』 18호, 150-151쪽.

82 한성민, 2019, 「경기·인천 지역 3·1운동 판결과 정치적 함의」, 『역사와 현실』 113호, 142쪽.

보안법과 제령 제7호는 치안유지법이 제정되기 전까지 언론을 포함하여 조선인의 독립을 위한 모든 정치적 행위를 규제하는 주요 법령이었다.

2) 치안유지법

일본과 조선에서 사회주의운동이 활발하던 1925년 4월 21일에 일본에서 먼저 '치안유지법'이 공포되었고, 같은 해 5월 8일에 공포된 칙령 제175호에 따라서 5월 12일부터 조선에서도 이 법이 적용되었다. 치안유지법은 "국체(國體)의 변혁과 사유재산제 부인"에 대해 매우 강력한 처벌규정을 두었다. 동법은 제1조에서 국체를 변혁하는 것을 목적으로 조직을 결성하거나 여기에 참여한 자에 대해서는 사형, 무기징역, 5년 이상의 징역 또는 금고에 처한다고 규정했고 또한 사유재산제도를 부인하는 것을 목적으로 한 조직을 결성하거나 여기에 참여한 경우에는 10년 이하의 징역 또는 금고에 처한다고 규정했다. 또한 동법 제2조에서는 목적 사항의 실행 협의, 제3조와 제4조에서는 선동, 제5조에서는 재산상의 공여 등에 대한 처벌을 규정했다.

일제가 규정한 치안유지법에 따르면, 국체의 변혁이란 천황의 통치권 변경을 가하려고 하는 모든 행위로 해석되고, 사유재산제도의 부인이란 사유재산제도를 근본적으로 변경하거나 또는 그 존재를 위태롭게 하는 모든 행위가 포함되는 것이었다. 특히 조선에서는 독립을 기도하는 것도 '국체를 변혁하는 것'으로 간주하고 처벌할 수 있었다.[83] 일제는 치

83 水野直樹 저, 이영록 역, 2002, 「조선에 있어서 치안유지법 체제의 식민지적 성격」, 『법사학연구』 26집, 58-59쪽.

안유지법 소정의 범죄는 '목적죄'이므로 고의 이외에 동기의 존재를 성립요건으로 한다고 해석했다.[84]

즉 결사의 조직행위 등에 관해서 인식을 필요로 할 뿐만이 아니라 국체를 변혁 또는 사유재산제도를 부인하려는 목적이 결사와 조직의 동기가 되어 있어야 하며 그 동기나 목적은 행위자의 희망으로 족할 뿐 구체적인 결과의 발생까지를 필요로 하는 것은 아니라고 주장했다. 이렇게 치안유지법을 목적죄로 설정함으로써 언론 활동의 경우에는 특히 치안유지법의 저촉을 받기가 쉬웠다.

치안유지법은 신문지법이나 출판법 등의 언론통제 관련 법률들과 함께 적용될 수 있었다. 먼저 치안유지법은 신문지법 제11조, 제13조, 제21조, 제25조, 제26조, 제29조 등에 규정된 신문의 '사상의 발표를 제한하는 사항'들과 함께 병합하여 처벌할 수 있었다. 또한 출판법 제11조, 제12조, 제14조, 제16조 등과 함께 치안유지법의 제3조와 제4조를 적용해 처벌할 수도 있었다.[85]

또한 치안유지법에 저촉되면 보안법이나 제령 제7호보다 치안유지법이 먼저 적용되지만, 기타의 경우에는 이러한 법률들이 적용되거나 경우에 따라 치안유지법과 이러한 법률들을 동시에 적용하여 처벌할 수 있었다.[86] 이러한 치안유지법은 1928년의 개정을 통해 조직자나 조직원에 대해 최고 사형까지 가능하게 하는 등 처벌규정이 더욱 강화되었고 포괄적인 목적수행행위 처벌규정을 신설하여 동조자층까지 광범위하게

84 임종국, 1985, 『일제하의 사상탄압』, 평화출판사, 122쪽.

85 中川利吉, 1933, 『朝鮮社會運動取締法要義』, 帝國地方行政學會朝鮮本部, 4-5쪽.

86 위의 책, 5-6쪽.

처벌할 수 있도록 했다.

치안유지법의 최초 적용은 일본이 아닌 조선의 '고려공산당창립준비위원회'사건으로서, 1925년 9월 12일 재판에서 치안유지법이 적용되어 정재달과 이재복이 징역 3년을 선고받았다.[87] 조선에서 최초로 치안유지법이 적용되었다는 사실은, 이 법이 사상통제의 차원에서 발휘한 영향력을 상징적으로 보여주는 것이다. 또한 이와 비슷한 시기인 1925년 9월 17일에 『조선일보』의 신일용이 치안유지법 위반으로 기소되었다는 사실은 치안유지법이 언론에 대해서도 강력한 위협이 될 수 있음을 드러냈다.[88]

치안유지법은 사회주의운동뿐만 아니라 식민지인 조선에서는 독립운동과 관련된 모든 행위, 주장, 협의까지도 처벌할 수 있는 강력한 통제법령으로서 큰 반발을 불러일으켰다. 『조선일보』는 "치안유지법의 내용이 지극히 가혹준엄(苛酷峻嚴)한 것은 거세(擧世)의 물의를 초래한 바" 있다고 하며 이 법으로 파급된 '변태적 혼란'에 대한 각오가 필요하다고 지적했다.[89] 또한 『동아일보』도 기존의 모든 통제법령에 이러한 악법을 더한 것은 "총독정치가 어디까지든지 전제정치이며 압박정치이며 위협정치라는 것"을 확인시켜주는 것이라고 비판했다.[90] 총독부는 사회주의자와 민족주의자의 협동전선인 신간회가 등장하면서 이에 대한 효과

87 전명혁, 2019, 「1920년대 '사상사건'의 치안유지법 적용 및 형사재판과정」, 『역사연구』 37집, 414-415쪽.

88 이혜인, 2017, 「혁신의 동요와 굴절: 1924~25 조선일보의 혁신과 사원해직사건」, 『역사연구』 32집, 194-195쪽.

89 「(사설) 치안유지법의 실시」, 『조선일보』 1925.4.25, 1면.

90 「(사설) 치안유지법 실시에 대하여」, 『동아일보』 1925.5.13, 1면.

적인 통제를 위해서도 치안유지법을 활용하겠다는 의사를 내비치기도 했다.[91] 이후 실제로 치안유지법을 사회주의운동뿐만 아니라 모든 독립운동에 적용했고, 때로는 언론통제에 적용하기도 해서 신문이나 잡지의 논조가 위축되는 데도 영향을 주었다.[92]

이렇듯 신문지법을 기초로 보안법, 제령 제7호, 치안유지법 등을 동원한 일제의 강력한 언론탄압은 언론 활동의 자유를 원천적으로 봉쇄한 것이었다. 즉 허가제와 검열제라는 전근대적인 제도에서부터 모호하고 광범위한 처벌조항과 강력한 처벌규정은 최소한의 민족적 언론 활동조차 불가능하게 만들었고, 이는 바로 조선에 대한 일제의 식민지 지배가 조선 독립은 절대로 용납할 수 없다는 기본 방침에 따른 매우 가혹한 것이었다는 것을 잘 보여준다.

3) 육·해군형법과 국가총동원법

일제 말기에 유언비어 단속에 적용된 가장 가혹한 법률은 육·해군형법이었다. 육군형법 제28조 7호와 해군형법 제23조 7호에서는 "적국을 이롭게 하려고" 조언비어를 한 자는 사형에 처하도록 했다. 또한 육군형법 제99조와 해군형법 제100조에서는 "전시 또는 사변 때 군사에 관해 조언비어를 한 자"는 7년 이하의 징역 또는 금고에 처한다고 규정했다.[93] 단파방송청취사건 관계자들에게 단파방송에서 청취해 전달한 사실이

91 장신, 1998, 앞의 글, 105-106쪽.

92 高峻石, 1976, 『抗日言論闘争史』, 東京: 新泉社, 92-93쪽.

93 변은진, 2013, 앞의 책, 214-215쪽.

조언비어라고 하며 육·해군형법도 적용했다.[94]

일제는 중일전쟁 발발 이후인 1938년 4월 1일에 '국가총동원법'을 공포하고, 5월 5일부터 시행했다. 일제는 1937년 7월 중일전쟁을 도발하고, 국가를 전시총동원체제로 바꾸기 위해 총력을 기울이며, 이를 법제적으로 뒷받침하기 위해 국가총동원법을 제정했다. 칙령 제316호로 공포된 이 법은 일제의 식민지였던 조선에서도 시행되었다. 국가총동원법은 총 50조와 부칙으로 되어 있는데, 제4조부터 제20조까지가 이른바 '전시규정'이라고 불리던 것으로, 그중에 제20조가 언론 및 출판의 규제에 관한 내용을 담고 있다. 국가총동원법은 주로 인력과 물자의 동원, 전시 경제체제를 구축, 운영하기 위한 각종 통제정책이 주류를 이루고 있고, 사상의 통제에 관해서는 제20조 정도를 두고 있을 뿐이다.[95]

국가총동원법 제20조에서 자신들의 전쟁 수행에 장애가 되는 모든 언론보도를 통제하기 위해 다음과 규정했다.

- 정부는 전시에 제하여 국가총동원상 필요한 때에는 칙령의 정하는 바에 의하여 신문지 기타의 출판물의 게재에 대하여 제한 또는 금지를 할 수 있다.
- 정부는 전항의 제한 또는 금지에 위반한 신문지 기타의 출판물로서 국가총동원상 지장이 있는 것의 발매반포를 금지하고 이를 압수할 수 있다. 이 경우에 있어서는 병(倂)하여 그 원판을 압수할 수 있다.[96]

---

94 유병은, 1998, 앞의 책, 128쪽.

95 진필수, 2016, 「일제 총동원 체제의 기원과 특징에 대한 재검토」, 『비교문화연구』 22집 2호, 430−432쪽.

96 계훈모 편, 1979, 앞의 책, 1261쪽.

제39조에서는 제20조 1항을 위반한 신문지의 발행인 및 편집인, 기타 출판물의 발행자 및 저작자에 대해서는 2년 이하의 징역, 금고 또는 5,000원 이하의 벌금에 처하게 한다고 규정했다. 제40조에서는 제20조 2항에 따른 압류처분의 집행을 방해하는 때에는 6개월 이하의 징역, 금고 또는 500원 이하의 벌금에 처한다고 규정했다.[97] 또한 이 총동원법은 제5조에서 "국가 또는 지방공공단체가 실행하는 총동원업무에 대하여 협력케 함"을 규정하여 신문에 대해서도 자신들의 필요에 따라 특정 기사의 게재를 강제할 수 있도록 했다.[98]

1941년 1월 10일에는 국가총동원법 제20조의 시행규정으로 '신문지 등 게재 제한령'을 공포했다. 총동원업무에 관한 기밀이나 정책 수행에 지장이 될 만한 보도를 금지하고, 이를 위반하는 신문과 출판물에 대해 총독이 발매·반포금지·원판차압을 할 수 있도록 했다.[99] 1941년 12월 13일에는 국가총동원법 제16조 3항의 규정에 따라 신문사업을 총동원적으로 통제하는 것을 목적으로 하는 '신문사업령'을 공포했다. 총독이 신문의 허가는 물론 합병과 해산을 일방적으로 시행할 수 있도록 했다. 이렇듯 일제는 국가총동원법에 근거해 언론을 더욱 강력하게 통제할 수 있는 수단들을 만들었다.[100]

1943년 3월 1일에는 국가총동원법 제16조 3항의 규정에 따라 출판사업령도 공포되었다. 1943년 5월 29일에는 출판사업령시행규칙이 공

---

97 임종국, 1985, 앞의 책, 174-175쪽.

98 김철, 「총동원법의 전면적 발동과 신문」, 『조광』 1939.3, 285쪽.

99 이연, 2013, 앞의 책, 504-505쪽.

100 임종국, 1985, 앞의 책, 175-182쪽.

포되었다.[101] 조선인 발행 신문이 이미 폐지되었기 때문에 조선인 발행 매체와 가장 밀접한 법령은 출판사업령이 된 셈이다. 출판사업령 제3조에서는 출판사업을 하기 위해서는 허가를 받아야 한다고 규정했다. 제6조에서는 "출판사업의 종합적 통제, 운영을 도모하고 또한 출판사업에 관한 국책의 입안 및 수행에 협력할 것을 목적으로 하는 단체의 설립을 명할 수 있다"고 규정하여 전시총동원을 위해 출판물을 이용하는 것이 가능하도록 규정했다.

101 계훈모 편, 1979, 앞의 책, 1272-1274쪽.

제2장
언론·출판·방송의 허가

1. 매체 발행 허가의 배경

일제는 1904년 2월 러일전쟁 발발 이후 이미 조선의 언론을 통제하기 시작했지만, 1907년까지는 신문과 잡지의 창간과 폐간 과정에 직접 관여하지 않았다. 1904년 이전부터 있던 『제국신문』과 『황성신문』이 계속 발행되었고, 다양한 신문들이 새로 창간되었다. 가장 저항적인 논조를 보인 『대한매일신보』(1904.7.18)와 천도교 기관지 『만세보』(1906.6.17), 친일지 『국민신보』(1906.1.6)와 『대한신문』(1907.7.18) 등이 창간되었다.[1] 통감부는 민족지들의 활동에 맞서서 친일여론을 형성하기 위해 『국민신보』 같은 친일지를 지원하기도 했다.[2]

1907년 7월에 신문지법이 제정되고 나서 통감부는 신문과 잡지의 창간과 폐간에 직접 관여하기 시작했지만, 형식적으로 허가 주체는 여전히 대한제국 정부의 '내부(內部)'였다. 통감부 자료에는 1908년과 1909년 사이에 조선인의 신문 발행 허가 수가 6건, 잡지 발행 허가 수가 5건, 신문잡지 폐간계 수가 5건, 신문잡지 발행 허가 실효처분 수가 10건으로 나타났다.[3] 신문과 잡지의 이름이 나와 있지 않아 정확한 내용을 모두 파악할 수는 없지만, '회유정책'의 일환으로 이 시기에 허가한 신문으로는 『대한민보』, 『법정신문』, 『대동일보』, 『시사신문』, 『경남일

1 정진석, 1990, 앞의 책, 198－214쪽.

2 박용규, 2012, 「대한제국 말기 『국민신보』의 특성과 역할」, 『한국언론학보』 56권 2호, 254－255쪽.

3 「신문압수」, 『융희 3년(1909년) 경찰사무개요』, 161－162쪽.

보』 등을 들 수 있다.[4] 『경남일보』(진주, 1909.10.15)는 최초의 조선인 발행 지방지였다. 대한제국 시기에 통감부는 민족지보다는 친일지 위주로 허가했지만, 치밀한 전략을 갖고 허가정책을 실시하지는 못했다.

통감부는 1910년 8월 강점과 함께 기존 신문 거의 대부분을 폐간했다. 강제병합 직전에 『대한매일신보』를 인수하여 1910년 6월 14일에 이장훈을 발행인으로 내세웠다. 일제는 1910년 8월 29일 조선을 강제병합하고, 바로 다음 날인 30일부터 『매일신보』로 제호로 바꾸어 신문을 발행했다. 『매일신보』는 "대한의 국호를 조선이라 개칭한 후에는 대한으로 그제 두는 것이 사세에 그렇지 아니함으로 본보 명호 중 '대한' 이자를 제하여 없애노라"라고 하며 '대한' 두 글자를 제호에서 떼고 발행하기로 했음을 밝혔다.[5] 『매일신보』는 대한제국 내각의 기관지 격이었던 『대한신문』의 후신인 『한양신문』을 통폐합했고, 국한문판과 한글판 두 가지 신문을 발행했다. 1910년 12월 말에는 총독부 일본어 기관지 『경성일보』 사옥으로 들어감으로써 『매일신보』는 총독부 조선어 기관지로서 『경성일보』 산하의 조직이 되고 말았다.[6] 일제 강점 이후 조선어 민간신문으로는 1909년 9월에 경남 진주에서 창간된 『경남일보』가 1914년까지 발행되었을 뿐이다.[7] 또한 일본인이 발행하던 일부 신문이 조선인을 상대로 조선어판을 발행하기도 했다.[8]

---

4 최준, 1960, 앞의 책, 171쪽.

5 「보사(報社) 명호 개정」, 『매일신보』 1910.8.30, 4면.

6 『경성일보사지』 1920년판, 15쪽.

7 정진석, 1990, 앞의 책, 206-207쪽.

8 전성현, 2013, 「부산일보의 언문신문 발행과 의미」, 홍순권·전성형 엮음, 『일제시기 일본인의 부산일보 경영』, 세종출판사, 181-225쪽; 장신, 2018, 「연세대 소장 『조

1910년대에 신문지법에 따라 허가된 잡지로는 『중외의약신보』와 『천도교회월보』 단 2개만 계속 발행되었고 대부분의 잡지가 폐간되었다. 최남선이 발행하던 『소년』은 일제 강점 이후에도 한동안 발행되다가 1911년 5월에 폐간되고 말았다. 1910년부터 1913년까지 고등경찰과 도서계에서 검열업무를 담당했던 아이바 기요시(上場淸)는 자신이 최남선과 가깝게 지내며 검열 문제에 관해 상담해주기도 했다고 밝혔다. 아이바는 "일본책에서 이거다 할 만한 것을 번역"해 실으라고 하며, "전재(轉載)한 것이기 때문에 나쁜 것이라면 (원문을 실었던 매체를–인용자) 폐간하라고 하면 된다"고 알려주었다고 한다.[9] 그럼에도 『소년』은 결국 1911년에 폐간되고 말았다. 이런 현실에서 최남선이 다시 『청춘』을 창간하여 1914년부터 1918년까지 발행했던 것은 '거의 기적'처럼 보였고, "어떻게 총독부의 언론통제정책과 타협할 수 있었는지 그것도 불가사의한 일"이었다.[10] 도서 출판도 탄압을 받아 1909년 5월 도서발매반포금지 이후 1910년 11월 51종의 도서가 추가 압수대상 목록에 올랐고, 1917년 8월 8일까지 총 130종 출판물의 발매반포를 금지했다.[11]

3·1운동으로 인해 일제는 지배정책을 '무단통치'에서 '문화정치'로 바꾸었다. 문화정치의 실시는 일제가 식민지 지배정책을 근본적으로 바꾼 것이라기보다는 단지 좀 더 효율적인 지배방식을 선택한 것에 불과

선신문』 '한글판' 해제」, 『근대서지』 18집, 116–129쪽.

9 배병욱, 2019, 앞의 글, 115–116쪽.

10 권보드래, 2007, 「〈소년〉·〈청춘〉과 근대 초기의 일상성」, 『〈소년〉과 〈청춘〉의 창』, 이화여자대학교 출판부, 14쪽.

11 장신, 2011a, 「한국강점 전후 일제의 출판통제와 '51종 20만권 분서사건'의 진상」, 『역사와 현실』 80권, 232–238쪽.

했다.[12] 무엇보다도 문화정치는 내지연장주의를 토대로 하여 협력세력을 육성하는 한편 부분적으로 유화정책을 실시하려는 것이었다. 총독부는 문화정치 실시에 따른 새로운 정책의 일환으로 조선어 민간신문의 발행을 허가하겠다는 방침을 밝혔다.[13] 조선어 민간신문의 허용은 '문화정치의 표상'처럼 제시되었다.[14] 일제는 다른 매체보다 신문을 발행하도록 허용하는 것이 더 파급력이 크다고 보았을 것이다.

총독부가 조선인의 신문 발행을 허가하려고 했던 데는 3·1운동 당시 항일지하신문의 발행이나 해외교포신문의 유입이 활발했던 것이 영향을 주었다. 3·1운동 이후 발행된 각종 지하신문 중에 제호가 확인되는 것들로 국내에서 발행된 것이 28종, 해외에서 발행되어 유입된 것이 27종이나 되었다.[15] 특히 국내에서 발행된 항일지하신문들은 1919년 후반기까지 계속 발행되며 만세시위를 확산시키고 독립사상을 고취하는 데 큰 기여를 했다.[16] 이와 같은 지하신문의 발행이나 해외신문의 유입이 지나치게 언론의 자유를 억압했기 때문이라는 인식이 생기면서 조선인 신문 발행 허가가 논의되기 시작했다.

3·1운동 직후 총독부 기관지 외의 신문 발행을 일절 허용하지 않고, 잡지나 단행본의 발행도 극도로 억압하는 언론정책에 대한 비판이 일본

12 박경식, 1986, 『일본 제국주의의 조선 지배』, 청아, 196-197쪽.

13 박용규, 2018, 앞의 글, 107-135쪽.

14 이민주, 2011a, 「일본어 잡지기사에 나타난 일제하 언론정책과 언론상황」, 『한국언론학보』 55권 6호, 43쪽.

15 윤병석, 2001, 「1910년대 일제의 언론 정책과 '독립신문'류」, 위암장지연선생기념사업회 편, 『한국 근대언론과 민족운동』, 커뮤니케이션북스, 153-155쪽.

16 박용규·채백·윤상길, 2019, 『3·1운동과 항일지하신문』, 한국언론진흥재단, 12-20쪽.

과 조선의 일본인 발행 신문과 잡지를 통해 제기되었다. 도쿄제국대학 정치학과 교수 요시노 사쿠조(吉野作造)는 3·1운동 이후 조선통치정책을 개혁해야 한다고 주장하며, 그중에서도 "조선인의 언론을 인정하는 것이 초미의 급무"라고 주장했다. 『중앙공론』 1919년 6월호에 실린 「조선의 언론자유」라는 글에서 "조선에서는 적어도 내지에서와 동일한 정도의 언론자유는 부여해야 한다"고 하면서, 그래야만 '조선인의 적나라한 감정'을 엿볼 수 있다고 주장했다.[17] 『도쿄아사히신문(東京朝日新聞)』 경성특파원 다치바나 고키쓰(橘香橘)도 1919년 7월 23일 자 「극단적인 언론탄압」이라는 기사에서 조선인의 언론이 하나도 없는 것에 대해 비판했다.[18]

조선인이 발행하는 신문이 하나도 없는 상황에 대한 자성의 목소리가 총독부 내부에서도 조심스럽게 제기되기는 했다. 총독 하세가와 요시미치(長谷川好道)는 물러나면서 작성한 「사무인계 의견서」 마지막 장에 '언론집회의 억압을 완화할 것'이라는 제목으로 "언론·집회의 억압은 종래 약간 혹독했던 것 같다. (중략) 차제에 2~3개의 한글 신문의 간행을 허락하고 이것을 민심의 통일과 시정(施政)의 선전용으로 이용할 필요가 있다"고 주장했다.[19] 하세가와 총독체제에서 내무국장을 맡았던 우사

17 이규수, 2009, 「민본주의자, 요시노 사쿠조의 조선인식」, 『역사비평』 88호, 312-317쪽 재인용.

18 朴仁植, 2007, 「植民地朝鮮における民間三紙許可の政治的意圖」, 東京: 富士ゼロックス小林節太郎記念基金, 13쪽 재인용.

19 『齋藤實文書』 1권, 400-402쪽. 『재등실문서(齋藤實文書)』 전 17권이 국내에서도 영인본(고려서림, 1990)으로 출간되었다. 영인본 자료를 인용할 때는 권수와 쪽수만 밝힐 것이다. 영인본에 담겨 있지 않은 내용은, 일본국회도서관 헌정자료실의 자료를 복사해 들여온 마이크로필름을 통해 볼 수 있는데, 마이크로필름은 크게 '서류의 부(書類の部)', '서한의 부(書翰の部)'로 나뉘어 있다. 마이크로필름 안의 문서는 각각 마이크로필름 번호와 서류 번호를 밝힐 것이다.

미 가쓰오(宇佐美勝夫)도 진학문에게 신문 발행을 허가할 의향이 있음을 내비쳤다.[20] 일본의 하라 다카시(原敬) 수상도 1919년 10월 2일 송병준이 찾아와 만났을 때 '조선어 신문 발행의 필요성'에 대해 동감을 표했는데,[21] 그는 언론인 출신으로서 이미 조선인의 신문 발행이 필요함을 인식하고 있었다.[22]

사이토 총독도 경성에 부임한 다음 날인 1919년 9월 3일의 훈시에서 '민의창달'을 위해 언론통제를 다소 완화하겠다는 입장을 밝혔다.[23] 송병준은 1919년 9월 24일에 작성한 '조선문 신문지 발행원서'에서 총독의 '언론에 대한 불간섭 선명(宣明)' 이후 신문 창간이 가능해지면서 '유식계급'은 이를 대단히 감사하게 생각하고 있다고 했다.[24] 사이토 총독의 입장 발표 이후 논의를 거쳐 총독부는 조선인들로부터 신문 발행 신청을 받았다.[25]

사이토 총독이 신문 발행 허용 방침을 밝히고 나서도 여전히 일본인들로부터 많은 반대 의견이 있었고 총독부 내부적으로 여러 가지 고민이 있었다. 미즈노 렌타로(水野錬太郎) 정무총감은 "각계로부터 많은 비난을 들었다"고 하며 다음과 같이 해명했다.

---

20 「반세기 전의 창간 당시를 말하는 칠순의 「동아」 창간 멤버들」, 『동아일보』 1970.4.1, 11면.

21 原奎一郎 編, 1950, 『原敬日記』, 東京: 乾元社, 342쪽.

22 박인식, 「일제하 3대 민간지인 시사신문 허가일 재규명」, 『신문과 방송』 2006.3, 44쪽.

23 『齋藤實文書』 1권, 476쪽.

24 『齋藤實文書』 書類の部, MF 102-16.

25 「雨後の筍様 新聞發行の申請」, 『京城日報』 1919.10.11, 2면.

우리들은 조선인의 기분을 알기 위해서는 단지 총독부 기관지만으로는 부족하다는 사실에 의견이 일치했고, 조선인 사이에 어떤 공기가 흐르고 있는지를 알기 위해서는 다소 반대하는 자가 있다 하더라도 근본적인 치안을 해치지 않는 한도 내라면 오히려 이를 인정하는 편이 좋지 않을까 하는 생각을 가지고 있었기 때문에 조선어 신문을 허용하기로 했던 것입니다. (중략) 특히 언제까지나 조선인들에게만 신문 발행을 금지하는 것은 주위의 눈을 생각하더라도 도저히 그대로 밀고 나가기 어려울 것이라 생각했기 때문에 조선어 신문을 허용하지 않을 수 없었던 것입니다. (중략) 불을 지피는 데 굴뚝이 없으면 언젠가 가마가 파열하게 됩니다. 그러나 굴뚝이 있어서 연기가 굴뚝으로 잘 배출되면 그 파열을 막을 수 있다는 겁니다. 총독부가 조선어 신문을 허용했던 것은 바로 굴뚝을 만들어준 것과 같은 격이고, 조선의 긴장된 공기를 완화하는 데 아주 좋은 분출구를 마련해 준 것입니다.[26]

미즈노 정무총감은 조선인의 신문 발행 허가 배경으로, 신문 발행이 조선인 사이의 분위기를 파악하고, 언론자유를 허용한 것처럼 홍보하며, 조선인의 불만을 누그러뜨리는 데 도움이 되기 때문이라고 밝혔다. 경기도 제3부장(곧 경찰부장으로 바뀜) 지바 료(千葉了)도 "한글 신문의 간행은 조선 민중의 불평을 완화할 안전판이며, 민심의 귀향(歸向)을 알아낼 바로미터"라고 주장했다.[27] 지바 경찰부장의 주장대로 '안전판'과 '바로미터'

26 朝鮮行政編輯總局, 1937, 『朝鮮統治秘話』, 東京: 帝國地方行政學會, 208-209쪽.

27 千葉了, 1925, 『朝鮮獨立運動秘話』, 東京: 帝國地方行政學會, 147쪽.

라는 두 단어로 조선어 민간신문 발행 허가의 배경을 어느 정도 이해할 수 있다. 사이토 총독은 『동아일보』가 허가된 뒤 '일본인 상인'들이 항의하자 "동아일보는 조선 민족의 뱃속에서 끓어오르는 개스(가스)를 배출시키는 굴뚝이야. 개스를 배출시키지 않으면 쌓이고 쌓여서 끝내는 폭발이 되거든"이라고 말했다는 것도 같은 맥락이었다.[28] 신문에 이어서 1920년대 초반에 잡지나 도서의 발행을 허용한 것도 같은 맥락에서 이루어진 일이었다.

총독부 관계자들은 위와 같은 배경에서 조선어 신문을 허가하겠다는 방침을 결정하고도 재조 일본인이나 총독부 내 일부의 반대로 다소 주저했지만, 정책적으로 필요하다는 점을 강조하면서 제한된 범위 내의 언론자유 허용이라는 점을 거듭 밝히며 허가 절차를 진행했다. 미즈노 정무총감이 "각계로부터 수많은 비난"을 받았다고 하면서도 "근본적인 치안을 해치지 않는 한도 내라면 이를 인정하는 편"이 좋을 것이라고 했던 것과 마찬가지의 내용을 경무국 고등경찰과장 시라카미 유키치(白上佑吉)도 주장했다.[29]

동아일보를 한다는 청년들이 장래 조선의 치안을 소란케 할 것인가

---

28 동아일보사, 1975, 『동아일보사사』 권1, 동아일보사, 74쪽.

29 『동아일보사사』 1권에 실려 있는 시라카미의 이 '술회'는 출처가 나와 있지 않다. 진학문이 "시라가미가 한 녹음을 들으니"라고 했던 것을 보면, 일본의 '우방협회'와 '중앙일한협회'가 조선총독부 관계자들의 과거 경험을 녹음했던 자료를 접했던 것으로 보인다. 일본 가큐슈인(學習院)대학 동양문화연구소에 보관 중인 녹음자료 중 일부는 출간되었는데, 출간된 자료 중에는 시라카미가 강술한 내용은 없고, 지바가 강술한 내용은 포함되어 있다. 「반세기 전의 창간 당시를 말하는 칠순의 「동아」 창간 멤버들」, 『동아일보』 1970.4.1, 11면; 이규수, 2005, 「조선총독부 치안관계자의 한국인식: 미공개 녹음기록의 분석」, 『동학연구』 18집, 167–193쪽.

안 할 것인가를 판가름하는 중심 인물들임에는 틀림없습니다. 그럴수록 이런 인물들을 항상 한자리에 모이게 하는 것은 매우 중요한 일이라고 생각합니다. 이 인물들이 말하고자 하는 것이 무엇인가, 즉 적을 알아야 이쪽의 방비책도 쓸 수 있을 줄 압니다. 저의 정보망만으로 그들의 움직임을 완전 파악할 수는 없습니다. 신문을 허가함으로써 그들의 동정을 낱낱이 알 수 있는 줄 믿습니다. 뿐만 아니라 그들을 모아 놓아야만 일조(一朝) 유사시에 일망타진하는 경찰 행동을 취할 수 있습니다. 그리고 일단 문제가 생겼을 때는 정간이든 발행정지이든 마음대로 시킬 수도 있습니다. 이 신문을 허용하는 것은 백 가지 이득이 있을지언정 한 가지 해도 없을 줄 압니다. 각하, 두려워하실 것 없이 제 책임하에 신문 허가를 내려주십시오.[30]

시라카미 고등경찰 과장의 주장처럼, 지하신문이 활발하게 발행되던 상황에서 합법적인 신문을 허용해 "수면 아래 비밀 활동을 수면 위로 부상시켜 단속을 쉽게 하기 위한" 의도도 작용했던 것이다.[31] 미즈노 정무총감은 "총독부는 신정책으로서 언론 억압을 완화했고, 신진기예 지식인들의 집단인 동아일보를 허가했는데, 이는 일본의 조선인 탄압에 대한 안팎의 비판을 일소하는 데 큰 역할을 했다"고 회고했다.[32] 이렇듯 일제는 신문 발행 허가가 민족운동세력을 '일제 지배체제 내로 견인'하는 데 도움이 될 뿐만 아니라 대외적인 홍보 효과도 있다고 보았다.[33] 일제

---

30 동아일보사, 1975, 앞의 책, 74-75쪽.

31 이연, 2013, 앞의 책, 294-295쪽.

32 朝鮮行政編輯總局, 1937, 앞의 책, 211쪽.

33 김경택, 1998, 「1910·20년대 동아일보 주도층의 정치경제사상 연구」, 연세대학교

가 신문 발행을 허가했던 데는 "조선인의 환심을 사는 한편 그들에 의해 유도된 공개적인 언론을 통해 조선인의 동태 파악과 여론조작을 할 수 있다는 계산"이 깔려 있었다.[34]

조선인의 신문 발행에 적극적이었던 측은 미즈노 정무총감에 의해 발탁되어 조선으로 새로 부임한 '본국형 관료'들이었는데, 이들은 조선에 오랫동안 근무한 경험을 지닌 '현지형 관료'와 여러 가지 면에서 차이를 보였다.[35] 그중에서 본국형 관료는 현지형 관료들과는 달리 동화주의를 내세우며 적어도 공식적으로는 조선인과 재조 일본인의 차별을 인정하지 않았다는 점이 가장 큰 차이였다.[36] 이런 정책으로 인해 총독부와 재조 일본인은 대립과 갈등을 겪었는데,[37] 형평성 차원에서 조선인에게도 신문 창간을 허용하겠다는 정책도 재조 일본인의 반발을 샀다. 『조선과 만주(朝鮮及滿洲)』를 발행하며 재조 일본인의 입장을 대변하던 샤쿠오 슌조(釋尾春芿)는 조선어 신문이 '독립적 기분을 고취'해서 "조선인의 사상 악화와 불령선인의 발호"를 가져올 수 있다고 비판하기도 했다.[38] 일본의 지식인들이 조선인의 신문 창간을 허용해야 한다고 주장한 것과는

박사학위논문, 57쪽.

34 최민지, 1978, 앞의 책, 42쪽.

35 윤해동은 조선총독부의 관료를 '본국형 관료'와 '현지형 관료'로 나누었는데, 이는 이형식이 '신래종'과 '재래종' 관료로 나누었던 것을 변형한 것이다. 윤해동, 2010, 『근대역사학의 황혼』, 책과 함께; 李炯植, 2006, 「初期における朝鮮總督府官僚の統治構想」, 『史學雜誌』 115권 4호, 510-534쪽.

36 윤해동, 2010, 위의 책, 249-250쪽.

37 이승엽, 2012, 「'문화정치' 초기 권력의 동학과 재조 일본인사회」, 『일본학』 35집, 103-108쪽.

38 釋尾春芿, 「文化政策の價値を疑はる」, 『朝鮮及滿洲』 1920.9, 4쪽.

달리 재조 일본인들은 이에 대해 강력히 반대했다.

재조 일본인의 비판에도 불구하고 총독부는 조선인의 불만을 누그러뜨리거나 분위기를 파악하기 위해서는 어느 정도 수준의 저항적 신문까지 허용해야 한다고 판단했지만, 여기에는 지배정책이 허용하는 범위를 넘어서는 논조에 대해서는 언제든지 통제할 수 있다는 전제가 붙어 있었다.[39] 또한 총독부의 시정을 알리는 데 활용하려면 협력적 매체들도 허가할 필요가 있다고 판단했을 것이다. 신문 발행 허가 방침을 정한 이후 총독부는 몇 개의 신문을 허가할 것이며 또 누구에게 허가할 것인지 등에 대해 고민했다. 대정친목회의 한상룡은 "다수의 청원자가 나오고 각 방면에서 활발한 움직임이 있어 총독부에서도 이를 처리하는 데 곤란을 겪었던 듯하다"고 당시 상황을 회고했다.[40]

비단 신문만이 아니라 모든 매체의 허가 과정에서 총독부는 몇 개를 누구에게 허가하는 것이 자신들의 정치적 의도에 가장 잘 부합될지 고민했다. 신문지법에 따른 신문과 잡지의 허가는 전적으로 총독부의 판단에 따라 결정되었다. 정치적 상황과 발행인의 특성 등을 고려해서 총독부가 정치적으로 판단하고 결정했다. 신문지법에 따라 매체 발행을 허가받으려는 사람들은 총독부의 선택을 받기 위해 다양한 시도를 하기도 했다. 매체의 허가와 검열의 강화는 동시에 나타났다. 총독부는 매체의 허가를 통해 지배의 안정성을 상징적으로 보여주려고 했지만, 매체의 허가에는 통제 가능성이 반드시 전제되어 있었다는 것은 말할 필요도 없었다.

39 이민주, 2011a, 앞의 글, 45쪽.

40 한익교 저, 김명수 역, 2007, 『한상룡을 말한다』, 혜안, 183쪽.

2. 신문 발행 허가 신청과 결과

1) 신문 발행 허가 신청

(1) 친일세력의 신문 발행 허가 신청

3·1운동 이후 과거와 달리 어느 정도 "개방된 공간에서 조선 사회에 대한 영향력을 확보"하기 위해 총독부에 적극적으로 협력하던 '친일진영'은 신문 창간을 위해 조직적으로 움직였다.[41] '동화주의'를 표방하던 민원식은 1919년 8월 1일에 협성구락부를 결성했다. 민원식은 대한제국 시기에 이미 『위생신문』과 『시사신문』을 발행했던 경험을 지녔기 때문에[42] 처음부터 동화주의 선전을 위해서는 신문 발행이 필요하다고 판단했다.[43] 민원식은 "종래 민간에 신문이 하나라도 있었다면, 소요 발발 전에 민족자결운동 같은 불령사상의 유입을 지면에서 발견할 수 있었을지 모른다"고 하며 신문 창간의 필요성을 주장했다.[44] 협성구락부는 "주의 선전, 사회 선도를 위해 기관신문"이 필요하다고 주장하며, 사이토 총독이 부임하기 전인 1919년 8월 26일에 다른 신청자들보다 먼저 신문 발행 허가를 신청했다.[45] 총독부의 신문 발행 허가에 대한 공식적인 입

---

41 이태훈, 2007, 「〈공영〉-1920년대 전반 친일세력의 고민과 세계관」, 『역사문제연구』 17호, 240쪽.

42 정진석, 1990, 앞의 책, 213쪽.

43 박용규, 2015c, 앞의 글, 178-204쪽.

44 閔元植, 1920, 「騷擾先後策」, 『朝鮮統治問題』, 東京: 黑龍會本部, 39쪽.

45 國民協會本部, 1921, 『國民協會史』 第一, 11쪽.

장 표명이 나오기도 전에 협성구락부는 이미 신청서를 제출했던 것이다. 총독부 경무국은 이들이 "민간과 관헌 사이에 자기 세력을 확대"하기 위해 "신문지의 경영을 기획"하고 있다고 평가했다.[46]

협성구락부는 3·1운동 이후 가장 먼저 결성된 본격적인 친일단체로서 1920년 1월 18일에 국민협회로 개편하면서 활발한 정치 활동을 펼쳤다. 국민협회는 창립 취지문에서 조선과 일본이 "지금은 합체해 하나의 국가를 이루었다"고 하는 '신일본주의'를 표방하며 조선인의 참정권을 주장했다.[47] 국민협회는 1920년대 초 최대 친일단체였는데, 국민협회로 개편하던 1920년 1월에는 회원수가 약 100명에 불과했지만, 같은 해 8월 약 400명, 1921년 1월 1,694명, 같은 해 7월 약 6,000명으로 급격히 늘어났다.[48] 회장 민원식은 상해임시정부가 처단해야 할 '매국적(賣國賊)'이라고 비판했던 인물이다.[49] 국민협회 간부들은 일본 유학을 했거나 하급 관료를 거친 친일파들이었다.[50] 민원식 스스로 대부분의 국민협회 회원들은 생활이 어려워 "어떤 사람은 소위 신일본주의자 일파인 국민협회와 시사신문에 모인 무리는 모두 주의보다도 오히려 '빵'을 위해서 모였다고 말합니다. 실제로 우리 동지가 모두 자산계급이 아니라는 것은 숨길 수 없는 사실입니다"라고 밝힐 정도였다.[51] 국민협회가 신문을 창간

---

46 朝鮮總督府 警務局, 「京城民情彙報: 民心の傾向, 獨立資金募集者 檢擧(高警第26490號)」 1919.10.18(e-gonghun.mpva.go.kr/portal/url.jsp?ID=PV_JS_0004_00000116), 3쪽.

47 國民協會本部, 1921, 앞의 책, 21-22쪽.

48 松田利彦 저, 김인덕 역, 2004, 『일제시기 참정권 문제와 조선인』, 국학자료원, 137쪽.

49 「칠가살(七可殺)」, 『독립신문』 1920.2.5, 1면.

50 松田利彦 저, 김인덕 역, 2004, 앞의 책, 141쪽.

51 閔元植, 1920, 앞의 글, 38쪽.

하려고 했던 것은 일차적으로는 동화주의 선전을 위한 것이었지만, 한편으로는 회원들의 생계 마련을 의도한 것이기도 했다.

1916년 11월에 결성된 대정친목회는 '사교와 풍속 교화'를 통한 '내선융화운동'을 전개했지만, 3·1운동이 발발하고 회장 조중응이 1919년 8월 25일에 사망하여 그 활동이 크게 위축되었다.[52] 대정친목회는 침체를 벗어나기 위한 만회책으로 신문 발간을 희망했는데,[53] 신문 발행 허가를 위해 한성은행 지배인이자 대정친목회 평의장인 한상룡이 나섰다. 한상룡은 1919년 11월 6일에 사이토 총독과 아카이에 아쓰시(赤池濃) 경무국장을 만나 '대정친목회의 이름'으로 '실업계 신문'을 내겠다고 하여 찬성의 뜻을 얻어냈고, 11월 27일 미즈노 정무총감을 만나 신문 발행을 허가하겠다는 답변을 들었다.[54] 한상룡은 신문 발행의 명분으로 대정친목회의 선전 활동을 내세우지는 않았다.

대정친목회는 조선인의 정치 활동이 금지되어 있던 3·1운동 이전의 유일한 친일단체였다. 특정한 정치적 목적을 지니지 않은 사교 기관이었기 때문에 활동할 수 있었다. "대정친목회는 경성 주재 일본인과 조선인 '지식자산계급'의 합동단체로서 총독부의 지배정책을 지지하면서 그들의 요구를 총독부에 구하는 일종의 '관민 간 접촉의 장'이" 되었지만, 그렇다고 "이 회의 회원 전체가 특정의 정치이념을 공유하고 적극적인 '시정활

52 장신, 2021c, 『조선·동아일보의 탄생』, 역사비평사, 24-25쪽.

53 『조선일보』가 언제 신문 발행 허가 신청서를 제출했는지 확인할 수 있는 자료는 없다. 대정친목회가 1919년 10월에 조선일보 설립발기인조합을 만들었던 것을 보면, 대략 10월 초쯤에 신청했을 것으로 짐작할 수 있다.

54 한익교 저, 김명수 역, 2007, 앞의 책, 182-183쪽.

동'을 하는 일은 없었다"고 할 수 있다.[55] 대정친목회는 귀족과 경제인 등을 위주로 "다양한 직업군들로 형성된 경성지역 유지들의 결합체"였기 때문에[56] 『조선일보』 창간에는 경제적인 요인이 더 크게 작용했을 것이다. 당시에도 이미 대정친목회가 "최초에 신문 발간 계획도 사회와 민중을 위하여 지도, 계발을 뜻함이 아니고 오직 어찌어찌 지내다가 작자나 나서면 (당국자도 포함된 듯) 권리값을 푸근히 받고 조선일보를 매도하려는 의사가 있어서 그리하였다는 풍설도 있었다"는 비판이 나왔다.[57]

친일진영에서 개인적으로 신문 발행을 허가받으려고 시도했던 사람들도 있었다. 송병준은 자신이 소속되어 있던 대정친목회가 신문 창간을 준비하고 있었음에도 별도로 신문 발행 허가를 신청했다. 송병준은 대정친목회 활동에 별로 적극적이지 않았다. 대한제국 시기에 '친일경쟁'을 벌였던 이완용과의 대립관계가 작용했을 것이다.[58] 대정친목회 결성을 주도하고 초대 회장을 맡았던 조중응은 '이완용의 수족'으로 알려진 인물이고,[59] 이완용 본인도 고문으로 참여했기 때문에 송병준은 대정친목회에 적극적으로 참여하지 않고 별도의 신문 발행을 추진했다. 송병준은 대한제국 시기에 일진회 기관지 『국민신보』 사장을 지낸 적이 있었기 때문에 신문 발행에 관심이 컸다. 그는 총독부의 '신정(新政)에 순응'하고 '일한(日韓)병합의 대의'를 살리는 역할을 하는 신문을 발행하겠다

---

55 김동명, 2006, 『지배와 저항, 그리고 협력』, 경인문화사, 223－224쪽.

56 장신, 2007b, 「대정친목회와 내선융화운동」, 『대동문화연구』 60집, 371－375쪽.

57 신철, 1923, 「소위 팔방미인주의인 조선일보에 대하여」, 『개벽』 1923.7, 47쪽.

58 김종준, 2010, 『일진회의 문명화론과 친일활동』, 신구문화사, 267－268쪽.

59 이용창, 2012, 「일제강점기 '조선귀족' 수작 경위와 수작자 행태」, 『한국독립운동사연구』 43집, 351쪽.

고 하며, 창간 준비 예산으로 25만 원을 책정한 계획서를 총독부에 제출했다.[60] 그는 계획안을 내고 일본에 가서 1919년 10월 2일에 하라 수상을 만나 조선어 신문 발행의 필요성을 설명했고, 수상은 동감을 표하며 미즈노 정무총감과 협의하라고 대답했다.[61] 미즈노 정무총감은 1919년 11월 22일에 하라 수상을 만나 송병준과 신문 발행 문제를 논의했다고 보고했다.[62]

민원식과 쌍벽을 이룰 정도의 직업적 친일분자였던 선우순도 신문 창간에 관심이 있었던 듯하다.[63] 그는 평양 출신의 전도사로 3·1운동 직후 독립운동을 반대하는 '배역유세단(排逆遊說團)'에 참여해 활동했고, 하라 수상에게 내선동화 강화를 중심으로 하는 조선통치책을 건의했으며, 1920년 10월 26일에 평양에서 대동동지회라는 친일단체를 결성했다.[64] 선우순도 민원식과 함께 상해임시정부가 처단해야 한다고 비판했던 인물이다.[65]

이렇듯 친일세력 내에서도 가장 적극성을 보인 인물이나 단체들이 신문 발행에 큰 관심을 보였다. 친일세력들의 신문 발행 시도는 자신들의 영향력을 확대하고 경제적 이익도 얻겠다는 의도에서 비롯된 것이었다. 이들은 일제강점기 내내 신문은 물론 잡지 등 각종 매체의 발행에 관심을 가지고 활동했다.

---

60 『齋藤實文書』, 마이크로필름 102-16.

61 原奎一郎 編, 1950, 앞의 책, 342쪽.

62 위의 책, 396쪽.

63 『齋藤實文書』 14권, 23-24쪽.

64 이태훈, 2007, 앞의 글, 235-237쪽.

65 「칠가살(七可殺)」, 『독립신문』 1920.2.5, 1면.

(2) 소극적 저항 세력의 신문 발행 허가 신청

3·1운동의 여파로 저항 세력은 대부분 투옥되었거나 망명했다. 적극적으로 일제에 협력하지는 않았지만 그렇다고 본격적으로 저항하지도 않았던 '소극적 저항 세력' 또는 '타협적 저항 세력'[66] 안에서도 신문 창간을 위한 다양한 움직임이 나타났다. 1919년 6월경 총독부 내부에서 신문 발행 허가가 검토되고 있다는 사실이 외부에 알려지면서 많은 사람이 창간 준비에 나섰다. 총독부 조선어 기관지 『매일신보』 편집장이던 이상협은 총독부 영어 기관지 『서울 프레스(The Seoul Press)』 사장인 야마가타 이소오(山縣五十雄)가 조선어 신문 발행 허가 방침에 대해 '귀띔' 해주자[67] 1919년 6월 말에[68] 『매일신보』를 퇴사하고 최남선이 하던 신문관(新文館) 사업을 도우며 신문 창간 준비를 시작했다.[69]

일본인 발행의 『평양일일신문』 조선어판 주간을 지냈던 장덕준도 도쿄에 머무르면서 신문 창간을 준비했다. 당시 도쿄에서 장덕준을 만났던 김준연은 다음과 같이 회고했다.

---

66 이완범, 2009, 「김성수의 식민지 권력에 대한 저항과 협력: '협력적 저항'에서 '저항적 협력'으로」, 『한국민족운동사연구』 58집, 399-454쪽.

67 당시 『매일신보』에서 함께 근무했던 남상일이 들었던 것을 훗날의 좌담회에서 얘기한 것이다. 「반세기 전의 창간 당시를 말하는 칠순의 「동아」 창간 멤버들」, 『동아일보』 1970.4.1, 11면.

68 이미 퇴사했다고 하며 1919년 7월 1일에 이상협과 윤백남의 송별회를 해주었다는 내용의 기사를 통해 이상협이 6월 말경 퇴사했다는 것을 알 수 있다. 이상협은 퇴사하고도 8월 28일까지 『매일신보』 발행인 겸 편집인으로 이름이 남아 있었다. 이를 근거로 이상협이 1919년 8월 28일 퇴사했다고 기록한 자료도 있다. 「이·윤 양씨 송별회」, 『매일신보』 1919.7.4, 1면; 정진석, 2005, 『언론조선총독부』, 커뮤니케이션북스, 91쪽, 355쪽.

69 유광열, 「동아일보가 창간되던 무렵」, 『사상계』 1960.1, 215쪽.

그 후(3·1운동 후–인용자) 수개월이 지나서 도쿄 우리 기독교청년회 간사직에 있다가 병으로 귀국하였던 장덕준 씨가 다시 도쿄로 와서 내 숙사(宿舍)로 나를 찾아왔다. 그리하여 말하기를 "우리가 독립운동을 전개하였으니, 금후에는 대중을 고무 계몽하여야 할 것이 아닌가? 그리하는 데는 신문을 경영하는 것이 첩경이 될 것이다. 그런즉 그대가 금반 하기방학 시에 귀국하거든 그 점에 유의하여서 자금 면이며 기술 면에 필요한 준비를 하도록 하라"고 하였다. 그래서 나도 그 필요성을 인정하고 그리하기를 약속하고 귀국하였다.[70]

김준연의 회고대로 3·1운동이 수개월 지났고 하기방학 전이었다면, 장덕준은 이미 1919년 6~7월경부터 신문 창간을 준비했던 것으로 보인다. 장덕준은 대중계몽을 위한 수단으로서 신문 발행의 필요성을 강조했다. 사이토 총독의 부임 이전에 신문 창간에 관심을 가졌던 또 다른 사람이 『오사카아사히신문(大阪朝日新聞)』 경성지국 기자였던 진학문이다. 그가 우사미 내무국장을 만나 "신문 발행을 허가할거요 안 할거요"라고 물었더니 "다같이 합쳐서 하면 좋을 텐데"라고 대답해서 "아하 이자들이 허가할 의향이 있구나라고 생각했다"고 회고했다.[71]

세 사람 중 이상협과 장덕준은 도쿄에서 만나 신문 창간에 관해 논의하기도 했다. 김준연은 아무 성과도 없이 하기방학을 마치고 도쿄로 돌아온 후 장덕준이 다시 찾아와 "지금 도쿄에 매일신보와 관계하던 이상

---

70 김준연, 「민족·반공 투쟁과 동아일보」, 『동아일보』 1960.4.1, 석간 3면.

71 「반세기 전의 창간 당시를 말하는 칠순의 「동아」 창간 멤버들」, 『동아일보』 1970.4.1, 11면.

협 씨 등이 와 있어서 그분들과 신문 제작에 관한 의논을 하여 보았다. 그러나 남은 문제는 조선총독부에서 신문 발행 허가를 얻는 것과 자금 모집에 관한 것이다"라고 얘기했다고 회고했다.[72] 어떤 조건으로 합의했는지는 알 수 없으나 도쿄에서 이상협과 장덕준이 만나서 신문 발행에 힘을 합치기로 했던 것은 사실로 보인다.

또한 이상협은 최남선의 동생이자, 김성수 운영의 중앙학교 교장으로 있던 최두선에게 "신문 경영의 재정을 위하여" 김성수의 '협력 의향'이 있는지 물어봐 달라고 부탁했다.[73] 최두선은 "이분들(유근과 이상협-인용자)이 권유하고 내가 중간에서 심부름한 셈이지요. 김성수 씨에게 설명도 해드리고 요새로 말하면 사업계획서 같은 것도 이상협 씨가 만들어 온 것을 말해드렸지요. 그래가지고 매일 저녁 같이 그 얘기를 해서 결국 김성수 씨도 솔깃해졌어요"라고 회고했다.[74] 이렇듯 이상협은 최두선을 통해 김성수의 협력을 끌어낼 수 있었다.

이상협이 '장덕준과의 논의'와 '김성수에 대한 설득' 중 어느 것을 먼저 했는지 정확히 밝히기는 어렵지만 대략 1919년 7월경부터 이상협과 장덕준 등이 모두 김성수와 연결되어 신문 발행을 추진했던 것만은 확실하다. 『동아일보』 측 자료들에도 모두 본격적으로 신문 발행을 추진하기 시작한 시기가 1919년 7월경이라고 나와 있다. 이상협이 6월 말 『매일신보』 퇴사 이후 창간 준비에 뛰어들었다는 점에서도 7월경부터 여럿이 함께 신문 발행을 본격적으로 추진하기 시작했다고 보는 것이 타당

72 김준연, 1960, 앞의 글.

73 유광열, 1960, 앞의 글, 215쪽.

74 「본보 창간 당시를 말하는 좌담회」, 『동아일보』 1960.4.1, 석간 4-5면.

하다.[75] 총독부를 상대로 신문 발행 허가를 받는 일에 앞장선 사람은, 총독부 기관지 『매일신보』 출신으로 총독부 관계자들과의 접촉이 가능했던 이상협이었다. 이상협이 신문 발행의 허가를 받기 위해 노력했던 과정에 대해 다음과 같은 기록이 있다.

> 여러 방면으로 유지들의 물론(物論)에 화모(和謨)하여 갖가지로 준비 공작을 하고 있었다. 물론 거기에는 하몽(이상협 – 인용자)을 지도하는 선배도 많았다. 그러나 관변 또는 준관변과 절충하여 준비 공작의 길을 닦기는 하몽이었다. 그러는 중에 재등(사이토 – 인용자) 총독이 왔다. 부임 후 얼마하지 않아 정중한 소개로써 만났다. 아마 재등 총독이 따로 만나는 조선인으로서는 처음이었을지 모른다. 그때 하몽은 민심의 동향의 전면을 정당히 표현하는 민간 신문기관은 조선민중의 요구인 동시에 총독정치에도 또한 가장 필요한 것이 되지 않겠습니까 하고 그 포부를 말하였다. 재등 총독은 일언에 '요로시이데쓰(좋소이다 – 인용자)'라고 응하였든 것이다.[76]

이상협은 사이토 총독 부임 이전부터 총독부 관리들을 만나 설득하다가 부임 이후에는 직접 총독을 만나 신문 발행 허가를 받기 위해 노력했다. 이런 과정에 대한 비슷한 증언은 많은데, 모두 이상협과 함께 근무했던 사람들이 그에게 들었다고 하는 것들이다. 유광열은 이상협이 사

---

75 동아일보사, 1975, 앞의 책, 69쪽; 인촌기념회, 1976, 『인촌 김성수전』, 인촌기념회, 175쪽.

76 백악산인, 1938, 「복면객의 인물평 – 권토재래의 이상협씨」, 『삼천리』 1938.12, 44쪽.

이토 총독에게 "독립까지는 주장하지 않더라도 조선 사람이 일본 사람에게 하고 싶은 말이 많습니다"라고 하자, 사이토 총독은 "알았다고 고개를 끄덕였다"고 했다.[77] 김을한도 이상협이 "독립운동은 별 문제로 치고라도 우리는 조선총독부나 일본 정부에 대해서 할 말이 너무나 많다. 그리고 우리가 무엇을 생각하고 있는가는 총독부에서 알아야 할 것이므로 신문을 내려는 것이다"라고 대답했다고 주장했다.[78] 홍종인도 이상협이 총독에게 "이 사회가 움직이는 것을 나타나게 하는 길이 있어야 하지 않겠는가. (중략) 그래야 움직이는 꼴을 알고서 당신네들도 무슨 통치를 한다고 하지 않겠는가"라고 설득했다고 했다.[79] 이 같은 얘기들은 이상협이 『동아일보』 창간 과정에서 자신의 역할을 강조하면서 나왔으며, 실제로도 그가 총독부 기관지 『매일신보』에 오랫동안 근무하며 쌓았던 총독부 관리들과의 인간관계를 활용해 신문 발행 허가를 위해 가장 적극적으로 나섰다고 볼 수 있다.

장덕준은 김준연에게 사이토 총독의 비서과장 모리야 에이후(守屋榮夫)에 대한 요시노 교수의 소개장을 받아서 귀국한다고 하며[80] "신문 허가 문제는 해결될 것 같다"고 말했다고 한다.[81] 장덕준은 이상협과 신문

---

77 「반세기 전의 창간 당시를 말하는 칠순의 「동아」 창간 멤버들」, 『동아일보』 1970.4.1, 11면.

78 김을한, 1971, 『신문야화』, 일조각, 34-35쪽.

79 고명식 외, 1987, 『대기자 홍박』, 세문사, 294-295쪽.

80 요시노 교수는 조선인 유학생들과 가깝게 지냈으며, 모리야 총독부 비서과장의 '동향의 지기'였다. 모리야 비서과장은 사실상 '조선총독부의 넘버 3'로서 직급에 비해 큰 영향력을 행사했다. 이규수, 2009, 앞의 글, 312-313쪽; 이승엽, 2012, 앞의 글, 106쪽; 松田利彦, 2008, 「朝鮮總督府秘書課長と文化政治」, 『日本の朝鮮, 臺灣支配と植民地官僚』, 東京: 國際日本文化センター, 229쪽.

81 김준연, 1960, 앞의 글.

창간에 관해 논의한 적이 있었지만, 신문 발행 허가를 받는 데 도움이 된다고 보았거나 아니면 개인적으로 신문 발행을 추진하려고 했는지[82] 총독부 측 인사들을 계속 접촉하려고 했다. 진학문은 사이토 총독이 부임한 이후 만나서 "신문사나 하나 허가해 달라"고 부탁했더니 역시 "당신네들 다 같은 조선인들이니 같이 신문을 하는 게 어떠냐"는 대답을 들었다고 했다.[83]

이상협, 진학문, 장덕준 등 세 사람 외에 신문 발행을 시도한 사람이 더 있었다. 진학문은 "장도빈 씨라는 분도 신문을 하나 하자"고 했고, "유근 선생과 몇 분이 하자고" 했었다고 주장했다.[84] 장도빈은 신문 발행을 위해 노력하다가 다른 사람들이 더 적극적인 움직임을 보이자 물러섰던 것으로 보인다. 조좌호는 장도빈이 "동아일보의 발행을 결심하고 동분서주 끝에 그 내락을 얻는 데 성공했다. 그러나 다른 사람들로부터 양도하라는 교섭을 받자 '목적이 같으니 누가 경영하여도 상관 없다'고 하며 서슴지 않고 양도"해주었다고 주장했다.[85] 장도빈이 신문 창간을 추진했던 것은 사실이지만, 신문 제호는 『서울신보』였고, 내락(內諾)까지 받았던 건 아니었다.[86] 유광열은 장도빈이 발행하려고 했던 신문의 제호가 『민중일보』였다고 주장했다.[87] 장도빈은 신문 발행을 포기하고 난 후인

---

82 장덕준이 『관서신문』이라는 제호로 신문 발행을 하려고 했었다는 기록도 있다. 동아일보사, 1975, 앞의 책, 68-69쪽.

83 진학문, 「나의 문화사적 교류기」, 『세대』 1973.11, 200쪽.

84 「본보 창간 당시를 말하는 좌담회」, 『동아일보』 1960.4.1, 석간 4-5면.

85 조좌호, 1996, 「산운 장도빈의 생애」, 『산운 장도빈의 생애와 사상』, 산운학술재단, 22쪽.

86 동아일보사, 1975, 앞의 책, 74쪽.

87 유광열, 1969, 『기자반세기』, 서문당, 259쪽.

1919년 12월에 잡지 『서울』을 창간했다.

중앙학교 교장을 지낸 유근의 경우 스스로 신문 발행을 시도했다기보다는 단순히 신문 창간을 도와주려고 했던 것으로 보이는데, 실제로 그는 최두선에게 김성수와의 협력을 권유하도록 했다.[88] 유근은 『동아일보』 창간 당시 편집감독으로 참여했다. 안희제도 부산을 중심으로 신문 발행을 시도했지만, 지방신문은 허가하지 않는다는 방침을 듣고 입장을 바꾸어 『동아일보』 창간에 참여했다.[89] 이처럼 다양한 사람들이 개인적으로 신문 발행 허가를 받으려는 움직임을 보이다가, 총독부가 친일파 이외의 세력에게 단 하나의 신문만 허가할 듯한 태도를 보이자 이상협과 김성수 등이 협력하면서 하나의 흐름으로 정리되었고, 결국 이들이 함께 1919년 10월 9일에 신문 발행 허가를 신청했다.

『동아일보』 창간 준비 과정에는 민족운동을 했다고 보기는 어렵지만 그렇다고 명백하게 친일행적을 보이지는 않았던 다양한 사람들이 합류했다. 이상협은 총독부 기관지 『매일신보』 출신이고, 장덕준은 일본인 발행 『평양일일신문』에 근무한 적이 있었으며, 진학문은 『오사카아사히신문』 기자였다. 김성수도 경성방직 설립을 추진하고 있었기 때문에 신문사 설립에 조심스러웠고 많은 한계를 지니고 있었다. 박영효는 일제의 강점 직후 후작 작위를 받았던 인물로, "신문 발행의 허가가 용이하지 않을 것을 고려하여",[90] "일본인과의 접촉에 도움이 될 수" 있다는 판단으로 사장으로 추대되었다.[91] 이들은 총독부를 상대로는 '민심 파악'을 위

88 「본보 창간 당시를 말하는 좌담회」, 『동아일보』 1960.4.1, 석간 4-5면.

89 채백, 2012, 『부산 언론사 연구』, 산지니, 111-112쪽.

90 동아일보사, 1975, 앞의 책, 71-72쪽.

91 유광열, 1960, 앞의 책, 215쪽.

해 필요할 것이라고 주장하는 한편 내부적으로는 대중들을 계몽해 '실력양성'을 할 필요가 있다는 판단 아래 신문 발행을 추진했다. 다양한 세력이 참여했던 만큼 한계도 많았고 분열의 소지도 지니고 있었다.

2) 신문 발행 허가 결과

(1) 1920년의 신문 발행 허가

신문 발행 허가 신청서 제출이 이루어질 무렵인 1919년 9월 20일부터 26일까지 '조선인 명망가나 유력자'가 참여한 13도 대표에 대한 시정 설명회가 열렸다. 여기에서 19개조의 의견서가 제출되었는데, 그중 하나가 언론의 자유에 관한 것이었다.[92] 기대가 컸기 때문인지 경성에서만 조선어 신문의 신청이 10여 개나 되었는데, 총독부 관계자는 '사회정책상 신문이 중요'하기 때문에 충분히 연구해 허가하겠다는 입장을 밝혔다.[93] 이상협과 김성수 그룹, 국민협회, 대정친목회 외에도 7개 이상의 신문 발행 신청서가 들어왔던 것인데, 장도빈, 송병준, 선우순 등이 냈다고 가정해도 나머지 4개 이상의 신청서를 누가 제출했는지를 확인할 수는 없다. 미즈노 정무총감은 '신문의 출원'에 대해서는 그 조건을 심의 중이라고 하며 적절한 시기에 허가할 방침이라고 밝혔다.[94]

총독부가 몇 개의 신문을 누구에게 허가할지 모르는 상황에서 신문 발행 허가를 신청한 개인이나 단체는 다양한 경로를 통해 총독부 당국

92 이승엽, 2012, 앞의 글, 99-100쪽.

93 「雨後の筍様 新聞發行の申請」, 『京城日報』 1919.10.11, 2면.

94 「水野總監接見會」, 『京城日報』 1919.11.27, 2면.

자에게 협상이나 청탁을 해야 했다. 자신들이 어떤 역할을 할 수 있는지 보여주어야만 신문 발행 허가를 받을 수 있다고 보았기 때문이다. 사이토 총독의 부임 초기(1919년 8월~1921년 말) 신문 발행에 관심을 가졌다고 판단되는 인물들의 총독 면회 횟수는 선우순 46회, 송병준 33회, 한상룡 24회, 박영효 20회, 민원식 19회, 진학문 7회, 이상협 3회로 나타났다.[95] 특히 선우순과 송병준은 면회 횟수에서 1, 2위를 차지했을 정도로 총독을 자주 만났다. 민원식과 송병준은 모리야 총독 비서과장을 만난 횟수도 각각 33회(서한 5통)와 6회(서한 1통)였다.[96] 모든 만남이 신문 발행 허가 이전 시기에 이루어진 것은 아니었고, 또 신문 발행 허가 청탁을 위한 것이었다고 단정하기도 어렵지만, 적어도 이들이 총독이나 그 비서과장과 빈번한 접촉을 할 수 있는 위치에 있었고 그 과정에서 신문 발행을 청탁했을 가능성은 크다.

총독부는 조선어 신문발행 허가에 앞서서 1919년 12월 5일에 『북선일일신문』, 『호남신문』, 『부산상업신문』 등의 일본어 신문 발행을 허가했다.[97] 조선인에게 신문 발행을 허용하기 전에 먼저 일본인에게 신문 발행을 허가한 것은 재조 일본인의 불만을 누그러뜨리기 위한 것이었다. 윤치호는 "총독부가 조선에서 신문을 발행하고자 신청서를 제출한 4명의 일본인 모두에게 인가를 내주었다. 조선인에게 언론의 자유를 준다는 미명하에 말이다. 맙소사!"라고 일기에 기록했다.[98] 다음 해인 1920년

95 강동진, 1980, 앞의 책, 169-170쪽.

96 松田利彦, 2008, 앞의 글, 220쪽, 230쪽.

97 「신문발행허가」, 『매일신보』 1919.12.10, 2면.

98 김상태 편역, 2013, 『물 수 없다면 짖지도 마라-윤치호 일기로 보는 식민지 시기 역사』, 산처럼, 164쪽.

1월 6일에는 3개의 조선어 신문 발행을 허가했다. 전임 총독의 업무 인수인계 과정에서 조선인에게 2~3개 정도의 신문을 허가할 필요가 있다고 했던 것을 참조하고, 신문을 신청한 세력들의 특성을 고려하여 3개의 신문 발행 허가를 최종적으로 결정했던 것으로 보인다.

> 오랫동안 문제 중이던 조선인 측 신문 발행 허가는 수(遂)히 이상협 씨 명의의 출원인 동아일보, 이동우 씨 명의의 출원인 시사신문(협성구락부파), 예종석 씨 명의의 출원인 조선일보(대정친목회파) 3종 신문을 허가하기로 되어 거(去) 6일 경기도청 제3부로부터 각 출원자에게 허가증을 교부하였다.[99]

『매일신보』는 허가증의 명의자인 이상협·이동우·예종석 등 세 사람 이름만 거론했지만, 『경성일보』는 약간 다르게 보도했다. 『동아일보』는 박영효 일파, 『시사신문』은 민원식 일파, 『조선일보』는 대정친목회의 기관지로 허가했다고 하고는, 『동아일보』의 발행인 겸 편집인은 이상협, 『시사신문』의 발행인 겸 편집인은 이동우, 『조선일보』의 발행인 예종석, 편집인 최강이라고 보도했다.[100] 지바 료도 박영효 후작에게 『동아일보』를, 조중응 자작이 주재하는 대정친목회에 『조선일보』를, 민원식에게 『시사신문』을 허가했다고 회고했다.[101] 『고등경찰관계연표』에는 '내선인(內鮮人) 융화를 목적으로 결성'된 '대정친목회의 기관지'로 『조선일

---

99 「삼신문(三新聞) 허가, 위선(爲先) 시험적」, 『매일신보』 1920.1.8, 2면.

100 「三新聞許可」, 『京城日報』 1920.1.8, 2면.

101 千葉了, 1925, 앞의 책, 143쪽.

보』의 발행을 허가했다고 나와 있다. 『동아일보』에 대해서는 '사장 김성수, 편집인 장덕수, 발행인 이상협의 한글 신문(민족계)'이라고 기록했고, 『시사신문』에 대해서는 '국민협회의 기관지인 시사평론의 전신'이라고 나와 있다.[102]

10여 개의 신문 발행 허가 신청자 중에 신문과 정치세력 사이의 관계 등을 고려해 3개를 결정했을 것이다. 조선총독부 경무국은 당시 정치세력을 동화파, 자치파, 독립파로 나누고, 세 세력 사이의 관계에 대해 분석했다.[103] 김동명은 동화파를 동화형 협력, 자치파를 분리형 협력, 독립파를 저항운동세력으로 분류했다.[104] 동화파가 일본과 조선의 동화를 전제로 일본의회의 참정권을 주장했던 반면에 자치파는 일본의 지배를 인정하며 조선의회 설치를 통한 자치를 요구했다. 이 시기까지의 저항운동세력은 주로 실력양성운동에 관심을 둔 민족주의자들로 아직 사회주의자나 비타협적 민족주의자들과의 분화와 대립이 나타나지 않은 상태였다.[105]

3개의 신문 중에 총독부가 '동화파'의 『시사신문』에게 가장 먼저 발행을 허가해주기로 결정했었다는 주장도 있다. 박인식은 『시사신문』의

---

102 朝鮮總督府 警務局, 1930a, 『高等警察關係年表』, 朝鮮總督府, 15-16쪽. 『고등경찰관계연표』는 총독부 경무국이 1919년부터 1927년까지의 주요 사건을 정리해서 참고자료로 활용하려고 만든 것이다. 1930년에 발행할 때 해당 날짜의 사실로 맞지 않는 내용이 일부 들어가 있다. 1920년 1월 6일에 『동아일보』 창간을 언급하며, 사장을 박영효가 아닌 김성수라고 한 것이 대표적인 경우이다. 김성수는 박영효가 물러난 이후인 1920년 7월 1일에 사장으로 취임했다.

103 朝鮮總督府 警務局, 1919, 앞의 글, 1-6쪽.

104 김동명, 2006, 앞의 책, 92-105쪽.

105 박찬승, 1992, 『한국 근대정치사상사 연구』, 역사비평사, 197-208쪽.

발행 허가일이 1919년 12월 4일이었다고 주장했다.[106] 『고등경찰관계연표』에 발행 허가일이 1919년 12월 4일과 1920년 1월 6일 두 가지로 나와 있다는 것이 가장 큰 이유였다.[107] 『조선총독부 25년사』나 『조선총독부 30년사』에 "1919년 12월부터 1920년에 걸쳐" 세 신문의 발행을 허가했다는 기록이 있는 것도 근거가 되었다. 이런 내용은 비단 앞의 두 책만이 아니라, 사이토 총독 부임 1주년을 맞아 1920년 8월에 간행된 『조선의 신시정(朝鮮に於ける新施政)』에서부터[108] 이후 총독부의 활동을 정리해 간행한 책들에는 계속 같은 내용이 나온다. 박인식이 『시사신문』의 발행 허가가 먼저 나왔으나 "친일계 신문 허가에 대한 조선 민중의 반발을 피하기 위해 공표를 보류"했다가 한꺼번에 허가증을 발표했다고 설명한 것은 일리가 있다.[109]

내지연장주의를 표방했던 총독부에게 "정치적 효용성이 없었던 귀족을 대체할 신진 친일세력"으로서 "완전한 국민적 동화를 추진한 국민협회는 가장 유력한 지원대상"이었다.[110] 동화주의 지배체제의 실현을 선전하던 총독부에게 '동화주의정책의 즉시 실행'을 요구하는 국민협회는 강한 협상력을 갖고 있었다.[111] 경무국 사무관 마루야마 쓰루키치(丸山鶴吉)는 "조선의 사상선도에 이것을 이용하는 것도 한 가지 방책이라

106 박인식, 2006, 앞의 글, 44-47쪽.

107 朝鮮總督府 警務局, 1930a, 앞의 책, 12쪽, 15-16쪽.

108 朝鮮總督府, 1920, 『朝鮮に於ける新施政』, 朝鮮總督府, 11쪽.

109 박인식, 2006, 앞의 글, 46쪽.

110 이태훈, 2008, 「〈시사평론〉을 통해 본 국민협회의 근대국가 인식과 참정권 청원론」, 『역사와 현실』 69호, 111-112쪽.

111 김동명, 2006, 앞의 책, 133-134쪽.

고 생각하고 민원식을 상사에게 소개하거나 열심히 격려"했다.[112] 모리야 총독 비서과장도 민원식을 자주 만나며 국민협회에 대해 자금 원조, 면담 주선, 관직 임용 등을 지원했다.[113] 민원식이 탄원서에서 스스로 국민협회를 '일종의 여당 기관'이라고 했을 정도로 총독부와 밀접한 관계를 맺고 있었기 때문에[114] 쉽게 신문 발행 허가를 받을 수 있었다. 결국『시사신문』은 일제가 친일여론을 조성하는 데 활용하기 위해 허용했던 것이다.[115]

나머지 친일단체나 개인 중에 누구에게 신문 발행을 허가할지 고민했던 듯하다. 선우순은 매우 적극적으로 친일활동을 했지만, 아직까지는 개인적 차원의 활동에 머물렀고 주로 평양에서 활동했기 때문에 크게 고려할 대상이 아니었다.[116] 대정친목회를 대표한 한상룡과 별도로 신문 창간을 추진한 송병준이 비슷한 시기에 총독부 관계자들을 만나 신문 발행 허가를 청탁했기 때문에 총독부는 둘 사이에 누구의 손을 들어줄지 고민했을 것이다. 총독부는 송병준이 대정친목회 회원이니[117] 굳이 대정친목회 대신 송병준 개인에게 허가할 필요는 없다고 판단했을 것이다. 또한 송병준이 일본의 정치인들이나 총독부 관계자들과 활발하게 교류했음에도 신뢰를 받지 못했다는 점도 작용했다.[118]

---

112 松田利彦 저, 김인덕 역, 2004, 앞의 책, 151쪽.

113 松田利彦, 2008, 앞의 글, 230-231쪽.

114 『齋藤實文書』, MF 103-3.

115 강동진, 1980, 앞의 책, 221쪽.

116 선우순은 1922년 7월에 가서야 대동동지회의 기관지로『공영』이라는 잡지의 발행 허가를 받았다. 이태훈, 2007, 앞의 글, 235-236쪽.

117 장신, 2007b, 앞의 글, 373쪽.

118 千葉了, 2003,「3·1事件後の朝鮮に赴任して(秘話體驗談)」,『東洋文化硏究』5호,

『조선일보』에 대한 신문 발행 허가는 일부의 주장처럼 '자치파'에 대한 것이었다고 보기는 어렵다. 조선총독부 경무국은 "일반인 사이에 동화파인 민원식에 대한 반감이 깊고 비난 공격이 많아서 그의 부하인 최강과 예종석이 동파(同派)의 형세가 불리하고 신변의 위험을 느껴 자치파로 전입(轉入)했다"고 보고했다.[119] 진학문도 『시사신문』은 내지연장주의자, 『조선일보』는 자치주의자, 『동아일보』는 민족주의자에게 허가했다고 주장했다.[120] 그러나 최강과 예종석이 각각 『조선일보』 창간 당시 편집인과 발행인을 맡긴 했지만 이 둘을 자치파라고 보기는 어렵고, 『조선일보』를 발행한 대정친목회도 자치파를 대표하는 단체는 아니었다. 자치파는 1919년 11월에 활동을 시작해 아직 신문 발행을 시도할 만큼의 세력을 형성할 수 없었다.[121]

『조선일보』에 대한 신문 발행 허가는 조선 귀족과 친일경제인에 대한 배려에 가까운 것이었다. 김동성은 『시사신문』은 '친일파', 『조선일보』는 '귀족층', 『동아일보』는 '민족주의층'에 발행 허가를 해주었다고 주장했다.[122] 일제는 강점 직후 조선인 76명에게 귀족 작위를 주었는데, 이 중 8명은 작위를 거부했고 4명은 뒤에 독립운동과 관련해 작위를 잃었다.[123] 계속 작위를 유지한 조선 귀족 64명 중에 9명이나 대정친목회에 참여했고, 특히 회장 직은 조중응(자작), 이윤용(남작), 민영기(남작),

---

278－284쪽.

119 朝鮮總督府 警務局, 1919, 앞의 글.

120 진학문, 1973, 앞의 글, 200－201쪽.

121 김동명, 2006, 앞의 책, 197－198쪽.

122 「본보 창간 당시를 말하는 좌담회」, 『동아일보』 1960.4.1, 석간 4－5면.

123 이용창, 2012, 앞의 글, 356－365쪽.

이재극(남작), 권중현(자작) 등 귀족들이 창립부터 1933년까지 계속 맡았다. 이완용(백작)과 민영휘(자작)는 고문, 박제빈(남작)은 평의원을 맡았고, 간부로 확인되지는 않지만 송병준(자작)도 회원이었다.[124] 이완용과 송병준은 『조선일보』 창간 당시 각각 백작과 자작이었으나, 1920년 12월 28일에 3·1운동에 대한 반대 활동의 공을 인정받아 각각 후작과 백작으로 승진했다.[125] 일제는 작위 수여 이후 '조선 귀족'에 대해 '상(上)으로의 충순(忠順)'과 '하(下)로의 모범(模範)'을 기대했다.[126] 친일세력 내에서 하나의 신문을 더 허가한다면 당연히 조선 귀족이 주도하고 친일 경제인이 다수 참여했던 대정친목회가 대상이 되었을 것이다.

조선 귀족 외에 대정친목회 회원의 다수는 경제인이었고, 이들은 금융이나 상업 분야의 간부들이었다.[127] 경제인들이 신문 발행에 적극적이었기 때문에 허가를 받는 과정에서 '실업계의 신문'임을 강조했고, 이들 중 조진태나 예종석 같은 일부 인사들이 신문의 경영을 전담했다. 신문 발행 허가를 받는 과정에서 앞장을 섰던 한상룡은 "대정친목회 간부 몇 명에게 경영"을 맡겼다고 회고하기도 했다.[128] 『조선일보』는 1920년 8월에 "대정실업친목회[129]와의 관계를 분리하고 주주의 독립 경영"에 나

124 장신, 2007b, 앞의 글, 373쪽.

125 「조선 귀족 승작(陞爵)」, 『매일신보』 1920.12.28, 2면.

126 심재욱, 2004, 「1910년대 '조선귀족'의 실태」, 『사학연구』 76집, 244-257쪽.

127 장신, 2007b, 앞의 글, 374-373쪽.

128 한익교 저, 김명수 역, 2007, 앞의 책, 183쪽.

129 일제강점기의 『조선일보』에는 이때 딱 한 번 '대정실업친목회'라는 단어가 나온다. '대정실업친목회'라는 단어가 일제강점기 신문이나 잡지에 한 번 더 사용된 적이 있다. "(경성의) 각 구에 명예 혹 영리를 목적한 대정실업친목회니 공우구락부니 그런 소간판이 있을 뿐이오"라는 표현에서 언급되었다. 장신, 2021c, 앞의 책, 304쪽;

선다고 보도했다.[130] '대정실업친목회'라는 '조선일보의 경영을 책임지는 그룹'이 손을 떼고 "대정친목회 내에서 경영권을 조정"해 이사를 맡고 있던 유문환 등이 경영을 맡았다.[131]

국민협회가 '신세대 친일파 조선인'으로 구성된 정치단체로 동화파로서의 명확한 정치적 지향을 보여주었다면,[132] 대정친목회는 친일귀족이나 경제인이 주축을 이룬 사교기관으로 특정한 정치적 입장을 명확히 내세우지는 않았다. 대정친목회는 내선융화를 주장했다는 점에서는 동화파에 가까웠다고도 볼 수 있다. 상대적으로 연령이나 사회적 지위가 낮은 인물로 구성된 국민협회는 『시사신문』을 조직적으로 통제하며 동화주의 선전에 나섰다. 반면 상대적으로 연령이나 사회적 지위가 높은 인물로 구성된 대정친목회는 『조선일보』를 일부 경제인에게 운영을 맡기며 선전 활동의 수단으로 삼지는 않았다.

총독부로서는 3개의 신문을 모두 적극적으로 협력하던 친일세력에게 허용할 수는 없었을 것이다. 1개 정도를 '실력양성론자'들인[133] 민족주의 우파를 대상으로 허가하려고 했을 텐데, 이들 중 신문 발행에 관심이 있는 모든 사람이 모여 하나의 신문을 신청하도록 했다.[134] 상하이로 망명했거나 3·1운동으로 감옥에 간 인물들은 당연히 참여할 수 없었을 테니, 이들은 모두 실질적으로는 항일세력이라고 보기 어려웠지만 '소극

「단체 방면으로 본 경성」, 『개벽』 1924.6, 85쪽.

130 「사고(社告)」, 『조선일보』 1920.8.15, 2면.

131 장신, 2021c, 앞의 책, 35쪽.

132 松田利彦, 2008, 앞의 글, 231쪽.

133 박찬승, 1992, 앞의 책, 200-202쪽.

134 진학문, 1973, 앞의 글, 200쪽.

적 저항'의 가능성을 가졌다고는 볼 수 있던 사람들이었다. 총독부는 친일세력은 아니지만 그렇다고 저항적이지도 않은 세력에게 『동아일보』의 창간을 허용함으로써 민족주의 세력에게도 신문 발행을 허용했다는 선전 효과를 누리는 동시에 신문을 민심의 파악을 위한 수단으로도 활용하고자 했다. 그럼에도 다른 신문에 비해 상대적으로는 저항적 성격을 지녔던 『동아일보』에 대해 재조 일본인들은 비판을 했던 것이다.

1920년 1월에 마루야마 쓰루키치 경무국 사무관과 모리야 총독 비서과장이 조선인 유지들과 회합을 했는데, 이 자리에는 동화파의 민원식과 고희준이 참여했고, 『동아일보』 창간에 합류한 김성수, 장덕수, 진학문도 참석했다.[135] 사이토 총독의 개인적 정치고문이었던 아베 미쓰이에(阿部充家)는 1920년 5월 초에 조선을 방문해 동아일보사의 김성수, 장덕준, 김명식 등과 밤늦게까지 "마음을 터놓고 이야기"를 했고, 조선일보사의 많은 인사로부터도 성대한 환영을 받았다.[136] 동화파에 대해 더 높은 평가를 하던 모리야 비서과장이나 실력양성론자 활용의 필요성을 주장하기 시작한 아베 전 『경성일보』, 『매일신보』 사장이 공통적으로 동아일보사의 주요 인물을 만난 것은 그만큼 문화정치의 실시를 위해 이들이 필요했다는 것을 보여준다. 미즈노 정무총감도 "조선어 신문을 허용함으로써 조선총독부의 젊은 관리와 젊은 조선인들이 흉금을 터놓고 거리낌 없이 대화를 나누게 되었고, 이는 조선인의 사상을 완화하는 데 효과가 있었다"고 주장하기도 했다.[137]

---

135 이형식, 2017, 「'제국의 브로커' 아베 미쓰이에(阿部充家)와 문화통치」, 『역사문제연구』 37호, 440쪽.

136 이형식, 2018, 『齋藤實·阿部充家 왕복서한집』, 아연출판부, 37쪽.

137 朝鮮行政編輯總局, 1937, 앞의 책, 209쪽.

총독부가 조선인에게 신문 발행을 허용한 것은 단순히 불가피한 선택을 한 것만은 아니었다. 박헌호의 주장대로 신문 발행을 허가하고 검열을 통해 탄압함으로써 자신들의 권력을 더욱 일상화하고 체계화하는 효과를 누리기도 했다.[138] 총독부가 조선인 발행 신문을 '문화정치의 상징'과 같은 존재로서 가치를 인정했기 때문에 탄압을 강화하면서도 섣불리 폐간하지는 않았고, 3개의 조선인 발행 민간지 구조를 오랫동안 유지했다.

조선에서 3·1운동이라는 거족적인 민족운동의 영향으로 1920년에 일간신문 창간이 허용되었던 것과 달리 대만에서는 1932년에 가서야 일간신문이 창간되었다. 일본 도쿄에서 창간된 『대만청년』이라는 월간지가 1927년에 대만으로 옮겨가 『대만민보』라는 이름의 주간지로 발행되었고, 1932년 4월 15일에 가서야 『대만신민보』라는 제호의 일간지로 전환되었다.[139] 저항이 거셌던 조선에 비해서는 상대적으로 저항의 강도가 낮았던 대만에서의 신문 발행이 상당히 늦었다.

(2) 1920년 이후의 신문 발행 허가

총독부는 1920년 1월 6일에 신문지법에 따라 조선인에게 『동아일보』, 『조선일보』, 『시사신문』 등의 일간신문 발행을 허가한 이후 계속 3개의 일간신문만 발행을 허용하는 정책을 실시했다. 민원식의 죽음으로 1921년 3월에 『시사신문』이 폐간된 이후 3년 동안 조선인 발행 일간신문은 2개만 있었다. 1924년 3월에 『시대일보』가 창간된 이후 『중외일

---

138 박헌호, 2005, 앞의 글, 199-259쪽.

139 정근식, 2014, 앞의 글, 238-241쪽.

보』, 『중앙일보』, 『조선중앙일보』로 이어져서 1936년 9월까지 전체적으로 계속 3개의 조선인 일간신문이 발행되었다.

이미 최남선은 『매일신보』 사장을 지낸 아베 미쓰이에의 도움으로 잡지 『동명』을 발행하고 있었는데, 잡지 대신 새로 일간신문 발행을 추진했다. 그러나 사이토 마코토 총독이 최남선을 별로 신임하지 않았고, 마루야마 쓰루키치 경무국장도 신문 발행 허가를 반대했다. 최남선은 이번에도 아베에게 부탁했는데, 아베는 1923년 5월 2일 자 서한을 통해 "동아일보의 전횡을 억눌러 언론의 평형을 유지하고, 사회주의·공산주의 등 모든 과격사상에 대한 견제"책으로 최남선에게 신문 발행을 허가해 달라고 사이토 총독에게 요청하고, 7월에는 직접 조선에 와서 총독을 면담했다. 계속 마루야마 경무국장이 반대하자 최남선에게 허가 교섭의 책임을 위임받은 진학문도 사이토 총독을 직접 만나 신문 발행 허가를 진정했다.[140] 그 결과 1923년 7월 17일에 『시대일보』의 발행이 허가되었으나, 자금 지원은 원하는 대로 되지 않았다. 최남선은 윤치호를 찾아와 40만 원 자본금의 주식회사를 설립하려고 하는데, "전국의 많은 부자들이 주식의 대부분을 출자했고, 그(최남선-인용자)는 3만 원을 내야 한다"고 하며 '자기에게 할당된 금액'을 대주길 바란다고 부탁했다. 윤치호는 새로운 신문의 창간에 대해 다음과 같이 판단하고 지원하지 않았다.

> 최(남선-인용자) 군이 신문을 발행해 이윤을 남기는 데 실패할 게 뻔하다. 그가 『동아일보』를 능가하는 반일적 논조를 펴는 걸 일본인이

140 이형식, 2017, 앞의 글, 454-456쪽 재인용.

그냥 놔둘 리가 없기 때문이다. 만일 그가 반일적인 논조에서 『동아일보』에 뒤처지면, 조선인은 그의 신문을 성원하지 않을 것이다. 설령 그가 『동아일보』와 어깨를 나란히 하는 데 성공한다 하더라도, 발행 부수 면에서 『동아일보』를 누르지는 못할 것이다. 내가 또 하나의 얼간이 신문에 3만 원이나 되는 거금을 대줘야 하나? 차라리 그 돈을 훨씬 더 유익한 교육사업에 쓰겠다.[141]

최남선은 신문을 창간할 수는 있었지만 재정 지원을 받지는 못해 처음부터 경영상 큰 어려움을 겪다가 홍명희에게 『시대일보』 발행권을 넘겼다. 『시대일보』는 이후에도 계속 경영상 어려움을 겪었고 1926년 8월에 발행이 중단되었다가 결국 9월 18일에 발행권이 '허가 실효'되고 말았다.[142] 『시대일보』의 발행권이 취소된 이후 여러 사람이 새로 신문을 발행하려고 시도했다. 특히 『조선일보』에서 물러나 있던 이상협은 『시대일보』의 발행권이 취소되자 "그 기회를 타서 (중략) 기민하게 활동"하며 『중외일보』를 창간하려고 했는데, 당시 경무국장이던 미쓰야 미야마쓰(三矢宮松)가 이를 알고 이상협에게 발행을 허가해주었다. 총독부의 발행 허가 배경은 다음과 같은 판결문 내용을 통해 확인할 수 있다.

조선총독부 당국자는 동 피고(이상협–인용자)의 인품을 알고 조선에 있어서의 민중의 취향 및 사회의 여론을 알기 위하여는 동 피고와 같은 공정한 인물로 하여금 신문을 발행케 함과 같지 못하다고 하여 대

---

141 김상태 편역, 2013, 앞의 책, 271–272쪽.

142 박용규, 2015a, 『식민지시기 언론과 언론인』, 소명출판, 181–186쪽.

정 15년(1926년 – 인용자) 중에 당시의 경무국장 三矢宮松(마쓰야 미야마쓰 – 인용자)으로 하여금 피고를 종용하여 본건의 『중외일보』의 발행 허가를 출원케 하여 동년 11월 중 허가를 줌으로써 피고는 재력의 곤핍을 불구하고 당국의 호의에 감격하여 단독의 힘으로 경영의 책임을 맡은 이래 발행횟수 450호에 이르렀음은 항상 근신한 자세로 경영에 임하고 기격(奇激)한 언론은 피함으로써 아직 1회도 기사에 대하여 소추를 받은 일이 없는 것이다.[143]

『중외일보』는 1926년 9월 18일에 허가받아 11월 15일에 창간되었다. 최남선에 이어 이상협에게 신문 발행을 허가했던 것은, 총독부가 노골적인 친일세력에게 신문 발행을 허가하려고 하지는 않았지만 그렇다고 민족주의 세력에게 신문이 넘어가는 것을 원하지도 않았기 때문이다. 역시 이상협에게도 신문 발행을 허가하기는 했지만 재정 지원을 하지는 않아서 『중외일보』도 처음부터 어려움을 겪었다. 『중외일보』도 재정적인 곤란 속에 근근이 운영되다가 1931년 6월 19일에 마지막 호를 발행하고 자진휴간한 끝에 폐간되고 말았다.[144] 총독부가 타협적 민족주의자나 친일성향 인물에게 신문 발행을 허가하면서도 재정 지원을 하지 않았던 것은 굳이 이런 매체에 대해 지원하면서까지 활용할 필요를 느끼지 못했기 때문이다.

---

143 독립운동사 편찬위원회, 1977, 『한민족독립운동사자료집 70 – 문화투쟁사 자료집』, 독립유공자사업기금운용위원회, 1087쪽.

144 박용규, 2015a, 앞의 책, 191 – 197쪽.

『중외일보』 폐간 이후 다시 여러 세력이 신문 발행을 허가받기 위한 시도를 했다. 1931년 10월 14일에 총독부로부터 발행 허가를 받아 11월 17일에 『중앙일보』가 창간되었다. 노정일이 『중앙일보』의 허가 과정에서 주도적인 역할을 하고 사장을 맡았는데, 그는 최남선이나 이상협보다 더욱 노골적으로 친일성향을 보였다. 강동진은 『재등실문서(齋藤實文書)』의 '노정일 보고서류'의 내용을 통해 노정일이 기존의 민간지들에 대한 간섭과 억압을 강화해야 하고, "민족지의 소론(所論)과 맞서 싸우며 민심을 바로 인도할 언론기관을 세우는 것이 필요하다"고 총독부에 건의해서 결국 사이토 총독으로부터 '사상선도'의 명분으로 '신문 발행의 원조'를 받았다고 주장했다.[145] 노정일은 사이토 총독에게 개인적으로 3만 엔의 지원을 받았음에도 사적인 유용과 주식회사 자본금의 미납으로[146] 어려움을 겪다가 결국 5개월 만에 휴간했다. 노정일은 이후 윤희중과 최선익에게 발행권을 팔았고, 1932년 10월 31일부터 『중앙일보』가 다시 발행되었다. 『중앙일보』는 1933년 3월 7일에 『조선중앙일보』로 제호를 바꾸어 1936년 9월까지 발행되었다.[147]

총독부는 경성의 조선인 발행 일간신문의 수를 3개로 제한했지만, 지방에서는 추가로 일간신문을 허용하여 대구에서 『대구상보』가 창간되었다. 다만 『대구상보』는 조선어와 일본어를 함께 사용한 신문이었다. 또한 주간이나 격주간 신문을 허가해서 『대동신보』·『민중신문』·『동아경제신문』·『기독신문』 등이 창간되기도 했다. 〈표 1〉을 보면 알 수 있

---

145 강동진, 1980, 앞의 책,195쪽.

146 장신, 2021c, 앞의 책, 142-143쪽.

147 박용규, 2015a, 앞의 책, 364-369쪽.

〈표 1〉 신문지법에 따라 허가된 신문 목록

제호	인가 일자	발행 주기	게재 사항	관할도	비고
『매일신보』	1906.2	일간	일반시사	경기	『대한매일신보』의 개제
『조선일보』	1920.1.6	일간	일반시사	경기	
『동아일보』	1920.1.6	일간	일반기사	경기	
『시사신문』	1920.1.6.	일간	일반시사	경기	잡지 『시사평론』으로 개제
『대동신보』	1922.5.27	주간	일반시사	평남	잡지 『공영』 후신
『시대일보』	1922.5.27	일간	일반시사	경기	잡지 『동명』 후신
『대구상보』	1924.11.19	일간	일반경제시사	경북	『남선경제일보』로 개제
『중외일보』	1926.9.18	일간	일반시사	경기	『중앙일보』, 『조선중앙일보』의 전신
『민중신문』	1930.1.29	주간	일반시사	경기	잡지 『시사평론』 후신
『동아경제신문』	1932.4.3	월 2회	경제시사·문예	경기	잡지 『동아상공시보』 후신
『기독신문』	1938.7.8	주간	종교시사	경기	
『매일신보사진특보』	1938.9.19	주 3회	시사사진	경기	『매신 사진순보』로 개제
『국민신보』	1938.12.15	주간	일반시사	경기	
『매일신보 충북호외』	1939.5.18	수시	일반시사	충북	
『매일신보 충남호외』	1939.5.18	수시	일반시사	충남	
『매일신보 전북호외』	1939.5.18	수시	일반시사	전북	
『매일신보 전남호외』	1939.5.18	수시	일반시사	전남	
『매일신보 경북호외』	1939.5.18	수시	일반시사	경북	
『매일신보 경남호외』	1939.5.18	수시	일반시사	경남	
『매일신보 황해호외』	1939.5.18	수시	일반시사	해주	
『매일신보 평남호외』	1939.5.18	수시	일반시사	평남	
『매일신보 평북호외』	1939.5.18	수시	일반시사	신의주	
『매일신보 강원호외』	1939.5.18	수시	일반시사	춘천	
『매일신보 함남호외』	1939.5.18	수시	일반시사	함흥	
『매일신보 함북호외』	1939.5.18	수시	일반시사	나남	
『기독교신문』	1942.1.21	주간	종교시사	경기	

듯이, 신문으로 발행을 허가받았다가 잡지로 변경해 계속 발행되었거나 반대로 잡지로 허가를 받았다가 다시 신문으로 변경해 허가받은 경우도 있었다. 이런 신문들은 대부분이 친일세력에 의해 발행되었는데, 대동동지회의 『대동신보』나 국민협회의 『민중신문』이 대표적이었다. 총독부가 이런 신문들의 영향력에 크게 기대했다기보다는, 단지 친일세력의 조직적 활동을 지원하려고 했던 것이라고 볼 수 있다.

1930년대 이후에는 새로운 신문의 발행을 거의 허가하지 않았고, 총독부 조선어 기관지 『매일신보』의 자매신문 발행만을 허가했을 뿐이다. 이런 자매매체들의 발행에 앞서서 『매일신보』는 1938년 4월에 총독부 일본어 기관지 『경성일보』로부터 분리, 독립해 별도의 주식회사가 되었고, 한자 제호를 '每日申報'에서 '每日新報'로 변경했다.[148] 당시에 『매일신보』에 근무하던 백철은 부사장 이상협이 『경성일보』 사장 미타라이 타쓰오(御手洗辰雄)도 모르게 "총독부 당국과 비밀공작"을 하여 『매일신보』를 독립시키는 데 성공했다고 주장했다.[149] 이상협이 『매일신보』의 독립을 주장했던 명분은 조선인을 상대로 하는 선전의 필요성이 커졌다는 것이었을 것이고, 그 결과가 『매일신보』의 강화는 물론 다양한 자매매체의 허가로 나타났다. 총독부는 친일세력이나 타협적 세력의 활동을 지원한다는 차원에서 신문 발행의 특혜를 주었고, 이런 조선인 발행 민간신문에 대한 통제와 총독부 조선어 기관지 및 친일신문의 활용 사이에서 시기에 따라 방법과 수위를 고려하면서 필요한 정책을 실시했다.

---

148 정진석, 2005, 앞의 책, 156-169쪽.

149 백철, 1978, 「일본의 이중 얼굴과 보호색의 대결」, 『언론비화 50편』, 한국신문연구소, 355-356쪽.

신문지법에 따라 마지막으로 허가해준 『기독교신문』의 창간에도 당연히 총독부의 개입이 있었다. '기독교의 통일운동을 지도할 각파의 통일 기관지'로 창간된 『기독교신문』은 "조선총독부 도서과와 경기도 경찰부의 지도 아래 기독교신문협회를 조직하고 각 교파가 발행하는 신문잡지 12종을 통합하여 신문지법에 따라 발행된 것인데, 주간으로 매주 수요일에 발간된다"고 보도했다.[150] 『기독교신문』의 발행 과정을 통해 신문지법에 따른 매체 발행 허가가 일종의 특혜였고, 이런 특혜의 대가로 당연히 친일적 언론 활동을 기대했을 것이라는 점을 명확히 알 수 있다. 그러나 『기독교신문』에 대해서도 재정 지원을 해주지는 않았고 여전히 엄격한 검열을 시행했다. 1942년부터 1945년 초까지 이 신문에서 근무했던 김은우는 '천황의 칙어'를 구어체로 풀어쓰는 과정에서 잘못 옮겨 적어 '크게 봉변 당했'다고 했다.[151]

150 「각파를 통일, 기독교신문 출현」, 『매일신보』 1942.5.2, 3면.

151 김은우는 『기독교신문』을 『기독신문』으로 잘못 언급했다. 김은우, 1978, 「경성일보 우리 손에 넘어오던 순간」, 『언론비화 50편』, 한국신문연구소, 440-442쪽.

3. 잡지 발행 허가 신청과 결과

1) 1920년대의 잡지 발행 허가

총독부는 강점 이후 오랫동안 신문과 마찬가지로 잡지에 대해서도 신문지법에 따른 신규 허가를 하지 않았다. 신문지법에 따라 허가를 받은 잡지로는 『중외의약신보』(1908.8.25), 『천도교회월보』(1910.8.15) 단 2개만 있었을 뿐이다. 1920년 1월에 조선인에게 일간신문 3개를 허가하면서 아직 잡지를 허가하지는 않았지만, 당시에 이미 총독부는 잡지에 대해서도 허가 계획을 갖고 있긴 했었다. 『개벽』은 1920년 1월 8일에[152] 신청했는데,[153] 이 시기에 다양한 매체들이 발행 허가 신청을 했었다.

> 신관제(新官制) 시행 이후로 총독부의 대언론 방침이 문화적 색채를 대(帶)함에 지(至)한 결과로 근래 신문·통신·잡지의 신(新)히 발행함을 허가된 자가 다수에 지(至)함은 가희(可喜)할 현상이라. 목하(目下) 경무국에서는 전도로부터 다수의 미해결 출원이 산적하였는데, 경기도 관내에 재(在)한 차종(此種) 신문·통신·잡지의 출원도 실로 9건의 다수에 달하였는데, 그 허부(許否)에 관하여 목하 전형 중에 재

---

152 최수일은 당시 신문기사의 내용이 정확할 것이라고 판단했던 『천도교청년회 80년사』를 따라서 『매일신보』(1920.6.2, 2면) 기사를 근거로 『개벽』 허가원 제출일을 1920년 1월 18일이라고 주장했다. 그러나 이 기사에는 정작 신청일이 1월 18일이 아니라 1월 8일로 나와 있다. 최수일, 2008, 앞의 책, 32-33쪽.

153 「개벽 잡지 허가」, 『매일신보』 1920.6.2, 2면.

(在)하며 금(今)에 출원자 씨명 및 제호를 표시하면 좌와 같더라.

▲ 중앙신문(언문 일간), 출원자 이무승 ▲ 조선주식일보(일간) 출원자 景山義郎 ▲ 대륙통신(일간), 출원자 奧田直穀 ▲ 조선상업통신(일간), 출원자 橫尾信一郎 ▲ 동아와 법정(주간) 출원자 工藤重雄 ▲ 민중(월간) 출원자 방한승 ▲ 개벽(월간) 출원자 이두성 ▲ 청춘(월간) 출원자 최창선 ▲ 경성주식일보(일간) 출원자 三榮一[154]

9건 중에 조선인이 출원한 것으로 신문은 『중앙신문』이 있었고, 잡지로는 『민중』·『개벽』·『청춘』이 있었다. 이미 1920년 1월 6일에 조선인에게 3개의 신문을 허가했던 총독부가 추가로 조선인에게 신문 발행을 허가할 가능성은 없었다. 아마 총독부는 조선인 출원 매체 중에 잡지를 허가하려고 했을 텐데, 결국 허가를 신청한 『민중』·『개벽』·『청춘』 중에 『개벽』을 선택했다. 최남선 투옥 중에 그의 형인 최창선이 1918년 9월에 종간(終刊)되었던 『청춘』을 신문지법에 따라 허가받기 위해 신청했지만 받아들여지지 않았다.

『개벽』은 1920년 5월 22일에 허가되었는데, 『동아일보』는 "천도교 청년회의 기관지로 금년 일월에 이두성 씨의 명의로 신문지법에 의하여 청원 중이던 잡지 개벽은 작(昨) 일일에 오월 이십일부터 허가되었다는데 이것이 총독정치 이후로 조선 사람에게 잡지를 허가한 비롯이라고 하겠더라"라고 보도했다.[155] 『매일신보』도 "신문조례[156]에 의하여 잡지

---

154 「신문 잡지 출원」, 『매일신보』 1920.2.7, 2면.

155 「개벽 잡지 허가」, 『동아일보』 1920.6.2, 3면.

156 '신문지법'을 '신문조례'로 잘못 표기한 것으로 보인다. 이 기사에는 1920년 "작(昨) 1일부로 허가지령이 교부"되었다고 나와 있다. 『동아일보』와 『매일신보』의 기사를

발행의 허가를 수(受)하기는 조선인 측으로는 『개벽』이 효시라 하겠더라"라고 보도했다.[157]

그러나 『개벽』은 1920년에는 보증금 300원 납부를 허용받지 못해서 정치·시사에 관한 기사를 게재할 수는 없었다.[158] 비록 정치·시사 기사를 게재할 수 없었음에도 신문지법에 따른 허가를 받음으로써 『개벽』은 적어도 원고검열은 받지 않아도 되었다. 이에 따라 비록 "시사의 게재는 금지하였다" 하나 "원래 경무당국이 『개벽』을 신문지법에 의하여 출간을 허한 것으로 논하면 일종의 호의라 평할 수 있다"는 주장이 나오기도 했다.[159] 최수일은 이에 대해 다음과 같이 주장했다.

> 1920년대 초 신문지법으로 간행이 허가된 잡지는 『중외의약신보』·『유도』·『천도교회월보』 등 의학이나 종교 관련 잡지로 제한되었고, 대부분의 성인 대상 잡지는 출판법의 적용을 받고 있었다. 따라서 『개벽』이 성인 대상 종합잡지로서 신문지법으로 허가되는 것은 일종의 특혜였으며 이에 『개벽』 주체들과 일제 사이에 모종의 타협이 이루어졌을 가능성이 높다. 개벽사로서는 잡지 성격상 출판법의 테두리 안에서는 뜻을 펴기 힘들었을 것이고 일제는 기왕에 문화정치를 표방한 이상 생색을 내기 위해서라도 신문지법에 의한 잡지 출간을 허용해야 했을 것이다. 일제는 종교계에서 발행하는 잡지가 상대적으로 덜 위험하다고 생각했고 정치·시사 문제를 다루지 않는다는 것

종합해보면, 5월 22일에 허가되고, 6월 1일에 허가 지령이 교부된 것으로 판단된다.

157 「개벽 잡지 허가」, 『매일신보』 1920.6.2, 2면.

158 장신, 2004, 앞의 글, 325-326쪽.

159 「(사설) 개벽의 빈빈(頻頻)한 필화, 경무당국에 고함」, 『동아일보』 1922.9.2, 1면.

이 그 절충점이 되었을 터였다.[160]

총독부는 1921년 2월에 친일유생단체인 유도진흥회에게 신문지법에 따른 잡지 『유도』의 창간을 허용했다. 이 잡지는 1925년 1월까지 발행되었고, 이를 이어서 『신민』이 발행되었다.[161] 최남선은 『매일신보』 사장이었던 아베 미쓰이에의 도움으로 1921년 10월 18일에 가출옥했다. 그는 출옥 이후 잡지를 발행하기 위한 시도를 하며, 1921년 12월 26일자로 아베에게 도움을 청하는 다음과 같은 내용의 편지를 보냈다.

> 잡지는 진력해주신 효과가 조만간에 나타날 것이라고 합니다. 앞으로는 선생님의 가르침에 어긋남이 없도록 명심하겠습니다. 이번에 최린 군을 비롯한 여러 사람의 출감을 보고 기뻤습니다. 특히 당사자들도 선생님께 매우 감명을 받고 있습니다. 이 점을 기억해주시기 바랍니다. (중략) 이광수 군도 변함없이 건재하고 건필을 휘두르고 있습니다. 잡지는 『동명』으로 출원했는데, 원래 인기 작가인 탓에 이군(이광수 – 인용자)은 어느 시기까지는 이름을 올리지 않고 진군(진학문 – 인용자), 홍군(홍명희 – 인용자), 저(최남선 – 인용자) 세 사람의 명의로 발표할 생각이라는 것은 전부터 선생님께 말씀드린 대로입니다. 편집 및 기사 등은 물론 이군의 손을 많이 빌리지 않으면 안 됩니다. 소생은 예정대로 하루라도 빨리 학구생활로 돌아가 종래 하던 일일을 서둘러 정리하고 있습니다. 소호(德富蘇峰) 선생님께도 (소식)

160 최수일, 2008, 앞의 책, 39쪽.

161 최덕교, 2004a, 『한국잡지백년』 1, 현암사, 474–479쪽.

잘 전해주시길 부탁드립니다.[162]

아베의 도움에도 『동명』의 발행은 순조롭게 진행되지 못했다. 최남선을 대신해 진학문이 나서서 활동했지만, 발행 허가나 자금 조달이 쉽게 결정되지 않았다. 아베가 직접 나섰지만 아카이케 아쓰시 경무국장의 반대로 계속 허가가 나오지 않다가 아베가 모리야 에이후 비서과장을 끈질기게 설득한 끝에 『동명』은 1922년 5월 27일에 신문지법에 따른 허가를 받을 수 있었다.[163]

1922년 5월 27일에 『동명』과 함께 신문지법에 따라 허가된 잡지가 『공영』이었다. 『공영』은 평양에서 창립한 대동동지회가 창간한 잡지였다. 대동동지회는 1920년 10월 26일에 창립되었고, 회장 선우순은 사이토 총독과 수시로 만날 정도의 대표적인 친일파였다. 대동동지회는 1921년부터 계속잡지 발행을 시도하다가 1922년 5월 22일에 신문지법에 따른 잡지 발행 허가를 받았다.[164] 신문 발행을 시도한 적이 있던 선우순이 신문지법에 따른 잡지 발행으로 방향을 바꾸었던 것으로 보인다. 『공영』은 1923년 6월까지 10호를 발행하고, 1923년 9월 17일부터는 주간 『대동신보』로 변경해 계속 발행했다.[165]

"신문지법에 의한 출간의 기다(幾多)한 청원이 총독부 당국에 제출이 되었으나 '자유란 한정이 있다'는 의견을 고집하는 총독부의 반대"로 오

---

162 이형식, 2017, 앞의 글, 450-451쪽 재인용.

163 위의 글, 452-454쪽.

164 박종린, 2008, 「〈공영〉을 통해 본 대동동지회의 활동과 친일논리」, 『역사와 현실』 69호, 75-102쪽; 이태훈, 2007, 앞의 글, 235-256쪽.

165 「주간 대동신보, 공영을 고치여」, 『매일신보』 1923.9.19, 3면.

랫동안 새로운 잡지의 발행이 이루어지지 않다가, 아주 오랜만에 『동명』과 『공영』이 신문지법에 따라 허가된 것에 대해 『동아일보』는 다음과 같이 평가했다.

> 육당 최남선 씨 고문·순성 진학문 씨 경영의 『동명』 잡지와 평양의 대동동지회 회장으로 어떤 의미에 재(在)하여 유명한 선우순 씨 경영의 『공영』 잡지를 신문지법에 의한 출간물로 허가하였다. 공평한 견지를 좋아하는 현 당국자는 전 3종 신문을 허할 시에도 색채 다른 각종(各種)을 취하더니 금차 양종 잡지를 허함에 당하여서도 또한 색채 다른 각종을 취하기를 망각치 아니하였다. 원래 언론이란 복잡하여야 발달이 되고 각종을 종합하여 진보가 된다는 의미로 관찰하면 당국의 차 용의도 혹 감사에 치할는지 부지(不知)하거니와 만일 기타의 의미라 하면 오인(吾人)은 그 색(色)·종(種)의 교합이 가(可)한 소이(所以)를 알지 못하겠다.[166]

『동아일보』는 1920년에 세 신문이 창간될 때 『동아일보』만 민족주의신문이었고 나머지 두 신문은 친일세력에게 허용되었던 것처럼, 1922년의 잡지 창간에서도 하나는 민족주의세력, 다른 하나는 친일세력에게 허용했다고 은연중에 주장했다. 그러나 최남선이 아베 미쓰이에에게 청탁해 총독부의 도움으로 『동명』이 창간되었다는 점에서, 『동명』은 『동아일보』보다도 더 타협적인 세력에게 허가된 것으로 볼 수 있다. 『신생활』의 『동명』 비판은 이 잡지에 대한 사회주의세력의 인식을 잘 보여

166 「동명 잡지, 조선 개명의 봉화가 될가」, 『동아일보』 1922.8.19, 1면.

주었다.[167]

국민협회는 1921년 3월에 민원식의 죽음으로 휴간했던 『시사신문』을 복간하지 못하고, 그 판권으로 1922년 4월에 잡지 『시사평론』을 창간해 1928년 1월까지 발행했다. 1930년 2월 1일에는 이 판권을 이용해 다시 『민중신문』을 창간했고, 1934년 무렵에는 주간으로 변경해 1930년대 말까지 계속 발행했다.[168] 친일단체인 대동동지회의 『공영』과 국민협회의 『시사평론』이 신문지법에 따른 판권을 가지고 신문으로 바꾸어 계속 발행되었다는 것은 총독부가 친일세력의 언론 활동을 지원하려고 했다는 사실을 잘 보여준다.

총독부는 신문지법에 따른 잡지 허가 청원이 계속 들어오고 있음에도 신규 허가를 하지 않다가 1922년 9월 12일에 4개의 잡지를 동시에 허가했다. 이에 대해 "조선총독부에서는 일찍이 신문지법에 의하여 청원을 하였던 『신생활』, 『개벽』, 『조선지광』, 『신천지』 등 네 잡지를 돌연히 인가하였다 한다. 전기 네 잡지 중에 『조선지광』 외에 세 잡지는 이미 발행하여 오던 바인데, 이번 인가라 하는 것은 오직 일정한 기한에 출판을 하여 검열만 마치면 정치나 시사도 능히 말하게 되었다 함에 불과하는 바이라 이번 인가라 하는 것이 그다지 의외될 것도 없거니와 종래의 총독부 당국이 언론을 압박하든 태도를 보아 생각하면 이는 환산(丸山: 마루야마-인용자) 경무국장으로 신임된 이후로 한 번 정책을 고친 것을 엿볼 만한 사실인 동시에 총독부 자체로 보아서 오히려 의외의 일이라 할

167 박현수, 2019b, 앞의 글, 370-371쪽.

168 정진석, 1990, 앞의 책, 433-434쪽.

수가 있다"는 평가가 나왔다.[169] 『신천지』가 신문지법에 따른 허가를 받자, SM생이라는 필자가 '편집 여담'에 다음과 같이 소회를 밝혔다.

> 독자 제씨! 말씀 마십시오. 과거의 우리의 고초야 잡지를 발행하려면 원고를 뭉쳐서 경무국에 제출하여 검열을 받습니다. 검열하는 일자가 퍽 더디어 제날에 또박또박 발행하기가 썩 어렵습니다. 말미암아 두 달 만에 한 번, 석 달 만에 한 번 내지 사오삭(朔)에 한 번밖에는 더 발행할 수가 없었습니다. 여러분이야 신이 아닌 다음에야 어찌 이러한 속사정을 아실 수 있겠습니까. 여기에 이르러서는 참을성 많은 우리도 견디다 못하여 금년 1월에 신문지조례[170]에 의하여 발행코자 하여 보증금을 첨부하여 원서를 제출하였더니 그들이 어떻게 생색을 냈든지 지난 9월 12일, 즉 8개월 만에 겨우 60여 가지 중에서 특히 우리 『신천지』 외 3종 잡지를 허가하여 주었습니다.[171]

허가를 신청한 매체가 '60여 가지'였다고 하니, 그중에서 선택된 네 잡지는 대단히 높은 경쟁률을 뚫고 허가받은 것이었다. 『개벽』, 『신생활』, 『신천지』는 이미 발행되고 있던 잡지들이었는데, 그중에서도 『개벽』은 이미 신문지법으로 허가를 받았었다.[172] 다만 보증금 300원의 납

---

169 「주목할 언론계 전도」, 『동아일보』 1922.9.16, 3면.

170 '신문지법'을 '신문지조례'로 잘못 적은 것으로 보인다.

171 「편집 여담」, 『신천지』 1922.11, 115쪽.

172 조선총독부 경무국이 발행한 자료들의 '허가 일람표'에는 1922년에 신문지법으로 허가한 매체 수가 4개로 나온다. 『동명』, 『공영』, 『개벽』, 『신생활』, 『신천지』, 『조선지광』 등 6개 중에 이미 1920년에 정치·시사를 다룰 수 없다는 조건으로 허가받은 바 있던 『개벽』을 제외한다고 해도 5개라야 맞다. 발행 사항을 정리한 내용에 『신천지』

〈표 2〉 신문지법에 따라 허가된 잡지 목록

제호	인가 일자	발행 주기	게재 사항	관할도	비고
『중외의약신보』	1908.8.25	월간	의업 관련 기사	경기	
『천도교회월보』	1910.8.15	월간	종교기사	경기	
『시사평론』	1920.1.6	월간	일반시사	경기	『시사신문』의 후신, 『민중신문』으로 개제
『개벽』	1920.5.22	월간	일반기사	경기	
『유도(儒道)』	1921.1.29	월간	사회교화기사	경기	『신민』, 『진흥』으로 개제
『동명』	1922.5.27	월간	일반시사	경기	
『공영』	1922.5.27	월간	일반시사	평남	『대동신보』로 개제
『신생활』	1922.9.12	주간	일반시사		
『신천지』	1922.9.12	월간	일반시사	경기	
『조선지광』	1922.9.12	월간	일반시사	경기	
『현대평론』	1927.1.10	월간	일반시사	경기	
『동아상공시보』	1932.4.3	월 2회	경제시사문예	경기	『동아경제신문』으로 개제
『조선실업구락부』	1932.4.3	월간	경제시사	경기	
『내외고무정보』	1932.4.3	월간	고무공업 관련 기사 및 광고	경기	
『제생(濟生)월보』	1932.4.3	월간	의약 관련 기사	경기	『의약시보』로 개제
『조광』	1940.10.15	월간	일반시사	경기	

부를 허락받지 못해 정치·시사 문제를 다루지 못하다가 다른 잡지들이 새로 허가를 받을 때 함께 보증금 300원의 납부를 허락받으며 정치·시사 기사를 게재할 수 있게 되었다. 총독부로서는 문화정치를 표방하면서도 『유도』, 『동명』, 『공영』, 『시사평론』 등 친일적이거나 타협적인 세력이 발행하는 잡지만 존재하는 현실에서 추가로 잡지를 허가해줄 필요성

에 대한 언급이 없는 것으로 보아, 『신천지』를 제외한 나머지 4개만 발행된 것으로 정리한 듯하다. 朝鮮總督府 警務局, 1930a, 앞의 책, 6-18쪽.

을 느꼈을 것이다.

신문지법에 따른 네 잡지의 허가는 "표면적으로 2년간 이루어진 조선인 언론의 공세에 대한 조선총독부의 결정적 양보를 의미한 것처럼" 보였지만 한편으로는 "'정치 · 시사'의 허용은 곧 조선인 대중매체에 의한 공격에 식민권력이 무방비로 노출되는 것을 의미했기 때문"에 '하나의 의혹'을 낳기도 했다. 결국 이런 의혹은 『신생활』과 『신천지』의 필화로 현실화되었다.[173] 총독부는 1926년 8월에 『개벽』을 폐간하고 난 이후인 1927년 1월 10일에 『현대평론』을 허가하고는 더 이상 신문지법에 따른 정치 · 시사 잡지의 창간을 허용하지 않았다. 문화정치의 상징처럼 여겨지던 신문지법 잡지들의 소멸은 총독부의 언론통제가 더욱 강화되었음을 보여주는 증거의 하나였다. 『현대평론』이 1년 만인 1928년 1월에 폐간하면서 신문지법에 따른 정치 · 시사 잡지로는 『조선지광』 하나만 남았다.

2) 1930년대의 잡지 발행 허가

원고의 사전검열을 받아야 하고 정치 · 시사를 다룰 수 없던 대부분의 잡지들로서는 신문지법에 따른 허가가 절실했다. 그러나 1920년대 말 이후 총독부는 더 이상 신문지법에 따른 잡지 발행을 허가하지 않았다. 총독부는 1932년 4월에 신문지법으로 『동아상공시보』(월 2회), 『조선실업구락부』(월간), 『내외고무정보』(월간), 『제생월보』(월간) 등 4개의 특수잡지를 허가했을 뿐이다.[174] 『조선지광』은 휴간 끝에 1932년 7월 14일

173 한기형, 2019, 앞의 책, 166쪽.

174 계훈모 편, 1979, 앞의 책, 1108쪽.

에 '허가효력 상실'이 되어서,[175] 이후에는 조선인이 발행하는 신문지법에 따른 정치·시사 잡지는 단 하나도 없는 상황이 되었다. 『삼천리』를 발행하던 김동환도 1930년대 초에 계속 신문지법에 따른 허가를 받으려고 했으나 성공하지 못했다.[176]

총독부는 신문지법에 따른 잡지 허가는 하지 않았지만, 계속출판물이 정치·시사 문제를 다루는 것을 무조건 처벌하지는 않았다. 이종수는 "잡지는 신문지법에 의하여 발행하는 것이 아니면 정치·시사·평론을 게재할 수 없게 되어 있었는데 (19)31년에 이르러 당국에서는 신문지법에 의한 잡지 발행을 새로는 허가하지 않는 대신에 출판법에 의한 잡지도 정치·시사·논평을 게재하는 것을 묵인하게 되었다"고 주장했다.[177] 잡지의 특성을 고려하며, 크게 문제를 일으키지 않을 만한 잡지에 대해서는 정치·시사에 관한 기사의 게재를 어느 정도 '묵인'해주었다는 것이다.

1933년에는 총독부가 '조선문 잡지의 검열'제도를 바꾸겠다고 하며, 시미즈 시게오(淸水重夫) 도서과장이 다음과 같은 입장을 밝혔다.

> 조선문으로 발행되는 잡지에 대하여 당국에서도 낭자(曩者: 전에 - 인용자) 신문지법·출판법 개혁을 기하여 신출판물법은 일단 입안되었었으나 시세의 급격한 추이에 따라 또 일본의 개정상황에 준거할 필요도 생겼음으로 일시 중지할 수밖에 없게 된 것도 오로지 해법(該法)

---

175 위의 책, 1113쪽.

176 정진석, 1996, 「파인 김동환과 『삼천리』」, 『관훈저널』 63호, 233-234쪽.

177 이종수, 1934, 「조선잡지발달사」(완), 『신동아』 1934.6, 71쪽.

이 문화의 급조(急潮)에 따라 거구진신(去舊進新)의 적법(適法)을 만들려 함에 불외(不外)하다. 금번이 문화기관에 종사하는 자에게 가장 번잡한 난관이든 원고검열수속을 대혁신하려는 것으로 즉 계속출판물 중 그 내용이 온건한 자에 대하여서는 지금 급거(急遽)히 신문지법에 의하여 허가하기 곤란한 정상이 있음에 감(鑑)하야 위선 출원고본(出願稿本)을 상재(上梓)하여 활판(活版)에 부(附)하고 그 교정인쇄물(校正印刷物)을 고본(稿本)으로 출원(出願)할 수 있도록 수속을 개정한 것이다. 이 수속(手續)에 의하면 소위 원고검열의 번쇄수속(繁鎖手續)이 극히 간이민속(簡易敏速)하게 되고 정기간행물의 발행일부(發行日附)가 검열로 저지됨이 없이 확보되게 되는 셈으로 사계를 위하여 그 성과를 축복하지 않을 수 없게 되었다. 물론 이것은 온건한 정기간행물에 한하여 허용되는 편법이나 언론계에 있는 사람이 이 편법의 이용에 충분한 관심과 노력을 가져 운용 희망자가 거익(去益) 증가하기를 바라는 바이며 희망자는 각자 관할도를 경유하여 승인원을 제출하고 당국으로부터 그 승인을 받는 수속을 이행하기를 바란다.[178]

시미즈 도서과장 담화의 핵심적인 내용은 계속 신문지법으로 잡지를 허가하지는 않겠지만, 승인을 받은 잡지에 대해서는 기존의 원고검열 대신에 교정쇄검열을 실시하겠다는 것이었다. 검열로 인해 잡지 발행이 지체되는 것을 방지하는 데 도움이 될 것이라고도 주장했다. 다만 모든 매체가 아니고 "온건한 정기간행물에 한하여 허용"하겠고, '승인원'을 제출해 통과해야 한다고 했다. 경무국 도서과에서 신문지법에 근거해 발행을

178 「조선문 잡지의 검열제도 변경」, 『조선일보』 1933.9.10, 1면.

허가받는 것보다는 쉬웠겠지만 여전히 관할도를 경유해 '교정쇄검열 승인원'을 당국에 제출해 승인원을 받고 나서 출판허가원과 교정쇄를 함께 당국에 제출해 검열을 받는 까다로운 절차를 밟아야만 했다.[179] 비록 과거보다 간단해지기는 했지만, 여전히 일정한 절차를 거쳐야만 했다. 다만 일단 승인을 받으면 발행자가 바뀌거나 승인을 취소해야 할 만한 큰 사고가 발생하지 않는 한 계속해서 교정쇄검열을 받을 수 있었다.

1933년 9월 19일에 경무국 도서과의 니시무라 신타로(西村眞太郞) 검열관은 "조선에서 시행하는 출판법을 개정한다는 전제로 임시변법으로 재래 정기간행물의 원고검열을 교본검열로 변경"했다고 하며, 그 대상이 되는 16개 매체의 이름을 밝혔다.

> 『조선한약업월보』(이충렬), 『보인월보』(김동원), 『동일약업월보』(현대건), 『운동계』(이활), 『부읍면민적잡지』(신영렬), 『신가정』(양원모), 『신여성』(차상찬), 『불교』(한용운), 『조선의약휘보』(이명구), 『대성의약월보』(김동규), 『천일의약월보』(백대진), 『경성약업월보』(김완식), 『성서조선』(김교신), 『실생활』(정세권), 『중명』(이긍종), 『신동아』(양원모)[180]

니시무라는 "『삼천리』, 『신계단』, 『이럿타』, 『비판』, 『별건곤』, 『신경제』, 『신인간』, 『대중』 등은 사내 사무가 정돈되고 원고정리가 잘 되지 못하여 시기를 기다려 교본검열제를 한다"고 밝혔다. 니시무라의 발표에 나타난 것처럼 승인원을 받지 못한 매체들도 있었고, 또 정치·시사

---

179 金宅源, 1933, 앞의 글, 134쪽.

180 「교본 허가가 된 16개 간행물」, 『조선일보』 1933.9.23, 2면.

문제를 다루기 위해서는 신문지법에 따른 허가가 필요했기 때문에 여전히 대부분의 잡지가 신문지법에 따른 허가를 희망했다. 그러나 총독부는 1932년에 특수잡지 4개를 허가한 이후 1930년대 내내 신문지법으로 단 하나의 잡지도 허가하지 않았다.

1930년대 말에 종이 수급 사정이 좋지 않은 상황에서 잡지를 발행하려는 사람들은 많았기 때문에 새로운 잡지의 창간이 쉽지 않았다. 이광수는 잡지 창간을 준비하던 박문서관의 노성석을 도쿠토미 소호(德富蘇峰)에게 소개해주었다. 도쿠토미는 1918년에 『경성일보』와 『매일신보』의 감독직에서 물러났지만, 일본에서 계속 언론인으로 활동하며 군부와 밀접한 인간관계를 맺고 있었다.[181] 이광수가 도쿠토미에게 1940년 5월 31일에 쓴 편지의 내용은 다음과 같다.

> 노성석 군을 소개해 드립니다. 그는 조선에서 가장 유력한 출판업자로 뜻도 실력도 도쿄의 이와나미(岩波)에 견줄 만한 사람입니다. 이번 도쿄행에서 선생을 만나 뵙기를 바라 후생(後生)에게 소개를 청하므로 소개해드립니다. 그는 경성제국대학 문학부 출신으로 출판보국(出版報國)의 뜻이 견고하고 신뢰 촉망할 만한 청년으로, 특히 후생에게는 강력한 후원자입니다. 신시세(新時勢)에 대응하는 잡지 발행의 기획도 갖고 있고, 조선문화 향상을 위한 유력한 사업가라고 확신합니다. 모쪼록 접견하시고 격려해주시기를 간절히 바랍니다. 몸조리 잘하시기를 바라며 이만 삼가 아룁니다.[182]

---

181 최주한, 2016, 「박문서관과 이광수」, 『근대서지』 13호, 99-100쪽.

182 위의 글, 88쪽 재인용.

박문서관은 이미 자신들의 기관지적 성격을 갖는 수필잡지 『박문』을 발행하고 있었지만, 본격적인 종합잡지를 발행하고자 이광수를 통해 도쿠토미의 힘을 빌리려고 했다. 이 편지가 '일말의 힘'을 발휘했는지, 『박문』을 통해 "시방 이 글을 쓰는 순간의 사정은 본지를 토대로 하여 새로운 대중종합잡지가 신년부터 발행되겠습니다. 관계 당국의 이해 깊은 내락을 얻고 용지의 준비도 대략 자신을 얻게 되었습니다. 다음 호에는 완전한 결정을 보아 여러분께 확실한 뉴스를 보내겠습니다"라고 밝혔다.[183] '관계 당국의 이해 깊은 내락'이 있었다고 했지만, 노성석이 발행한 『신시대』는 신문지법에 따른 허가를 받지는 못했다.[184]

경무국 도서과가 1940년대 들어서서 신문지법으로 다시 허가해준 유일한 잡지가 『조광』이었다. 방응모는 『조선일보』에 실린 「폐간에 제하여」라는 글에서 "본보는 폐간이 되어도 본사에서 발행하던 『조광』·『여성』·『소년』의 세 잡지는 특히 신문지법에 의하여 계속 발행"한다고 밝혔다.[185] 같은 날의 기사에서 "신문지법으로 발행하고자 총독부에 방금 허가 신청을 하고 있다"고 하며, "장차 허가가 나오게 되면 종래에 출판법으로 발행하던 것보다 여러 가지로 더 충실한 잡지를 발행하게 될 터이며 그 내용도 훨씬 더 좋아지게 될 것"이라고 주장했다.[186] 방응모는 『조광』에 실린 「조광사 혁신의 사(辭)」에서 다시 다음과 같이 주장했다.

---

183 「편집실 일기」, 『박문』 1940.10, 23쪽.

184 『신시대』는 신문지법에 따라 허가를 받지 못하고, 출판법에 따라 발행되는 '계속출판물'로 분류되어 있었다. 『조선연감』 1944년판, 517쪽.

185 「폐간에 제하여」, 『조선일보』 1940.8.11, 석간 1면.

186 「본보 폐간과 본사의 선후책」, 『조선일보』 1940.8.11, 석간 2면.

> 나는 미력이나마 조선일보 경영에는 전 성력을 다하여 왔습니다. 그리고 독자 제씨도 또한 조선일보에 대하여는 각별한 관심과 편달을 아끼지 않았습니다. 그 결과는 조선일보로 하여금 드디어 조선 신문계의 최고위(最高位)를 차지하게 하였습니다. 그러나 조선일보는 여러분의 커다란 촉망과 기대에도 불구하고 지난 8월 10일로써 마침내 최종호를 내고 말았습니다. 이때 나는 심사숙고하였습니다. 그 결과 조광사(朝光社)를 따로 남겨 '조광(朝光)', '여성(女性)', '소년(少年)'의 세 잡지 발행과 도서출판사업을 존속키로 결의하였습니다. 존속시킬 뿐 아니라 이것을 기회로 하여 내용 쇄신과 기구의 대확장을 단행하였습니다. 첫째 종래로 본지는 원고검열제이던 것을 이번에는 '신문지법'에 의하여 발행하도록 수속하고 있으므로 이것이 인가되면 여러 가지 점에서 매우 편의를 얻게 되었습니다.[187]

방응모가 신문이 폐간되는 상황에서도 잡지를 살리며 굳이 신문지법으로 허가를 받으려고 했던 것은 '여러 가지 점에서 매우 편의'를 얻을 수 있었기 때문이었다. 총독부의 '자진폐간' 압박에 대한 조선일보사의 요구 조건 중 하나가 잡지의 계속 발행이었는데,[188] 이것이 받아들여지자 신문지법에 따른 허가까지 추가로 요구했을 것이다. 이 요구가 받아들여져 신문지법에 따른 허가가 이루어졌지만, 그 대상은 『조광』뿐이었다.[189] 총독부가 1930년대 이후 정치나 시사 문제를 다룰 수 있는 잡

187 「조광사 혁신의 사(辭)」, 『조광』 1940.10, 18-19쪽.

188 장신, 2021c, 앞의 책, 217-219쪽.

189 신문지법에 따라 허가받은 '신문·잡지 일람표'에는 『조광』만 나와 있고, 허가 일자가 1940년 10월 25일로 나와 있다. 그러나 다음 해의 연감부터는 『조광』의 허가 일

지를 단 하나도 신문지법으로 허가해준 적이 없었기 때문에 『조광』의 신문지법에 따른 허가는 대단히 이례적인 일이었다. 경무국 도서과가 『조광』을 신문지법으로 허가해준 것은 『조선일보』 폐간 과정에서 협조한 것에 대한 보상이었다. 『조광』은 1940년대에 신문지법에 따른 허가를 받아 정치·시사 문제를 합법적으로 다룰 수 있으며 원고검열을 받지 않아도 되는 조선인의 유일한 매체였다.

4. 출판물 허가

1) 계속출판물 허가

무단정치 시기에는 신문이나 잡지와 마찬가지로 출판물의 발행도 크게 위축되었다. 1910년부터 1919년까지 120여 종에 이르는 서적을 발매금지·압수했을 정도로 출판에 대해 강력하게 통제했다.[190] 1920년 이후 신문과 잡지 발행이 제한적으로 허용되면서, 출판물 발행도 꾸준히 늘어났다.[191] 일제강점기의 출판물은 크게 단행본인 보통출판물과 신문지법으로 허가받지 못한 잡지를 가리키는 계속출판물로 나눌 수 있다. 신문지법으로 허가받지 못한 잡지들은 단행본처럼 매호 사전에 원고를

자가 1940년 10월 15일 자로 나와 있다. 『조선연감』 1942년판, 583쪽; 『조선연감』 1943년판, 570쪽.

190 이중연, 2001, 앞의 책, 403쪽.

191 정진석, 2012, 「일제 강점기의 출판환경과 법적 규제」, 『근대서지』 6권, 36-40쪽.

제출해 검열을 받아 발행 허가를 받아야 했다. 즉 정기간행물로 허가받지 못하고 매호마다 검열을 받아 허가를 받아야만 한다는 점에서 단행본과 마찬가지의 처지였다.

총독부 경무국 발행자료[192]를 활용해 조선인 발행 잡지의 출원과 허가 건수 등을 정리한 〈표 3〉을 보면, 신문지법으로 허가받지 못한 잡지의 출원 건수도 1930년대까지 꾸준히 늘어났음을 알 수 있다. 출원 대비 허가 비율이 높아지면서 삭제 건수가 함께 늘어난 것도 단행본의 경우와 비슷했다. 1934년에 삭제하고 발행을 허가한 건수가 무려 1,237건이 되면서, 출원 대비 허가 비율이 98.4%가 된 것이 이런 경향을 단적으로 보여준다. 다만 1920년대 말부터 1930년대 초반까지 단행본에 비해 잡지의 허가 비율이 낮았다는 점과 단행본에 비해 잡지의 삭제 건수가 더 많았다는 점에서는 차이가 있었다. 이를 통해 경무국 도서과가 단행본보다 잡지를 더욱 엄격하게 검열했다는 것을 알 수 있다. 한편으로는 잡지들이 검열에 걸릴 만한 내용을 단행본보다 더 많이 실으려고 시도했었다고도 할 수 있다. 1937년 이후에 불허 건수와 함께 삭제 건수도 급격히 줄어들었던 것은, 잡지들이 아예 문제가 될 만한 내용을 다루지 않았기 때문이었다.

192 『朝鮮に於ける出版物概要』 1929년판의 '조선인 발행 계속출판물 허가 건수 표' 69쪽의 내용이 편집상의 실수로 잘못 나와 있어서 1929년 '계속출판물'에 관한 내용은 정리할 수 없었다.

〈표 3〉 조선인 발행 계속출판물(잡지) 출원·허가·삭제 건수

연도	출원	허가	출원 대비 허가 비율	삭제	불허	취하	기타[193]
1927	*463*	428	92.2	174	*35*		
1928	563	502	89.2	213	61		
1931	846	802	94.8	300	43	1	
1932	1,048	965	92.1	576	80	3	
1933	1,046	982	93.9	402	64		
1934	1,114	1,096	98.4	1,237	17	1	
1935	1,023	996	97.4	277	23	4	
1936	1,158	1,146	99.0	216	8	4	
1937	1,089	1,073	98.5	136	15	1	
1939	947	937	98.9	44	3	2	5(불명)
1940	814	804	98.8	89	7		3(불명)

〈표 4〉 조선인 발행 계속출판물(잡지) 종별 불허 건수

연도	종별	총수
1928	사상 22, 수양 1, 종교 3, 역사 1, 상업 5, 아동독물 18, 시가 2, 문예 5, 기타 4	61
1931	경제 1, 사상 27, 농업 7, 아동독물 3, 문예 2, 동요 3	43
1932	경제 1, 사상 51, 농업 9, 아동독물 11, 문예 3, 동요 5,	80
1933	사상 49, 체육 1, 이과 1, 농업 1, 아동독물 3, 시가 1, 문예 1, 연극 4, 기타 3	64
1934	사상 4, 교육 2, 종교 1, 아동독물 3, 시가 1, 문예 5, 여행영업안내 1	17
1935	사상 5, 종교 4, 문예 13, 여행영업안내 1	23
1936	사상 5, 교육 1, 문예 2	8
1937	사상 7, 상업 3, 문예 5	15
1939	상업 1, 문예 2	3
1940	사회 2, 종교 2, 공업 2, 문예 1	7

* 잡(雜)을 기타로 표기.

193 전체적으로 '신청 건수－허가 건수=불허 건수(+취하 건수)'가 되어야 한다. 그러나 이 숫자가 일치하지 않고 '불허 건수'와 '취하 건수'를 합쳐도 모자라는 경우가 있다. '특정 종별'에서 계산이 잘못된 것으로 보이는데, 이를 '불명'으로 표기했다. 원자료에서 합산을 잘못한 경우도 있는데, 이를 바로잡고 이탤릭체로 표시해 수정했다는 사실을 밝혔다.

〈표 4〉에 나타나듯이 잡지에서도 1920년대 말부터 1930년대 초까지는 불허 건수에서 가장 큰 비율을 차지했던 것이 사상 분야였다. 1928년 22건, 1931년 27건, 1932년 51건, 1933년 49건으로 나타났다. 1933년 말에 계속출판물의 교정쇄검열이 허용된 이후 1934년부터 불허 건수가 줄었는데, 특히 그중에서도 사상 분야의 불허 건수가 급격히 줄었다. 교정쇄검열을 실시할 때 의도했던 효과가 그대로 나타났다고 볼 수 있다. 또한 1930년대 말부터는 주로 친일잡지들만 발행되면서 불허될 만한 내용을 실은 잡지들이 거의 사라져버렸던 현실과도 관련이 있었다.

2) 보통출판물 허가

총독부 경무국 발행자료[194]를 활용해 조선인 발행 단행본의 출원과 허가 건수 등을 정리한 〈표 5〉를 보면, 단행본의 출원 건수가 1930년대까지 꾸준히 늘어났음을 알 수 있다. 출원 대비 허가 비율을 보면 대체로 95%를 기준으로 약간씩 변동되는 정도로 유지되다가 1930년대 중반 이후 더 높아진 것으로 나타났다. 출판사들이 검열에 걸릴 만한 내용은 아예 출원하지 않았고, 허가한 단행본에서 삭제한 건수가 늘어난 것도 출원 대비 허가 비율이 높아지는 데 영향을 주었다. 불허되는 대신에 삭제를 당하고 허가되는 단행본들이 크게 늘어났던 것이 허가 비율이

194 경무국은 1925년부터 연감 형식으로 『신문지요람(新聞紙要覽)』(1925, 1926), 『신문지출판물요항(新聞紙出版物要項)』(1927), 『조선의 출판물 개요(朝鮮に於ける出版物概要)』(1928~1932), 『조선출판경찰개요(朝鮮出版警察概要)』(1933~1941)라는 이름의 자료집을 간행했다. 이 자료집 중에 『신문지요람』을 제외한 나머지 12권의 자료에서 '보통·계속 출판물 현황'을 파악할 수 있었다.

〈표 5〉 조선인 발행 보통출판물(단행본) 출원·허가·삭제 건수

연도	출원	허가	출원대비 허가비율	삭제	불허	취하	기타[195]
1927	890	***860***	96.6		***30***		
1928	888	819	92.2	98	45	9	15(익년)
1929	927	874	94.3	55	27	1	25(익년)
1931	921	870	94.5	88	23	9	19(익년)
1932	1,117	1,086	97.2	108	30	1	
1933	1,076	1,052	97.8	108	24		
1934	1,017	1,004	98.8	131	11	1	
1935	***1,205***	1,158	96.1	247	***24***	***3***	20(불명)
1936	1,178	1,126	95.6	211	20	22	10(불명)
1937	1,350	1,310	97.0	230	32	8	
1939	1,847	1,812	98.1	75	11	15	9(불명)
1940	839	800	95.4	93	14	23	2(불명)

높아지는 데 영향을 주었다. 1931년에 삭제 건수가 88건에 불과했는데, 1932년 108건으로 늘어난 이후 한동안 계속 증가했다. 중일전쟁이 발발한 1937년 이후 단행본 발간이 크게 늘어난 것은 출판사들이 검열에 걸리지 않을 만한 대중적인 내용들을 주로 간행했기 때문이었다.

〈표 6〉에 정리된 보통출판물의 종별 불허 건수를 보면, 사상 분야에

195 〈표 3〉과 마찬가지로 전체적으로 '출원 건수−허가 건수=불허 건수(+취하 건수)'가 되어야 하지만, 이 숫자가 일치하지 않고 '불허 건수'와 '취하 건수'를 합쳐도 모자라는 경우가 있다. '보통출판물'의 경우 모자라는 부분은 다음 해로 결정이 미루어진 '익년지월(翌年持越)'인 경우가 있고, '계속출판물'과 마찬가지로 '특정 종별'에서 계산이 잘못된 것으로 보일 때도 있다. 전자는 '익년'으로 표기하고, 후자는 '불명'으로 표기했다. 다만 1932년 이후 '익년지월' 항목이 없어졌기 때문에 '불명'에 해당하는 수가 '익년지월'일 가능성도 있다. 원자료에서 합산을 잘못한 경우도 있는데, 이를 바로잡고 이탤릭체로 표시해 수정했다는 사실을 밝혔다.

〈표 6〉 조선인 발행 보통출판물(단행본) 종별 불허 건수

연도	종별	총수
1927	사상 14, 신소설 9, 종교 2, 역사 3, 음악 1, 기타 1	30
1928	법률 1, 사상 15, 종교 1, 지리 3, 역사 2, 아동독물 4, 구소설 1, 신소설 10, 시가 1, 문집 1, 유고 2, 팔괘 1, 기타 2	45
1929	사상 8, 경서 2, 상업 5, 신소설 5, 시가 3, 동요 1, 유고 1, 기타 2	27
1931	사상 13, 종교 1, 역사 3, 농업 1, 신소설 1, 시가 1, 문집 1, 기타 2	23
1932	사상 15, 종교 1, 역사 3, 농업 1, 신소설 3, 시가 2, 문집 1, 족보 1, 기타 3	30
1933	정치 2, 사상 6, 공업 1, 신소설 4, 시가 1, 문집 2, 유고 4, 어학 1, 족보 3	24
1934	사상 4, 교육 1, 지리 1, 구소설 1, 신소설 1, 문예 1, 문집 2	11[196]
1935	교육 1, 종교 1, 역사 3, 신소설 2, 시가 2, 문집 9, 족보 5, 기타 1	24
1936	사상 2, 교육 1, 역사 3, 신소설 3, 시가 1, 문집 5, 어학 1, 기타 4	20
1937	정치 1, 사상 3, 종교 1, 역사 8, 시가 4, 문예 1, 문집 4, 유고 1, 기타 9	32
1939	상업 1, 신소설 2, 시가 1, 문집 3, 유고 1, 잡 3	11
1940	교육 2, 종교 1, 지리 1, 구소설 1, 시가 3, 문집 1, 유고 1, 서식 2, 족보 2	14

서 계속 가장 많은 불허가 이루어졌다는 것을 알 수 있다. 1927년 14건, 1928년 15건, 1929년 8건, 1931년 13건, 1932년 15건으로 단연 가장 높은 비율을 보이다가 1933년 6건 이후 급격히 줄어든 것으로 나타났다. 검열이 강화되면서 출판사들이 아예 검열 통과가 어려운 사상 분야의 책을 출간하려고 하지 않았기 때문이다.[197] 1930년대 중반 이후 문집의 불허 건수가 늘어나 1935년 9건, 1936년 5건, 1937년 4건 등으로 나타났다. 문집의 역사적인 내용이 '안녕질서'를 해친다는 이유로 불허

196 1934년의 자료에서는 '수학'에서 출원 2건, 허가 2건인데 불허가 1건으로 나와 있다. 수학 불허 1건을 포함해 불허 건수를 합산하면 12건이 되지만, 자료에는 종별 불허 건수 합계가 11건으로 나와 있다. '수학'에서 불허를 1건으로 잘못 적어 놓았다고 판단해 종별 불허 항목에서 '수학'을 삭제했다.

197 이중연, 2001, 앞의 책, 454-455쪽.

했던 것인데, 역사 불허 건수가 1935년 3건, 1936년 3건, 1937년 9건인 것과 같은 맥락에서 이루어진 탄압이었다.

1930년 6월에 불허가된 단행본은 『약소민족사정』(사상, 김기전), 『사회주의자와 아편중독자』(사상, 신태삼), 『동국강감』(역사, 송택섭), 『노동자의 내일』(사상, 강영원) 등 4권이었다. 이 4권은 "민족의식을 고취시키는 것과 사회주의적 성향을 보이는 것으로 양분"되었다. 1938년 4월에 허가받지 못한 단행본은 『오등의 반도산하』(신순석), 『유림재산처분에 관한 부의서』(이정권), 『성서조선』(김교신) 등 3권이었다. 『오등의 반도산하』는 '국토와 조국에 관한 내용'이 빌미가 되었을 것이고, 『유림재산처분에 관한 부의서』는 "지역 유림들의 자발적 행동 가운데 문제시될 수" 있는 부분이 있었을 수 있으며, 『성서조선』은 '기독교적 시각이 가진 반제국성'을 문제 삼았을 것이다.[198] 1930년대 중반 이후 더욱 엄격한 검열이 이루어져 과거에는 크게 문제 삼지 않았을 내용이 불허의 사유가 되었을 수도 있었다.

---

198 문한별, 2017b, 「〈조선출판경찰월보〉에 수록된 납본 도서의 시기별 변화 양상과 의미」, 『어문논집』 79집, 47-51쪽.

5. 경성방송국 설립 허가

1924년 2월부터 조선총독부 체신국은 방송에 관한 조사 및 연구를 본격적으로 계획했다. 이 연구를 위해 체신국 감리과 사무관과 공무과 기수(技手)를 일본에 파견했고, 방송 장비를 외국에서 주문했다. 이런 준비를 통해 1924년 11월 초에 체신국에 무선실험실을 설치하고, 송신시험방송을 시작했다.[199] 1924년 12월에는 조선일보사가 무선전화방송을 공개실험해 대중들의 큰 관심을 끌었다.[200] 총독부는 시험방송을 하기 전인 1924년 9월에 일본의 방송용사설무선전화규칙을 조선에 적용하기 위한 조선총독부령 제48호(1924.9.6)를 공포했다.

1924년 말부터 방송사업에 참여하기 위해 다양한 기업이나 단체들이 체신국에 허가를 신청하기 시작했다. 그러나 체신국장은 "조선서의 방송무선전화의 시설 허가 방침은 비영리조직인 단체에 경영을 허가하기로 결정하였다"고 밝혔다.[201] 얼마 뒤에는 "사설방송무선전화시설 인가에 관한 당국의 방침은 기보(旣報)와 같이 일도시 일기업을 원칙으로 하여 비영리조직인 공익사단법인으로 하기로 결정"했다고 하며, '방송시설 청원자'를 밝혔다.

▲일본전보통신사 경성지국 ▲제국통신사 경성지국 ▲상업통신사

---

199 한국방송공사, 1977, 『한국방송사』, 한국방송공사, 15-16쪽.

200 이범경, 1994, 『한국방송사』, 범우사, 129-130쪽.

201 「방송무선시설 허가에 취(就)하여」, 『동아일보』 1925.2.11, 석간 1면.

▲경성방송전화주식회사 ▲경성무선전화방송주식회사 ▲조선방송전화주식회사 ▲조선무선방송주식회사 ▲오사카경성무선전화주식회사 ▲황정영길(荒井榮吉) 외 팔 명[202]

체신국은 "방송무선전화 출원자 12명에 대하여 사단법인 조직에 의한 출원서의 제출을 출원자 전부에게 통고(通告)함과 공(共)히 출원의 수속 기타에 관하여 직접 설명함과 동시에 허가 방침 등을 시(示)키 위하여 본월 2일 오후 1시 출원자와의 협의회를 개최"했다.[203] 이날 "무선방송 출원자 12단체 중 도쿄의 일 단체를 제하고 전부의 대표자"가 모였고, 자본금 15만 원 중에 10만 원은 사원출자로 하고 5만 원은 차입하기로 결정했다.[204]

1년여의 준비 끝에 1926년 2월 15일에 경성방송국 발기인대회가 개최되었다. "사설무선전화의 방송국 계획은 이미 조선에서도 상당히 지원자들이 많아서 조선 전도로부터 영리를 목적으로 하는 사설방송국을 설치코자 출원한 것이 11개 단체나 되어서 이래 체신당국에서도 상당한 고려를 하여 오던 중 그를 어떤 영리를 목적으로 하는 한 단체에 허가하여 줄 수가 없다 하여 결국 그 모든 단체와 기타 조선 각지의 라디오에 흥미를 가진 이들을 망라하여 이십만 원의 사단(법인-인용자) 방송국을 창립"하기로 했다.[205] 경성방송국 발기인대회에는 "발기인 40여 명과 포원(蒲原) 체신국장 이하 관계당국, 신문통신기자 30여 명이 참석"했다.

---

202 「방송무선문제」, 『조선일보』 1925.2.15, 석간 1면.

203 「무선전화 출원자」, 『조선일보』 1925.3.4, 석간 1면.

204 「방송회사 설립회의」, 『동아일보』 1925.3.5, 1면.

205 「방송국 설회(設會)」, 『동아일보』 1926.2.17, 2면.

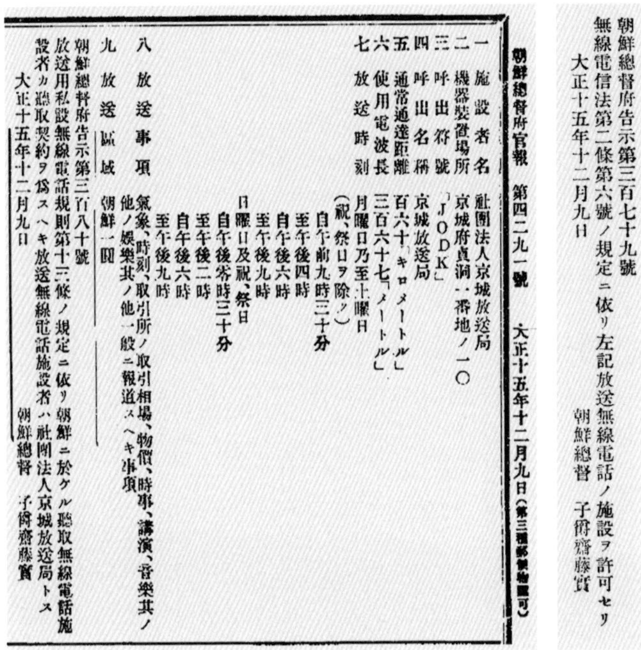

朝鮮總督府告示第三百七十九號
無線電信法第二條第六號ノ規定ニ依リ左記放送無線電話ノ施設ヲ許可セリ
大正十五年十二月九日　朝鮮總督　子爵齋藤實

朝鮮總督府官報　第四二九一號　大正十五年十二月九日（第三種郵便物認可）

一 施設者名　社團法人京城放送局
二 機器裝置場所　京城府貞洞一番地ノ一〇
三 呼出符號　「JODK」
四 呼出名稱　京城放送局
五 通常通達距離　百六十「キロメートル」
六 使用電波長　三百六十七「メートル」
七 放送時刻　月曜日乃至土曜日（祝、祭日ヲ除ク）
自午前九時三十分　至午後四時
自午後六時　至午後九時
日曜日及祝、祭日
自午後零時三十分　至午後二時
自午後六時　至午後九時
八 放送事項　氣象、時刻、取引所ノ取引相場、物價、時事、講演、音樂其ノ他ノ娛樂其ノ他一般ニ報道スヘキ事項
九 放送區域　朝鮮一圓

朝鮮總督府告示第三百八十號
放送用私設無線電話規則第十三條ノ規定ニ依リ朝鮮ニ於ケル聽取無線電話施設者カ聽取契約ヲ爲スヘキ放送無線電話施設者ハ社團法人京城放送局トス
大正十五年十二月九日　朝鮮總督　子爵齋藤實

사단법인 경성방송국 허가
[『조선총독부관보』 제4291호(1926.12.9)]

간바라(蒲原) 체신국장은 “라디오는 보통 일반의 영리사업과 달라서 민중에게 입각한 공익을 목적(目的)으로 한 것”이라고 강조했다. 사무의 진행을 위해 발기인 중에 12명을 실행위원으로 선정했다.[206]

사단법인으로 출범하기로 결정하고 경성방송국 준비가 계속 진행되어 1926년 11월 30일에는 사단법인 경성방송국이 설립되었다. 12월 9일에는 ‘조선총독부 고시 제379호’로 방송무선전화시설의 허가를 받

206 「경성방송국」, 『조선일보』 1926.2.17, 석간 1면.

았으며, 이틀 뒤인 12월 11일에 경성지방법원에 사단법인 등기를 마쳤다.[207]

방송무선전화시설을 허가하는 내용을 담고 있는 관보의 내용을 보면, 무선전신법 제2조 제6호의 규정에 의거하여 허가한다고 나와 있다. 무선전신법 제2조 제6호에서는 "위의 각항 외에 주무대신이 특별히 시설이 필요하다고 인정한 것"에 대해서는 사설로 허가할 수 있다고 규정했다. 이를 토대로 1923년 12월에는 체신성령 제98호로 방송용사설무선전화규칙이 공포되었다. 무선전신법 제2조 제6호에 의한다는 것은 곧 체신성령 제98호로 방송용사설무선전화규칙을 적용한다는 것을 의미하는 것이기도 했다. 무선전신법과 방송용사설무선전화규칙을 조선에서도 그대로 적용했기 때문에 결국 일본의 방송용사설무선전화규칙을 조선에 적용하기 위한 조선총독부령 제48호(1924.9.6) '시사·음악 기타 사항을 방송 또는 청취하기 위하여 시설하는 사설무선전화에 관한 건'을 경성방송국 허가에 적용했다고도 할 수 있다. 조선총독부 고시 제380호로는 방송용사설무선전화규칙 제13조의 규정에 의하여 조선에서 '청취무선전화시설자'는 '방송무선전화시설자'인 사단법인 경성방송국과 청취계약을 해야 한다고 규정했다. 조선과 마찬가지로 대만의 방송국도 총독부 체신부가 주도해 설립했다. 방송에 관한 한 일제는 '제국 네트워크' 차원에서 설립을 주도하려고 했다.[208] 일제는 선전을 위해 방송을 활용할 필요가 있다고 보았고, 방송 청취자의 다수가 일본인이었다는 점도

---

207 한국방송70년사 편찬위원회, 1997b, 『한국방송70년사』, 한국방송협회·한국방송공사, 88-89쪽.

208 엄진주, 2016, 앞의 글, 224-225쪽.

감안해 식민지에서의 방송국 설립을 총독부가 직접 나서서 추진하도록 했다.

모든 매체 허가의 최종 결정은 총독부의 몫이었다. 신문지법에 따른 신문과 잡지의 허가 실무는 경무국이 담당했고, 경성방송국의 허가 실무는 체신국이 담당했다. 출판법에 따라 보통출판물과 계속출판물을 검열하고 허가하는 것은 경무국 도서과의 일이었다. 경성방송국은 총독부가 사단법인 설립 과정부터 직접 관여했고, 일본인이 조선인보다 더 많이 출자했다는 점에서 다른 매체 허가와는 다른 특성을 지녔다. 설립 당시 등기부에 등기된 이사 중에 일본인이 8명이었고, 조선인은 이용문, 방태영, 김한규 등 세 사람뿐이었다.[209] 이사 구성이나 사단법인에 자본을 출자한 사원의 구성에서도 일본인 비율이 높았고, 조선인은 일부만 참여했을 뿐이다. 경성방송국에 이사나 사원으로 참여한 조선인들이 일제에 협력적인 사람들이었다는 것은 말할 필요도 없었다. 총독부는 이사진이나 출자사원 중에 조선인을 참여시킴으로써 방송국이 단순히 일본인들만을 위한 것이 아니라는 점을 보여주고자 했다.

209 한국방송70년사 편찬위원회, 1997b, 앞의 책, 89쪽.

제3장

취재 · 보도의 통제와 검열의 실행

1. 취재·보도 과정의 통제

1) 취재 과정의 통제

러일전쟁이 발발하면서 일제는 신문의 취재·보도 활동을 통제하기 시작했다. 대한제국 시기에도 기자들이 취재를 위해 내부나 농상공부에 들어갔지만, 조선인은 물론 일본인도 취재에 응하지 않고 내쫓는 일이 빈번하게 벌어졌다.[1] 이 시기의 신문들은 취재원에 대한 접근 제약과 처벌 위협으로 제대로 취재·보도 활동을 할 수 없었다.

총독부는 1920년에 조선인에게 신문과 잡지의 창간을 허용했지만 자유로운 취재·보도를 허용했던 것은 결코 아니었다. 우선 총독부는 조선인 발행 매체들이 자유롭게 취재하는 것을 막았다. 조선인 발행 신문의 취재 과정에 대한 일제의 통제는 창간 직후부터 시작되었다. 1920년 8월에 미국의원단이 중국을 거쳐 조선으로 들어오려고 할 때, 취재를 위해 『동아일보』의 김동성과 『매일신보』의 백대진이 기차에 동승했는데 경찰이 김동성은 강제로 내리게 해서 취재하지 못하게 했고 백대진만 취재하도록 허용했다.[2] 『동아일보』 창간 40주년 기념 좌담회에서 진학문은 창간 초기에 "취재하기 어려웠지요. 같이 낼 것인데도 '전통(電通: 전보통신사 – 인용자)'을 『경성일보』, 『조선신문』 기자한테는 주고 조선 사람한테는 주지 않았어요. 그냥 아무쪽에나 마음대로 어디 가서 쓸 수 있

1 박용규, 2015b, 『한국의 언론인, 정체성을 묻다』, 논형, 50–51쪽.

2 동아일보사, 1975, 앞의 책, 145–146쪽; 유광열, 1969, 앞의 책, 337쪽.

는 것은 주지만 그밖에 특수한 것은 얻기 어려웠어요"라고 회고했다.[3] 이렇듯 취재 과정에서 총독부가 조선인 발행 신문을 총독부 기관지나 일본인 발행 신문과 차별하는 일이 자주 벌어졌다.

조선인 발행 신문들은 총독부에 대해 비판적 내용을 취재할 엄두조차 내지 못했고, 실제로 총독부의 정치·경제적 정책에 관해 외근을 통해 취재하는 일은 거의 없다시피 했다. 일본과는 달리 식민지라는 현실에서 조선인의 정치·경제적 활동은 거의 부재하여 정치부는 기껏 통신문을 번역하여 외국의 정치 소식을 보도할 뿐이었고 경제부도 미두(米豆) 시세나 보도할 뿐 민중들의 실제적인 경제적 생활과 관련된 보도는 거의 하지 못하는 등 사회부를 제외한 나머지 부서들의 활동은 지극히 제한되어 있었다.[4] 그래서 정치부, 경제부 등의 활동은 모두 '탈선적, 기형적 상태'에 있다는 비판을 들을 수밖에 없었고,[5] "조선 신문의 활동무대는 오직 사회면"이라는 평가까지 나올 정도였다.[6] 현진건도 "정치, 경제, 문예 등 각 면이 제2, 제3선이라면 사회면이야말로 제1선이라 하겠지요. 정치가 없는 우리에게 가장 많은 감흥과 자극을 주는 것은 민중의 생활상이오 사회의 동태인 까닭이외다. 그러므로 어느 면보다도 가장 많은 독자층을 포옹하였고 따라서 신문이 죽고 사는 열쇠를 쥐고 있다고 해도 과언"이 아니라고 주장했다.[7]

실제로 조선인 발행 신문에서는 주로 사회부만이 외근을 통한 취재

---

3 「본보 창간 당시를 말하는 좌담회」, 『동아일보』 1960.4.1, 석간 4-5면.

4 고영한, 1935, 「신문사의 조직과 그 기능」, 『신동아』 1934.5, 65-71쪽.

5 「신문사와 그 조직」, 『철필』 1권 2호, 13-15쪽.

6 김을한, 1930, 「사회 이면의 폭로1-신문계의 내막」, 『별건곤』 1930.11, 127-128쪽.

7 현진건, 1930, 「사회면과 편집」, 『철필』 1권 2호, 18쪽.

활동을 하며 치열한 경쟁을 벌였다. 사회부 기자들의 취재 활동은 주로 출입처 단위 기자단을 통해 이루어졌다.[8] 사회부 기자들의 주요 출입처로는 총독부(북악구락부), 경기도청(경기구락부), 경성부[부정(府政)기자단], 체신국(광화문구락부), 철도국(철도기자단), 경성지방법원(사법기자단) 등의 주요 관청들과 경성 내 경찰서들인 종로서, 본정서(현재의 중부경찰서), 서대문서, 용산서, 동대문서 등 5곳과 조선 왕족들이 거주하던 창덕궁(이화구락부) 등 12곳이 있었다. 그중에 총독부의 경우만 각 신문사에서 2명 정도 출입했고 나머지는 1명이 출입했다. 또한 사회부 내 운동 담당 기자들의 모임인 운동기자단도 각종 경기를 취재하기 위해 외근을 했고, 경제기자단도 은행이나 회사 등에 출입하기도 했으나 경제부 외근기자는 단 1명뿐으로 취재 활동이 그리 활발하지는 않았다. 이렇듯 출입처가 많았기 때문에 당시 사회부 기자들은 한 사람이 2~3곳의 출입처를 동시에 담당하기도 했다.

총독부 내 각 관청, 법원, 경찰서를 취재하는 과정에서 조선인 기자들은 많은 어려움을 겪었다. 사회부 기자로 활동했던 염상섭은 "조선에서는 기사의 거의 전부를 경찰서, 재판소에서 공급하느니만치 사건은 사상적 형사사건이 그 주요소를 점한다"고 했다.[9] 『조선일보』 기자였던 박윤석도 "경찰서, 재판소, 경무국 등 기사 중 그 주요한 부분을 차지하고 있는 범죄상의 취재라든지 탐색처럼 어려운 것은 없다. 외근기자로서 그들 관헌을 상대하여 활동하는 수완 여하로 소위 기자적 재능을 발휘할 수 있다고 하고 또 사실상 어려운 때와 쓰라린 노고를 직접 음미하고 있는

8 한양학인, 1931, 「신문기자단 언파레-트」, 『삼천리』 1931.7, 100-103쪽.

9 염상섭, 1930, 「'특종'의 양면」, 『철필』 1권 2호, 51쪽.

것이다"라고 사회부 기자로서의 고충을 토로했다.[10] 1935년 『매일신보』에 입사했던 지창하는 "요새는 홍보자료가 될 만한 것은 그쪽에서 발표라도 하지만 그 시절에는 군국정치, 비밀정치 시대여서 그런 것이 없었기 때문에 취재가 더욱 곤란하였다. 그래서 그들과 익숙하여지거나 또는 서류들을 흘깃흘깃 훔쳐보는 길밖에는 없었다"고 회고했다.[11]

사회부 기자들의 취재 과정에서 자료를 제공하지 않는 것은 물론 출입금지를 하는 일도 자주 벌어졌다. 총독부는 해외의 독립운동이나 국내의 지하운동 등에 관한 취재 과정에서 자주 통제를 가하곤 했다. 1925년 8월에 동대문경찰서에서는 권총발사사건을 일으킨 '독립단 이광진'을 검거하지 못하자 신문들의 보도 때문이라고 탓하며 "개와 신문기자는 들어오지 말라"는 방을 붙였다고 한다. 그러나 조선어 신문은 물론 일본어 신문의 기자까지 함께 반발하자 출입금지 조치를 철회했다.[12] 동대문경찰서 출입기자단의 조선인, 일본인 기자들이 모두 참여했을 뿐만 아니라 다른 경찰서 출입기자단까지 동조해 항의하고 동대문경찰서장이 사과함으로써 해결될 수 있었다.[13] 기자들의 자유로운 취재를 막으려는 경찰들의 무리한 조치가 사과로 일단락되기는 했지만, 일제강점기 내내 출입금지 조치로 인해 조선인 기자들이 제대로 취재하기 어려운 경우가 적지 않았다. 『매일신보』 기자였던 지창하는 "경찰서 형사실 문을 열자

---

10 박윤석, 1931, 「이수홍 사형집행일의 탐보-검사국에서 알기까지의 고심 경쟁기」, 『삼천리』 1931.10, 153-154쪽.

11 지창하, 1978, 「백백교 사건과 서류 빼내기 작전」, 『언론비화 50편』, 한국신문연구소, 336쪽.

12 최준, 1960, 앞의 책, 256-257쪽.

13 계훈모 편, 1979, 앞의 책, 374-375쪽.

마자 눈에 띄는 것이 피의자를 거꾸로 매어달고 때리는 것이다. 이른바 고문이다. 정신이 아찔하여 열었던 문을 다시 닫고 나와 그날 일은 아무것도 못했다"고 회고했다.[14] 이런 일을 방지하기 위해서도 경찰은 기자들의 자유로운 취재를 막으려고 했던 것이다.

1938년 6월에는 『매일신보』의 서정억 기자가 흥업구락부사건을 취재하러 서대문경찰서에 갔다가 우연히 고문하는 현장을 목격하고 경찰들에게 집단으로 폭행당하는 일이 벌어졌다. 다른 조선인 기자들이 뒤늦게 경찰서에 왔다가 폭행 현장을 목격하고 취재하러 온 사람을 폭행할 수 있냐고 항의했다.[15] 경찰은 "서 기자가 증거인멸을 하러 피금인(被禁人)의 심문장소에 들어와서 공무집행 방해를 했다는 터무니없는 거짓말"을 했지만, 결국 취재기자를 폭행했다는 비난 여론이 거세지자 사과하고 말았다.[16] 취재기자를 집단적으로 폭행했을 만큼 일제의 취재 과정에 대한 통제는 강력했다.

『조선일보』에서 1928년부터 기자로 활동했던 윤성상은 "해외에서 불온문서가 투입되었다고 왜주구(倭走狗)들이 새벽같이 편집실에 침입해 주인 없는 기자들의 책상서랍을 뒤지는 광경도 구경했다"고 했다.[17] 독립운동에 대한 취재를 막기 위해 일본 경찰이 신문사에 들어와 수색하는 일이 잦았던 듯하다. 김기진은 1931년 『조선일보』에서 근무할 때

---

14 지창하, 1978, 앞의 글, 335쪽.

15 김을한, 1960, 『사건과 기자』, 신태양사, 123-125쪽; 우승규, 1978, 『나절로 만필』, 탐구당, 136-137쪽.

16 서정억, 1978, 『고금청담』, 성화사, 391-392쪽.

17 윤성상, 1978, 「3전짜리 팥죽 한 그릇에 구국의 필봉」, 『언론비화 50편』, 한국신문연구소, 16-17쪽.

"그 전부터 조선일보사에 단골로 드나들던 종로경찰서 고등계 주임 녀석이 딴 놈 두 놈과 함께 편집국으로 들어" 와서 자신을 연행해 갔다고 회고했다.[18] 김기진의 연행은 취재와는 무관한 일 때문이었지만, 그의 회고를 통해 사상통제를 담당하던 고등경찰이 신문사를 수시로 드나들었다는 사실을 알 수 있다. 경찰의 신문사 출입은 기자들을 심리적으로 압박하는 효과가 있었을 것이다.

일제 말기로 가면서 취재와 관련해서 기자들을 연행하거나 폭행하는 일은 거의 사라졌다. 1939년 『동아일보』에 입사했던 이상돈은 "중대한 필화사건이라든지 일본 황실에 대한 불경죄를 범한 사건 이외에는 신문기자를 경찰서로 연행하거나 구속하는 일은 별로 없었다. 공산당 비밀결사에 가담했다든지 또는 파렴치범에 걸렸다든지 하는 외에는 기사 쓴 관계로 기자가 경찰서에 연행되거나 구속되는 일은 없었다"고 회고했다.[19] 일제의 강력한 통제에 대해 기자들이 순응하고 엄격한 자기검열을 하면서 취재 활동에 대해 굳이 통제할 필요조차 없게 되었기 때문이었다.

2) 보도에 대한 제약

일제는 취재 과정을 통제했을 뿐만 아니라 기자들이 보도할 만한 내용에 대해서도 미리 차단하고자 했다. 이미 1904년에 일본 공사 하야시 곤스케(林權助)는 조선의 신문이 일본군의 움직임을 보도하지 못하도록

18 홍정선 편, 1988, 『김팔봉 문학전집』 II, 문학과 지성사, 375쪽.

19 이상돈, 1978, 「동아 폐간, 사중구생(死中救生)의 심경」, 『언론비화 50편』, 한국신문연구소, 320－321쪽.

하라고 조선 정부에 요청했다.[20] 일제는 초기부터 보도금지의 범위를 정해놓고 이를 위반할 때는 처벌하는 정책을 실시했다.

1910년의 일제 강점 이후 보도에 대한 제약은 더욱 체계화되었다. 일제는 행정처분의 가능성을 미리 공지해 보도를 막기 위한 '게재차지(揭載差止)' 조치를 취했다.[21] 경무국 도서과는 신문이 보도하기 전에 사전에 통제하기 위한 의사표시의 형식[22]으로 '간담, 주의, 경고, 금지'를 두었다.

- 간담: 특수 사항에 대하여 이의 기사 취급 방법을 고려할 것을 종용하고 당사자의 덕의심(德義心)에 호소하여 어떤 사항을 신문과 잡지에 게재치 않도록 희망하는 정도의 것으로서 이에 위반할지라도 처벌되는 것과 같은 일이 없는 것이다.
- 주의: 사태가 경미한 것에 대해 앞으로의 취급에 주의를 환기하는 것으로서, 경고와 마찬가지로 법규에 의거하지 않은 편의수단이다. 이에 위반하는 경우가 있더라도 반드시 발매, 반포금지와 또는 차압, 압수 등의 처분에 부치게 되는 것은 아니다. 다만 기사의 성질에 따라 예외가 있으며 경고에 다음가는 약간 가벼운 예고로 볼 수 있다.
- 경고: 기사취급에 관한 경계적 예고로서, 역시 법규에 의거하지 않은 편의수단이다. 그러나 이를 위반하는 경우에는 그때의 사회정서와 기사의 여하에 따라서 신문, 잡지는 발매, 반포의 금지와 함

---

20 정진석, 2007, 앞의 책, 26-27쪽.

21 이민주, 2020, 앞의 책, 50-52쪽.

22 恒錄, 1930a, 「朝鮮に於ける出版物の考察」 2, 『警務彙報』 1930.10, 49쪽.

께 차압 또는 압수처분을 받는 일도 있어서 '금지'에 버금가는 위력을 갖는 경계적 예고이다. 경고는 실질적으로 보도를 금지하는 조치에 해당한다. 따라서 경고한 사항에는 시일이 경과하면 '해제' 조치를 취하는 경우도 있다.

- 금지: 신문지법 제12조(신문지규칙 제11조)에 의거해서 신문기사의 게재를 금지하는 경우로서, 사안의 가장 중대한 것에 대해 적용하는 것이다. 금지명령을 위반했을 경우에는 그 신문과 잡지의 발매와 반포를 금지하고 차압, 압수 등의 행정처분에 처하게 되며 경우에 따라서는 사법처분에 부쳐지게 되는 것이다.[23]

정진석은 간담과 주의는 비슷한 의미를 갖지만, "다만 간담은 특정사건이 아니라 포괄적인 사항에 대해 미리 위협적으로 요구하는 통제였으나, 주의는 구체적인 사건에 대한 사전규제의 성격을 띤 것"이었다고 하며, 당연히 주의가 간담보다 많은 건수를 차지했다고 설명했다.[24] 주의나 간담이 모두 '가벼운 예고성 단계'였다면, 경고나 금지는 '당국의 강력한 의사표시'였다.[25] 특히 금지는 신문지법 제12조에 따라 기사의 게재를 금지하는 것으로, 위반할 경우 발매·반포금지와 함께 압수 같은 행정처분이 뒤따랐다. 대체로 경미한 사건에는 주의나 간담 조치를 했고, 중요한 사건에는 경고나 금지를 내렸다. 어떤 사건에 대해 사전통제 조치를 할 것인가 하는 판단은 경무국 도서과 스스로 하기도 했지만 다른 부

23 정진석, 2007, 앞의 책, 95쪽.

24 위의 책, 95쪽.

25 이민주, 2020, 앞의 책, 51쪽.

처의 요구를 수용하기도 했다. 보도를 금지하는 것이 오히려 유언비어를 일으키는 역효과를 낸다고 판단하면 금지를 해제하기도 했는데, 대부분 해제하면서 주의에 해당하는 단서를 붙여 보도를 제한했다.[26]

보도를 사전통제하기 위한 경무국 도서과의 의사표시는 강도에 따라 신문사 측에서 느끼는 부담에 차이가 있었을 것이다. 아무래도 금지가 가장 큰 부담이 되었을 텐데, 김을한은 다음과 같이 회고했다.

> 왜정시대에는 게재금지라는 것이 있어서 무슨 중대한 사건이 발생했을 때에는 즉시 경무국으로부터 게재금지 명령이 내려서 그것이 다시 해제되기까지는 절대로 신문에 쓸 수가 없었다. 그러나 어느 때 갑자기 해금이 될지도 모르므로 신문사에서는 그에 대비해서 언제 해금이 되어도 좋도록 미리 기사를 준비해 놓지 않으면 안 되었다. 그런데 바로 그 무렵에 게재금지가 된 중대 사건이 세 가지가 있으니, 1. 엠엘(ML)당사건, 2. 대구 조선은행지점 폭탄사건, 3. 산이(山梨) 총독 독직사건 등이 즉 그것이다.[27]

김을한은 1928년 말 경무국 도서과 관리들과 기자들이 모두 모인 망년회에서 기자들이 위에서 언급한 세 사건의 해제 시기를 파악하기 위해 눈치 경쟁을 벌이다가 자신이 니시무라 검열관에게 넘겨짚어 물어서 그 시기가 바로 다음 날이라는 것을 파악했다고 주장했다. 그 결과 김을한이 근무하던 『조선일보』는 세 가지 사건을 모두 담은 호외를 발행할

26 정진석, 2007, 앞의 책, 96-98쪽.

27 김을한, 1960, 앞의 책, 168쪽.

수 있었던 반면 『동아일보』는 1과 2만, 『중외일보』는 1에 관해서만 호외를 발행했다고 회고했다.[28] 실제로 당시 『동아일보』에 근무하던 김동진은 "양대 사건(ML당사건, 대구사건)이 해금되기 전날 저녁에 경무국 도서과에서는 출입하는 조선문 4사 기자를 조선호텔 만찬에 초대"했는데, "그 연회가 항례(恒例)로 있는 신년연회"인 줄만 알고 방심했다가 호외 발행을 못할 뻔했던 경험을 토로했다. 김동진은 "전야(前夜) 도서과의 초대연은 단순한 만찬회가 아니고 명일 해금 기사의 기맥(氣脈)을 통하려는 어떤 정도의 호의로 모은 모임"이었다고 설명했다.[29]

금지 기사가 언제 해제될지를 알 수 없었기 때문에 기자들은 항상 경무국 도서과의 분위기에 촉각을 세우고 취재할 수밖에 없었다. 금지되었다가 해제되지 않는 사건도 있었고, 몇 년 뒤에나 해제되는 사실도 있었다. 이미 사람들에게 널리 알려진 사건은 비교적 빨리 해제되었는데, 해제된 사건을 보도하면서 다시 문제가 생겨 압수되는 일도 있었다.

> 동척폭탄사건에 대하여는 게재금지 명령이 내리었으나 경성시민은 물론이오 각 중요 도시에서도 그 사건의 개요는 벌써 알고 있었다. 무슨 사건이든지 나기는 났건만 게재금지 까닭에 알 수 없다는 호기심은 더욱 활동하여 이어(耳語)와 서간(書簡)이 왔다 갔다 할 사이에 사실보다도 몇백 배나 과장되어 게재금지령의 효력이 불소(不少)하였다. 그래서 12월 28일에 일어난 사건이 겨우 1월 11일에야 해금되고 각 신문에 보도되었다. 특히 동아·조선 양보(兩報)는 정밀한 조사

28 위의 책, 168-174쪽.

29 김동진, 1930, 「묵은 수첩 속에서-폭탄 사건의 대비밀」, 『철필』 1권 3호, 74쪽.

로 사건의 상세한 전말을 게재하여 호외로 발행한 것이 당국에서 해금한 '통고 범위'대로 안 되었다는 이유로 압수되고 말았다.[30]

'동척폭탄사건'이 해제되어 보도할 수는 있었지만, 단서로 붙은 주의 사항을 준수하지 않아서 다시 압수당하는 일이 벌어졌던 것이다. 『동아일보』는 압수에 반발하며 「경무국의 당황」이라는 사설을 통해 비판했다. 먼저 "일본 내지에서는 각 신문은 물론이오 무전방송으로 일반 공중에게 사건의 진상이 상세하게 보도된 지 반삭(15일)이나 되어서 겨우 해금한다는 것이 첫째 당황이오"라고 하며 이미 알려진 사실을 오랫동안 게재금지한 것을 지적했다. 다음으로 "경무국이 기사 게재의 범위를 지정하는 것은 조선에서는 다반사어니와 기사의 내용을 딕테이트(지시)한다는 것은 경찰 만능의 조선에서도 초유의 사(事)였다. 아무리 주책없는 경무국이라도 이렇게 몰도리(沒道理)한 처치가 있으리라고는 믿지 못하였다. 이것은 실로 당황 중의 당황이라 할 것"이라고 비판했다.[31] 경무국 도서과가 해제하면서도 내용을 그대로 받아쓰도록 하는 보도를 강요했던 것에 대해 비판했던 것이다. 1939년에 『동아일보』에 입사했던 이상돈은 "사건의 경중에 따라서 미리 '당분간 기사 게재금지 통고'를 하여 사건 진상의 게재를 금지시켰다가 시일이 지난 후에 금지 해제를 한다. 그런 경우에는 각 신문사에서 자유로 제작, 보도하고 단수를 제한하거나 내용과 제작에 간섭하는 일은 없다"고 했다.[32] 해제에는 보통 주의가 뒤

30 「경계 중의 조선, 언론의 압박」, 『현대평론』 1927.3, 4쪽.

31 「(사설) 경무국의 당황」, 『동아일보』 1927.1.14, 1면.

32 이상돈, 1978, 앞의 글, 320쪽.

따랐기 때문에 이상돈의 회고를 그대로 믿을 수는 없고, 일제 말기에는 굳이 주의를 주지 않아도 신문들이 알아서 문제의 소지가 있는 보도를 하지 않았기 때문에 일제가 간섭할 필요가 없었다는 것으로 해석할 수 있다.

경무국 도서과는 사건이 벌어지면 바로 게재금지 여부를 판단해 조치를 취했지만, 때로는 결정이 늦어져 신문의 취재가 시작되었거나 인쇄까지 하다가 금지하는 경우도 있었다. 김을한은 '엠엘(ML)당사건'을 인지하고 "간신히 사건의 내용과 검거된 사람들의 성명을 조사해서 열심히 기사를 쓰고 있느라니까 오후 한 시 신문의 마감시간쯤 되어서 갑자기 경무국으로부터 게재금지의 통고가 왔다"고 회고했다.[33] 염상섭은 "게재금지로 인하여 모처럼 특종을 얻어서 정판에까지 올렸다가도 몰수되거나 그렇지 않으면 삭제를 당하는 수가 많다"고 어려움을 토로하기도 했다.[34]

신문지법에 따라 허가된 신문이나 잡지들은 원고검열을 받지는 않았지만 이미 취재·보도 과정에서부터 다양한 사전통제를 당했다. 이런 현실에서 사회부 기자들은 중요한 '사건'을 있는 그대로 전달하는 역할을 하지 못하고, 사소한 사건들을 '흥미 있는 읽을거리'로 만드는 역할을 주로 할 수밖에 없었다.[35] 즉 '경성적' 뉴스 소재를 취재하더라도 '연성적' 방식으로 보도하는 일이 많았던 것이다. 이렇게 보도 과정에서 조심하더라도 검열을 통해 문제가 드러나서 행정처분을 받는 일이 많았다.

---

33 김을한, 1960, 앞의 책, 74쪽.

34 염상섭, 1930, 앞의 글, 51쪽.

35 조영복, 2007, 『문인기자 김기림과 1930년대 활자-도서관의 꿈』, 살림, 141쪽.

2. 신문·잡지·단행본 검열

1) 검열조직과 기준

(1) 검열조직의 변화

일제는 언론통제의 근거가 되는 법을 만들고 통제 가능한 매체들만 허가해주고도, 그런 매체들의 내용까지도 철저히 검열해서 식민지 지배에 조금이라도 위협이 될 만한 내용에 제재를 가했다. 검열의 방법이나 수위는 시기에 따라 조금씩 바뀌었지만, 사상통제의 차원에서 검열을 통해 언론을 통제한다는 기본 방침은 식민지 지배 기간 내내 일관되게 유지되었다. 경찰이 계속 검열업무를 담당했다는 것을 통해서도 일제강점기의 언론통제가 사상통제의 일환이었다는 것을 알 수 있다.

일제의 언론통제는 이미 러일전쟁 발발 직후부터 시작되었다. 일본군 헌병사령부는 러일전쟁 중인 1904년 7월 20일에 '군사경찰훈령'을 발표했다. 러일전쟁 과정에서 현실적인 필요 때문에 일제의 검열이 시작되었다. 10월 9일에 다시 '군정 시행에 관한 내훈'을 제정했다. 일본군 사령부는 일본인 언론인 중에 조선어에 능통한 인물들을 검열관으로 활용해 신문들을 검열하기 시작했다.[36]

이미 이 시기부터 검열 실무는 경찰이 담당했다. 1905년 2월부터 검열은 경무고문 소관 사항이었다. 경무고문이 보좌직원과 통역관을 데리

---

36 채백, 2010, 「애국계몽운동기 일제의 언론통제와 한국언론의 대응」, 『언론과학연구』 10권 2호, 609-610쪽.

고 검열업무를 지휘했다. 1906년 2월 28일 내부 관제가 바뀌고 분과 규정이 개정되면서 도서 출판에 관한 사항은 경무국의 보안과 소관사항이 되었다. 1908년 1월 25일의 내부 분과 규정에는 경무국에 경무과, 보안과, 민적과를 두고, 보안과가 "고등경찰에 관한 사항, 행정경찰에 관한 사항, 도서 출판 및 저작에 관한 사항, 이민에 관한 사항" 등을 담당하도록 규정했다. 불과 2개월 뒤인 1908년 3월 31일 개정된 경시청 분과 규정에 따르면, 경시청을 3개 과로 나누었는데 3과에 고등경찰계를 두어 집회·결사, 신문지·잡지·출판물·저작물의 취체와 주의 인물의 시찰을 담당하도록 했다. 1908년 대한제국 직원록에 따르면 내부 경시청은 일선 경찰서 외에 1과, 2과, 총감관방으로 구성되었는데, 총감관방 산하에 고등경찰계·문서계·황궁경찰계·회계계 등 4개 계가 있었는데, 당연히 고등경찰계가 검열업무를 담당했다.[37]

일제 강점 이후 많은 매체가 폐간되면서 검열업무는 과거보다 줄었다. 일제강점기 초기의 검열기구는 헌병경찰이었던 경무총감부 고등경찰과(1910~1919)였다. 헌병과 경무총감부로 이원화되어 있던 경찰제도가 일제 강점 이후 헌병경찰제도로 일원화되어 3·1운동 시기까지 지속되었다. 고등경찰과는 기밀계와 도서계로 구성되었는데, 도서계에는 일본인 6인 정도의 소규모 인력으로 운영되었다.[38] 총독부 기관지『매일신보』외에는 조선어 매체가 거의 없었기 때문에 조선인 검열관의 필요성이 크지 않았기 때문이다. 헌병경찰제도하에서 엄격한 검열이 이루어졌는데, 그 대상은 일본인 발행 신문들이었다. 총독을 비판하는 신문을

37 정근식, 2003, 앞의 글, 31-32쪽.

38 정근식, 2005, 앞의 글, 6-7쪽.

발행금지시킬 정도로 강력한 언론통제를 실시했다.[39]

3·1운동이 일어나면서 일제는 더 이상 무단통치체제를 유지할 수 없다고 판단하고 문화정치를 실시하겠다고 하며 헌병경찰제도를 폐지하고 보통경찰제도로 전환했다. 이런 정책 변화에 따라 경무총감부가 경무국으로 재편되었고, 경무총감부 고등경찰과가 담당하던 검열업무도 경무국 고등경찰과가 담당하게 되었다. 1919년 8월 20일의 개정을 통해 조선총독부 사무분장 규정 제11조에서는 경무국에는 경무과·고등경찰과·보안과·위생과를 두고, 고등경찰과에서는 "1. 고등경찰에 관한 사항, 2. 신문·잡지, 출판물 및 저작물에 관한 사항" 등의 업무를 관장한다고 규정했다.[40]

경무국 고등경찰과가 검열업무를 담당하게 되었지만, 고등경찰과가 통합적이고 체계적으로 검열을 실시하지는 못했다. 경무국이 검열업무를 담당하는 것으로 업무분장이 되어 있었지만, 검사국이나 각 하급 관청에서도 분산적으로 검열이 이루어지기도 했다.[41] 1922년 잡지 『신천지』 필화사건을 언론검열의 주무관청인 경무국이 아닌 경성지방법원 검사국이 나서서 다루었던 것을 통해서도 이 시기까지는 아직 검열업무의 주도권을 경무국이 완전히 장악하지 못했다는 사실을 짐작할 수 있다.[42]

경무국 고등경찰과에는 1925년 무렵부터 '검열계'가 있었던 듯하다. 1925년 당시 총독부 기관지 『매일신보』 기자로 근무하던 김기진은 "검

---

39 김규환, 1978, 앞의 책, 148-158쪽.

40 db.history.go.kr/id/mh_003_0010_0020_0050.

41 조영렬·문한별, 2019, 「일제하 출판 검열 자료 『불온소년소녀독물역문』(1927.11) 연구」, 『현대문학이론연구』 77집, 181-182쪽.

42 장신, 2004, 앞의 글, 341-342쪽.

열계에 계신 제씨에게 일고를 구하는 바입니다. 문예품에 대한 태도를 좀 더 관대하게 하여 주었으면 하는 것이 나의 가장 큰 희망입니다"라고 자신의 희망사항을 밝혔는데, 여기에서 검열계라는 용어가 처음 사용되었다.[43] 다만 정진석이 1927년에 "검열계가 하나의 부서로 독립된 기구는 아니었던 것 같다. 검열업무를 담당했다는 뜻으로 사용된 용어가 아닌가 한다"고 설명했던 것처럼,[44] 당연히 1925년에도 고등경찰과에 검열계가 공식적인 조직으로 있었다기보다는 검열업무를 담당하는 사람들을 묶어서 부른 단어일 가능성이 크다.

경무총감부 고등경찰과(1910~1919), 경무국 고등경찰과(1919~1926)를 거쳐 1926년에는 경무국에 도서과(1926~1943)가 등장했다. 1926년 4월 24일 조선총독부 사무분장 규정을 개정해 경무국에 경무과, 보안과, 도서과, 위생과를 두기로 했다. 고등경찰과 업무를 보안과로 넘기고 도서과는 별도로 분리했다.

제11조 경무국에 경무과, 보안과, 도서과 및 위생과를 둔다.

보안과에서는 다음의 사무를 관장한다.

1. 고등경찰에 관한 사항

2. 노동자 모집·취체에 관한 사항

3. 외사경찰에 관한 사항

도서과에서는 다음의 사무를 관장한다.

1. 신문지, 잡지 및 출판물에 관한 사항

---

43 김기진, 1925, 「문단시평, 문예평론」, 『개벽』 1925.2, 81쪽.

44 정진석, 2007, 앞의 책, 76쪽.

2. 저작권에 관한 사항

3. 검열된 신문지, 잡지 및 출판물 보존에 관한 사항

4. 활동사진 「필름」의 검열에 관한 사항[45]

총독부가 경무국에서 도서과를 분리해 신설했던 것은 그만큼 검열 업무량이 늘고 전문성이 요구되었기 때문이다. 정근식·최경희는 “조선총독부 내의 도서과 설치는 1920년대 중반에 일본 본토에서 진행된 출판경찰 강화라는 제도적 영향과 민간의 출판법 개정운동에 대한 정부의 대응, 그리고 제국 전체로 확산된 치안유지법체제의 필요에 의해 비롯되었다”고 주장했다.[46] 도서과의 설치가 검열 강화를 의도했다는 것은 도서과가 설치되고 얼마 뒤인 1926년 8월에 벌어진 『개벽』 잡지의 폐간을 통해서도 확인된다.[47]

최말순은 대만의 검열기구가 1896년의 총독부 민정국 경보과의 고등경찰괘, 1901년의 경찰본서 고등경찰괘, 1919년 경무국 보안과 특별고등괘를 거쳐 1928년에 경무국 보안과 도서괘로 변화해왔다고 설명했다.[48] 고등경찰에서 담당하던 검열업무가 분화되어 검열업무를 전담하는 부서가 만들어졌다는 점에서는 조선 검열기구의 변천 과정과 비슷했다. 1930년에 보안과 인원이 32명이었다고 하는데,[49] 그중에 도서괘에서 검열업무를 담당하던 인원이 몇 명이었는지 정확하게 알 수 없지

45 db.history.go.kr/id/mh_003_0010_0020_0400.

46 정근식·최경희, 2006, 앞의 글, 118쪽.

47 한기형, 2019, 앞의 책, 180－184쪽.

48 최말순, 2017, 앞의 글, 2쪽.

49 정근식, 2014, 앞의 글, 215쪽.

만, 도서과에만 20명이 넘는 인원이 배치되어 있었던 조선에 비해서는 확실히 인원이 적었다.[50] 검열업무의 단위가 '과'가 아니라 그 하위 단위인 '궤'였던 만큼 당연히 인원이 적었을 것이다. 보안과의 전체 구성을 보면, 대만의 검열업무는 "조선과는 달리 일본인 중심의 지배구조가 더 강했"다는 것을 알 수 있다.[51]

출판경찰의 핵심 조직인 경무국 도서과는 조선 내의 신문·잡지·단행본 등의 모든 출판물과 영화, 음반 및 도화의 출판과 발행·발매·반포를 전반적으로 관장했다. 방송을 제외한 나머지 모든 매체의 통제업무를 담당했다. 경무국의 고등경찰과는 없어지고 그 업무는 보안과로 넘어갔지만, 각 지방의 고등경찰과는 존속되었다. 결국 식민지 검열기구는 경무국 도서과가 상부 기관으로, 각 도 경찰부의 고등경찰과가 하위기구로 작동하는 구조로 정착되었다.[52] 경무국 도서과를 중심으로 구축된 검열기구는 오랫동안 지속되었다.

중일전쟁이 벌어지고 군부의 영향력이 커지면서 조선 주둔 사령부 보도부가 만들어져 검열과 선전업무 전반에 관여하기 시작했다.[53] 특히 경무국 도서과의 검열업무에 대한 조선군 사령부 보도부의 간섭이 벌어지기도 했다. 1940년 1월에 경무국 도서과에서 검열하여 문제없이 통과된 『매일신보』 기사를 조선군 사령부 보도부에서 다시 문제 삼는 일이 생겼다. 당시 『매일신보』 학예부장으로서 경무국에 가서 조사를 받았던

---

50 이민주, 2020, 앞의 책, 332-333쪽.

51 정근식, 2014, 앞의 글, 215쪽.

52 정근식, 2005, 앞의 글, 15쪽.

53 김인수, 2007, 「1930년대 후반 조선주둔 일본군의 대(對)소련, 대(對)조선 정보사상전」, 『한국문학연구』 32집, 189-194쪽.

조용만은 “문제를 크게 떠들어대면 검열을 통과시킨 도서과에도 책임이 물어질 것이고 여러 가지로 경무국에도 불명예스러운 일이기 때문에 총독부에서는 일을 축소시켜서 나 하나만 물러나게 하고 일단락을 짓기로 하였다”고 했다.[54]

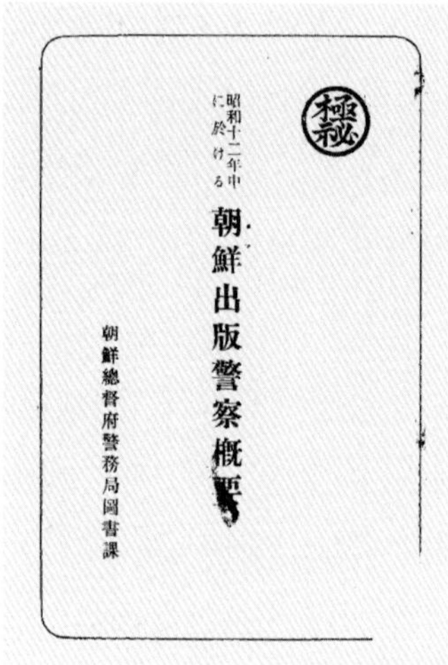

『조선출판경찰개요』
(국립중앙도서관 데이터베이스)

1943년 12월 1일에 조선총독부 사무분장 규정을 개정해 경무국에 경무과, 경비과, 경제경찰과, 보안과, 위생과를 두기로 했다. 도서과가 없어지고 보안과의 업무를 다음과 같이 규정했다.

1. 고등경찰 및 외사경찰에 관한 사항
2. 신문지, 잡지 및 출판물의 검열 및 취체에 관한 사항
3. 저작권에 관한 사항
4. 영화의 검열 및 취체에 관한 사항
5. 축음기, 「레코드」의 취체에 관한 사항[55]

사무분장 개정을 통해 경무국 보안과에 기존의 도서과 업무를 모두

54 조용만, 「파면기자 시절, 나의 30대」, 『월간 중앙』 1974.8, 267쪽.

55 db.history.go.kr/id/mh_003_0010_0030_0580.

통합시킨 것인데, 통폐합과 폐간 조치로 매체 수가 크게 줄어들었던 현실을 반영한 것이었다. 1945년 4월 17일에는 다시 조선총독부 사무분장 규정을 개정해 경무국에 경무과, 경비과, 경제경찰과, 보안과, 검열과, 위생과를 두었다. 보안과에서 다시 검열업무를 분리했는데, 검열과 업무를 다음과 같이 규정했다.

1. 신문지, 잡지 및 출판물의 검열 및 취체에 관한 사항
2. 음반의 취체에 관한 사항
3. 저작권에 관한 사항[56]

이번에는 검열업무를 담당하는 경무국 내의 조직 명칭이 아예 검열과가 되었다. 일제강점기 내내 매체에 대한 검열업무를 담당하는 조직은 독립된 형태로 존재했든 아니면 고등경찰과나 보안과 안에 통합되어 있었든 경무국을 벗어난 적은 없었다. 업무량 등을 고려한 업무 조정 차원에서 조직에 변화가 있기는 했지만, 기본적으로 사상통제 차원에서 언론통제를 한다는 점에서는 변화가 없었다는 사실을 잘 보여준다.

(2) 검열관의 구성과 특성

일제강점기에 조선인 매체의 내용을 검토해 무엇을 걸러내고 처벌해야 할지를 결정하는 역할을 했던 검열관으로 일본인과 조선인이 모두 있었다. 검열 책임자들은 당연히 일본인이었고, 조선어 매체의 검열 실무자 중에도 일본인이 포함되어 있었다. 조선인 발행 매체의 내용을 읽

56 db.history.go.kr/id/mh_003_0010_0030_0690.

으려면 어학능력이 필요했기 때문에 일본인으로 조선어 매체의 검열을 담당했던 사람들은 대부분이 통역관 출신들이었다. 1910년대 초에는 경무국 고등경찰과 도서계에 일본인이 6명만 있었기 때문에 기밀계에 근무하던 일본인 통역관이나 조선인들이 검열업무에 도움을 주었을 가능성이 크다. 이후 일본인 통역관이나 통역생 등 통역업무 담당자들이 도서계에 정식으로 근무하며 검열업무에 참여하게 되었다.[57]

통감부 시절부터 검열업무를 담당했던 후루카와 마스노스케(古河松之助)와 나카무라 겐타로는 『한성신보』에서 같이 근무했었다. 후루카와는 1905년 2월에 경무고문 마루야마 시게토시(丸山重俊)의 통역 겸 보좌관으로 신문검열업무를 맡았다. 후루카와는 1905년 11월에 퇴사하고 이듬해 1월 25일에 『중앙신보』를 창간했으나 이 신문은 1906년 5월 17일자 「탄무대인물(歎無大人物)」이라는 논설이 검열에서 문제가 되어 정간처분을 받았다. 『중앙신보』는 정간이 해제되고 잠시 발행되다가 5월 25일에 폐간되었다.[58] 검열관 출신이 발행한 신문이 정간을 당했을 정도로 당시 검열업무는 엄격했다. 후루카와는 1908년에 내부(內部) 경시청 총감관방 문서계 번역관에 임명되었고, 일제 강점 이후에는 경무총감부 고등경찰과 기밀계의 통역관으로 1913년까지 근무했다.[59]

『한성신보』에 근무하던 나카무라가 후루카와의 뒤를 이어 1905년 12월부터 검열업무를 담당했다. 통감부 시절에는 비록 검열 대상 신문의 수가 많지는 않았지만, 한 명이 검열을 담당했기 때문에 업무량이 많

57 정근식, 2005, 앞의 글, 5–9쪽.

58 최준, 1976, 앞의 책, 302쪽.

59 정진석, 2007, 앞의 책, 28쪽.

을 수밖에 없었다.[60] 일제 강점 이후인 1910년 10월에 나카무라는 총독부 기관지 『경성일보』 이사 겸 『매일신보』 감사로 옮겨갔고,[61] 그의 뒤를 이어 아이바 기요시(上場清), 아리타 요네조(有田米藏) 등이 검열업무를 담당했다.[62] 이들 중 나카무라, 아이바, 아리타는 모두 일본 구마모토(熊本)현의 '조선어 학생 파견사업'으로 조선에 왔다.

1920년대 이후 고등경찰과(1919~1926)와 도서과(1926~1943)에는 일본인과 조선인을 포함해 20~30명 정도의 직원이 근무했다. 도서과에 근무하는 직원은 서기관에 해당하는 과장과 그를 보좌하는 사무관, 통역관이 있었고, 정식 직원으로 속(屬)과 통역생, 기수가 있었으며, 계약직인 촉탁과 기간제로 고용한 고원(雇員)도 있었다. 이들은 연공서열에 따라 승진하고 월급이 오르기도 했는데, 촉탁은 수년간 근무한 후 속(屬)으로 신분이 바뀌어 정규직이 되기도 했고, 고원도 시간이 지나 촉탁이나 속으로 신분이 변경되기도 했다.

검열관은 사무관 이상의 책임관리자급, 속 및 촉탁이라는 실무자급, 하위 보조업무 담당자인 고원 등 세 계층으로 나뉘어졌다. 일본인 검열관은 일본어 신문·잡지와 출판물, 조선어 신문·잡지의 검열을 담당했

---

60 배병욱, 2019, 앞의 글, 89–91쪽.

61 나카무라는 1910년대에 『경성일보』 이사 겸 편집국장으로 있었는데, 『매일신보』에서도 감사에 그치지 않고 사실상 '편집에 관한 실권'을 장악하고 있었다. 1921년 3월에는 아예 『매일신보』의 편집국장도 겸직하게 되었다. 일제 강점 이후 총독부 기관지인 『매일신보』를 확실히 통제하기 위해 검열관 출신이 편집에 관한 실권을 장악하고 편집국장까지 맡았다고 할 수 있다. 위의 글, 94–95쪽; 정진석, 2005, 앞의 책, 90–92쪽.

62 배병욱, 2019, 앞의 글, 114–115쪽.

〈표 1〉 조선총독부 도서과 인적 구성의 변화

연도	전체	조선인	일본인		연도	전체	조선인	일본인	
			통역	일반				통역	일반
1920	20	4	4	12	1931	22	7	4	11
1921	23	3	6	14	1932	18	5	4	9
1922	24	4	8	12	1933	20	5	4	11
1923	22	2	8	12	1934	21	5	4	12
1924	24	2	8	14	1935	22	5	4	10
1925	25	4	7	14	1936	21	5	4	12
1926	10	4	2	4	1937	28	7	5	16
1927	14	5	2	7	1938	31	7	5	19
1928	17	7	4	8	1939	32	7	5	20
1929	22	8	4	10	1940	35	8	4	23
1930	21	8	4	9	1941	36	4	4	28

출처: 정진석, 2007, 앞의 책, 51쪽.

고, 조선인 검열관은 조선어 단행본의 검열만을 담당했다.[63] 사회적 영향력이 큰 조선어 신문과 잡지의 검열을 일본인이 담당하고, 상대적으로 영향력이 작고 업무량은 많은 단행본의 검열을 조선인이 맡았던 셈이다. 특히 조선어 신문과 잡지의 검열은 주로 조선어 해독 능력이 있는 일본인 통역관이나 통역생들이 맡았다.

조선어 실력을 갖춘 통역관과 통역생이 조선어 신문과 잡지의 검열을 맡았다 하더라도 조선인 검열보조원의 도움이 필요했을 것이다. 신문은 매체 수가 적고, 영향력은 커서 일본인 검열관이 모두 직접 검열했다. 다만 잡지의 경우 매체 수가 너무 많아서 일본인 검열관이 모두 직접 검열하지 못했을 가능성이 크다. 『개벽』처럼 중요한 잡지는 일본인 검열관

63 정근식, 2005, 앞의 글, 17쪽.

이 직접 검열했겠지만, 대부분의 잡지들은 조선인 검열보조원이 1차적으로 예비검열을 하고 그 뒤에 일본인 검열관이 본검열을 수행했을 것이다. 직급과 언어 문제 등의 요인이 작용돼 '이중적 검열체계'가 존재할 수밖에 없었던 것이다.[64] 김동인은 "조선인 검열보조원은 '삭제치 않고 될 것'까지도 넘기지 않고 붉은 표를 하느니만큼 충실되다"고 하며, 조선인 검열관들의 과도한 검열 행위를 비판하기도 했다.[65]

〈표 1〉에서 담당해야 할 업무에 비해 일본인 통역관이나 통역생 수가 많지 않았던 것은, 이들이 조선인 검열관을 거쳐 올라온 것들을 검토하는 역할만 했던 이중적 검열체계가 작동했기 때문이다. 조선인 검열관의 수가 많지 않은 것으로 나타난 것은, '총독부 직원록'에 이름이 나와 있지 않아 표에서 빠진 조선인 '고원'들이 있었기 때문일 것이다. 조선 내의 조선어·일본어 매체의 수에 비해 전체적으로 검열관의 수가 적었기 때문에 검열지체로 인한 문제가 발생하기도 했다.

고등경찰과가 검열을 담당하던 시절의 일본인 검열관으로는 니시무라 신타로(西村眞太郎), 오노 쓰나카다(小野綱方), 후쿠에 시카요시(福江鹿好) 등이 있었다. 니시무라는 도쿄외국어학교 한어(韓語)과를 졸업했고, 오노는 부산공립학교 한어과를 나왔다. 이들은 조선총독부 경무국에 들어와 고등경찰과 시절부터 도서과 시절까지 계속 근무했다. 이들과 함께 1929년부터 도서과에서 통역생으로 근무했던 히로세 시로(廣瀨四郎), 니시무라를 이어 통역관이 된 시미즈 쇼조(淸水正藏) 등이 도서과에서 검열관으로 활동

64 한만수, 2015, 앞의 책, 82-83쪽.

65 김동인, 1964a, 「지난 시절의 출판물 검열」, 『동인 전집』 제10권, 홍자출판사, 320쪽.

했다.[66] 김을한은 니시무라에 대해 다음과 같이 평가했다.

> 니시무라(西村)는 마치 신문을 검열하기 위해서 세상에 태어난 사람인 양 10년 동안을 신문만 검열해왔는데, 그만큼 기술이 능숙하여 조금만 일제나 총독부를 비방하는 기사가 있어도 꼭꼭 그것을 적발해내는 검열의 명수였다. 따라서 민간신문이 압수되고 정간이 되는 것은 대개가 니시무라가 말썽을 일으키기 때문이었다. 그러므로 니시무라는 도서과에 없지 못할 존재였으며, 그 반대로 민간신문에 있어서는 염라대왕과 같은 사람이었다.[67]

니시무라는 조선어 민간신문의 창간부터 폐간까지 계속 도서과에 근무했기 때문에 조선인 기자들의 검열에 관한 회고에는 그가 반드시 등장한다. 총독부 도서과 과장이나 사무관들이 대체로 고등문관 시험을 거쳤다면, 통역관이나 통역생들은 대부분이 조선어 교육을 받았거나 조선어 신문에 근무했던 사람들로서 어학능력을 바탕으로 경찰에 들어왔던 사람들이다. 도서과에 근무하던 일본인 검열관들은 일반적으로 조선의 문화 수준을 매우 낮게 보고, 조선어 신문의 역할에 대해서는 부정적으로 평가했다. 일본인 검열관들은 조선인이 "지력이 낮은 민족이므로 쉽게 '선동'에 휩쓸릴 수 있는 상황에서, 그 민중을 지도하는 신문이 '과격'한 기사를 좋아하고 '곡필무문(曲筆舞文)'을 일삼고 있다고 판단했으니 당연히 경계심이 높아졌을 것이고 검열에 임할 때도 일본어 신문에 비

66 정근식, 2005, 앞의 글, 25-27쪽; 정진석, 2007, 앞의 책, 64-72쪽.

67 김을한, 1960, 앞의 책, 170쪽.

해 주의를 기울였을 것"이다.[68]

1920년대에 조선인 검열관으로는 이원찬, 위종기, 이정기 등이 있었다. 이들은 모두 경무국 고등경찰과와 도서과 근무를 마치고 군수로 승진해 도서과를 떠났다. 1920년대와 1930년대 초까지는 조선인 검열관이 주로 경찰 출신이었다면, 1930년대 들어서서는 대학을 졸업한 지식인들로 바뀌었다. 정근식은 "이것은 검열의 체계화 작업의 일환으로 이해되는데, 이전의 경찰 인력에 의지하던 것에서 점차 경성제대나 경성법전 출신의 조선인 고급인력을 수입하는 과정으로 이행되었다"고 평가했다.[69]

조선인 검열관 중에 김지연은 경성제대 법문학부 조교를 지냈고, 김택원(철학과), 김성균(사학과), 이능섭(법학과, 대학원)은 경성제대를 졸업했으며, 김봉규는 경성제대 예과를 수료했다. 김영세와 장덕영은 경성법전을 졸업했다. 이들 중에 김영세, 김성균, 이능섭은 경성제일고보를 졸업했다. 경무국 도서과에 잠시 근무했던 이효석은 이들과 경성제일고보와 경성제대 학연으로 얽혀 있었다. 경성제대나 경성법전 졸업자들이 검열관이 된 것은, 그만큼 당시 지식인들의 생활고와 취업난이 심각했다는 것을 보여준다. 총독부 기관지 『매일신보』에 입사하는 것만으로도 '매신(賣身)'했다고 비판받았다는 사실을 감안하면,[70] 아예 총독부 경무국에 검열관으로 들어간 것에 대해 지식인 사회에서 얼마나 큰 비판이 나

68 이민주, 2011b, 「일제시기 검열관들의 조선어 미디어와 검열업무에 대한 인식」, 『한국언론학보』 55권 1호, 181-186쪽.

69 정근식, 2005, 앞의 글, 29쪽.

70 조용만, 1978, 「일본 패망과 매일신보와 자치위」, 『언론비화 50편』, 한국신문연구소, 576쪽.

왔을지 짐작할 수 있다. 이효석이 1931년 초반에 잠시 검열관으로 활동하다가 그만둔 것은, 이 같은 비판을 감내하기 어려웠기 때문이었을 것이다.[71]

조선어 신문은 일본인 검열관들이 담당했지만, 조선어 단행본은 조선인 검열관이 맡았고 잡지에 대해서도 일차적인 검열은 조선인 검열관이 했기 때문에 잡지나 출판에 종사하던 조선인들은 조선인 검열관들에 대해 의식하며 활동할 수밖에 없었다. 그럼에도 조선인 검열관 역시 자신들이 '검열관으로서 검열받는(censoring the censors)'[72] 처지에 놓여 있었기 때문에 철저하게 검열할 수밖에 없었다. 일본인 도서과장 등 상부의 결재나 감시를 받아야 했고, 지방의 검열기구도 의식해야만 했다.

조선인 검열관은 대부분이 고원이었고, 그나마 일부가 촉탁이었다. 불안정한 신분의 조선인 검열관들은 정규직이 되어 안정적인 직업을 갖기 위해 노력했다. 정규직이 되기 위해서는 업무에 대한 평가가 작용했을 테니 아무래도 이들은 검열업무에 최선을 다하려고 했을 것이다. 또한 조선인 검열관 중에 일부는 검열자로서 피검열자를 '계몽적 시각'으로 바라보는 사람도 있었을 것이다.[73] 일본인 검열자와 별반 다르지 않은 의식을 갖고 검열업무에 임했던 조선인 검열자도 분명히 있었다. 처음에는 생계를 위해 검열관이 되었겠지만, 시간이 지나면서 자신의 역할을

---

71 이효석이 검열관이 되었다가 거리에서 평론가 이갑기를 만나 봉변을 당했다는 사실과 관련해 엇갈리는 증언들이 있다. 다만 그가 검열관이 된 후 비난에 직면해 심적 부담을 느끼고 그만두었다는 사실만은 분명하다. 한만수, 2015, 앞의 책, 90쪽.

72 S. Newell, 2016, "Paradoxes of Press Freedom in Colonial West Africa," *Media History*, Vol.22 Issue 1, p.108.

73 한만수, 2015, 앞의 책, 88-91쪽.

정당화하지 않으면 검열업무를 계속해나가기 어려웠기 때문이다.

1930년대 말부터 일본인 검열관들이 퇴직하면서 『매일신보』로 이직하는 일이 늘어났다. 1939년 3월 29일 도서과 이사관 후쿠에 시카요시(福江鹿好)가 퇴직한 후 4월 5일에 『매일신보』 전무로 취임했다. 1941년에는 도서과 검열관 히로세 시로(廣瀨四郎)가 『매일신보』 교열부장이 되었고, 도서과 검열관 장두만은 서무부장이 되었다.[74] 검열관이 총독부 기관지의 언론인이 되었다는 것은, 이들이 이제는 검열관 당시의 경험을 기반으로 하는 '선전의 수행자'가 되었다는 것을 의미했다.

(3) 검열의 기준

검열관들이 매체의 내용 중에 무엇을 걸러내고 처벌할지를 판단하는 검열기준의 출발점은 신문지법 제26조에 나와 있는 "사회의 질서 또는 풍속을 괴란하는 사항"이거나 출판법 제12조에 나와 있는 "안녕질서를 방해하거나 풍속을 괴란함"이었다고 할 수 있다. 즉 '치안방해'와 '풍속괴란' 두 가지가 검열기준의 핵심이었다. 그러나 "검열의 기본이 되는 법령들의 문구란 매우 모호하고 포괄적인 것"이었기 때문에 검열 분야에 따라 다르게 적용되거나 검열관의 재량에 따라 판단이 달라지기 쉬웠다.[75]

대한제국 시기의 검열관이었던 나카무라 겐타로는 한참 세월이 지난 뒤의 좌담회에서 통감부 시절 자신이 혼자 검열업무를 담당했다고 하며 검열기준에 대해 특별한 언급을 하지는 않았다.[76] 1908년에 「이완용 내

---

74 정근식, 2013, 앞의 글, 238-239쪽.

75 손지연, 2007, 「식민지 조선에서의 검열의 사상과 방법」, 『한국문학연구』 32집, 131-134쪽.

76 「창간 이래 40년, 본보 성장의 회고, 본보 선배의 좌담회」, 『매일신보』 1938.5.5, 기

각의 내부 경무국장인 마쓰이 시게루(松井茂)가 통감부 외무부장 나베시마 게이지로(鍋島桂次郎)에게 보낸 사무 보고서」에는 "흉행(兇行)을 선동한 것, 일·한 국교를 저애(沮礙)한 것, 폭도를 선동한 것, 질서를 문란케 한 것 등 네 가지가 언론 단속의 기준으로 나와 있다. 흉행을 선동한 것이란 친일인사 암살 보도에 관한 기사를 의미하는 것이었고, 일·한 국교를 저애한 것이란 을사조약을 반대하거나 일제의 식민정책을 비판한 기사를 포함하는 것이었다. 폭도를 선동한 것은 주로 '애국의병운동'에 관한 기사를 가리키고, 질서를 문란케 한 것은 대부분이 일제의 지배정책에 관한 비판 기사들이었다.[77]

1909년 7월 18일에 통감부 경무총감 아카시 모토지로(明石元二郎)가 각 신문사의 사장과 발행인을 소집해서 다음과 같은 주의사항을 시달했다.

1. 지방에서 무기를 가지고 인민을 침해하는 도당에게 대하여 의병이라 칭하고 은연히 동정하여 이를 선동하는 듯해서는 아니 된다.
2. 한일관계를 소격(疏隔)케 하는 문자를 써서 인심을 선동치 말 것.
3. 단체 또는 개인 간의 악감정을 도발하여 사회의 질서를 문란케 말 것.
4. 억측의 기사를 쓰지 말 것.[78]

강제병합을 앞두고 언론을 더욱 강력하게 단속할 필요가 있다고 판단하고 이런 주의사항을 시달했던 것이다. 일제 강점 이후에는 구체적인

넘호, 12면.

77 최준, 1976, 앞의 책, 282–285쪽.

78 최준, 1960, 앞의 책, 178쪽.

검열기준을 만들기 위한 시도가 이루어졌다. 1917년에 '내훈 갑2호'로 검열표준이 만들어졌지만 내용을 확인할 수 없고, 1925년에는 경무국 고등경찰과장이 '언문신문지 차압 사항'이라는 이름으로 검열기준을 제시했다.[79] 총독부 경무국이 '출판경찰연보'로 발간한 『신문지요람(新聞紙要覽)』 1926년판에는 '조선문 신문지·잡지에 게재된 불온기사의 사례'라는 이름 아래 5항 14목의 기준이 제시되어 있고, 불온기사의 사례들이 항목에 따라 정리되어 있다. '검열당한 사례를 나열하는 열거주의 방식'으로 되어 있는 경무국 자료는 이후에도 한동안 같은 방식으로 검열기준을 제시했다.[80] 다만 1926년의 내용이 5항 14목이었다면, 1927년 이후에는 19항 30목(→31목)으로 늘어나는데, 19항만을 정리하면 다음과 같다.

1. 황실의 존엄을 모독하는 기사
2. 국헌을 문란시키는 기사
3. 국제교의를 저해하는 기사
4. 비공개 관청의 문서나 회의의 의사에 관한 기사
5. 공판전 예심에 관한 사항이나 방청 금지된 재판에 관한 기사
6. 형사피고인, 범죄인 또는 범죄선동 우려가 있는 기사
7. 제국을 모욕하거나 저주하는 기사
8. 국가에 대한 의무를 부인하는 기사

---

79 정근식, 2012, 앞의 글, 14-16쪽.

80 정근식은 검열기준의 제시방식으로서 '열거주의'는 검열당한 사례를 나열하는 방식을 가리키고, '표준주의'는 추상적인 기준을 개념화하여 제시하고 구체적인 사례들은 제시하지 않는 방식이라고 정의했다. 위의 글, 13-14쪽.

9. 조선통치를 부인하는 기사

10. 조선통치를 방해하는 기사

11. 사유재산제도를 부인하는 기사

12. 계급투쟁, 기타 쟁의를 선동하는 기사

13. 시사에 관한 무계한 풍설을 유포하여 인심을 혹란, 동요시키는 기사

14. 경제 혼란을 야기하거나 인심의 불안을 가져올 우려가 있는 기사

15. 사람을 비방할 목적의 허위 사항 기사

16. 외설, 난륜, 잔인 기타 풍속을 해칠 기사

17. 군사외교 및 비밀을 요하는 게재금지 기사

18. 복자 ○자 ×자를 사용하더라도 본 표본의 각 항에 해당된다고 인정되는 기사

19. 도화로써 전기 각항에 해당되는 것[81]

19항 중에 16번 항만이 풍속괴란에 관한 내용이고, 나머지는 전체적으로 치안방해에 가까운 것들이었다. 일제의 지배를 부정하고 독립을 추구하는 내용(1, 2, 3, 7, 8, 9, 10)이나 사회주의사상을 유포하거나 계급투쟁을 선동하는 내용(11, 12)이 가장 중요한 검열기준이었다는 사실이 잘 드러난다. 나머지는 기밀을 누설하거나 유언비어를 유포하는 내용(4, 5, 6, 13, 14, 15, 17)을 규제하겠다는 것이었다. 18번 항목은 매체들의 검열 우회 전략을 규제하기 위한 것이었다. 이런 19항의 열거주의적 검열기준의 제시는 1930년까지 계속되었다.

---

81 위의 글, 20-24쪽.

조선인 검열관 위종기는 잡지들이 "불허가되면 당국의 검열표준을 알지 못하여 그리되었다고 변명하는 일방으로 사회에 대하여서는 각 신문의 광고로써 검열이 준엄하여 잡지 경영이 곤란하다는 동정"을 구한다고 비판했다.[82] 아직 검열기준이 공개적으로 알려진 것이 아니었기 때문에 잡지 발행자들이 이렇게 주장할 수 있었을 것이다. 1929년에 『동아일보』 편집국장 대리가 되었던 주요한이 "총독부에서 발행한 검열기준 등사물이 있어, 그것을 연구하여 검열에 걸리지 않고도 의미는 통할 수 있는 방법을 터득해야 했다"고 한 것을 보면, 1920년대 말에는 신문사들이 검열표준을 알고 있던 것으로 보인다.[83] 1931년 무명거사라는 필자는 "신문을 아니 한다면 모르거니와 신문의 생명을 유지할 것을 전제로 한다 하면 당국의 검열표준에 의해서 차차 거세될 밖에 별 수가 있겠나"라고 하며, 일제의 '검열표준'에 맞추어 자기검열을 할 수밖에 없음을 고백했다.[84] 1936년에는 '표준주의'에 의한 검열표준이 만들어졌다.

1. 황실의 존엄을 모독하는 사항
2. 신궁, 황릉, 신사 등을 모독할 우려가 있는 기사
3. 조국(肇國: 처음으로 나라를 세움 – 인용자)의 유래, 국사(國史)의 대체를 곡설·분갱하여 국체관념을 동요시킬 우려가 있는 사항
4. 국기, 국장, 군기 또는 국가를 모독할 우려가 있는 기사
5. 군주제를 부인하는 사항

---

82 위종기, 「최근 조선 보통출판물 개황」, 『조선』 1928.4, 48쪽.

83 주요한, 1978, 「만보산 사건과 송사장과 그 사설」, 『언론비화 50편』, 한국신문연구소, 111쪽.

84 무명거사, 「조선신문계 종횡담」, 『동광』 1931.12, 78쪽.

6. 공산주의, 무정부주의 등의 이론 내지 전략, 전술을 선전하거나 그 운동 실행을 선동하거나 그 혁명단체를 지지하는 사항
7. 혁명운동을 선동하거나 찬양하는 사항
8. 법률, 재판소 등 국가권력 작용의 계급성을 고조시키고 왜곡하는 사항
9. 폭력행위, 직접행동, 대중폭동 등을 선동하는 사항
10. 납세 기타 국민의 의무를 부인하는 사항
11. 식민지의 독립을 선동하는 사항
12. 비합법적으로 의회제도를 부인하는 사항
13. 국군존립의 기초를 동요시키는 사항
14. 군질문란, 국민이간, 반군사상, 선동고취
15. 외국의 군주, 대통령 혹은 제국에 파견된 외국사절의 명예를 훼손시켜 국교상 중대한 지장을 초래하는 사항
16. 군사외교상 중대한 지장을 가져오는 기밀 사항
17. 범죄를 선동하거나 왜곡하여 범죄인이나 형사피고인을 상휼구호하는 사항
18. 중대범인의 수사상 심대한 지장을 주고 그의 불검거에 의해 사회불안을 야기하는 사항
19. 공개치 않는 관청의 문서 및 의사에 관한 사항
20. 공판회부 전 중죄, 경죄의 예심에 관한 사항 및 방청금지 재판에 관한 사항
21. 재계를 교란하거나 기타 현저한 사회불안을 야기하는 사항
22. 전쟁도발의 우려가 있는 사항
23. 반만(反滿) 항일(抗日) 또는 배일(排日)을 시사·선동 또는 찬양

24. 내선(일본과 조선/대만) 융화를 저해하는 사항

25. 조선(대만) 독립을 종용하거나 민족의식을 사주하는 사항

26. 조선(대만) 총독을 비방하거나 그 위신을 실추하는 사항

27. 조선민족의 경우를 곡설하고 이를 모욕하여 기타 조선통치상 유해하다고 인정하는 사항

28. 기타 현저한 치안방해 사항[85]

과거 열거주의로 정리했던 검열표준에 비해 1936년의 검열표준에서 달라진 점은 외국의 상황을 빗댄 기사들의 문제, 복자(伏字) 표시, 도화(圖畫)에 대한 별도 규정이 사라진 것이다. 반면 '황실의 존엄' 외에 신궁, 국기 모독 등에 관한 다양한 내용이 새로 들어갔고, 군 관련 항목들이 추가되었다. 물론 민족주의나 사회주의사상과 실천에 대한 규제는 그대로 담고 있었다.

조선의 검열기준에 있는 내용 중에 대만에 없던 것들이 많았다. 신궁·황릉·신사 등을 모독할 우려가 있는 기사, 조국(肇國)의 유래·국사의 대체를 곡설·분갱하여 국체관념을 동요시킬 우려가 있는 사항, 국기·국장·군기 또는 국가를 모독할 우려가 있는 기사, 혁명운동을 선동하거나 찬양하는 사항, 군질(軍秩)문란·국민이간·반군사상 선동고취, 반만 항일 또는 배일을 시사·선동 또는 찬양 등을 포함한 10종이 대만 검열기준에는 없었다.[86] 조선의 검열기준은 일본의 검열기준은 물론 대만의 검열기준보다도 더 많고 자세했다. 특히 조선에만 있는 검열기준들

85 정근식, 2012, 앞의 글, 30-31쪽.

86 위의 글, 30-31쪽.

은 "식민지 조선이 식민지 대만이나 제국 일본에 대비하여 반제국적, 반체제적 성향을 보이기 때문"이었다.[87]

검열표준이 만들어졌음에도 실제로 검열관들에게 명확하게 와닿지는 않았던 듯하다. 일본인 검열관 가네다 카나메(兼田要)는 "일반적 취체(取締)에서 그것이 치안을 방해하는가 또는 풍속을 문란하게 하는가의 여부를 결정하는 것은 매우 어려우며, 검열 당사자의 감이 중요하다. 횟대나 저울로 양이나 모양을 잴 수도 없어서 단지 취체 당국의 인정에 달린 것이며 서로 다르게 판단하는 경우도 있다"고 밝혔다.[88] 아무래도 검열관의 개인적 판단이 크게 작용할 수밖에 없음을 인정한 것이었다.

검열표준이 단순히 검열관들의 업무에 도움이 되기 위한 것이 아니라 매체들에게 금지 또는 권장 사항을 정확히 알려서 검열에 걸리지 않도록 하기 위한 것이라면 오히려 공개될 필요가 있었다. 한만수는 검열 당국이 '검열기준의 비밀주의'로 검열의 흔적이 그대로 드러나도록 하는 '현시적 검열'을 하다가 검열기준을 공개하면서 매체에 검열의 흔적이 드러나지 않도록 하는 '자기 은폐적 검열'로 변화되었다고 주장했다.[89] 강력한 억제력을 상징하는 검열의 흔적이 식민권력의 집중과 강화에 기여했었지만, 이제 동의에 의한 지배가 관철되고 있다고 주장하려면 검열의 흔적은 사라져야 했다는 것이다.

이미 1930년 무렵부터 검열기준이 어느 정도 공개되었지만, 1930년대 후반부터는 간담회 형식 등을 통해 검열 당국이 각 매체에 직접 검열

87 문한별, 2018, 「일제강점기 대만의 사상검열에 끼친 식민지 조선의 영향력-〈대만출판경찰보〉의 출판검열 자료를 중심으로」, *Journal of Korean Culture* 40, 206쪽.

88 兼田要, 「新聞の取締に就いて」, 『警務彙報』 1936.9, 55쪽.

89 한만수, 2015, 앞의 책, 237-262쪽.

기준을 알려주기도 했다. 1936년 『경무휘보』에 실린 '언문신문 지면개선사항'과 '언문신문 지면쇄신요령'은 완전히 공개된 것은 아니었지만 접근 가능한 매체에 실려 있었다는 점에서 사실상 공개된 것이라고 보아도 무방했다. 최준은 "1937년 소위 지나사변이라 하여 중일 양국 간의 전화(戰火)의 발단을 일으킨 이후부터는 군사·외교관계로 게재금지사항이 무수히 족출하여 일개의 훌륭한 4·6판의 단행본을 이룬 주의사항에 관한 책자까지 나왔다"고 설명했다.[90] 중일전쟁 이후 공개적으로 검열기준에 대해 알리기 위해 책자까지 발행했다는 것이다. 1939년 간담회에서 제공되어 잡지에까지 실렸던 「편집에 관한 희망 및 그 지시사항」(1)[91]과 「편집에 관한 희망 및 그 지시사항」(2)[92]은 잡지에 실렸던 것인 만큼 명백히 공개된 것이었다. 잡지들이 검열지침을 게재한 것은 이를 준수하겠다는 다짐을 한 것이라기보다는 독자들의 양해를 구하는 것에 가까웠을 것이다.

최준은 「편집에 관한 희망 및 그 지시사항」(2)의 세부적인 내용을 「편집에 관한 희망 및 주의사항」이라는 제목으로 제시하며, "한국의 정신문화면에 관하는 한, 철두철미 이를 말살하여 한민족의 얼을 완전 거세하려 의도하였던 것을 간취(看取)"할 수가 있다고 설명했다.[93] 세부적인 내용을 빼고 항목만 제시하면 다음과 같다.

90 최준, 1960, 앞의 책, 309쪽.

91 「편집에 관한 희망 및 그 지시사항」, 『조광』 1939.9, 157-160쪽.

92 「편집에 관한 희망 및 그 지시사항」, 『비판』 1939.9, 19쪽.

93 최준, 1960, 앞의 책, 309-310쪽.

1. 황실의 존엄을 모독할 염려가 있는 기사와 사진을 일체 취급하지 말 것. 기사와 사진을 취급할 때는 극히 정중하게 취급하며 더욱이 문자에 오식이 없도록 할 것.
2. 왕공족(王公族)에 관한 기사, 일한병합 후 기술한 문장에는 좌(左)의 제점(諸點)을 주의할 것.
3. 조선통치정신에 배반되는 기사 ① 역사에 대하여 ② 연호 (사용)
4. 총독 퇴진에 관한 기사는 조선통치에 영향하는 바가 큰 만큼 함부로 이를 취급치 않을 것.
5. 내선일체 및 내선융화에 관한 기사는 그 예가 적은 것이 유감이다. 이후로는 단지 형식적으로 흐르지 말고 성의를 가지고 차종(此種)의 선량한 기사를 취급할 것.
6. 내선관계 문자의 사용에 있어서 일본 내지, 일본 내지인, 도쿄 유학생 등 마치 내지를 외국과 같이 취급하는 경향이 있으나 이는 온당치 않으므로 주의할 것.
7. 총독부의 국어(일본어 – 인용자) 장려에 순응하여 이후 될 수 있는 대로 국어 기사를 다수 취급할 것.
8. 사회주의 또는 민족주의자로서 운동 중의 소작(所作: 지은 글 – 인용자)은 전향 후에도 출판하지 말 것.[94]

과거의 검열기준이 민족운동이나 사회주의 활동에 관한 보도를 금지하는 데 중점을 두었다면 「편집에 관한 희망 및 주의사항」은 내선일체를 위한 보도를 요구하는 내용을 많이 포함했다. 이미 언론들이 과거처럼

94 위의 책, 309–310쪽.

민족운동이나 사회주의 활동에 관해 보도할 수 없던 상황에서 조선의 역사 등을 통해 민족정신을 고취하려고 하거나 일본을 여전히 타자화하는 보도를 하는 것을 금지하고 내선일체를 위한 보도를 해달라고 강력하게 요구했던 것이다. 1930년대 말의 단행본 검열에서 문집이나 역사 분야의 책이 불허되는 일이 많았던 것도 이런 검열기준 변화의 영향 때문이었다.

일제의 언론통제는 1940년대 이후에도 계속되었고, 검열의 기준은 전쟁 동원과 황민화에 방해가 되느냐 하는 것이었다. 『아사히신문(朝日新聞)』의 본사 조사부에서 작성한 「기사금지사항일람표(1944.12.30)」에 나오는 조선 관계 사항은 당시 조선에서의 검열기준을 가늠하게 해준다. 『아사히신문』은 당시 조선에서 7만~8만 부의 구독부수를 보였던 만큼 검열기준을 고려하며 활동하지 않을 수 없었다. 군사 관련 사항으로는 징병제에 의한 징집인원, 징집의 범위, 징집의 방법, 예비훈련 실시, 부대배치 등을 보도할 수 없었고, 방위 관련해서는 방공(防空) 제시설, 계획의 상황, 적기공습의 상황 및 이에 관한 사항이 금지되었다. 군사·방위에 관한 사항은 대개 군사기밀에 해당하는 것들을 포함했다. 정치·경제에 관한 사항으로는 조선인 노동자의 일본 도항에 관한 총독부의 정책, 미곡의 일본 '이출(移出)'에 관한 것 등이 있었다. 이것은 "노무와 식량의 동원상황이 너무나도 가혹하다는 것을" 조선인에게 알리지 않도록 취해진 조치였다. 사회기사로는 치안유지법, 국방보안법, 조선임시보안령 등의 전시 제법 위반사건은 물론이고 경제사범이나 경찰관 비위 등도 금지의 대상이 되었다.[95]

---

95 김규환, 1978, 앞의 책, 318-320쪽.

2) 검열 방식과 대응

(1) 검열의 실행

일제강점기의 모든 매체는 검열을 받았다. 신문지법에 따라 허가를 받은 신문과 잡지는 납본검열을 받았고, 출판법에 근거해 발행되는 계속출판물(잡지)과 보통출판물(단행본)은 원고검열을 받아야 했다. 모두 경무국 도서과에 인쇄물 또는 원고를 제출해 검열을 받고나서 발행할 수 있었다. 그러나 이런 납본검열과 원고검열의 구분이 반드시 명확하게 잘 지켜진 것은 아니었다. 팸플릿 제조업자라고 하는 쓰네 미도리(恒錄)는 신문의 검열 상황에 대해 다음과 같이 묘사했다.

> 총독부에 출입하는 사람들은 저녁 4시부터 5시 전후 석간을 낼 무렵, 경무국 도서과를 보시라. 신문을 들고 이곳저곳으로 검열자가 긴장한 얼굴로 급하게 다니다가 전화기를 급히 집어들어 편집국장을 불러서 "윤전기를 세우시오"라고 소리쳤을 때는 삭제를 명령한 것이다. "윤전기 세웠습니다." "오늘 신문을 펼치시오. 몇 면의 몇 단 몇 행부터 몇 행까지 삭제하시오." 이렇게 삭제된 신문지의 납본이 다시 제출되면 이 일이 완성되는 것이다. 그러나 이 삭제라는 것은, 당국이 신문 발행자를 신뢰함으로써만 그 근본으로 삼을 수 있다. "기계 세우시오." "기계 세웠습니다." "깍으시오." "깍았습니다." 이것이 상호간의 문답이다.[96]

96 恒錄, 1930b, 「朝鮮に於ける出版物の考察」 3, 『警務彙報』 1930.12, 38-39쪽.

쓰네 미도리의 묘사를 보면, 신문은 도서과에 납본해 검열을 받는 상황에서 이미 윤전기로 인쇄를 막 시작하고 있었다. 조판, 교정, 지형 뜨기, 연판 굽기 작업까지 끝내고 윤전기를 통해 처음 인쇄된 신문을 납본하고 검열 결과가 전화로 통보되면 이를 즉시 반영해 남은 부수를 인쇄해야 했던 것이다. 한만수는 검열을 원고검열, 교정쇄검열, 납본검열(인쇄 후 유통 전 검열), 유통 후 검열로 나누자고 했는데,[97] 이런 구분에 따르면 신문에 대한 검열은 교정쇄검열과 납본검열의 중간쯤에 위치했다고 볼 수 있다. 교정쇄검열이 조판까지만 한 교정쇄를 제출해 검열을 받는 것이라면 납본검열은 모든 부수를 인쇄해 그중 일부를 제출해 검열을 받아야 하는 것이었기 때문이다.

> 소사(小使)가 언문 신문사로부터 온 신문을 가지고 달려와 검열자들에게 넘겨준다. 일자일구(一字一句)라도 등한히 할세라 검열자의 눈이 빛나고 있다. 붉은 줄이 그어진 신문이 돌려지고 있다. 전화를 급히 집어 들고 경기도 경찰부에다 "××신문 제××××호 제2면 ○○라는 제목의 기사는 치안방해로 차압되었으므로 수배해주시오." 이어서 각 도지사, 기타 관계 관청에 통보해서 수배하게 한다. 이것이 내가 본 신문의 차압이다. 차압을 당한 신문사에서는 관할 경찰서원의 출동으로 인쇄된 신문이 전부 압수된다.[98]

윤전기로 처음 인쇄된 신문을 보내 검열을 받고 그 결과를 반영해 나

97 한만수, 2015, 앞의 책, 143쪽.

98 恒錄, 1930b, 앞의 글, 40-41쪽.

머지 부수를 인쇄하는 형태로 발행했던 것은 신속성을 확보하면서도 손실을 최소화하기 위한 불가피한 선택이었다. 신문지법에 따라 납본검열을 하게 되어 있지만, 모든 신문을 인쇄한 후에 삭제나 압수를 당하면 큰 손실이 발생할 수 있다는 점을 고려한 선택이었다. 검열을 받았던 상황에 관한 언론인들의 회고를 보면, 당시 상황을 좀 더 잘 이해할 수 있다. 우승규는 1931년 『중앙일보』에 근무했던 시절의 경험을 자세히 얘기했는데, 여기에서 검열받는 측의 입장이 잘 드러난다.

> 그때 소위 총독부 경무국엔 매섭게도 우리 언론의 생사여탈을 좌우하던 마(魔)의 도서과가 있었다. 거기에 우리글과 우리말에 '귀신'이라는 두 녀석이 자리 잡고 앉아 요래라 저래라 단추를 눌렀다. 한 자는 '히로세(廣賴)'였고 또 한 자는 '아베(阿部)'. 그같이 우리 언론계를 쥐었다폈다 하고 주름잡던 그자들은 신문의 적이었다. 그 등쌀에 민간지의 쌍벽인 동아·조선은 하루도 한때도 기운을 못 폈다. 내가 몸담았던 아류지인 J보(중앙일보－인용자)도 꼭 같은 운명. 신문을 초쇄(初刷)하면 첫 장이 나오기 무섭게 으레 도서과에 '납본'부터 해야 됐고, 그 다음 만약 놈들이 말하는 '불온'한 기사나 논평이 발견되면 즉각 '깍으라'는 전화가 오곤 했다. 그러기에 신문이 나온 뒤 몇 시간 지나지 않으면 안심을 못하고 전 사원이 조마조마했다. 마치 살얼음판을 건너가듯, 아슬아슬 간을 조리던 기미년 이후 4반세기 동안의 언론 선배들이 아니었던가. 한 번은 J보의 사동 잘못으로 큰 실수를 저질러 나로 하여금 퇴사 아니치 못하게 한 중대사고가 퉁겨졌다. 즉 내가 취재한 기사 중에 만주서 잠입한 독립단원 김모 씨의 성명을 빼버리라는 전화가 도서과로부터 왔다. 그런데 전화를 받은 사환이 책

임자나 편집국원에게 전하지 않고 자리를 떴다. 그러는 동안에 윤전기는 쉴새 없이 돌아가 만 부도 못 나가던 신문은 부지(不知) 중에 다 박아치웠다. 그러자 조금 있다가 야단이 났다. '히로세'로부터 편집국장과 사장을 호출했다. '명령 불복종'을 이유로 폐간처분을 하겠다고 을러대는 한편, C서에선 나를 데려다가 땅땅 호통쳤다. 아무리 경위를 설명했으나 안 들어 먹었다. 그날치의 J보는 몽땅 압수되고, 나는 시말서를 쓰고 풀려나오긴 했지만, 그 이튿날 도서과 당국에선 사장 노정일 씨에게 나를 파면시키라는 지시가 있어 나는 결국 '십년 일득(一得)'인 입사 단기간에 J사를 쫓겨나고 말았다.[99]

우승규의 회고를 보면 도서과의 기사 삭제 통보가 제대로 전달되지 않아 모든 신문의 인쇄가 끝나고 압수를 당해서 신문사로서는 큰 손실을 입었고, 해당 기사의 작성자는 '명령 불복종'으로 곤란을 겪었다는 사실을 알 수 있다. 모두가 도서과의 전화를 기다리고 있는 상황에서 사환이 전화를 받고 삭제 통보를 전하지 않았다는 사실은 잘 납득이 가진 않지만, 어쨌든 도서과의 통보가 제대로 수용되지 않았을 때 신문사가 큰 손실을 입을 수 있었다는 사실만은 이해할 수 있다. 1933년부터 『매일신보』에 근무했던 조용만은 다음과 같이 검열 상황을 설명했다.

이렇게 신문을 만들어 가지고 윤전기에 걸어서 신문을 찍는데, 첫 번째로 윤전기에서 나오는 신문을 경무국 도서과로 보내 검열을 받는다. 경무국으로 간 뒤에 아무 말이 없어야 그날 신문이 무사히 통

99 우승규, 1978, 앞의 책, 101-102쪽.

과한 것이지, 만약 얼마 안 되어 전화가 와서 "여기는 도서과인데, 윤전기를 정지시켜 주십시오" 한다면 그때는 일이 난 것이다. 조그마한 기사가 걸렸으면 윤전기를 정지시키고 연판에서 그 부분만 깍아내고 다시 인쇄해서 내보내면 되지만, 만약 큰 기사가 걸렸으면 찍은 신문을 죄다 압수해가고, 신문사 간부를 불러가는 등 야단이 난다. 작은 기사일 때는 이미 찍어놓은 신문을 그 부분만 먹칠을 해가지고 내 보낼 수 있으니 별 손해가 없지만, 큰 기사의 경우는 손해가 더했다.[100]

신문사 입장에서 일부삭제 통보를 받으면 비교적 쉽게 신문을 발행할 수 있었지만, 많은 부분을 삭제해야 하거나 압수를 당할 때는 큰 손실을 감수할 수밖에 없었다. 신문사들이 모든 신문을 인쇄하고 납본검열을 할 수 없었던 이유는 큰 손실의 발생 가능성이 있는 압수나 많은 부분의 삭제가 자주 벌어졌기 때문이다. 1939년 『동아일보』에 입사했던 이상돈은 "그 당시 일본 총독부의 신문통제 방식은 경무국 도서과 소관으로 신문이 인쇄되는 대로 제일 먼저 도서과에 몇 부를 납본하면 우리말에 능통한 일본인 검열관이 신문을 면밀히 읽어보고 삭제할 것은 전화로 삭제하라고 명령하고 심한 것은 압수하여 발매와 배포를 금지하는 것이다"라고 회고했는데,[101] 이를 통해 도서과의 신문검열이 1930년대 말까지 같은 방식으로 이루어졌다는 사실을 알 수 있다

신문지법에 따라 허가된 잡지는 원칙적으로 신문과 마찬가지로 납본검열을 해야 했다. 신문지법에 따라 허가받은 잡지들은 조판까지만 끝낸

---

100 조용만, 1985, 『울 밑에 핀 봉선화야: 남기고 싶은 이야기』, 범양사, 15쪽.

101 이상돈, 1978, 앞의 글, 320쪽.

상태에서 교정쇄검열을 받았다. 신문은 신속성 때문에 조판 이후의 과정까지 모두 끝내고 인쇄에 들어간 직후 납본검열을 받았던 반면에, 신문지법 잡지는 아예 조판까지만 한 상태에서 검열을 받았다. 당연히 검열 결과가 좋지 않게 나왔을 때 입게 될 경제적 손실을 방지하기 위한 것이었다. 검열 당국으로서는 납본검열을 할 수 있는 신문지법 잡지의 교정쇄검열을 거부하기는 어려웠을 것이다. 한편 원고검열을 받아야 하는 '계속출판물'로서의 잡지들은 '발간의 정시성(定時性)'을 확보하기 위해 교정쇄검열을 받기 원했다. 검열 당국 입장에서도 자체검열을 유도할 수도 있고, 검열의 효율성 면에서도 불리하지 않았기 때문에 결국 교정쇄검열을 허용했다.[102]

단행본의 경우 검열을 통해 아예 출판이 불허되거나 일부삭제를 하고 발행이 허가되었다. 단행본은 주로 조선인 검열관이 담당했는데 작가와 검열관 사이의 '보이지 않는 갈등'이 벌어지기도 했다. 계몽의 시각으로 검열하는 자와 검열의 주체를 무시하는 작가 사이에 간극이 있었다. 물론 발행 허가를 위해 작가들이 검열관의 요구를 받아들일 수밖에 없었고, 김동인이 1930년대나 1940년대의 '작품'은 '원작자와 검열관의 합작품'이라고 주장했을 정도였다.[103]

(2) 언론통제에 대한 비판과 대응

언론계와 사회단체들은 허가제와 검열제를 규정하고, 모호하고 광범위한 금지사항을 포함하는 언론탄압법을 비판하며 개정을 요구했다. 가

102 한만수, 2015, 앞의 책, 143–155쪽.

103 김동인, 1964b, 「문단 30년의 자취」, 『동인 전집』 제8권, 홍자출판사, 461쪽.

장 먼저 비판에 앞장섰던 단체는 1921년 11월 27일에 결성된 무명회였다. 무명회는 규약 1조에서 회원의 자격을 '조선인 기자'라고 광범위하게 규정했다.[104] 이렇듯 "현재 사업을 경영하는 언론기관에 집필하는 기자"는 모두 참여할 수 있다고 하여,[105] 신문은 물론 잡지의 기자, 발행인, 편집인 등이 참여한 언론인 단체였다.[106] 무명회가 조직될 당시에는 이미 신문에 대한 압수처분 등이 빈발해서 『조선일보』는 2번, 『동아일보』는 1번씩 정간처분을 당했던 상황이었고, 잡지의 경우에도 조선노동공제회 기관지였던 『공제』나 천도교에서 발행하던 『개벽』 등도 기사의 삭제나 압수로 잡지 발행이 곤란한 지경이었다.[107]

이런 상황에서 결성된 무명회는 규약 2조에서 그 활동의 목적을 "문화보급의 촉진, 언론자유의 신장, 여론의 선도, 회원의 명예와 권리의 옹호 및 회원 상호 간의 친목을 도모"할 것이라고 밝혔다.[108] 무명회의 창립에 대해 『조선일보』에는 "생활의 가치가 무(無)하고 무의식, 무의미한" 조선에서 언론자유의 신장과 여론의 선도를 위한 무명회의 역할이야말로 매우 중요하다는 기고문이 게재되었다.[109] 무명회는 1922년 1월의 임시총회에서 허가제와 사전검열제를 철폐할 것을 결의했다.[110]

1923년 3월에 언론계와 법조계 인사들이 참여한 신문지법·출판법

---

104 「무명회 발회식, 성대히 거행」, 『동아일보』 1921.11.29, 2면.

105 「무명회의 발기, 조선인 기자단체」, 『동아일보』 1921.11.25, 2면

106 정진석, 1975, 앞의 책, 483쪽.

107 최준, 1960, 앞의 책, 221–222쪽.

108 「무명회 발회식, 성대히 거행」, 『동아일보』 1921.11.29, 2면.

109 「무명회에 대하여」, 『조선일보』 1921.12.1, 1면

110 「검열과 허가제 철폐를」, 『동아일보』 1922.1.28, 3면.

개정 기성회(期成會)는 총독부에 보내는 건의서에서 일본인에게 적용되는 신문지규칙에 비해 신문지법의 취체 범위가 너무 광범위하고 처벌 규정도 너무 강력하다는 점을 지적하며 신문지법의 개정을 요구했다.[111] 『조선일보』도 "차별적 법률을 적용함은 그 일시주의(一視主義)가 시종으로 모순"되는 것을 드러내는 것이라고 비판했다.[112]

일제의 언론탄압이 강화되면서 1924년 6월에는 조선노농총동맹과 조선청년총동맹의 발의로 언론집회압박탄핵회가 결성되어 13명의 실행위원이 선출되었다.[113] 실행위원은 서정희(북풍회, 조선노농총동맹), 한신교(서울청년회, 조선청년총동맹), 이종천(불교청년회), 윤홍렬(동아일보), 안재홍(시대일보), 이봉수(조선일보), 차상찬(개벽), 김병로(변호사), 이인(변호사), 이종린(천도교월보), 김필수(기독교), 신명균(청년운동), 김봉국 등이었다. 탄핵회는 6월 20일에 전국적으로 민중적 탄핵대회를 개최하려고 했으나 일제의 탄압으로 행사를 열지 못했다.[114]

이렇듯 언론계, 법조계, 민족단체들이 모두 참가한 탄핵회는 일제의 언론집회탄압을 탄핵하기 위한 대회의 개최를 시도했으나 총독부에 의해 금지되었다. 탄핵회는 각 단체 대표회의를 열어 "언론과 집회를 압박하는" 것은 곧 "생존권을 박해하는" 것이기 때문에 이러한 일제의 횡포

111 「출판법 개정 건의안」, 『동아일보』 1923.3.29, 3면.

112 「(사설) 신문지법과 출판법 개정 기성회」, 『조선일보』 1923.3.25, 1면.

113 「언론압박에 대한 사회여론 환기」, 『동아일보』 1924.6.5, 2면; 「압박과 항거」, 『동아일보』 1924.6.9, 1면.

114 장석흥, 1998, 「1924년 언론집회압박탄핵운동의 전개와 성격」, 『한국학논총』 21집, 121-122쪽.

를 탄핵한다는 내용의 결의문을 발표했다.[115] 탄핵회는 7월 20일을 기해 다시 탄핵대회를 개최하려고 했으나 결국 성공하지 못했다.[116] 탄핵회의 활동은 총독부의 강력한 금지조치로 별다른 성과를 거두지 못하고 좌절되었지만, 언론계뿐만 아니라 다양한 사회단체들도 참여한 민족운동으로서 큰 의미를 지녔다. 또한 일제의 언론통제에 대해 언론계가 조직적으로 대응할 필요가 있다는 인식을 갖게 하는 계기가 되었다.

위와 같은 탄핵회의 여러 활동에서 무명회가 제대로 역할을 하지 못하자 언론인들 사이에는 언론탄압에 대응하기 위해 언론단체의 개혁이 필요하다는 인식이 확산되었다. 1924년 8월 17일 언론인 30명이 모여 그동안 무명회가 원칙 없이 아무나 회원으로 가입시켜 운동의 통일성이 없었다는 점을 지적하면서,[117] 차후로는 "민중의 정신과 배치되지 않는" 기자만 가입시키기로 결정하고 1924년 8월 17일에 무명회를 부활시켰다.[118] 무명회의 부활에 따라 지도체제도 과거의 간사제에서 위원제로 바꾸어 새로이 7명의 위원을 선출했다. 새로 선출된 위원들은 이종린(천도교월보), 김기전(개벽), 이석(조선일보), 최원순(동아일보), 신철(해방운동사), 박동완(신생명), 이재갑 등이었다.[119] 무명회 위원은 모두 신문·잡지 관계자였지만, 그중에는 천도교·기독교 등의 종교계 대표자들과 나중에 화요회계 조선공산당에 참가하는 이석과 북풍회계의 신철 등 사회주의자들도 있었다. 이렇듯 다양한 세력들이 집결한 무명회는 기존과는

---

115 「언론집회압박탄핵 단체회의 결의문」, 『동아일보』 1924.6.30, 2면.

116 장석홍, 1998, 앞의 글, 123-125쪽.

117 정진석, 1975, 앞의 책, 155쪽.

118 「무명회 부활」, 『조선일보』 1924.8.19, 3면.

119 정진석, 1990, 앞의 책, 408-500쪽.

달리 적극적인 활동을 전개했다. 무명회는 각종 사회운동에 참여하는 한편 총독부의 언론탄압을 항의하고 시정을 요구하는 활동을 펼쳤다.

1924년 11월 19일에는 『조선일보』, 『동아일보』, 『시대일보』, 『매일신보』 등 네 신문의 사회부 기자 20여 명이 철필구락부를 조직했다. 부원의 자격을 "어떤 신문사를 물론하고 부내에 있는 신문사에 재근(在勤)하는 조선인 사회부 기자"라고 제한하고, 취지는 "서로 친목하며 결속하여서 기자 생활의 향상을 도모하려는 것"이라고 밝혔다.[120] 철필구락부는 무명회가 막연히 조선인 기자라는 자격 조건으로 잡지 언론인, 경영진, 지방 언론인들이 모두 참여했던 전체 언론인 단체였던 것과는 달리 경성 내의 신문사에 근무하는 사회부 기자들만을 대상으로 한 기자단체였다. 하지만 철필구락부도 총독부 기관지 『매일신보』 기자들까지 포함했다는 점에서 일정한 한계가 있었다. 무명회와 함께 철필구락부도 기자들의 권익 옹호와 함께 언론탄압에 맞서는 활동을 했다.

1925년에 들어서서 일제의 언론탄압이 더욱 강화되자 무명회는 이에 대한 대처방안으로서 기자대회의 개최를 기획해서 1925년 1월 31일의 간친회 겸 임시총회에서 이를 결의했다.[121] 이날의 임시총회에서 3월경에 기자대회를 개최하자는 의견만 합의를 보고 구체적인 사안에 대한 결정은 운영기관인 위원회로 위임했다.[122] 무명회는 같은 해 3월 6일에는 위원회를 열어 기자대회를 무명회의 주최로 개최할 것이며, 준비사무

120 「철필구락 조직」, 『동아일보』 1924.11.21, 2면; 「철필구락 조직」, 『조선일보』 1924.11.21, 2면.

121 정진석, 1975, 앞의 책, 161쪽.

122 「전조선기자대회, 무명회 주최로 2월 경 개최」, 『동아일보』 1925.2.2, 2면

〈표 2〉 일제의 언론탄압에 대한 언론인 단체의 대응

일자	주체 및 행사명	토의 사항 및 활동 사항
1924.9.27	무명회	'위원사건' 조사차 풀 기자 이석 특파
1924.10.26	무명회 추계 간담회	'위원사건' 진상 취재 보도
1925.4.16	전조선기자대회	
1925.4.23	무명회	기자구타사건 항의차 경무국장 방문
1925.9.1	무명회 임시총회	『개벽』 정간 문제 논의
1925.11.8	철필구락부 추계 총회	『시대일보』 지방부장 홍남표 구금 대책회의
1925.11.9	무명회 긴급위원회	『시대일보』 지방부장 홍남표 구금 대책회의
1926.2.5	무명회 긴급위원회	『조선일보』 '함흥사건' 보도 대책 논의
1926.2.5	철필구락부 긴급총회	『조선일보』 '함흥사건' 보도 대책 논의
1926.11.12	무명회	출옥언론인 위로회, 입감언론인 환송회
1927.4.25	무명회 정기총회	출옥언론인 위로회
1927.5.19	무명회 위원회	취재·보도 제한 등의 언론탄압 대책 논의
1927.7.14	무명회 긴급위원회	'통영지국기자 폭행사건' 응징 결의문 채택

소는 천도교당으로 하고, 시기는 4월 상순쯤으로 결정했다.[123] 3월 15일에는 전조선기자대회 준비위원회가 열려, 여기에서 참가 자격을 '조선문 신문·잡지의 본사 및 지분국장, 기자'로 정하고 준비위원의 부서를 결정했다.[124] 철필구락부도 전조선기자대회 준비를 위해 무명회와 보조를 맞추기로 했다. 무명회가 주최하고 철필구락부가 협조했던 전조선기자대회는 1925년 4월 15일에 개최되었다.

첫날에는 의안 작성위원 선출 문제로 '무용의 논쟁'을 하여 귀중한 시간을 낭비했다고 지적될 만큼 논쟁이 있었으나 작성위원 선출 이후에는 "각자 주창하던 주의주장을 16일 오후에 급전직하 일변하여 대회

123 「무명회위원회, 기자대회 준비로 재작육일 청련사에서」, 『동아일보』 1925.3.8, 2면.

124 정진석, 1975, 앞의 책, 162-163쪽.

의 목적한 의안을 일치 가결"했다는 점에서 성공적이었다고 평가되기도 했다.[125] 16일에는 이러한 작성위원들에 의해 의안이 결정되었는데, 그 중 1부는 언론과 관련된 것으로 언론권위의 신장, 언론규제법의 개선, 언론집회탄압법규의 철폐 등의 내용이었다. 2부는 사회적인 문제와 관련된 것으로 동양척식주식회사 문제 등 조선인의 생활을 침식하는 일제의 죄상을 적발, 폭로할 것과 대중운동의 적극적 발전의 촉성 등을 주장하는 내용이었다.[126] 이러한 의안 발표 후 사실상 기자대회는 끝나고, 17일에는 간친회가 개최되었다. 전국의 언론인이 모여 전조선기자대회에서 언론탄압법의 개선 및 철폐를 주장하기는 했지만, 이런 선언이 후속 활동으로 이어지지는 못했다.

무명회와 철필구락부는 1927년까지 언론탄압에 대한 대책을 논의하거나 결의문을 발표하는 등의 활동을 했지만, 이런 활동은 선언적 의미 이상의 성과를 거둘 수는 없었다. 일제의 강력한 탄압으로 신문을 통한 비판이나 언론인 단체를 통한 조직적 대응이 성과를 거두기가 애초부터 어려웠기 때문이다. 그럼에도 일제의 언론통제에 대한 비판과 대응을 통해 조선인들에게 식민지 언론의 현실을 이해하게 해주었고, 언론탄압에 맞서며 사회단체들과 연대했던 경험은 언론인들이 신간회 같은 민족운동단체에 참여하는 계기가 되기도 했다.

(3) 검열에 대한 현실적인 대응

일제는 문화정치를 표방하며 1920년에 조선인에게 신문과 잡지의

---

125 일참관자, 1925, 「조선기자대회잡관(雜觀)」, 『개벽』 1925.5, 61쪽.

126 정진석, 1975, 앞의 책, 169-170쪽.

창간을 허가하면서도 결코 언론통제의 끈을 놓지는 않았다. 신문과 잡지가 창간된 직후부터 총독부는 이런 매체들을 검열하여 그 내용이 자신들이 허용하는 범위를 벗어나지 못하도록 만들었다. 물론 그 허용 범위는 지배정책의 기본 방침에 영향을 받으며 시기에 따라 다소 변화되어 갔다. 한편 새롭게 창간된 매체들도 그 내용이 어디까지 허용될 것인가를 고민하며 활동할 수밖에 없었다. 매체들은 일제의 통제와 독자들의 요구 사이에서 고민할 수밖에 없었는데, 『동아일보』 사주 김성수는 "일반 민중의 의사와 시대에 적당하도록 언론을 발휘하려면 당국의 주의가 많고, 당국의 주의를 아니 받는 범위 이내의 언론으로만 하면 민중이 환영치 않습니다"라고 현실적인 어려움을 토로하기도 했다.[127]

일제의 강력한 언론통제에 맞설 수 있는 가장 직접적인 방법은 언론탄압에 항의하는 집단행동을 하거나[128] 지면을 통해 비판하는 것이었다.[129] 집단행동이나 글을 통한 비판을 총독부가 받아들일 가능성이 전혀 없었기 때문에 각 매체들은 일제의 검열을 회피하려는 나름의 시도를 하기도 했다. 신문들은 처음 인쇄된 신문을 납본하고 도서과의 검열 결과를 듣고 나머지 부수를 마저 인쇄했는데, 이런 검열 방식의 허점을 이용해 다음과 같은 검열 회피를 시도했다.

> 초고속 윤전기라면 시간당 10만 부는 인쇄된다. 경성에 소재하는 신문사가 갖고 있는 윤전기는 시간당 2만 부, 속도를 높이면 3만 부는

---

127 김성수, 1927, 「3대 신문 경영자의 고심담, 난관은 두 가지」, 『별건곤』 1927.2, 12쪽.

128 정진석, 1990, 앞의 책, 481-514쪽.

129 이민주, 2020, 앞의 책, 122-137쪽.

찍어낸다. 만약 2대의 윤전기를 갖고 있는 그 언문 신문사가 "기계 세워요"의 명령이 있었음에도 그냥 윤전기를 계속 돌리면서 말로만 "세웠습니다" 하고 모두 인쇄한 후 마지막 한 장을 삭제하여 '납본' 한다면 완전하게 모든 부수를 발송할 수 있다.[130]

편집국은 이런 소동을 개의치 않고 경무국에 전화를 걸어 "오늘 기사는 어디가 나쁘다는거요?" "제2면 ○○ 기사 전부요." 신문사는 지정한 문제의 기사를 삭제하고, 그 신문 호수가 삭제된 소위 호수 없는 신문, 즉 호외를 내보낸다. 신문지에 하얗게 깍인 자리가 있고 신문의 호수가 없는 것은 압수당한 것이고, 깍인 자리가 있더라도 신문의 호수가 있는 것은 삭제인 것이다.[131]

삭제 요구에 한 장만을 삭제해 납본한다거나 압수처분에 호수가 없는 호외를 발행하는 방식으로 검열을 회피해 신문을 발행했다는 것이다. 신문지법으로 허가된 『개벽』이 납본하기에 앞서서 독자들에게 미리 잡지를 발송했던 것도 검열 회피를 위한 노력의 일환이었다.[132] 출판법으로 발행되는 잡지나 단행본의 경우 원고검열과 납본검열, 출판 이후의 판매 금지 등 3중 규제를 받아야 하는 현실에서 검열 회피를 할 수 있는 여지가 거의 없었다.[133]

이외에도 매체들은 검열을 회피하려는 다양한 시도를 했다. 1920년

---

130 恒錄, 1930b, 앞의 글, 38-39쪽.

131 위의 글, 40-41쪽.

132 최수일, 2008, 앞의 책, 39-56쪽.

133 한만수, 2015, 앞의 책, 226쪽.

대에 매체들은 흔히 복자(伏字)를 이용해 압수나 발매금지를 피하는 전략을 사용했다.[134] 문제가 될 만한 내용을 ○나 ×로 표시해 검열을 피하려고 했다. 1930년대에도 윤석중은 "나는 원고를 모아 검열을 들여보낼 때, 삭제를 당할 위험이 있는 대목에 이르러서는 군소리를 더 집어넣었다가 '검열필' 도장이 찍혀 나온 다음에 그 대목을 박박 지워 원글만을 도로 살렸다"고 하며, 이런 방식으로 사용이 강요된 단어의 사용을 최소화했다고 회고했다.[135] 법적 허점을 이용해 외국인 이름을 빌려 발행하거나 외국에서 발행해 들여오는 방법으로 원고검열을 피하려고 노력하기도 했고, 단행본의 경우에는 '매수나 청탁'으로 검열의 문턱을 넘어서려고 시도하기도 했다.[136]

총독부 출입 기자가 경무국 도서과의 분위기를 파악하고 때로는 협상하기도 하는 방식으로 검열의 위험을 줄이려고 노력하기도 했다. 김을한은 총독부 출입 기자들은 경무국 도서과에 들러 "관리들의 태도나 표정을 주의 깊게 감시"했는데, "만일 전날 신문에 문제가 될 만한 기사가 있었다면 기자들은 더욱 날카로운 눈초리로 그들의 반향을 타진"했고, "서로 웃고 농담을 하면서도 슬금슬금 그들의 눈치를 엿보다가 끝끝내 아무 말이 없으면 겨우 안심을 하는 것을 매일 같이 되풀이"했다고 회고했다.[137] 김을한은 "신문의 사설이나 기사 가운데 혹시 총독부의 비위를 건드리는 내용이 게재되었을 때에는 출입 기자가 급히 경무국으로 달려

134 위의 책, 430-447쪽.

135 윤석중, 1978, 「굶는 것이 자랑이었던 그때의 기자」, 『언론비화 50편』, 한국신문연구소, 502쪽.

136 한만수, 2015, 앞의 책, 227-230쪽.

137 김을한, 1971, 앞의 책, 177쪽.

가서 먼저 니시무라 통역관의 표정을 보고 별로 이상이 없으면 비로소 안심을 하였고, 그 대신 그의 표정이 험악해져 있으면 삭제나 압수를 안 당하려고 변명과 설득에 땀을 뺐다"고도 했다.[138]

그러나 검열 회피를 위한 그 어떤 시도도 오래 지속될 수는 없었다. 1920년대 말부터 일제의 언론통제가 강화되자 신문이나 잡지의 지면에서 비판적 논조가 급격히 사라졌고, 언론자유를 주장하는 기사들도 거의 찾아볼 수 없게 되었다. 일제는 1929년의 광주학생운동을 계기로 언론통제를 강화하기 시작하여, 1931년의 만주침략 이후에는 지배정책에 대한 최소한의 비판조차 용납하지 않는 강력한 언론탄압을 가했다. 한편 신문들은 경영의 규모가 커지며 압수나 발매금지로 인한 손실을 염려해 더욱 조심하기 시작했고, 1920년대 후반까지 계속된 체형(體刑)을 가하는 가혹한 처벌은 언론인들을 위축시켰다.[139] 이런 현실에서 신문들은 섣불리 검열 회피를 위한 시도를 할 수 없었고, 오히려 철저한 자기검열을 통해 아예 총독부의 검열에 걸릴 만한 기사를 싣지 않으려고 했다.

1929년에 『조선일보』 편집국장 대리를 지냈던 이선근은 당시 편집국장의 주된 임무는 "신문의 모든 기사를 검토하여 일제의 검열 수준을 벗어나는데" 있었다고 주장했고,[140] 주요한도 자신이 『동아일보』의 편집국장이 될 무렵(1929년 11월)에는 "회사의 방침이 되도록이면 압수를 당하지 아니할 정도의 논조를 유지"하도록 하는 것이었다고 회고했다.[141] 또한 1929년에 『동아일보』에 입사했던 서항석은 일반 기사의 경우 가

---

138 김을한, 1975, 『한국신문사화』, 탐구당, 253쪽.

139 최준, 1960, 앞의 책, 311쪽.

140 이선근·남재희·조남조, 「편집국장론」, 『신문평론』 1974.1, 37쪽.

141 주요한, 1978, 앞의 글, 111쪽.

능한 한 압수를 피하려고 노력하더라도 부주의 등으로 불가피하게 압수 당하는 경우가 있었지만, 사설의 경우에는 노력만 한다면 압수를 피하는 것이 어느 정도 가능했기 때문에 처음부터 아예 문제가 되지 않을 '사회·문화에 관한 사설'을 주로 다루었다고 설명했다.[142] 이런 현실에 대해 당시 『조선일보』에 재직하던 유광열은 다음과 같이 설명했다.

> 민중은 극히 보고 싶어 하는 기사인데, 검열 관계로 넣을 수 없는 기사이니 이런 것은 검열의 수준을 편집자가 제정하여 어느 정도의 수준이면 통과하리라는 생각으로 기재하는 것이니 이것이 요행 통과되면 좋거니와 그렇지 못하고 압수가 되면 1, 2시간 내에 5, 6백 원의 손해를 입게 되나니 빈약한 조선인 신문사로서는 간부가 눈살을 찌푸리게 되고 편집기자도 퍽 미안한 일이다. 이에 반하여 다른 신문에서 그 기사를 통과할 만한 수준으로 고쳐 넣었는데 이편 편집기자만 못 넣었으면 이번에는 독자가 야단이다, 신문사 내에서 야단이다 하여 아주 면목이 없게 된다.[143]

신문이 압수되면 당장 적지 않은 손실이 발생하기 때문에 기자들 스스로 조심하게 되었다는 것이다. 1930년에 『중외일보』에 입사해 학예부 기자로 활동했던 이하윤도 "그때 한 번 압수당하면 적어도 1천 원 정도의 손해가 났으니 사장에게 불려가 게재 경위를 추궁받던 일은 오히려

142 서항석, 1978, 「사령(辭令) 써놓고 입사 기다린 동아」, 『언론비화 50편』, 한국신문연구소, 163쪽.

143 유광열, 1930, 「사회면 편집에 대한 의견 고심담」, 『철필』 1권 2호, 22-23쪽.

당연할 정도였다"고 하며, 자신이 선별해 게재하도록 했던 기사로 인해 신문이 압수되었을 때 "검열 안목이 높아서 야단"이라는 질책을 들었다고 회고했다.[144] 압수로 인한 손해가 부담스러운 경영진은 기자들에 대해서도 통제를 강화해나갔다. 1929년에 『동아일보』 편집국장을 지낸 주요한은 다음과 같이 자신이 처했던 상황을 설명했다.

> 조선신문계의 편집국장이란 것은 일종 사설 검열관에 불과하다. 매일 매일의 '게라(galley)'쇄와 '대장(臺帳)'을 상열(詳閱)하여 불온문자가 혼입되지 아니하였는가를 보는 것이 그의 최중요한 직무다. 그러므로 그의 최대의 특권은 때때로 도서과 사무관에게 톡톡히 꾸지람을 듣는 것이다. 이 검열사무는 쉬운 듯하면서도 실로 어려운 일이다. '국어'를 '일어'라고 한 자 잘못 썼기 때문에 압수를 당하여 4백여 원의 손해를 영업국에 끼친 일도 있고 횡설수설 두 줄 잘못 쓰고 논설기자가 징역을 산 일도 있다.[145]

편집국장이 '사설 검열관'이 되었다는 표현은 그만큼 자기검열이 강화된 현실을 잘 보여준다. 특히 단어 하나를 잘못 사용해 압수를 당할 수도 있는 현실에서 손실을 막기 위해 철저한 자기검열을 하려고 했을 것이다. 이와 같이 변화된 현실에 대해 『동아일보』에 재직 중이던 설의식은 다음과 같이 검열의 현실을 표현했다.

---

144 이하윤, 1978, 「폐간만 지켜 본 기자생활 6년」, 『언론비화 50편』, 한국신문연구소, 81-82쪽.

145 주요한, 1934, 「기자 생활의 추억」(속), 『신동아』 1934.6, 76쪽.

> 허가와 검열과 처분이란 권력 밑에 있는 조선의 언론은 이미 수준이 작정된 지가 오래였습니다. 과거에 있어서 혹은 적극적으로 이 수준을 넘으려 한 경향도 있었고 혹은 적극적으로 이 수준의 한계를 피하려는 태도도 있었으나 그럴 때마다 전적으로 부분적으로 존재의 위험을 당하였던 것입니다. 이같이 그러한 수준에 의거치 않으면 자체의 존재가 문제가 되는데 향방이야 말할 것도 없습니다. 그러니까 없기보다 낫다는 의미로 아쉬운 존재라도 그 존재를 계속하려면 어쩔 수 없이 그 수준에, 쉽게 말하면 합법주의로 나갈 수밖에는 없을 것입니다. 과거에도 합법주의가 아닌바 아니었으나 앞으로는 그 색채가 더욱 농후해지리라는 말입니다. 원고검열을 받는 잡지계는 말할 것도 없지만은 그렇지 아니한 신문계도 오십 보 백 보의 차가 될까 말까 할 것입니다.[146]

설의식의 주장처럼 1930년대 이후에는 일제의 검열에 확실히 순응할 수밖에 없는 현실이 되었다는 인식이 언론인 사이에 확산되었다. 비슷한 시기에 또 다른 필자도 "신문을 아니 한다면 모르거니와 신문의 생명을 유지할 것을 전제로 한다 하면 당국의 검열표준에 의해서 차차 거세될 밖에 별 수가 있겠나"라고 하며, 일제의 검열표준에 맞추어 자기검열을 할 수밖에 없음을 고백했다.[147] 이렇듯 1930년을 전후해 일제의 언론통제가 강화되면서, 신문사의 내적 통제와 기자들의 자기검열도 확실하게 이루어지기 시작했다. 이와 같은 변화 과정에 대해 주요한은 다음

146 설의식, 1930, 「조선은 어디로 가나, 언론계」, 『별건곤』 1930.11, 3-4쪽.

147 무명거사, 1931, 앞의 글, 78쪽.

과 같이 설명했다.

> 소위 언문 신문은 세 가지 시대가 있었다. 첫 시대는 압수당하는 것을 장하게 여긴 때요, 둘째 시대는 압수당해도 부득이로 생각한 때요, 셋째 시대는 압수 아니 당하기를 힘쓰는 때다. 미구(未久)한 장래에 압수 아니 당하는 것이 당연한 시대가 될 것이다. 첫째 시대에는 압수 통보가 오면 만세를 부르고 오 일간만 압수가 없으면 기자들의 안색이 불쾌하였다. 그리고 하루건너 한 번씩 편집국장은 도서과장과 경무국장에게 담판을 하러 들어갔다. 제2기에 있어서는 압수는 침묵과 복종을 가져왔을 뿐이다. 제3기에는 압수가 있으면 편집회의가 열리고 모피(謀避)할 방법을 호상(互相) 토의하였다. 때때로 편집국장은 검열 불충분의 죄로 영업국장의 핀잔을 맞는다.[148]

일제의 검열에 대한 신문들의 대응을 세 시기로 나누어 설명한 주요한의 설명은 상당히 설득력이 있었다. 다만 큰 손실을 입히는 압수를 당하면서 이를 장하게 여기고 만세를 불렀다는 사실만은 분명히 과장된 것이었다.[149] 주요한이 이 글을 쓴 1934년은 "압수 아니 당하기를 힘쓰는 때"에서 "압수 아니 당하는 것이 당연한 시대"로 이미 옮겨가 있던 시기였다. 1933년에 『동아일보』, 『조선일보』, 『조선중앙일보』 세 신문이 정립하여 치열한 경쟁을 하게 되면서, 더 이상 과거와 같은 논조를 신문에서 찾아보기 어려워졌고 자연히 압수당할 일도 거의 없어졌다. 일

---

148 주요한, 1934, 앞의 글, 75쪽.

149 한만수, 2015, 앞의 책, 242-246쪽.

제 말기에는 "만약 오자가 있게 되면 큰 문제가 되었기 때문"에 "일본 황실 기사에는 무척 신경을 써야" 할 정도로 사소한 것에도 신경을 써야만 했다.[150] 중일전쟁 발발 이후 일제는 언론을 통제하는 것을 넘어서서 적극적으로 동원하여 전쟁을 위한 수단으로 이용하려고 했다. 자연스럽게 신문사 내에는 더욱 철저한 내적 통제와 자기검열이 이루어졌을 것이다.

다만 일제 말기에 단행본의 경우에는 '교제(交際)'를 통해 검열을 넘어서는 일들이 자주 벌어졌는데, 계용묵은 이에 대해 다음과 같이 설명했다.

> 이 시절의 출판물 검열 상황을 잠깐 말해 본다면 그것은 어렵기도 하고 쉽기도 하였다. 나라가 망하느냐 흥하느냐의 차제의 검열이라, 그 까다로움이 물론 전에 비할 정도가 아니었다. 그러나 그 출판물 대상이 전쟁을 훼방하는 것이 아닌 한 통과시켜서 검열이 별반 책임 문제가 되지 않을 그런 성질의 것이라면, 물론 이런 것도 용지난으로 불허가 방침으로 되어 있기는 하였으나, 그것은 교제 여하에 달렸던 것이다. 이런 교제를 받는 것은 검열원의 정신의 부패를 말하는 것이었다. 원고를 검열에 넣으면 그들은 교제를 받을 생각부터 먼저 하였다. 그 교제를 받는 방법은 경우에 따라 방식이 달랐지만, 대개의 경우에 있어서는 전화로 그 원고의 취하 통고를 하였다. 그 통고는 교제를 하라는 암시인 것이었다. 그러면 출판사 측에서는 벌써 취하의 의미를 알아차리고 그 원고가 누구의 손에 걸려 있는가를 탐지

---

150 유봉영, 1978, 「독립운동 초지 굽혀 몸담은 '조선 36년'」, 『언론비화 50편』, 한국신문연구소, 56쪽.

해 가지고 그날 저녁으로 이 전쟁하에서 생활필수품으로 가장 구하기 어려운 힘든 그런 종류의 것을 구해 가지고 가정방문을 하는 것이었다. 그러면 그만인 것이었다.[151]

일제 말기에는 어느 매체나 철저하게 자기검열을 했기 때문에 '전쟁을 훼방'하는 내용을 간행할 가능성은 전혀 없었다. 그럼에도 검열관의 자의적 판단에 따라 검열에 걸리는 일이 발생할 수 있었는데, '교제'는 그런 검열을 피하기 위한 확실한 방법이었다. 일제 말기에 문학작품을 중심으로 단행본의 발행이 비교적 활발했던 것은 작가의 자기검열과 검열관의 부패가 결합한 산물이었다.

(4) 독자들의 변화와 검열의 복합성

일제강점기의 검열은 "국가에 의한 검열, 자본에 의한 자기검열, 혹은 글쓴이의 자기검열의 문제"에 국한되지 않았다.[152] 모든 검열을 거쳐 독자들에게 전달된 매체의 내용을 독자가 다시 문제 삼는 일이 벌어지기도 했다. 이미 1926년에 이런 일이 벌어졌는데, 『매일신보』에 근무하던 남상일은 다음과 같이 회고했다.

그 무렵 일본의 황족 무슨 궁(宮)이었는지 이름은 잊었으나 비(妃)가 죽었는데 천황은 붕(崩)이오 황족은 홍(薨)인데 폐거(斃去)했다고 오

151 계용묵, 「암흑기의 우리 문단」, 『현대문학』 1957.2, 52-60쪽.

152 이종호, 2016, 「검열의 상전이(相轉移)-친일문학이라는 프로세스」, 『검열의 제국: 문화의 통제와 재생산』, 푸른역사, 318쪽.

식했다. 폐(斃)는 동물의 죽음에나 쓰는 문자다. 황족을 짐승으로 다뤘으니 큰 불경이 아닐 수 없다. 그때 활자가 헐어서 여간 주의를 안 해 가지고는 훙·폐(薨·斃)를 분간하기 어려울 정도였다. 검열 당국에서도 이 오식을 찾아내지 못하고 무사히 지내버렸다. 그런데 한 1주일 후에 어떤 호사자(好事者)의 고발로 이 불경사건이 입건되어 결국 편집자와 교정책임자의 감봉으로 정상참작의 혜택을 입었던 것이다. 이러한 일에 취모멱자(吹毛覓疵: 작은 흠까지 악착같이 찾는-인용자)해서 고발하는 것은 검열 당국도 그리 고맙게 생각하지 않을 것이요 벌을 받는 편에서는 한없이 밉게 볼 것이다. 어느 때나 이러한 좀벌레 같은 존재는 인간사회에 도사리고 있음을 신중히 경계해야 할 것이다.[153]

이미 1920년대 중반에 '오식'까지 찾아내 이를 문제 삼고 고발하는 독자가 있었다는 사실은 검열의 복합성을 잘 드러낸다. 친일성향의 독자들은 단순히 수용에 머무르는 것이 아니라 스스로 감시의 주체가 되기도 했다. 비록 총독부 기관지인 『매일신보』의 독자가 일으킨 일이었지만, 일제 말기로 가면 다른 매체들에서도 충분히 일어날 수 있는 일이었다. 언론은 당국의 검열만 의식해서는 안 되고 독자들의 감시까지도 고려해야 했다.

검열관들도 이런 독자들을 의식하며 검열할 수밖에 없었다. 김동인은 "그 독자 가운데 충성된 황국신민이 있어서 '이런 불온한 문구가 있

153 남상일, 1978, 「고종 승하 때 덕수궁 출입기자로」, 『언론비화 50편』, 한국신문연구소, 236-237쪽.

는 책을 어찌하여 출판 허가를 하였는가' 하는 우국지심이 생겨서 그런 말이 경찰에 들어가면 경찰에서는 경무국으로 보고하고 그런 보고를 받은 경무국은 그 책을 검열한 검열보좌관을 조사하고, 이렇게 될 터이니 한 귀, 한 자라도 허수로이 볼 수는 도저히 없는 노릇이다"라고 했다.[154] 이런 과정을 통해 이미 검열을 통과했던 책이 뒤늦게 발매금지 되는 일이 벌어지기도 했다는 것이다.

1940년 1월에 벌어졌던 『매일신보』의 필화는 검열의 복합성을 단적으로 보여주었다. 『매일신보』 1940년 1월 6일 자에 실렸던 김진섭의 「아직은 염려 없다」라는 글이 검열을 통과해 지면에 실렸다가 누군가의 제보로 뒤늦게 조선군 사령부가 문제 삼으며 필화가 발생했다.[155] 학예부장이었던 조용만은 친일단체인 "녹기연맹 속의 한국 사람들과 또 그밖의 한국 사람 충신들이 떠들어대서" 사건화되었다고 설명했다.[156] 조용만은 이 일로 『매일신보』를 그만두었는데, 그는 「최악의 무리」라는 소설에서 이 사건을 다루며 익명으로 제보자에 관해 언급했다.[157] 이종호는 소

154 김동인, 1964a, 앞의 글, 320-321쪽.

155 정진석, 「일제 말기 『매일신보』 필화의 전말」, 『문학사상』 2005.7, 20-39쪽.

156 조용만, 1974, 앞의 글, 267쪽.

157 조용만은 1978년 9월 『문예중앙』에 게재되었다가 『(조용만 창작집) 9인회 만들 무렵』(2004)에 다시 실린 '최악의 무리'라는 자전적 소설에서 제보자에 관해 여러 가지 단서를 제공했다. 조용만에 해당하는 인물의 대학 1년 선배이며, 아나키스트에서 일본주의자가 되었고, 녹기연맹(소설에서는 청기연맹) 소속이며, 노무라(野村)로 창씨했고, 조용만 후임으로 학예부장이 되었다고 했다. 정진석은 마지막 사실만 놓고 보면 '문학평론가 백모씨(백철-인용자)'가 제보자로 '연결'된다고 지적했다. 그러나 위의 다섯 가지를 모두 충족하는 인물은 없다. 단지 앞의 세 가지에 부합되는 인물로 현영섭을 들 수 있다. 정진석, 2005, 앞의 글, 36-37쪽; 조용만, 1984, 「최악의 무리」, 『조용만 창작집-9인회 만들 무렵』, 정음사, 238-266쪽.

설 내용을 근거로 해서 제보자를 현영섭으로 파악했다. 현영섭은 조용만의 경성제국대학 1년 선배로서 녹기연맹에서 활동했으며 '강력한 내선일체론자·조선어 폐지론자'였다.[158]

총독부 기관지 『매일신보』의 내용까지 친일단체에서 활동하는 인물이 문제 삼는 현실은 곧 총독부가 노렸던 황국신민화의 결과였다. 이종호는 "조선 민족이기를 포기하고 일본 국민(황국신민)이 된다는 것은 단순한 부정과 침묵과 같은 소극적인 행위를 통해 표출될 수 없었다. 자신이 전향을 완료했으며 그리하여 신민이 되었음을 적극적인 행위를 통해 드러내지 않으면 안 되었다"고 하며, 그런 적극적인 행위의 하나가 '고발'을 통한 검열이었다고 설명했다. 이들은 "검열관보다 더 집요하면서도 과잉된 검열관"이었던 것이다.[159] 비록 그 수가 많았다고 보기는 어렵지만, 이런 독자들의 등장은 매체의 자기검열 강화에도 영향을 주었을 것이다.

---

158 이종호, 2016, 앞의 글, 318쪽.

159 위의 글, 318-319쪽.

3. 방송검열과 감청

1) 방송검열과 감청조직

1927년 2월 16일에 경성방송국이 첫 방송을 할 때부터 경무국 보안과와 체신국 감리과가 방송 내용에 대해 통제를 가했다. 경무국 보안과가 방송원고를 사전에 검열하고, 체신국 감리과는 검열된 원고대로 방송이 되는지를 감시했다. 일본에서도 방송원고에 대한 사전검열을 한 것은 마찬가지였지만,[160] 일본에서는 방송에 대한 통제 업무를 체신성이 전담했던 반면에 조선에서는 원고의 사전검열에 경무국 보안과가 관여했다.[161] 조선에서는 방송에 대해서도 신문이나 잡지처럼 사상통제 차원에서 경무국이 관여했던 것이다.

1933년 4월 26일에 일본어 채널과 조선어 채널을 분리한 이중방송을 실시하면서 총독부는 감독을 강화하겠다는 방침을 밝혔다. 경무국 보안과는 "이중방송이 되면 보고와 취체 등이 더욱 복잡해질 것"으로 보여서 "종래와 같이 보통전화로만 보고할 수 없으므로 방송국, 경무국, 체신국 사이에 전용 전화회선을 설치"해서 긴밀하게 통제하겠다는 입장을 밝혔다.[162]

경무국은 1934년에 '외국에서 들어온' 방송을 규제하기 위해 경무국

---

160 山本文雄 外 저, 김재홍 역, 2000, 『일본 매스커뮤니케이션사』, 커뮤니케이션북스, 167쪽.

161 津川泉 저, 김재홍 역, 1999, 『JODK, 사라진 호출부호』, 커뮤니케이션북스, 147쪽.

162 「DK 이중방송과 '푸로', 취체 엄밀과 경무국」, 『조선중앙일보』 1933.4.10, 2면.

보안과에 '라디오취체계'를 설치하는 한편 국내 방송의 규제를 위한 새로운 제도 마련도 고민했다.

> 조선 안에서 방송되는 종류 중에도 격월한 언동을 함부로 방송하여 치안을 방해하는 것이 그치지 않을 뿐만 아니라 미리 경무국에 제출한 내용의 원고와 다른 내용을 방송하는 일도 있게 되어 간혹 말썽이 되는 일도 있으나 체신국 방면에서는 그러한 방면까지에 손이 자라지 못할 뿐 아니라 취체의 안목이 같지 아니하므로 이번에 신설되는 경무국 라디오계에서는 방송 시간에 라디오를 틀어놓고 마치 강연회에 경관이 임석하여 주의, 중지를 시키는 것과 한가지로 듣고 있다가 불온한 소리가 나오게 되면 중지토록 할 작정이라 한다. 그리하여 수·륙·공 3계를 엄밀히 감시할 터이오 또는 미리 방송 전의 원고를 신문지를 통하여 선전하는 것도 있으므로 이러한 것까지 도서과와 연락을 취하여 취체할 방침이라 한다.[163]

1934년 9월 28일에 '국달(局達) 제202호'로 '조선총독부 체신국 사무분장규정 세칙'이 개정되면서 10월 1일부터 체신국 감리과에 새로 '방송감독계'가 설치되었다.[164] 체신국 감리과가 방송 내용에 대한 통제를 계속해왔지만, 별도의 조직을 두지는 않고 있다가 통제의 필요성이 커지면서 방송감독계를 설치했던 것이다. 국사편찬위원회의 '한국근현대인물자료'에서 체신국 방송감독계에 근무했던 사람으로는 홍순권과

163 「적색방송을 차단코저, 공중에도 취체망」, 『동아일보』 1934.6.3, 석간 2면.

164 朝鮮總督府 遞信局, 1935, 『朝鮮總督府 遞信年報』, 朝鮮總督府 遞信局, 4쪽.

백영권이 확인된다. 홍순권은 체신원 양성소 출신의 체신공무원이었고, 백영권은 경찰 출신이었다.[165]

러시아와 중국에서 들려오는 '괴방송'에 대해서도 통제할 필요성이 더 커지자, 경무국 보안과에 담당직원을 늘렸다. 경무국은 "직접 감독관청이 되어 있는 체신국과 긴밀한 연락을 취하여 조선의 특수사정에 대한 치안, 취체를 목표로 라디오방송취체의 적극적 공작을 시작키로 결정하고 우선 취체의 본진이 되어 있는 경무국 보안과에 전속 라디오취체계원을 증원하고 두 개의 우수한 청취기를 설비"했다고 밝혔다.[166]

1934년에 총독부는 체신국 감리과와 경무국 보안과에 각각 방송을 더욱 효율적으로 통제하기 위한 조직을 신설했다. 경성방송국을 확대, 발전시킨 조선방송협회는 1934년 7월 31일에 조선어 채널인 제2 방송에서 방송되는 모든 프로그램을 연구, 심의한다는 명목 아래 '방송심의회'를 조직하여 제도화했다. "방송심의회는 단일방송 시대에 프로그램의 감독을 맡아온 총독부 체신국 감독계의 업무를 보다 강화한 조직"이었다.[167] 방송심의회는 1934년 8월부터 매월 1회 회의를 했고, 계속 위원을 추가해나갔다. 1936년 말 현재의 고문과 위원 명단은 다음과 같다.

- 고문: 吉田浩(철도국장), 田中武雄(경무국장), 富永文一(학무국장), 山田忠次(체신국장), 速水滉(경성제대 총장), 佐枝義重(군 참모장), 上瀧基(총독부 심의실 사무관)

165 db.history.go.kr/item/level.do?itemId=im.

166 「전파취체 허공진(虛空陣)」, 『조선일보』 1934.12.16, 석간 2면.

167 한국방송공사, 1977, 앞의 책, 26쪽.

• 위원: 鹽田正洪(총독부 문서과장), 碓井忠平(총독부 상공과장), 景山宜景(총독부 농정과장), 岩男省三(체신국 감리과장), 佐藤作郎(철도국 영업과장), 西岡芳次朗(총독부 지방과장), 西崎鶴司(총독부 이재과장), 大野謙一(총독부 학무과장), 丹下郁太郎(총독부 보안과장), 柳生繁雄(총독부 도서과장), 김대우(총독부 사회과장), 鵜池六藏(해군대좌, 총독부 御用掛), 藤村益藏(육군보병소좌, 총독부 御用掛), 高楠榮(경성제대 교수), 上野直昭(경성제대 교수), 渡邊信治(경성사범학교장), 江頭六郎(경성중학교장), 高橋濱吉(경성여자사범학교장), 江頭六朗(경성중학교장), 國富信一(인천관측소장), 重村義一(은사 과학관장), 荻山秀雄(총독부 도서관장), 윤태빈(경기도 참여관), 佐佐木仁(체신국 공무과 기사), 深堀遊龜(조선군 참모), 윤백남(저술가), 丹羽淸次郎(기독교 청년회 주사), 방태영(조선서적 중역), 前田昇(경상교화단체 부회장), 保阪久松(조선방송협회 이사장)[168]

위의 명단에 나타난 것처럼 방송심의회에는 총독부 관리들이 가장 많았고, 그 외에는 군인들과 교육자들이 참여했다. 조선인으로는 김대우, 윤태빈, 윤백남, 방태영 등 4명만 포함되어 있었다. 이후에도 계속 위원을 추가로 위촉하여, 1937년에는 김성수, 최남선, 장응진(총독부 학무국 시학관) 등 세 명의 조선인이 추가되었다.[169]

1935년 4월에는 방송편성회를 설치하여 방송관리제도를 더욱 강화했다. 방송편성회는 매월 1회씩 개최되는 방송심의회에서 심의, 의결되

168 京城日報社, 1936, 『朝鮮年鑑』 1937년판, 331쪽.

169 朝鮮放送協會, 1938, 『昭和12年度事業報告書』. 9쪽.

는 기본적인 편성지침을 토대로 해서 매월 제2, 제4 금요일에 "방송감독관의 출석하에 해당 방송책임자가 제안하는 방송프로그램을 반달치씩 나누어 편성"하도록 했다. 중일전쟁이 발발한 이후인 1937년 말에는 "총독부 정보위원회 간사와 민간 유식인 수명을 증원"하고 제1, 제2 방송 별로 나누어 개최하여 검토, 편성하도록 했다.[170]

체신국 감리과에 방송감독계가 생길 무렵부터 경성방송국에 감청원을 상주시켰다. 원래 방송국 직원들이 교대로 감청업무를 담당하며 체신국에서 연락이 오면 바로 방송을 차단해야 했지만, 직원이 화장실에 가느라 자리를 비운 사이 연락이 오는 바람에 "그 기휘(忌諱)된 강연 내용은 완전무결하게 방송"되면서 체신국으로부터 질책을 받는 일이 발생했다.[171] 그 후 아예 전문적인 감청원이 방송국에 상주하며 감청석에 앉아 있다가 문제가 될 만한 방송이 나오면 차단기를 내려 방송을 중단시키도록 했다.[172]

처음 경성방송국에 감청원으로 들어왔던 사람이 권오용이었다.[173] 권오용은 경찰 출신으로 체신국 감리과에 있다가 경성방송국 감청원으로 입사했다. 그는 '본정 경찰서 경부'로서 1919년 9월 2일에 강우규 의사가 사이토 마코토 총독에게 폭탄을 던지던 현장에서 부상을 당했다.[174] 그는 그때의 공로 등을 인정받아 1924년 1월 13일에 경시로 승진했

---

170 한국방송공사, 1977, 앞의 책, 26쪽.

171 이혜구, 1970, 『만당 문채록』, 한국국학학회, 22-23쪽.

172 이덕근, 1986, 『산 있고 물 있고』, 호서문화사, 41쪽.

173 위의 책, 40쪽; 이혜구, 1970, 앞의 책, 23-25쪽.

174 「폭탄에 상한 권경부 점쾌(漸快)」, 『매일신보』 1919.10.12, 3면.

고,[175] 1924년 12월 11일에 퇴직했다.[176] 조선총독부 직원록 자료를 보면, 그는 1927년에 총독부 체신국 감리과에 촉탁으로 입사해 1934년까지 근무했다. 조선에서 통신검열은 체신국 감리과 관장이었고,[177] 감리과의 검열업무 담당자 중에도 고등경찰 출신들이 있었는데, 권오용도 그중 한 명이었다.

권오용은 체신국 감리과에 있다가 1934년 경성방송국에 감청직원을 상주시키기로 하면서 자리를 옮겼다. 그는 고등경찰로 오랫동안 활동했고, 통신검열업무도 담당했었다는 점이 고려되어 발탁되었다. 그는 촉탁으로 들어갔다가 1936년 11월 14일에는 정식 직원이 되며 조선어 방송을 담당하는 제2 방송의 공동 과장대리로도 임명되었다.[178] 그는 경성방송국에 재직하며 조선어 방송의 감청업무뿐만 아니라 일본어 방송을 통역하는 업무도 담당했다.[179] 그는 1939년 9월에 경성방송국을 퇴사했다.[180]

권오용의 후임으로 감청을 담당했던 사람은 박장환이었다.[181] 박장환도 권오용과 마찬가지로 경찰 출신이었다. 조선총독부 직원록 자료를 보면, 그는 본정 경찰서 경부로 있다가 퇴직하며 바로 경성방송국 감청원으로 들어왔다. 박장환 후임 감청원으로는 일본인이 들어 왔다. 이덕

---

175 「권씨 별연(別宴)」, 『매일신보』 1924.1.19, 3면.

176 「고등관 퇴직자」, 『조선일보』 1924.12.11, 석간 1면.

177 고바야시 소메이, 2011, 「한국 통신검열 체제의 기원-'제국검열'과 식민지 조선」, 『아세아연구』 54권 1호, 182-183쪽.

178 「인사」, 『조선방송협회내보』 3호(1936.11.15), 2면.

179 「라디오」, 『조선일보』 1937.8.6, 석간 6면.

180 「소식」, 『동아일보』 1939.9.11, 석간 1면.

181 정진석, 1995, 『인물 한국 언론사』, 나남, 333쪽.

근은 "이때 제2 방송과에는 일본 사람인 이와기(岩城)라는 감청직원이 한 사람 있었는데 그는 한국사람보다 한국말을 더 잘하는 사람이었다"라고 했고,[182] 윤길구는 이름은 거론하지 않고 경찰 출신으로 '경시까지 했던' 일본인으로 한국어를 잘했다고 회고했다.[183] 이덕근과 윤길구가 모두 1943년 8월에 입사했던 것을 감안하면, 이 무렵부터 일본인 감청원이 있던 것으로 볼 수 있다.

1940년 4월 30일에는 경무국 도서과에도 이능섭을 고원에서 촉탁으로 승진시키며 '라디오취체업무'를 맡겼다.[184] 이능섭은 1931년에 경성제대 법학과를 졸업하고, 대학원까지 수료했던 사람으로 1939년에 경무국 도서과에 고원으로 들어갔다가 촉탁이 되며 라디오취체업무를 맡았다. 1940년 5월 6일 경무국 도서과장과 체신국 감리과장 이하 사무관, 검열계들이 모여서 '검열사무'에 관한 간담회를 열었다.[185] 이 간담회의 결과는 다음과 같은 내용이었다.

> 조선 내 각지 방송국의 방송프로 원고는 종래 고등경찰 사무에 속하는 것이라 하여 경무국 보안과에서 그 취체와 검열을 행하여 왔었는데 일전부터 이것을 경무국 도서과로 이관하여 금후로는 취체와 검열에 대한 사무는 도서과에서 취급하고 방송을 감독하는 사무는 종전과 같이 체신국에서 취급한다. 방송프로 원고검열을 보안과에서

---

182 이덕근, 1986, 앞의 책, 61쪽.

183 이규일 외, 1994, 「10년 이상 근속자의 좌담회–넘어야 했던 수 많은 산 건너야 했던 수많은 강」, 『한국방송사료집』 제4집, 한국방송사료보존회, 66쪽.

184 「도서과 통신」, 『경무휘보』 410호(1940.6), 102쪽.

185 위와 같음.

하기 때문에 신문, 잡지에 게재금지된 사항도 방송하는 경우가 종종 있게 되는 등 연락이 잘 되지 않는 데서 착오가 생길 뿐 아니라 당연히 방송할 필요가 있는 사항에 대하여 방송을 명하는 등 언론통신 기관의 하나로서 도서과에서 그 취체사무를 통일하는 것이다.[186]

정진석은 "1940년 6월에는 방송프로그램의 검열도 도서과에서 맡도록 되었다. 이전까지 방송원고는 경무국의 보안과에서 검열하고 방송국에 대한 행정적인 감독은 체신국이 담당했기 때문에 양 검열기관(도서과와 보안과－인용자)의 검열기준이 달라 신문, 잡지에 게재가 금지된 사항이 방송되거나, 그 반대의 경우도 있었기 때문에 이를 일원화하기 위한 조치"였다고 설명했다.[187] 1940년대 접어들면서 경무국보다 조선군이 방송국에 대한 통제에서도 더 주도적인 역할을 했다.[188] '(조선)군 보도부로부터의 요청'이 있으면, 방송 내용 변경 등을 해야만 했다.[189] 신문과 마찬가지로 방송에 대한 통제에서도 군부의 영향력이 더 커졌다.

1941년 11월 26일에 총독부는 기구를 개편해 정보과를 신설했다. 이전에는 관방(官房) 문서과에 속했던 정보와 계발 및 선전업무를 분리하고, 체신국 관할이었던 방송 내용의 통제사무를 정보과 소관으로 통합해 정보·보도·영화의 3계를 중심으로 여론의 지도계발, 정보수집 보도 및 선전, 보도 및 계발선전기관의 지도, 내외사정의 조사와 소개 등을 담

186 「방송 푸로 검열」, 『조선일보』 1940.6.23, 석간 2면.

187 정진석, 2007, 앞의 책, 91쪽.

188 위의 책, 91쪽.

189 篠原昌三 외 저, 김재홍 역, 2006, 『조선방송협회 회상기』, 커뮤니케이션북스, 99－100쪽.

당하도록 했다.[190] 이 기구는 일제가 매체에 대해 통제보다 선전에 더 중점을 두는 언론정책을 본격적으로 실시하기 시작했다는 것을 보여준다. 1941년 11월에 방송 내용 지도업무는 체신국에서 정보과로 넘어왔지만, 방송시설 감독에 관한 사항은 여전히 체신국이 담당했다. 1943년 3월 28일에는 조선총독부 직제가 개편되어, 체신국 소속 체신 서기 3명이 정보과로 소속이 변경되었다.[191]

1941년 1월에 국민정신총동원연맹의 인사들도 참여하는 총력방송연구회를 신설해 매달 한 번씩 회의를 개최했고, 방송심의회도 12월에 '총력방송심의회'로 개편되었다. 총독부의 기구 개편과 함께 민간까지 참여하는 통제기구를 신설해서 방송을 철저하게 총동원체제에 동원하고자 했다. 1940년대 이후 방송은 오로지 전쟁 수행의 수단으로 전락하고 말았다.[192]

2) 방송검열과 감청의 실행

모든 방송원고를 경무국 보안과에서 검열했었고, 1940년 6월 이후에는 경무국 도서과에서 검열했다. 뉴스나 강연 원고는 물론 방송극의 대본검열도 매우 엄격하게 이루어졌다.[193] 일본의 경우에도 마찬가지여서 "뉴스나 강연 원고는 검열을 받았고, 강연 연사의 선정에까지 간

---

190 정진석, 2007, 앞의 책, 60쪽.

191 장영민, 2020, 『한국방송의 성장과 미국의 대한선전』, 선인, 46쪽.

192 강혜경, 2011, 「일제 말기 조선방송협회를 통해 살펴본 방송통제」, 『한국민족운동사연구』 69집, 330-331쪽.

193 한국방송공사, 1977, 앞의 책, 43쪽.

섭"했다.[194] 방송원고뿐만 아니라 모든 방송 내용이 검열을 거치는 셈이었다. 1933년에 경성방송국에 아나운서로 입사했던 김문경은 "생방송인데다가 시간이 되어도 강사가 오지 않는 경우 아나운서는 그야말로 허겁을 떨어야만" 했고, 강연 "대신 레코드를 틀어야만 하는데 이 곡명도 즉시 체신국에 통고하여 결재를 받아야" 했다고 회고했다.[195] 일제는 방송 내용뿐만 아니라 틀어 줄 음악까지 철저히 사전에 검열했을 정도로 방송을 통해 나가는 모든 것에 대해 철저하게 통제를 가했다.

사전검열한 내용대로 제대로 방송되는지를 감시하기 위한 감청제도도 실시했다. 문제가 될 만한 방송 내용이 나오면 체신국에서 방송국 직원에게 연락해 방송을 중지시키는 방식이었다가 1934년부터는 아예 방송국에 체신국에서 옮겨 온 직원이 상주하며 감청하는 체제로 바뀌었다. 즉 1934년부터 "체신국 (감리과 – 인용자) 방송감독계는 경성방송국 내에 상주 감청원과 방송차단기를 설치하고 방송감청제도를 마련"했고, "모든 방송을 감청직원이 감청하면서 만약에라도 불온한 내용이나 선전 혹은 외설적인 방송이 나오면 무조건 전파차단기로 그 방송 부분을 절단" 했다.[196] 경성방송국의 감청시스템은 매우 엄격해서 다음과 같이 일들이 벌어지곤 했다.

> 방송국의 음성출력회로는 1945년 8월 15일까지는 감청관석을 통과하지 않으면 안 되었다. 회로 구성이 그렇게 되어 있었다. 이것은 방

---

194 山本文雄 外 저, 김재홍 역, 2000, 앞의 책, 188쪽.

195 김문경, 1992, 「추억의 마이크」, 『한국방송사료집』 Ⅱ, 한국방송사료보존회, 21–22쪽.

196 한국방송공사, 1977, 앞의 책, 27쪽.

송 내용을 검열하기 위한 것으로 내용의 일부나 특별한 언구(言句)를 중계할 수 있는 기관이었다. 방송극 같은 것은 먼저 대본을 제출하면 일일이 부적당한 문구를 고치도록 요청해왔다. 어쩌다가 상점 이름이나 개인의 이름까지도 요구할 때가 있다. 그러면 시급히 고치느라고 야단이었는데 만약 시정을 잊어버리고 그대로 방송이 나가다가는 가차 없이 중단되곤 했었다.[197]

중국이나 러시아 등 외국 방송의 유입을 막고 국내 방송의 규제를 위해 감청을 하게 되면서 "방송차단기는 무상의 힘을 가진 것으로 등장하여 대수롭지 않은 일에도 방송이 끊기"는 일들이 자주 벌어졌다.[198] 일본어 채널인 제1 방송에서도 감청은 마찬가지로 이루어졌다. 경성방송국 아나운서 다카하시 기요시(高橋淸)는 "감청관이라 해서 고참 경찰관이 담당했다. 우리들은 커트맨이라고 불렀다. 당시는 방송 중에도 '뚝' 하고 잘리기 일쑤였다"고 회고했다.[199]

1938년에 경성방송국에 입사했던 이현은 권오용에 대해 "이분은 감청책임자로 감청석은 2층 아나운서실에 같이 있었으며 귀에는 항상 리시버를, 오른손은 차단기 스위치에 대고 열심히 감청을 하고 계셨다. 감청이란 것은 두말할 것 없이 일제의 비위에 거슬리는 말이나 공서(公序)·양속(良俗)을 해치는 말이 나올 때에는 지체 없이 방송을 중단시키는 것이었다"고 하며, 차단기가 작동하는 것을 두 번 경험했다고 했다.

---

197 위의 책, 102-103쪽.

198 이덕근, 1986, 앞의 책, 41쪽.

199 津川泉 저, 김재홍 역, 1999, 앞의 책, 147쪽.

한 번은 야담 방송에서 술을 마시고 와서 방송하던 연사가 '음란한' 내용을 말하다가 중단된 일이고, 또 한 번은 『매일신보』 주필 서춘이 술을 마시고 와서 시사강연을 하다가 "하던 얘기 또 하고 또 하다"가 중단된 일이 있었다.[200]

감청직원이 차단하는 내용은 '안녕질서'를 해치는 것은 드물었고, 대부분이 '풍기문란'해서 문제가 된 것들이있다. 이혜구는 "서양 연극이나 동화대본에 나오는 '키스' 두 자는 으레 무조건 그 노 감청계의 손에 말살되었다. 남녀의 정열의 '키스'이건 아버지가 딸에게 하는 애정의 '키스'이건 용서 없었다"고 했다.[201] 간혹 사전검열된 원고대로 방송하지 않아서 차단기가 내려지고 출연자에 대해 간단한 처벌을 내린 일도 있었다.

> 1942년으로 기억되는데 '토요회'라는 연극단체가 '일요일'이란 제목의 방송극을 한 일이 있었다. 복혜숙, 전옥 씨 등이 출연했는데 내용은 프랑스의 이야기였다. 혁명이 끝난 지 오래되었다는 내용인데 대사의 한 구절에 "군국주의가 타파된 지 벌써 옛날이요" 하는 대목이 있었다. 대본에는 붉은 글씨로 삭제되어 있었는데 전옥 씨가 맡은 역이 이 말을 하는 것이었다. 연극 도중 전옥 씨는 삭제된 부분을 그대로 말해 버렸다. 방송차단기가 덜커덕 내려지고 전옥 씨와 복혜숙 씨가 연행되었는데 전옥 씨는 경찰에서 삭제된 줄 몰랐다고 우기는 바람에 문제가 더욱 시끄러워져서 3일 구류를 살았다.[202]

---

200 이현, 1979, 「나의 방송 시절」, 『신문과 방송』 1979.9, 61-63쪽.

201 이혜구, 1970, 앞의 책, 24쪽.

202 이덕근, 1986, 앞의 책, 41-42쪽.

감청원들은 감청하면서 문제가 될 만한 내용을 기록한 '감청록'을 작성하기도 했다. 해방 후인 1946년 3월에 중앙방송국에 음악계장으로 입사했던 박용구는 "방송국에 레코드판이 꽂혀 있는 데서 일본 사람들이 남겨놓은 감청록 같은 것"을 보았다고 했다. 일제강점기에 감청원이 작성해 놓은 기록이 남아 있던 것으로 보인다. 박용구는 "감청록이라는 건 기록이야. 기록해서는 상부에 올리는 거야. 그러니까 블랙리스트처럼 이거는 부적당한 소리를 했다고 하는 걸 써 놓는거야"라고 설명했다. 또한 '감청록'에 대해 "주로 토크프로의 강연 내용을 요약해 놓은 건데 하여튼 이름 있는 친일방송을 한 사람들 이야기지"라고 하며 주로 강연과 관련된 기록이 있었다는 점을 지적했다.[203] 감청원이 검열된 원고대로 방송을 하지 않아 문제가 된 내용을 기록해 놓은 것일 가능성이 크다. 차단을 하고 나서 문제가 된 내용을 기록한 것일 수도 있고, 차단을 하지는 않았지만 향후 문제의 소지가 있을 수 있는 내용을 정리한 것일 수도 있다.

1940년 11월 4일 오후 9시에 『경성일보』 사장 미타라이 타쓰오(御手洗辰雄)가 방송 연설을 했는데, 도서과에서 검열한 원고대로 방송하지 않아 문제가 되기도 했다. 미타라이의 방송 연설이 원고대로 되지 않아 중지되었음에도 '엄벌을 요구하는 투서'가 있을 정도로 '반향'이 컸다.[204] 이렇듯 애초에 방송원고를 검열하고, 방송 중 감청으로 차단까지 했기 때문에 방송 내용으로 인해 행정처분이나 사법처분을 받는 일이 벌어지기는 어려웠다.

---

203 한국정신문화연구원 한민족문화연구소, 2001, 『내가 겪은 해방과 분단』, 선인, 516-517쪽.

204 京畿道警察部長, 「京城日報社長ノ不穩ラジオ放送ニ關 スル件(京高秘第2930號)」 1940. 11.8, 1-4쪽.

제4장
언론 · 출판 · 방송에 대한 행정처분과 사법처분

1. 행정처분

1) 신문에 대한 행정처분

(1) 삭제

통감부 시절부터 일제는 검열을 통해 신문에 대해 자주 삭제조치를 내렸다. 일제의 검열과 처벌이 이루어지면서, 신문들의 논조가 약화되고 이른바 '벽돌신문'이 나타났다. 벽돌신문이란 검열에 걸려 삭제된 부분을 활자를 뽑아 뒤집어 놓고 인쇄하면 원래의 기사가 들어 있던 자리에 검은 벽돌을 쌓아 놓은 것처럼 보인다고 하여 붙인 이름이었다.[1] 벽돌신문은 활자를 엎어 놓았다고 해서 '복판(覆板)신문', 검게 나온다고 해서 '흑판(黑板)신문'이라고 부르기도 했다. 『대한매일신보』 1908년 4월 23일 자 「복판(覆板)신문의 독법」이라는 논설에서 "언론의 자유는 천부의 인권"이라고 하며 '일인(日人) 검열'로 복판신문이 만들어지는 현실을 비판하고는 '일종의 독법(讀法)'이 없으면 신문을 읽고 이해할 수 없을 정도라고 비판했다. 『대한매일신보』가 영국인 배설이 발행하는 신문이었기 때문에 이런 비판을 할 수 있었는데, 이 논설이 실리고 6일 만에 신문지법이 개정되어 『대한매일신보』도 통제의 대상이 되고 말았다.[2]

『매일신보』가 독립된 회사로 분사한 것을 기념해서 마련한 1938년의 좌담회에서, 변일은 1900년대 중반에 "소위 '벽돌신문'이란 말"이 있었다

1 정진석, 2007, 앞의 책, 27-30쪽.

2 최준, 1976, 앞의 책, 276-277쪽.

고 하며, 신문 "판을 짜놓고 그것을 박아서 경무청에 검열을 받는데, 경무청에서는 못 낼 것을 죽죽 그어서" 내보내면 "그대로 활자를 뒤집어가지고는 인쇄해서 내놓"았다고 하며, "그 활자 엎어 높은 모양이 꼭 벽돌 짜놓은 것 같다 해서 벽돌신문이라는 말이" 나왔다고 했다. 이 좌담회에서 나카무라 겐타로는 당시 자신이 검열을 도맡았다고 하며, '상관 명령대로 한 것' 뿐이지만 결과적으로는 자신이 '벽돌신문 제조가'였다고 토로하기도 했다.[3]

일제 강점 이후에 총독부는 언론통제를 더욱 체계화했다. 일제는 사전통제뿐만 아니라 다양한 사후탄압도 가했는데, 이러한 사후탄압 중에서 가장 경미하다고 할 수 있는 것이 삭제였다. 삭제는 검열 과정에서 문제가 될 만한 기사를 없애고 발행하도록 하는 것이다. 교정쇄검열을 하는 신문에서 삭제는 인쇄된 후에 이루어지니 일종의 사후탄압이었지만, 독자 손에 전달되기 전에 되는 것이니 사전통제라고도 할 수 있었다. 부분적이라면 삭제를 당해도 신문 발행은 가능했기 때문에 직접적으로 큰 손실을 입는 것은 아니었다. 삭제에 관한 자료는 1931년 이후의 내용만 볼 수 있다. 삭제는 법규에 명시되어 있지는 않았지만, 실질적인 행정처분으로 작용했다. 기사 전부를 삭제하는 경우도 있었고, 불온하다고 지적받은 일부 문자만을 삭제하는 일도 있었다.[4]

1920년대에는 대체로 신문지면에 삭제의 흔적이 그대로 남아 있었다. 일간신문의 특성상 '속보성'으로 시간에 쫓기며 발행되기 때문에 교정쇄로 검열을 받고 삭제하라는 명령을 받으면 손쉽게 연판의 글자를

---

3 「창간 이래 40년, 본보 성장의 회고, 본보 선배의 좌담회」, 『매일신보』 1938.5.5. 기념호, 12면.

4 이민주, 2020, 앞의 책, 55-56쪽.

긁어내고 발행하는 것이 일반적이었기 때문이다.[5] 1920년대까지는 총독부가 신문에 나타나는 삭제와 같은 검열의 흔적을 굳이 지우도록 요구하지 않았기 때문에 지면에 그대로 나타났다.

『조선출판경찰월보』에 나타난 『동아일보』와 『조선일보』의 삭제 건수는 1928년(9~12월) 10건, 1929년 24건, 1930년 28건이다.[6] 이민주는 신문지면과의 대조를 통해 실제 지면에는 삭제된 부분이 있음에도 『조선출판경찰월보』에 보고되지 않은 경우가 있다고 분석했다. 비교가 가능한 1930년대의 『조선출판경찰월보』와 『조선출판경찰개요』 사이에 압수 건수는 대체로 비슷하게 나타나지만, 삭제 건수는 연보의 성격을 지닌 『조선출판경찰개요』가 더 많은 것으로 나타났다.[7] 이민주가 1935년 『조선출판경찰월보』에 나타난 조선어 신문의 압수 및 삭제 건수를 정리한 결과는 각각 13건과 115건이다. 『조선출판경찰개요』에 나타난 1935년의 압수 건수는 13건으로 『조선출판경찰월보』와 같지만, 삭제 건수는 524건으로 『조선출판경찰월보』보다 훨씬 많은 것으로 나타났다.[8] 더욱이 다른 해의 『조선출판경찰월보』와 『조선출판경찰개요』에 나타난 압수 건수도 매년 반드시 일치하는 것은 아니었다.[9] 이런 점을 감안하면, 1920년대의 실제 삭제 건수는 『조선출판경찰월보』에 나타난 것보다는 많았을 것이다.

〈표 1〉은 『조선출판경찰개요』에 나타난 내용을 정리한 것인데, 1920년

5 한만수, 2015, 앞의 책, 241–242쪽.

6 이민주, 2020, 앞의 책, 172쪽.

7 위의 책, 189–190쪽.

8 위의 책, 228쪽.

9 위의 책, 176쪽.

〈표 1〉『조선출판경찰개요』에 나타난 기사삭제 건수의 변화

연도 / 사유	1931	1933	1934	1935	1936	1937	1939
치안방해	108	229	224	524	75	49	127
풍속괴란	–	–	2	–	3	–	6
총계	108	229	226	524	78	49	133

출처: 정진석, 2007, 앞의 책, 101쪽.

대 말 『조선출판경찰월보』에 나타난 것보다 삭제 건수가 더 많다. 삭제 건수가 증가한 것은 "검열의 실행과 보고 및 기록이 이전보다 더 상세해졌음을 의미"하는 것이기도 했다.[10] 〈표 1〉에서 보는 것처럼 신문기사에 대한 삭제는 1930년대 전반기에 계속 늘어나다가 일장기말소사건으로 『동아일보』가 무기정간을 당했던 1936년 이후에 급격히 줄어들었다. 신문사들이 가능하면 삭제당할 만한 기사를 게재하지 않으려고 노력했기 때문에 삭제 건수가 줄어들었다.

(2) 압수

신문 압수도 이미 통감부 시절부터 있었는데, 그 대상은 『대한매일신보』와 해외에서 들어온 신문들이었다. 1908년 4월부터 이미 국내외에서 발행되는 신문을 막론하고 압수와 정간이 빈번하게 이루어졌다. 1908년 5월에 신문지법이 개정되면서 국내에서 외국인이 발행하는 신문과 외국에서 조선인이 발행한 신문도 통제의 대상이 되면서 신문 압수가 이루어졌다. 1908년 5월 5일 통감부는 신문의 효율적인 통제를 위해 '신문지 압수처분에 관한 내규'와 '신문지 압수에 관한 집행요령'을

10 위의 책, 230쪽.

제정해서 시행하도록 했다.[11] 1908년 4월 29일에 신문지법을 개정한 후 통감부는 1908년 5월 5일에 이완용 내각에게 '신문지 압수처분에 관한 건'을 제정해서 시행하도록 했는데, 그 내용은 다음과 같다.

1. 압수처분할 때에는 경무국은 경시청 및 각도 경찰서, 분서(分署)에 전달할 것, 경찰서장은 이를 소속 관찰사에게 보고할 것.
2. 내부대신은 신문지의 발매반포를 금지하고 압수하였을 때에는 관보에 고시 수속을 할 것.
3. 경찰관은 신문지를 처분함에 있어서 외국인의 가택 또는 사원, 혹은 영업소 등에 침입치 말 것. 외국인이 소지한 신문지는 압수치 말 것.
4. 외국에서 발간된 국문지 혹은 국한문 또는 한문의 신문지 중 봉통(封筒)우편에 의한 것은 통신관리국의 통지에 따라 경무국이 이를 검열하여 처분을 결정할 것. 단 통신관리국은 내부의 결정이 있을 때까지 봉통우편의 배달을 유보할 것.
5. 기차에 의한 보통화물로서 지방판매점 등에 송달하는 것에 관하여서는 경무국으로부터 압수처분의 뜻을 철도관리국에 통지하여 동 관리국은 다시 각 역장에게 통달하고 기타의 경찰서 및 분서는 경무국의 통보전달에 따라 압수처분을 행할 것.
6. 선박에 의한 보통화물로서 수송하는 경우는 경무국으로부터 압수의 뜻을 관세국에 통지하여 관세국은 다시 관세에 통달하고 경찰서 및 분서는 경무국의 전보통달에 따라 압수처분을 행할 것.[12]

---

11 정진석, 1990, 앞의 책, 224-226쪽.

12 최준, 1976, 앞의 책, 237-238쪽.

〈표 2〉 1908~1909년 신문 압수처분[13]

구분		1908년(4~12월)		1909년(1~11월)	
		압수 횟수	압수 부수	압수 횟수	압수 부수
『대한매일신보』	국문	7	4,939	7	3,685
	국한문	8	6,727	7	12,629
『공립신보』(미국 샌프란시스코)		18	10,264	4	6
『합성신보』(미국 하와이)		11	542	–	–
『해조신문』(러시아 블라디보스토크)		17	1,569	–	–
『대동공보』(러시아 블라디보스토크)		3	668	49	1,998
『신한민보』(미국 샌프란시스코)		–	–	29	1,008
『신한국보』(미국 하와이)		–	–	23	303
합계		64	14,709	119	19,629

출처: 『융희 2년(1908년) 경찰사무개요』, 112쪽; 『융희 3년(1909년) 경찰사무개요』, 162-163쪽(www.dlibrary.go.kr).

* 1909년 『신한민보』 부록 1건과 호외 1건도 압수.

이러한 '신문지의 압수처분'에 관한 방법은 이후에도 거의 그대로 지속되었다. 경찰이 압수처분을 주도하고 이를 정리했는데, 1908년 4월 이후의 압수처분의 내용은 〈표 2〉와 같다. 1908년 4월부터 12월까지가 64건이었는데 1909년 1월부터 11월까지는 119건으로 늘어났다.

---

13 1908년과 1909년의 신문 압수처분을 정리한 〈표 2〉는 정진석과 채백의 연구에 이미 실려 있다. 정진석은 1908년의 자료는 『경찰사무개요』를 활용했는데 1909년의 자료는 『조선통감부시정연보』를 활용했다. 채백은 1908년과 1909년의 자료를 모두 『경찰사무개요』를 활용했는데, 1909년의 경우 압수 횟수가 『공립신보』 4건, 『신한민보』 29건인데, 표를 간략히 정리하는 과정에서 둘을 묶어서 33건으로 정리했고, 부록과 호외에 대한 언급이 없다. 『공립신보』가 1909년 2월 10일부터 『신한민보』로 제호를 바꾸어 발행했기 때문에 둘을 묶어서 정리해도 되겠지만, 일단 〈표 2〉에서는 분리해서 정리했다. 또한 『합성신보』도 1909년 1월 25일에 종간하고, 1909년 2월 12일부터는 『신한국보』로 제호를 바꾸어 발행했기 때문에 묶어서 표를 작성했는데, 〈표 2〉에서는 분리해 작성했다. 정진석, 1990, 앞의 책, 228쪽; 채백, 2010, 앞의 글, 624쪽.

1908년에는 『대한매일신보』, 『공립신보』, 『합성신보』, 『해조신문』, 『대동공보』 등 5개의 신문이, 1909년에는 『대한매일신보』, 『공립신보』, 『대동공보』, 『신한민보』, 『신한국보』 등 5개 신문이 압수처분되었다. 최준은 '명치(明治) 41~42년 신문취체에 관한 서류(新聞取締ニ關スル書類)'를 활용해 해외에서 발행된 교포신문의 1909년 1월부터 12월까지의 압수처분을 정리했다.[14] 『신한민보』(『공립신보』 포함)는 39건에 1,217부, 『신한국보』(『합성신보』)는 31건에 1,181부, 『대동공보』는 57건에 2,235부가 압수되었다. 〈표 2〉 내용과 비교해보면, 1909년 12월 한 달 사이에만 『신한민보』(『공립신보』 포함)는 6건에 203부, 『신한국보』는 8건에 878부, 『대동공보』는 8건에 237부가 추가로 압수되었다고 볼 수 있다. 강제병합을 앞둔 1910년 8월에도 『신한민보』 3회, 『신한국보』 3회, 『대동공보』, 『대도(大道)』(샌프란시스코 한인교회 발행) 잡지가 2회 압수되었다.[15]

1909년 압수처분의 사유로는 "사실무근의 풍설을 전하여 인심을 미혹, 과장보도로 국민의 반감을 일으켜 사회질서를 교란"이 53건, "국권회복을 위해 일본의 보호에 반대의식을 고취"가 38건, "국권회복을 목적으로 하는 단체의 조직을 장려"가 16건, "일본에 병합되는 것에 대한 반감을 고취"가 12건, "국권회복을 위해 국민을 문명개화시킬 신교육 보급을 주장"이 6건으로 나타났다.[16] 인심을 미혹하거나 사회질서를 교란시켰다는 내용도 일제에 대한 비판과 무관하지 않았을 것이라는 점에

14 최준, 1976, 위의 책, 286쪽.

15 위의 책, 286쪽.

16 채백, 2010, 앞의 글, 624쪽.

서 전체적으로 압수처분의 사유는 강제병합에 대한 반발과 국권회복을 위한 주장이었다고 할 수 있다. 『대한매일신보』는 1910년 5월 14일 자 「소위 신문압수처분」이라는 사설에서 '융희 3년(1909) 경찰사무개요'의 압수처분 사유를 보고, "단체조직의 장려도 치안방해라 하며 신교육 보급의 창도(唱導)도 치안방해라 함은 과연 불가사의의 일기법(一奇法)"이라고 비판했다.[17]

신문 압수처분은 1920년에 조선어 신문이 발행되면서 더욱 빈번하게 자행되었다. 신문기사 삭제는 신문의 발매 자체가 금지되는 것은 아니었기 때문에 신문사에 큰 경제적 손실을 초래하지는 않았다. 그러나 압수를 당했을 때는 신문의 배포가 금지됨으로써 신문사로서는 커다란 경제적인 손해를 입을 수밖에 없었다. 신문이 압수되면 재인쇄 비용이 늘어나는 것은 물론 구독료와 광고수입에서도 문제가 생길 수밖에 없었다. 1930년에 『중외일보』에 근무하던 이하윤은 "그때 한 번 압수당하면 적어도 1천 원 정도의 손해"가 났다고 회고했다.[18]

일제강점기 신문의 압수처분 건수의 변화 과정은 〈표 3〉과 같다. 〈표 3〉을 보면, 1924년부터 1927년에 이르는 시기에 가장 많이 압수처분이 있었다는 것을 알 수 있다. 이것은 이 시기에 신문들의 논조가 일제에 대해 비교적 비판적이었음을 보여준다. 1920년대 압수기사의 주제는 조선통치를 부인하거나 방해하는 것들이 대부분이었다. 1926년의 압수기사 117건 중 '조선통치 부인'은 46건, '조선통치 방해'는 44건이었고, 1928년의 압수기사 86건 중 '조선통치 부인'은 22건, '조선통치 방해'는

17 이해창, 1971, 『한국신문사 연구』, 성문각, 121쪽.

18 이하윤, 1978, 앞의 글, 81-82쪽.

〈표 3〉 신문 압수처분 건수의 변화

신문 / 연도	『동아일보』	『조선일보』	『중외일보』	『매일신보』	계	비고
1920	19	32			51	
1921	16	26			42	
1922	16	14			30	
1923	16	23			39	
1924	68	59	56		183	『시대일보』 창간
1925	67	66	44		177	
1926	35	58	32	3	128	『시대일보』 27, 『중외일보』 5
1927	46	62	45	3	156	
1928	28	28	32	3	91	
1929	28	23	26	4	81	
1930	31	20	31	1	83	
1931	17	9	6	6	38	『중앙일보』 창간
1932	7	8	5	4	24	
1933	6	10	7	1	24	『조선중앙일보』로 개제
1934	9	4	4	1	18	
1935	2	3	3	5	13	
1936	9	13	8	6	36	『조선중앙일보』 폐간
1937	2	8		8	18	
1938	5	7		5	17	
1939	8	5		3	16	
1940	1	3		2	6	『동아일보』·『조선일보』 폐간
계	436	481	299	55	1,271	

출처: 정진석, 2007, 앞의 책, 107쪽.

31건, 1930년의 압수기사 72건 중 '조선통치 부인'은 28건, '조선통치 방해'는 27건이었다.[19] 총독부는 조선통치를 부인하거나 방해하는 기사들을 압수함으로써 신문들이 식민지 지배에 부정적인 영향을 주는 것을

19 이민주, 2020, 앞의 책, 159쪽.

사전에 차단하고자 했다.

1920년대 말부터는 압수처분 건수가 점차로 줄어들기 시작해서 『동아일보』를 제외한 다른 신문들이 제대로 발행되지 못하고 있던 1931년을 기점으로 급격히 압수처분이 줄어들었다. 『조선일보』와 『중앙일보』가 휴간했다가 복간한 1932년 이후에도 압수처분이 계속 줄어들었고, 『동아일보』가 일장기말소사건으로 인한 무기정간에서 해제되었던 1937년 이후 더 줄어들었다. 일제의 언론통제가 1931년의 만주침략을 계기로 더욱 강화되었음에도 〈표 3〉과 같이 압수처분이 오히려 급격히 줄어들었던 것은, "민간지들의 발행 부수가 많아졌고 또한 지폭(紙幅)도 늘었으므로 한번 압수와 발매금지를 당하면 손실이 많았기 때문"이었고 또한 "언론인에 대해 체형을 가하는 가혹한 처벌의 탓"도 있었다.[20] 즉 압수처분이 급격히 줄어들었던 것은 일제의 언론탄압이 약화되었기 때문이 아니라, 신문사 경영진이 경제적 이윤추구에 몰두하게 되고 일제의 가혹한 처벌로 인해 기자들의 언론 활동이 위축되어, 신문들이 스스로 가능하면 압수를 당하지 않을 정도로 논조를 약화시켰던 탓이었다.

이렇듯 일제의 언론통제가 강화되었음에도 압수처분이 줄었던 것이, 신문들의 '자기검열'을 통해 가능했다는 사실은 당시 편집국장을 맡고 있던 인물들의 회고를 통해 확인할 수 있다. 1929년에 『조선일보』 편집국장 대리를 지냈던 이선근이 편집국장의 주된 임무는 신문의 모든 기사를 검토하여 "일제의 검열 수준을 벗어나는 데" 있었다고 회고했고,[21] 주요한도 자신이 『동아일보』의 편집국장이 될 무렵(1929년 말)에는 회사의 방침

20 최준, 1960, 앞의 책, 311쪽.

21 이선근·남재희·조남조, 1974, 앞의 글, 37쪽.

〈표 4〉『동아일보』·『조선일보』 압수 사설 건수 변화

연도 신문	1920	1921	1922	1923	1924	1925	1926	1927	1928	1929	1930	1931	1933	1934	1937	계
『동아일보』	2	3	8	6	21	21	9	14	9	9	3	3	2	5	1	116
『조선일보』	12	2	5	2	23	20	13	18	8	2	3					108

출처: 유재천, 1980, 「한국언론투쟁사」, 『한국현대문화사대계』 V – 문화운동·민족항쟁사, 고려대학교 민족문화연구소, 36쪽.

이 되도록 "압수를 당하지 아니할 정도"의 논조를 유지하도록 하는 것이었다고 회고했다.[22] 이러한 압수 건수의 변화는 특히 사설(社說)에서 잘 나타나는데, 압수기사 건수 중에서 사설들만을 정리하면 〈표 4〉와 같다.

〈표 4〉에서 보는 것처럼 사설 압수 건수도 전체 기사의 압수 건수와 마찬가지로 1924년부터 1927년까지가 가장 많았다. 압수된 사설들은 주로 일제의 정책을 비판하거나 독립운동을 간접적으로라도 촉구하는 내용을 담고 있었다. 1920년대 중반에 『조선일보』의 압수사설 중에는 사회주의를 옹호하는 사설도 많았다. 압수사설도 1928년부터 줄어들다가, 1931년 이후에는 압수되는 일이 거의 없을 정도가 되었다. 1930년대 이후 『조선일보』는 압수사설이 아예 없었고, 『동아일보』는 8건이 있었지만 "그것도 대부분 동포의 재난구조운동과 관련된 것 등 주제가 연성의 것"이었다.[23]

이런 변화가 나타났던 것은 일반 기사의 경우 가능한 한 압수를 피하

22 주요한, 1978, 앞의 글, 111쪽.

23 유재천, 1980, 「한국언론투쟁사」, 『한국현대문화사대계』 V – 문화운동·민족항쟁사, 고려대학교 민족문화연구소, 35–38쪽.

려고 노력하더라도 부주의 등으로 불가피하게 압수당하는 일이 생겼지만, 사설의 경우에는 의도적인 노력으로 압수를 피하기가 상대적으로 쉬웠기 때문이다. 이것은 1933년 『동아일보』의 학예부장을 지냈던 서항석이 "걸핏하면 삭제나 압수를 당하기 일쑤였으므로" 이를 피하기 위해 문제가 되지 않을 내용만 사설로 다루었다고 회고했던 것에서 잘 드러난다.[24] 중일전쟁이 발발했던 1937년 이후로는 총독부가 "언문신문들도 독자들의 민족의식에 영합하여 왜곡된 필지를 휘두르던 질곡으로부터 탈피, 보도보국(報道保國)을 표방하고 있다"고 평가할 정도가 되면서[25] 신문들이 압수처분을 당하는 일이 크게 줄어들었고, 사설로 신문이 압수되는 일은 단 한 번밖에 없었다.

(3) 발행정지

'발행정지'는 '정간(停刊)'의 법률적인 용어이다. 1904년 10월 10일에 일본군 헌병사령부는 『제국신문』에 대해 무기정간 명령을 내렸는데, 이것은 일본군이 조선의 언론에 대해 내린 최초의 강제 정간이었다.[26] 대한제국 말기에는 대체로 짧은 기간의 '유기정간'이었으나 일제 강점 이후에는 대부분이 '무기정간'으로 기간도 길어졌다.[27] 통감부는 강제병합을 앞둔 1910년 8월에 『황성신문』, 『대한매일신보』, 『대한민보』 등에

---

24 서항석, 1978, 앞의 글, 163쪽.

25 朝鮮總督府 警務局 저, 김봉우 역, 1989, 『일제식민통치비사-일제하 조선의 치안상황 1938년판』, 청아, 33-34쪽.

26 정진석, 2007, 앞의 책, 27쪽.

27 위의 책, 108쪽.

대해 치안방해를 이유로 정간을 시켰다.[28] 조선을 강점하기 위한 사전 정지작업으로 비판적인 여론을 봉쇄하기 위한 것이었다.

『경남일보』가 1910년 10월 11일 자에 황현의 「유시(遺詩)」를 실었다가 10월 15일부터 25일까지 정간당하기도 했다.[29] 총독부는 1920년에 조선인에게 신문 발행을 허용하고 난 직후부터는 '불온한 기사를 게재하여 민심을 선동'했다는 이유로 잦은 삭제나 압수조치를 했다. 총독부는 삭제나 압수를 하며 1920년 8월경 『동아일보』나 『조선일보』의 책임자를 불러서 '최후 경고'를 했지만 두 신문이 '개전(改悛)의 정(情)'을 보이지 않았다고 판단하고,[30] 그 결과 더욱 강력한 조치로서 신문지법 제21조에 규정된 발행정지를 시켰다.

조선인 발행 신문에 대한 최초의 정간은 1920년 8월 27일 자 『조선일보』의 사설 「자연의 화(化)」로 인한 것이었다. 이 사설은 미국 국회의원 시찰단 일행이 조선을 방문하는 것을 계기로 일어난 만세소요를 경찰이 강력하게 탄압했던 것을 비판하는 내용을 담았다. 총독부는 이 사설에 대해 발매반포금지 및 압수처분을 내리는 동시에 유기정간 조치를 내렸다. 『조선일보』는 1차 정간이 끝나자 1920년 9월 5일 자에 사설 「우열(愚劣)한 조선총독부 당국자는 하고(何故)로 우리 일보(日報)를 정간시켰느뇨, 천하의 동정이 오사(吾社)에 폭주(輻輳)함」이라는 사설을 실어 총독부를 비판하여 다시 정간을 당했다. 총독부는 정간 81일 만인 11월 24일에 발행정지를 해제했으나 『조선일보』는 즉시 속간하지 못하고 정

---

28 최준, 1960, 앞의 책, 178-179쪽.

29 정진석, 1990, 앞의 책, 207쪽.

30 朝鮮總督府, 1938, 『朝鮮出版警察概要』 1937년판, 92-93쪽; 계훈모 편, 1979, 앞의 책, 263쪽 재인용.

간 89일 만인 12월 2일에야 속간호를 내놓았다.[31]

『조선일보』가 정간으로 발행되지 못하던 시기에 『동아일보』도 정간을 당했다. 『동아일보』는 1920년 9월 24일과 25일에 연속 「제사(祭祀) 문제를 재론하노라」라는 사설을 게재해서 조선인들이 지내는 제사는 우상숭배가 아니지만 일본인이 숭배하는 '신기(神器)'야말로 우상숭배라고 지적했다. 총독부는 이 사설이 거울, 구슬, 칼 등 '신기'를 모독함으로써 '황실의 존엄을 모독'했다고 판단했다. 『동아일보』는 1921년 1월 10일에 정간이 해제되었으나 즉시 속간하지 못하고, 40일 후인 1921년 2월 21일부터 다시 발행하기 시작했다.

1920년에 내려졌던 세 번의 정간조치는 총독부가 조선인 발행 신문에게 보내는 경고와 같은 것이었다. 세 번의 정간이 모두 사설로 인한 것이었는데, 사설의 비판 수위가 어느 정도에서 허용될 수 있는지를 보여주는 것이나 다름없었다. 총독부는 지배정책의 기본 방향에 대한 비판이나 황실에 대한 모독은 허용될 수 없다는 것을 정간조치를 통해 명확히 보여주었다.

〈표 5〉에 나타난 것처럼 1920년에 있었던 세 번의 정간 이후 1920년대 전반기에 삭제나 압수는 빈번했지만 한동안 정간조치는 없었다. 『조선일보』는 1925년 9월 8일 자 사설 「조선과 노국(露國)과의 정치적 관계」로 3차 정간을 당했다. 이 사설은 경성에 소련 영사관이 부활된 시기에 실린 것으로 소련의 도움을 받아 독립을 쟁취하자고 하며 사회주의혁명의 실현을 은연중에 내비쳤다. 이 사설은 앞서 세 번의 정간과는 달리 사회주의사상이 문제가 되었다. 또한 앞서 세 번의 정간과는 달리 발행인,

---

31 정진석, 2007, 앞의 책, 112-113쪽.

〈표 5〉 시기별 신문 발행정지

시기 \ 신문	『동아일보』	『조선일보』	『중외(조선중앙)일보』
1920~1925년	1차(1920.9.25~1921.1.10)	1차(1920.8.27~19020.9.2) 2차(1920.9.5~1920.11.24) 3차(1925.9.8~1925.10.15)	
1926~1930년	2차(1926.3.7~1926.4.29) 3차(1930.4.17~1930.9.1)	4차(1928.5.9~1928.9.19)	1928.12.6~1929.1.17
1931년 이후	4차(1936.8.27~1937.6.2)		1936.8.27~1937.6.2 폐간

인쇄인, 필자가 사법처분을 받았고, 정간해제 과정에서 17명의 기자가 퇴사하는 일까지 벌어졌다.[32] 『조선일보』는 총독부의 요구대로 기자들을 대량 해고하고 나서야 38인 만인 10월 15일에 속간되었다.

이후의 정간조치는 대부분 사법처분을 수반했다. 정간조치만으로는 신문들의 비판 활동을 통제할 수 없다고 보았기 때문이다. 『동아일보』는 1926년 3월 5일에 소련에 있는 국제농민회본부가 조선 농민들에게 전해달라고 보내온 전보문을 게재했다. 이 전보문은 3·1운동 7주년을 맞이해 보내온 것이었는데, 총독부는 이 글이 실린 3월 5일 자 신문의 발매금지를 명했다. 『동아일보』는 문제가 된 부분을 삭제하고 같은 날짜로 호외를 발행했는데, 3월 6일에 발행정지처분을 내리며 고등계 형사들이 『동아일보』 편집국을 수색해 전보원문을 찾아 압수해갔다. 다음 날에는 주필 송진우, 발행 겸 편집인 김철중, 기자 고영한을 종로경찰서로 불러 전보 입수 및 보도 경위를 조사했고, 결국 송진우와 김철중은 사법처분을 받게 되었다.[33] 『동아일보』는 44일 만인 1926년 4월 19일에 속간되었다.

32 박용규, 2015a, 앞의 책, 311-316쪽.

33 정진석, 2007, 앞의 책, 117-118쪽.

1920년대 말의 정간사유는 정책비판이나 황실모독은 물론 사회주의 사상을 고조하는 것도 아니었다. 외국에서 벌어진 사건을 다루며 우회적으로 일제를 비판한 것이 문제가 되면서 정간을 당했다. 『조선일보』는 사설 「제남사변(濟南事變)의 벽상관(壁上觀) – 전중내각(田中內閣)의 대모험」으로 인해 1928년 5월 9일에 네 번째 정간을 당했다. 제남사변은 일본이 중국 장제스(蔣介石)의 국민군을 견제하기 위해 산둥성 지난에 군대를 보내 벌인 전투를 가리킨다. 총독부는 이 사설이 "국민으로 하여금 출병의 진의를 오해케 하고 국위를 중외에 훼손케 하려는 비국민적 집필"이라고 하며 『조선일보』를 발행정지시켰다.[34] 중국 침략의 야욕을 드러내던 일제는 『조선일보』의 사설이 일본군의 산둥 출병을 외국의 사례에 비교해 비판하자 정간조치를 내렸다.

『조선일보』의 4차 정간은 이 사설 때문만은 아니었다. 1927년에 결성된 민족협동전선단체인 신간회를 『조선일보』의 경영진이 주도하고 있었기 때문이다. 사장 이상재가 신간회의 회장이었고, 부사장 신석우, 주필 안재홍, 편집국장 한기악 등이 모두 신간회의 간부였고, 사원 중에도 신간회 회원이 많았다. 총독부는 『조선일보』의 정간해제 조건으로 전 사원의 신간회 탈퇴를 요구했고, 이 요구 조건을 받아들이면서 『조선일보』 주요 인물이 모두 신간회에서 물러나자 133일 만인 1928년 9월 21일에 정간이 해제되었다.[35] 『조선일보』는 3차 정간 때와 마찬가지로 총독부의 요구 조건을 받아들임으로써 정간이 해제될 수 있었다. 이미 1928년 1월 21일 자 사설 「보석(保釋) 지연의 희생, 공산당사건의 실례를 견(見)

34 위의 책, 120쪽.

35 이균영, 1993, 『신간회 연구』, 역사비평사, 156–157쪽.

하라」로 인해 발행인 겸 주필 안재홍과 편집인 백관수가 재판을 받고 있었기 때문인지 총독부는 『조선일보』에 대해 추가로 사법처분을 하지는 않았다.

『동아일보』와 『조선일보』 이외의 신문으로는 『중외일보』가 최초로 정간을 당했다. 『중외일보』는 사설 「직업화와 추화(醜化)」로 인해 1928년 12월 6일에 정간을 당했다. 중국의 배일(排日)운동에 대해 '직업화'되면 순수함을 잃어버린다고 지적하면서도 '경의를 표할 가치'가 있다고 했던 것을 문제 삼았다. 발행정지와 함께 발행인 이상협과 사설 집필자이자 편집국장인 민태원이 사법처분을 받았다. 『중외일보』도 이미 1928년 2월에 연재한 「세계일주기행 – 조선에서 조선으로」로 인해 발행인 이상협과 집필자인 논설기자 이정섭이 사법처분을 받은 바 있었다.

『동아일보』는 1930년 4월 16일 자에 실린 미국의 진보 주간지 『네이션』 주필의 창간 10주년 축사 「조선의 현상 밑에 귀보(貴報)의 사명은 중대하다」로 3차 정간을 당했다. 언론으로서 조선 민족을 위해 봉사하라는 내용이었는데, 총독부 경무국이 삭제하라고 한 부분을 그대로 호외로 발행하여 반항한다고 보았던 것이 정간의 사유가 되었다. 1929년 11월의 광주학생운동 당시의 보도 등을 이유로 『동아일보』를 노리고 있던 경무국이 트집을 잡아 발행을 정지시켰던 것이다. 『동아일보』의 정간은 138일 만인 1930년 9월 1일에 해제되었다. 『동아일보』의 3차 정간은 통제를 더욱 강화해가던 총독부가 언론에 보낸 경고장이었다.

1931년 이전의 발행정지처분 중에서 『동아일보』의 2차, 3차 정간을 제외한 나머지 6번이 모두 사설이 문제가 되었다. 이러한 발행정지는 대부분 무기정간으로서 경제적으로 큰 타격이 있었기 때문에 1931년 이후에는 사설로 인한 발행정지를 방지하기 위해 급격히 논조의 수위를 낮추었다. 1930년대 이후에는 압수처분이 줄어들었을 뿐만 아니라 발행 정지처분도 없었다.

『동아일보』의 4차 정간과 『조선중앙일보』의 정간은 베를린올림픽 마라톤에서 우승했던 손기정 선수의 사진에서 일장기를 말소한 것이 문제가 되었다. 『동아일보』와 『조선중앙일보』는 1936년 8월 13일 자에 손기정 선수 사진의 일장기를 흐리게 하여 보도했는데,[36] 이때는 별문제 없이 그냥 넘어갔다. 『동아일보』가 1936년 8월 24일 저녁에 인쇄, 배포한 8월 25일 자 석간의 2판에서 손기정 선수의 시상식 장면 사진을 게재하면서 일장기 마크를 삭제했다. 이 사진이 일제 당국에 의해 문제가 되면서 일장기말소사건이 벌어졌다. 일장기말소사건으로 『동아일보』는 무기정간을 당했고, 혹독한 조사 끝에 13명을 퇴직시켰다. 『동아일보』는 총독부의 요구 조건을 따르기로 하고 279일 만인 1937년 6월 2일에 속간될 수 있었다.[37]

『조선중앙일보』는 『동아일보』가 무기정간을 당하고 경무국이 언론통제를 강화하겠다는 방침을 밝히자, 9월 4일에 '자진휴간'했다. 강력한 처벌을 피하기 위해 자진휴간한 것이었는데, 처음에 2주간의 휴간계획을 제출했으나 총독부의 불허 방침으로 무기휴간이 되고 말았다. 『조선중앙일보』는 내분과 경영난으로 속간되지 못하고 휴간 1년 2개월이 지나면서 신문지법에 따라 신문 허가가 자동으로 취소되면서 폐간되고 말

---

36 채백은 『동아일보』는 "8월 12일 밤에 인쇄된 것으로 보이는" (조간 1판인) 지방판에서 먼저 일장기를 흐리게 했고, 『조선중앙일보』는 조간 1판은 확인할 수 없는 상태에서 조간 2판에서 일장기를 지운 채 보도했다고 하며, '현재로서는'이라는 단서를 달아 '일장기를 흐리게 한 것'은 『동아일보』(지방판)가 먼저였다고 주장했다. 채백, 2008, 『사라진 일장기의 진실』, 커뮤니케이션북스, 112쪽.

37 위의 책, 153-167쪽.

았다. 『동아일보』의 무기정간을 보고 '자진휴간'한 것이었지만, 총독부의 허가 없이는 속간할 수 없었다는 점에서 『조선중앙일보』도 정간을 당한 것이나 다름없었다.

2) 잡지에 대한 행정처분

(1) 삭제

신문지법에 따라 발행되는 잡지들은 교정쇄검열을 받으며 기사가 삭제되고 발행되는 일이 잦았다. 『개벽』은 창간호부터 삭제와 발매금지를 자주 당했고, 6년 동안 72호를 발행하면서 149개의 기사가 삭제되었다. 149개의 삭제기사 중에서 가장 높은 비중을 차지했던 것은 논설(論說)이며, 그중에서도 사상 관련 논설이 가장 많았다.

『개벽』의 삭제기사는 1924년부터 급격히 늘어나 폐간당할 때까지 상당히 높은 빈도를 보였다. 『개벽』의 사회주의 기사들이 늘어나고 영향력이 커지면서 총독부의 탄압이 강화되었다. 신문도 1924년부터 삭제기사가 급증했다는 점에서, 이 시기는 총독부의 언론통제정책과 조선인 발행 매체의 활동 간에 '특별한 격돌의 시기'였다.[38] 조선인에게 신문과 잡지 발행을 허용했던 총독부가 자신들이 허용하는 범위를 넘어서는 활동을 하는 매체들을 강력히 탄압하기 시작하면서 기사들의 삭제 비율이 높았다.[39]

『신천지』는 출판법으로 발행된 창간호부터 많은 기사가 삭제되어 이

38 한기형, 2019, 앞의 책, 177쪽.

39 최수일, 2008, 앞의 책, 46쪽.

〈표 6〉『개벽』 연도별 삭제기사 현황

내용 \ 연도	1920	1921	1922	1923	1924	1925	1926	합계
발행 호수	6	12	12	12	12	10	8	72
삭제기사 개수	8	7	10	7	42	41	34	149

출처: 최수일, 2008, 앞의 책, 46쪽.

를 보충하기 위해 발행이 지연되기도 했다.[40] 외국인을 앞세워 출판규칙으로 발행하던 시절의 『신생활』은 "66면 잡지에 10면을 삭제하고 16종 기사에 8종을 불통케" 되었다고 했을 정도로 많은 기사가 삭제당했다.[41] 1910년 8월 15일 신문지법에 따라 허가받았던 『천도교회월보』는 종교 기사만을 다루는 매체임에도 1922년 7월호 한 호에서만 무려 20쪽이나 삭제당하기도 했다.[42] 『신천지』와 『신생활』은 1922년 9월 12일에 신문지법에 따라 허가를 받은 이후에도 많은 기사가 삭제를 당했다.

기사 삭제는 사실상 모든 잡지를 대상으로 이루어졌다. 신문지법에 따라 허가된 잡지들이 '납본검열'을 받아야 했다면, 출판법에 근거해 발행해야 했던 잡지들은 '원고검열'을 받아야 했기 때문에 원칙적으로 삭제를 당해도 발행된 잡지에는 흔적이 잘 나타나지 않았다. 그럼에도 많은 잡지들이 기사를 통해 삭제 사실을 알리곤 했다. 『별건곤』은 편집부 명의로 사과한다는 뜻의 「사고(謝告)」로 "'문단풍문'과 '수구문'은 당국의 기위(忌諱)에 촉(觸)하여 삭제를 당하고 게재치 못하게 되어 독자에게 심히 섭섭하나 이 다음에는 반드시 기재하도록 하겠사오니 어떠한 기사

40 「잡지 신천지 발행 지체」, 『동아일보』 1921.6.5, 2면.

41 「신간 소개」, 『동아일보』 1922.3.18, 4면.

42 계훈모 편, 1979, 앞의 책, 981쪽.

가 나오는가 기다려 보십시오"라고 해서 삭제 사실을 알렸다.[43] 『동광』도 1926년 12월호 목차에서 "1. 이승훈 옹, 이광수, 2. 수양의 목표, 주요섭. 이상 전문 삭제"라고 써서 삭제 여부를 드러냈다.[44]

1930년대에도 잡지의 기사 삭제는 계속되었고, 교정쇄검열이 확대되면서 출판법으로 발행되는 잡지들에도 삭제의 흔적이 나타났다. 〈표 7〉을 통해 1931년 11월에 창간된 동아일보사의 『신동아』 사례를 보면, 1930년대에도 잡지기사의 삭제가 상당히 많았다는 것을 알 수 있다. 전문삭제보다는 부분삭제가 많고, 잡지 자체적으로 삭제한 것도 상당히 많았다.

조선중앙일보사의 『중앙』은 1933년 11월에 창간되었다. 삭제기사의 수는 1~2년차(1933.11~1934.12)에 17개(전문삭제 5개 포함), 3년차(1935.1~1935.12)에 17개(전문삭제 4개 포함), 4년차(1936.1~1936.9)에 43개(전문삭제 4개 포함)였다. 4년차인 1936년의 삭제기사 수가 이전 3년 동안의 삭제기사 수를 합한 것보다 더 많은데, 부분삭제기사 39개 중 35개는 자체삭제기사일 가능성이 높다.[45] 자체삭제란 문제가 될 만한 기사의 일부 표현을 스스로 삭제하는 것인데, 아예 기사를 게재하지 않는 것보다는 일부를 삭제하고서라도 기사를 게재하는 게 낫겠다고 잡지사가 판단할 때 자체삭제를 했다.

비슷한 시기에 발행된 사회주의 성향의 잡지 『비판』에도 삭제원고

---

43 「사고(社告)」, 『별건곤』 1926.12, 10쪽.

44 계훈모 편, 1979, 앞의 책, 1023쪽.

45 최수일, 2017, 「『중앙』과 검열의 문제－굴신(屈伸): 타협과 저항 사이에서」, 『민족문학사연구』 63호, 169－207쪽.

〈표 7〉『신동아』 연도별 삭제기사 현황

구분	전문삭제	부분삭제	자체삭제	소계
1년차(1931.11.~1932.10.)	15	39	25	79
2년차(1932.11.~1933.10.)	44	83	62	189
3년차(1933.11.~1934.10.)	58	127	58	286

출처: 최수일, 2020, 「잡지 『신동아』와 검열의 역학 – 검열 현황과 검열의 명시」, 『한국학연구』 57집, 175–222쪽.

가 상당히 많았다. 『비판』은 1932년 9월호에 14편,[46] 1932년 10월호에 30여 편, 1933년 3월호에는 15편, 1933년 6월호에는 19편의 원고가 삭제를 당했다. 『비판』은 1932년 10월에 삭제를 당하면서 「사고」를 통해 "'부득이한 사정'이란 우리가 일상 거듭해 당하지 아니하면 안 될 일이라고 하겠지만 이번 10월호만은 너무 심했다. 아래에 열거한 무려 30여 편의 귀중한 원고가 그만 '부득이한 사정'이란 놈 때문에 희생을 당했다. 이 점에 있어서 독자는 필자와 함께 반드시 양해가 있을 줄 안다"고 하며 불만을 토로했다.[47]

잡지의 기사 삭제도 신문처럼 1936년 이후 크게 줄어들었다. 일장기말소사건으로 『신동아』와 『중앙』이 폐간되었고, 1935년 11월 창간된 조선일보사의 『조광』은 "아예 검열에 걸릴 만한 글을 싣지 않으면 된다"는 전략을 보였고, 실제로 "검열에 저촉된 사례가 거의 없었기" 때문이다.[48] 『비판』도 1936년 이후 '자기정체성 상실을 지적'받을 정도

46 계훈모 편, 1979, 앞의 책, 1115쪽,

47 「사고(社告)」, 『비판』 1932.10, 1쪽; 유석환, 2009, 「1930년대 잡지시장의 변동과 잡지 〈비판〉의 대응」, 『사이』 제6호, 253쪽 재인용.

48 최수일, 2017, 앞의 글, 186쪽.

로 변화하면서 자연스럽게 삭제기사가 줄어들 수밖에 없었다.[49] 출판법에 따라 발행되는 잡지들이 출판허가를 받는 과정에서 삭제를 받는 건수도 1934년 1,237건, 1935년 277건, 1936년 216건, 1937년 136건, 1938년 44건으로 급격히 줄어들었다.[50]

(2) 압수

통감부는 “과거의 잡지들에는 과격한 내용이 있었지만, 발행인을 불러 설득함으로써 1909년의 잡지는 ‘평온’을 되찾았다”고 평가했다.[51] 그러나 설득의 효과였다고만 볼 수는 없고, 엄격한 원고검열 탓도 있었다. 또한 통감부 시기 잡지들이 애초에 종교지, 학회지, 전문지, 여성지 등을 내세우며[52] 비판적인 논조를 보이지 않았기 때문에 탄압이 이루어지지 않았던 것이다. 그럼에도 강제병합을 앞둔 1910년 8월에는 『대한야소교회보』, 『천도교회월보』, 『소년』 등이 치안방해를 이유로 압수되었다.[53]

1920년에 잡지 창간이 허용되면서 탄압도 강화되었다. 『개벽』은 72호를 발행하는 동안에 40번의 압수를 당했다. 발매금지의 대상이 된 제호들은 모두 34개인데, 발매금지의 횟수가 40회나 되는 까닭은 하나의 제호가 여러 번 압수되었기 때문이다. 압수는 해당 매체의 소유권을 경찰에서 회수하는 것이지만, 발매금지는 해당 신문지를 신문사에

---

49 유석환, 2009, 앞의 글, 259-261쪽.

50 출판법에 따라 발행되는 잡지인 ‘계속출판물’의 허가 및 삭제 건수는 이 책 제2장의 〈표 3〉에 자세히 정리되어 있다.

51 「출판물 취체」, 『융희 3년(1909년) 경찰사무개요』, 158쪽.

52 정진석, 1990, 앞의 책, 256-263쪽.

53 최준, 1960, 앞의 책, 179쪽.

그대로 남겨둔 채로 유통만을 금지시키는 것이다.[54] 압수 횟수가 신문에 비해서는 적지만 월간잡지였다는 점을 감안하면 대단히 많았던 것으로 볼 수 있다. 특히 언론통제가 강화된 1925년 이후에 19회나 압수를 당했다. 따라서 1920년대 전반기 언론통제의 주된 대상은 『동아일보』, 『조선일보』 두 신문과 『개벽』이었다고 할 수 있다.

『신생활』은 처음에 외국인을 내세워 출판규칙에 따라 발행되던 시절의 창간호부터 발매금지를 당했다.[55] '순간(旬刊)'으로 발행하던 시절의 4호(1922.4.11 발행)는 압수당했고, '월간(月刊)'으로 전환한 뒤의 6호(1922.6.1 발행)는 발매금지처분을 받았다.[56] 1922년 9월 12일에 신문지법으로 발행 허가를 받은 이후에 발행된 10호, 11호, 12호 중 11호와 12호가 압수당하고 언론인들이 사법처분까지 받았다.[57] 『신생활』 13호(1922.11.28 발행)는 발매금지, 14호(1922.12.13 발행)와 16호(1923.1.15 발행)는 압수처분을 받았다.[58] 『신천지』는 신문지법에 따라 허가를 받은 직후의 창간호나 다름없는 1922년 11월호(통권 6호)가 11월 10일에 발매금지를 당하고 언론인들이 사법처분을 받았다.[59] 『신천지』는 1923년 9월호가 압수당하고 다시 언론인들이 사법처분을 받게 되었다.[60] 『개벽』이 비교적 압수를 덜 당하던 시절인 1922년에 『신생활』과 『신천지』는

54 한만수, 2015, 앞의 책, 244쪽.
55 「신생활 창간호 압수」, 『동아일보』 1922.3.9, 2면.
56 박현수, 2019b, 앞의 글, 352쪽.
57 계훈모 편, 1979, 앞의 책, 983쪽.
58 박현수, 2019b, 앞의 글, 374쪽.
59 장신, 2004, 앞의 글, 327쪽.
60 「신천지 필화사건」, 『매일신보』 1923.9.13, 3면.

〈표 8〉『개벽』 연도별 압수 현황

연도 / 내용	1920	1921	1922	1923	1924	1925	1926	합계
발행 호수	6	12	12	12	12	10	8	72
압수 횟수	3	3	4	3	8	10	9	40

출처: 최수일, 2008, 앞의 책, 45쪽.

압수나 발매금지뿐만 아니라 사법처분까지 받는 등 강력한 탄압의 대상이 되었다. 1922년의 압수 건수가 『개벽』은 4건이었던 반면에 『신생활』은 7건으로 나타났다.[61]

『개벽』, 『신생활』, 『신천지』와 함께 신문지법에 따라 허가를 받았던 『조선지광』은 창간 직후에는 압수가 없었지만, 1924년 5월 3일에 발행인을 장도빈에서 김동혁으로 바꾸고, 발행주기를 월간에서 주간으로 변경해 속간된 4호가 압수처분을 받았다. 11호까지 발행된 잡지 중에 7호가 압수를 당했고, 그 이후 발행된 12호와 13호도 압수를 당해서 "『조선지광』에게 압수는 일상이었다"고 할 정도였다.[62] 『조선지광』은 휴간했다가 복간한 1925년 8월 이후에도 자주 압수를 당했다. 21호(1925.10.9 발행)가 압수당했고,[63] 1925년 11월 말에 발행된 26호도 압수당했다.[64] 1926년 5월 말에 발행된 52호도 압수당했고,[65] 월간으로 전환된 이후에 발행된 1927년 4월호(통권 66호)도 압수당했으며,[66] 1927년 12월호(통

---

61 「재경 신문잡지 압수회수」, 『개벽』 1924.7, 106쪽; 최수일, 2008, 앞의 책, 50쪽 재인용.

62 장신, 2011b, 「〈주보 조선지광〉의 발굴과 몇 가지 문제」, 『근대서지』 4집, 445-446쪽.

63 「조선지광 압수」, 『동아일보』 1925.10.11, 2면.

64 「조선지광 압수」, 『조선일보』 1925.11.17, 2면.

65 「조선지광 압수」, 『조선일보』 1926.6.1, 2면.

66 「조선지광 압수」, 『동아일보』 1927.3.31, 5면.

권 74호)는 발매금지되었다.[67]

『신생활』과 『신천지』에 앞서서 신문지법으로 허가를 받았던 『동명』도 1923년 4월에 발행된 2권 15호가 압수를 당했다.[68] 1927년 1월 10일에 신문지법에 따라 발행 허가를 받은 『현대평론』도 창간호부터 압수처분을 받았다.[69] 『현대평론』은 1927년 8월호도 압수를 당했고,[70] 1927년 11월·12월 합병호도 압수를 당했다.[71]

1920년대에 신문지법에 따라 허가받은 잡지들은 거의 모두 1920년대에 강제폐간되었거나 자진폐간했다. 친일성향 잡지인 『시사평론』과 『신민』을 제외하고 신문지법으로 허가받아 1930년대까지 살아남은 유일한 잡지는 『조선지광』으로서 1932년 1월까지 발행했다. 『조선지광』은 1931년 7월·8월 합병호가 마지막으로 압수를 당했다.[72] 신문지법으로 허가받은 잡지들이 모두 사라지면서 잡지에 대한 압수처분도 거의 사라졌다. 출판법에 따라 발행되는 잡지들은 원고검열 과정에서 원고를 압수당할 수는 있었지만, 신문지법에 따라 발행되는 잡지와 같은 형식의 압수처분을 받는 일은 거의 없었기 때문이다.

---

67 계훈모 편, 1979, 앞의 책, 1042쪽.

68 「동명 발매금지」, 『동아일보』 1923.4.18, 2면.

69 「현대평론 창간호 불온타고 압수」, 『조선일보』 1927.1.27, 1면.

70 「현대평론 압수」, 『동아일보』 1927.8.5, 2면.

71 「현대평론 압수」, 『조선일보』 1927.12.15, 2면.

72 「조선지광 압수 임시호 발행 분망」, 『조선일보』 1931.8.2, 2면.

(3) 발행정지와 발행금지

최남선이 주관하고, 그의 형 최창선이 발행인이었던 『소년』은 강제 병합 직전인 1910년 8월 25일에 발행정지를 당했다. 통감부 경무총장은 『소년』 제3년 제8권이 "치안을 방해함으로 인하여 한국 광무 11년 법률 제1호 신문지법 제21조에 의하여 해(該) 잡지의 발매반포를 금지하고 이를 압수하여 그 발행을 정지"한다고 밝혔다.[73] 『소년』은 1910년 12월 7일에 발행정지가 해정(解停)되어 1910년 12월호를 '제3년 제9권'으로 속간했다.[74] 『소년』은 1911년 5월호(제4년 제2권)가 '치안방해의 혐의로 발행정지'를 당했다.[75] 결국 『소년』은 속간되지 못하고 1911년 5월호를 마지막으로 사라졌다. 김근수는 『소년』의 후신이라고 할 수 있는 『청춘』이 1915년 3월에 '국시위반으로 정간'되었다가 1917년 5월에 속간되었다고 주장했다.[76] 그러나 당시 신문은 '부활 제7호'라는 제목으로 『청춘』이 "잠시 정지되어" 있다가, '계간(繼刊)하게' 되었다고만 보도하여 발행정지 사실은 전혀 언급하지 않았다.[77]

신문지법으로 허가받은 『중외의약신보』가 치안방해를 이유로 1910년 12월 5일에 발행정지되었다가 1911년 2월 6일에 해정되었다.[78] 신문지법으로 허가받은 『천도교회월보』는 1918년 5월의 제94호가 "안녕질서의 방해로 인하여 신문지법 제21조에 의하여 발매반포금지·압수 발행

---

73 계훈모 편, 1979, 앞의 책, 932쪽.

74 위의 책, 936쪽.

75 위의 책, 940쪽.

76 김근수, 1980, 『한국잡지사』, 청록출판사, 69쪽.

77 「신간소개–청춘 부활(제7호)」, 『매일신보』 1917.5.17, 4면.

78 계훈모 편, 1979, 앞의 책, 935–939쪽.

정지의 처분"을 받았다가 두 달 만인 1918년 7월에 해제되었다.[79] 신문지법에 따라 허가되었다고 하더라도 정치·시사 문제를 다룰 수 없는 전문지·종교지로 허가받았던 『중외의약신보』와 『천도교회월보』도 '안녕질서의 방해'로 발행정지를 당했을 정도로 무단정치 시기의 언론통제는 강력했다.

총독부는 1923년 1월 8일에 『신생활』을 발행금지시켰다. 마루야마 쓰루키치 경무국장은 이미 언론인들의 사법처분 절차가 진행 중이고, 수많은 압수와 삭제를 당하는 행정처분을 받았음에도 "조금도 고침이 없다"고 하며, "발행금지를 하여서 언론계의 숙정(肅正)을 기하려 한다"고 밝혔다.[80] 『신생활』에 대한 발행금지조치는 언론의 활동에 대해 더욱 엄격하게 통제하겠다는 의지를 명확히 드러낸 것이었다.

총독부는 『개벽』이 비판적 활동을 계속하자 1925년 8월에 발행정지 처분을 내렸다. 『개벽』 62호(1925.8)에서 해외의 독립지사들을 소개한 「밖에 있는 이 생각–이역풍상(異域風霜)에 기체(氣體) 안녕하신가」라는 기사가 문제가 되었던 것인데, 다나카 다케오(田中武雄) 경무국 고등경찰과장은 다음과 같이 정간의 배경을 밝혔다.

> 개벽 잡지에 발행정지까지 하게 된 것은 팔월호에 관련한 것뿐 아니라 원래 개벽 잡지로 말하면 종교잡지로 출현되었으나 점차 정치를 언론하게 되어 논조가 항상 불온함으로 주의도 여러 번 시키고 발매금지도 여러 번 시켰으며 금년에 이르러서는 그 불온한 정도가 너무

79 위의 책, 961쪽.

80 「신생활 발행금지」, 『매일신보』 1923.1.10, 2면.

> 심한 고로 곧 발행정지를 시키려고까지 하였으나 삼월달에 특히 개벽사 책임자에게 엄중히 주의하고 다시 그의 태도를 살펴오던 중 그 이후에도 겨우 한 번만 무사하고 기타는 다달이 발매금지를 아니 할 수 없게 되었다. 금번 팔월호로 말하면, 만일 금번만 같으면 발매금지에 그치고 말았을지도 알 수 없으나 아무리 하여도 그대로 가서는 고칠 희망이 없음으로 단연 정지시킨 것이다. 장래 방침으로 말하면 이러한 신문 잡지는 단연 처분할 것이오. 개벽은 아마 다시 발행하기 어려우리라. 그러나 지금 태도를 고친다는 것을 인정하면 어찌 될는지 나중 일이니 지금 단언하기 어렵다.[81]

총독부는 신문과 잡지의 발행을 허가하고, 탄압과 회유를 통해 이런 매체들의 논조가 일정 수위를 넘지 않도록 통제해왔다. 『개벽』에 대한 발행정지는 총독부가 설정한 수위를 넘어서는 행위에 대한 '최후통첩의 성격'을 갖는 것이었다.[82] 총독부는 이미 발행금지시켰던 『신생활』에 비해 발행 부수나 영향력 면에서 훨씬 우위에 있던 『개벽』에 대해서도 더 이상은 그대로 둘 수 없다고 판단하고 정간을 시켰던 것이다. 총독부는 "근신의 의(意)를 표하고, 성의를 피력하여 장래를 서약"했다는 이유로 10월 15일에 발행정지를 풀어주었다.[83]

『개벽』은 발행정지되었던 1925년 8월로부터 정확히 1년 뒤인 1926년 8월에는 발행금지를 당하고 말았다. 곤도 쓰네타카(近藤商尙) 도서과장

---

81 「개벽의 정지와 당국의 언명」, 『조선일보』 1925.8.4, 석간 1면.

82 한기형, 2019, 앞의 책, 180쪽.

83 朝鮮總督府 警務局, 1930a, 앞의 책, 75쪽.

은 "개벽 잡지는 대정 11년(1922)경부터 기사가 점점 불온하여져서 누차 필봉을 고치라고 말하였으나 일향(一向) 듣지 않아 72호 발행하는데 33회의 압수를 당한 현상이며 작년 8월호에는 해외에 있는 불령선인의 행동과 주장을 칭찬하는 기사를 쓰고 발행정지를 당하고 해정된 후에도 여전히 열렬한 혁명사상을 선전하는 불온한 기사를 만재함으로 부득이 그같이 단호한 처분을 한 것이외다"라고 설명했다.[84] 곤도 도서과장은 특히 "금년 8월호에는 과격한 혁명사상 선전에 관한 기사를 만재하였음으로 경무국장, 정무총감, 총독과 상의하여 단연한 처치를 한 것이외다"라고 하며 총독부 고위층의 의중이 반영된 조치였다는 점을 명확히 밝혔다.[85]

『개벽』의 발행금지조치는 언론계에 큰 충격을 주었다. 이미 신문에 대한 발행정지가 여러 번 있었고, 『신생활』의 발행금지도 있었지만, 『개벽』의 위상을 감안할 때 발행정지에 이어 다시 1년 만에 발행금지처분을 내린 것은 갑작스러운 일로 받아들여졌기 때문이다. 『조선일보』는 「조(弔) 개벽지(開闢誌)」라는 시평에서 "그에 대한 처분으로 하여 발매금지로써 만족하지 아니하고 발행금지까지 단행하였다는 것은 아무리 생각하여도 우리가 또 무엇을 말하랴? 일언(一言)으로써 개벽을 조(吊)하노라"라고 안타까움을 표현했다.[86] 『동아일보』는 「개벽 발행금지를 보고」라는 사설에서 "당국자의 혹심한 정책에 어찌 새로운 경이와 유감을 금할 수가 있으랴"라고 개탄했다.[87] 백순재는 "일제의 언론정책은 더욱 기승하여 언론 봉쇄책을 써"왔고, 『개벽』은 결국 "일제의 독수(毒手)에 의

---

84 「언론잡지 개벽에 대하여 돌연 발행금지 처분」, 『조선일보』 1926.8.3, 2면.

85 「언론계 일대 참극 개벽에 발행금지」, 『동아일보』 1926.8.3, 2면.

86 「조(弔) 개벽지(開闢誌)」, 『조선일보』 1926.8.3, 1면.

87 「(사설) 개벽 발행금지를 보고」, 『동아일보』 1926.8.4, 1면.

하여 만신창이의 상처"를 입고 사라지고 말았다고 평가했다.[88] 한기형의 평가대로 『개벽』의 폐간은 사실상 '문화정치의 종식'을 알리는 사건이었던 셈이다.[89]

친일잡지를 제외하면, 『개벽』 폐간 이후 신문지법으로 발행되는 조선인 잡지로는 기존의 『조선지광』과 1927년 1월에 발행 허가를 받은 『현대평론』 단 2개만 있었다. 그러나 『현대평론』은 1928년 1월호까지 발행되고 '경영곤란'으로 계속 휴간하다가 결국 '허가실효'로 사라지고 말았다.[90] 『조선지광』도 오랫동안의 휴간으로 1932년 7월에 허가효력이 상실되면서 폐간되고 말았다.[91] 신문지법 제7조의 "발행정지 기간은 1개년을 넘을 수 없다"라는 규정에 따라 휴간 기간이 1년을 넘으면 허가효력이 상실되었다.

1930년대 이후 신문지법에 따라 발행되어 정치나 시사를 다룰 수 있는 종합잡지는 더 이상 존재하지 않았다. 총독부는 신문지법에 따른 잡지 발행을 허가하지는 않으면서, 1933년에 출판법으로 발행되는 잡지들에게 교정쇄검열과 정치·시사의 취급을 허용하면서 잡지들이 '스스로 담론의 수위'를 조절하며 내부검열을 강화하도록 했다.[92]

---

88 백순재, 「일제의 언론정책과 필화사건–〈개벽〉지를 중심으로」, 『신동아』 1967.5, 411쪽.

89 한기형, 2019, 앞의 책, 183쪽.

90 총독부 자료에는 『현대평론』의 허가가 실효된 시기가 1928년 1월로 나와 있지만, 이는 잘못된 것이고 1929년 1월이 맞다. 1928년 1월호까지 발행하고 휴간을 했으니 1년을 넘기는 시점인 1929년 1월 이후에 허가효력이 상실되기 때문이다. 朝鮮總督府 警務局, 1930a, 앞의 책, 7쪽.

91 朝鮮總督府 警務局, 1934, 『朝鮮出版警察概要』 1933년, 39쪽.

92 한만수, 2015, 앞의 책, 144–153쪽.

3) 단행본에 대한 행정처분

(1) 발매반포금지

출판법에 따라 '단행본의 계속출판'으로 발행되는 잡지들은 원고검열을 통해 매 호마다 단행본처럼 발행 여부가 결정되었다. 원고검열의 결과로 원고 그대로 발행이 허가되거나 또는 일부 기사가 삭제된 채로 발행이 허가되었다. 출판법에 따른 잡지는 단행본처럼 매호 발행 여부가 결정되었기 때문에 원고가 많이 삭제되어 특정 호수가 발행되지 않았다 해도 그것을 정간당했다고 할 수는 없었다. 계속출판물(잡지)이나 보통출판물(단행본)이나 매호 발행 허가 과정에서 삭제가 빈번하게 이루어졌다.[93]

단행본에 대한 대표적인 행정처분은 금서조처였다. 금서는 불법적으로 발행된 책뿐만 아니라 합법적으로 발행되었다가 발매반포금지가 된 책까지 다양했다. 출판물의 경우 사전에 원고검열을 받아야 했는데, 이를 아예 받지 않았거나 검열을 통과하지 못하고 발행하면 금서가 되어 압수되었다. 원고검열을 통해 허가받아 인쇄해서 납본했다가 불허가를 받았는데 발매반포해도 금서가 되었다. 납본검열을 통과해 발매반포가 되었다가도 "시간의 경과 및 독자의 추이, 정세의 변화에 따라 금서로서 조치"가 내려져 뒤늦게 '발매반포금지'가 이루어지기도 했다.[94] 또한 외국에서 들어 온 책 중에 상당수도 발매반포금지가 되었다. 외국에서는

93 계속출판물(잡지)과 보통출판물(단행본)의 삭제 건수는, 이 책 제2장의 〈표 3〉과 〈표 5〉에 정리되어 있다. 이 삭제 건수는 당연히 발행이 허가된 잡지들의 삭제 건수이다.

94 고영수, 1986, 앞의 글, 246쪽.

합법적으로 발행되었어도 조선에 들어오면 금서가 될 수 있었다. 총독의 재량으로 발매반포를 금지할 수 있었고, 재판 결과 출판법위반이 성립되지 않는 것으로 나와도 금지 행정처분에는 영향을 미치지 못했다.[95]

총독부는 사전검열을 통해 철저하게 출판물의 발행을 걸러냈음에도 검열을 통과해서 발행된 책들에 대해서 다시 금서조처를 내리기도 했다. 통감부 시절에도 이미 출판법에 근거해서 경찰이 발매반포금지를 하고 도서를 압수하는 일이 있었다. 1909년에 10종 5,763권, 1910년에 3종 66권 등 1910년 11월 이전에만 6천 권 내외의 책을 압수했다. 1910년 11월에는 경무 총감부의 발매금지·압수처분 도서목록에 올라 있는 51종의 서적 63,282권을 경성 시내 서점 36곳에서 압수했다.[96] 이중연은 1911년 4종, 1912년 14종, 1913년 29종, 1914년 1종, 1915년 5종, 1916년 10종, 1917년 6종, 1919년 1종 등이 발매반포금지되고 압수당한 것으로 집계했다.[97]

일제강점기 금서의 연도별 종수는 자료마다 차이가 있다. 『융희 3년(1909년) 경찰사무개요』 160쪽에 10종 5,763권으로 나와 있는 것과[98] 『조선총독부』 관보(1910.11.19)에 명확하게 51종으로 나와 있는 것을 제외하면, 나머지 연도는 자료마다 다른 숫자를 제시하고 있다. '금지단행본목록' 등을 활용해 정리해야 하는데, 정확히 파악하기가 대단히 어렵다. 또한 이런 자료에 포함되어 있지 않은 금서들도 상당히 많다. 따라

95 中川利吉, 1933, 앞의 책, 388-389쪽.

96 장신, 2011a, 앞의 글, 229-231쪽.

97 이중연, 2001, 앞의 책, 403쪽.

98 『융희 3년(1909년) 경찰사무개요』, 160쪽에는 압수된 책수가 5,767권으로 나와 있으나 계산이 잘못되었는지 실제 합계는 5,763권이다.

서 기존 연구들의 금서 통계는 단지 출판통제의 흐름을 파악하는 정도의 의미만 지닌다.[99]

이중연은 1921년부터 1929년까지의 금서를 13종으로 집계하며, 1920년대에 금서 종수가 적었던 이유로 총독부의 탄압으로 민족운동에 관한 합법적 출판과 비밀출판의 경로가 위축되었고, 일부 사상 관계 서적은 기만적 문화정치 표방으로 발매반포가 금지되지 않았기 때문이라고 주장했다.[100] 금서가 될 만한 책의 발행은 대부분 사전에 막았고, 일부 사상서적에 대해서는 당장 금서조처를 내려 압수를 피했다는 것이다. 이런 책들은 대부분이 1930년대에 접어들면서 발매반포가 되면서 압수를 당했다.

안춘근은 1928년 10월부터 1941년 1월까지 일본과 조선에서 금지된 도서는 2,820여 종이고, 금지도서 중에서 국내 발행 도서는 188종이라고 집계했다.[101] 국내 발행금지도서 중에 80% 이상은 1935년 이전에 발행된 책들이었다.[102] 이전에 발행된 책들이 1940년대 와서 금지도서가 되었던 것이다. 금서 중에 일본에서 발행된 도서가 많았던 것은, 그만큼 일본에서 들어오는 책이 많았다는 것을 보여주는 것이다. 일본에서는 합법적으로 발행된 책이라도 조선에 들어오면서 금지된 책들이 상당히 많았다. 금서 중에 외부에서 들어오는 책이 훨씬 더 많았기 때문에 총독부는 "외부로부터 반입되는 텍스트들을 차단하는 검열업무에 많은 행정

99 일제강점기 금서목록에 관해서는 정진석의 연구를 참조할 수 있다. 정진석, 2012, 앞의 글, 35-36쪽.

100 이중연, 2001, 앞의 책, 440쪽.

101 안춘근, 1965, 「현대한국출판문화사략」 2, 『도서』 8호, 59쪽.

102 문한별, 2017b, 앞의 글, 53쪽.

력을 소비"할 수밖에 없었다.[103]

특히 금서조처는 중일전쟁이 발발한 1937년 이후 강화되었다. 1930년부터 1936년 사이에 매년 10종을 넘지 않다가(총 31종), 1937년에 20종(중일전쟁 발발 이후 15종)으로 늘어났고, 1938년에 5종으로 줄어들었다가 1939년에 62종, 1940년에 37종으로 크게 늘어났다.[104] 이 시기의 금서 중에는 1937년 이전에 발행된 책들이 많았고, 사회주의 서적은 물론 민족주의적 색채가 조금이라도 드러나는 책들도 금지도서의 대상이 되었다. 총독부는 청년과 학생들이 이런 책들을 읽지 못하도록 금서의 대상을 확대해나갔다.

1930년대 말 이후에는 금서 중에 사회사상 서적이 줄어들고, 역사·전기류나 소설 등의 문학서적이 증가했다.[105] 일제의 통제로 인해 사회사상 서적의 발행은 어려웠고, 역사·전기류나 소설 등의 문학서적 발행이 비교적 활발했는데, 이런 서적들조차 민족주의적 색채가 조금만 드러나면 금서조치를 했기 때문이었다. 1940년대에는 극히 일부 문학서적을 제외한 나머지 책들이 거의 모두 사실상의 금서가 되고 말았다.

(2) 금서 압수와 분서

총독부는 금서로 지정된 책들의 유통을 막기 위한 단속에도 적극적으로 나섰다. 전국적으로 고등경찰을 동원해 서점과 도서관을 수색하고

---

103 박헌호·손성준, 2010, 「한국 근대문학 검열연구의 통계적 접근을 위한 시론: 『조선출판경찰월보』와 식민지 조선의 구텐베르크 은하계」, 『외국문학연구』 38호, 204-205쪽.

104 이중연, 2005, 앞의 글, 113쪽.

105 이중연, 2001, 앞의 책, 499쪽.

금서를 찾아내 압수했다. 1920년대에도 금서처분을 받은 책들을 압수하는 일들이 있었지만, 대대적으로 서점과 도서관을 수색해 금서를 찾아내 압수하는 일은 별로 많지 않았다. 1930년대 이후 사상통제의 차원에서 금서규제가 강화되면서 서점이나 도서관을 대상으로 적극적으로 금서를 단속했다.

금서 유통을 막기 위한 총독부의 단속은 서점에서 가장 많이 이루어졌다. 서점이 많이 몰려 있던 경성의 종로서가 금서단속에 가장 적극적이었고, 그 외에도 본정서(오늘날의 중부경찰서 – 인용자), 용산서가 서점을 수색해 금서를 압수했다. 경성 내 서점에서의 금서단속 과정에서 서점 관계자를 사법처분하는 일까지 있었다.[106] 경성에서는 대학 도서관도 금서단속의 대상이어서 서대문서가 연희전문학교와 이화여자전문학교, 동대문서가 보성전문학교, 본정서가 경성법정학교를 대상으로 금서단속을 실시했다. 도서관까지 단속했던 것은 학생들의 독서를 통제하기 위한 것이었다.

각 경찰서의 고등경찰은 금서단속을 통해 단순히 수색과 압수에 그치지 않고, 경고를 통해 앞으로 금서 유통을 하지 않도록 압력을 행사하기도 했다. 본정서 고등계 형사들은 "관내 책사 70여 곳을 샅샅이 뒤지어 발매금지 중에 있는 좌익서적을 비롯하여 인민전선에 관계한 자들의 저서, 잡지 등 600여 권을 압수"하고 경성서적조합 조합장을 불러서 좌익서적을 취급하지 말도록 '엄중 경고'했다.[107] 특정 서점을 대상으로

---

106 발매반포금지 서적의 유통으로 인한 사법처분에 대해서는 제4장의 2절에서 별도로 다루고자 한다.

107 「발금 서적을 압수」, 『동아일보』 1938.2.21, 석간 2면.

수색한 것이 아니라 "관내 서점 70여 곳을 샅샅이" 뒤졌다는 것을 통해 1930년대 후반에 금서단속이 대폭 강화되었다는 사실을 알 수 있다.

발매금지 서적의 유통에 대한 단속은 전국적으로 이루어졌다. 함경남도 이원, 평안남도 평양, 경상남도 마산, 전라남도 목포 등 다양한 지방의 서점과 도서관에서 금서에 대한 수색과 압수가 이루어졌다. 지방의 도시 중에는 특히 평양의 고등경찰이 강력한 금서단속을 실시했다. "최근 평양부 내 각 서점에서는 발매금지된 좌익서적이 일본 방면에서 다수 수입되어 발매되고 있는 모양이어서 당국에서는 눈을 붉혀가지고 이 방면에 탐색을 진행 중이던 바 평양서 고등계에서는 20일, 21일 양일간 부내 각 서점을 일제히 수사하여 발매금지 중의 좌익서적 수백여 책을 압수하는 일방 금후 이 방면에 철저한 탄압을 하기로 되었다"고 했다.[108] 평양서 고등계는 1933년 8월에 다시 "8일과 9일 양일간 부내 전반 서점을 대수사하여 발금(發禁) 중에 있는 좌경서적 다수와 풍속을 문란하는 '에로' 서적 다수를 압수"했다.[109]

발매금지가 되지 않은 책이라도 좌익서적이라면 단속을 하기도 했다. 1933년 9월에 마산경찰서 고등계는 총출동하여 서점에서 좌익서적을 압수해 갔는데, "이는 모두 금지치 않은 공공하게 출판된 서적으로 일반은 경찰의 과민을 이상히 생각한다"는 비판도 나왔다.[110] 고등경찰은 서점단속 과정에서 전혀 문제가 되지 않을 만한 책들도 일단 압수했다가, 나중에 책을 다시 돌려주는 일도 있었다.[111]

---

108 「발금 서적 판매로 각 서점에 대철퇴」, 『조선일보』 1933.5.25, 석간 2면.

109 「평양서 서점 검색 좌경서적을 압수」, 『조선일보』 1933.8.11, 석간 2면.

110 「마산 경찰이 좌익서적 압수」, 『조선일보』 1933.9.9, 2면.

111 이중연, 2001, 앞의 책, 461쪽.

〈표 9〉 총독부의 금서단속 상황

시기	담당서	대상	서적	내용 및 처벌	비고
1930.11.	부산수상 경찰서	우편물	『국가와 혁명』 등 40권	도쿄정치연구사에서 경성 모 단체로 보내는 책 압수	동 1930.11.27
1931.12.	동대문서	서점	발금 서적, 비밀 출판물	신생각 주인 및 점원 8명을 출판법 위반으로 검거, 주인은 치안유지법·출판법 위반으로 실형 후 1932년 8월 석방	조 1932.2.13 동 1932.8.23
1931.12.	종로서	서점	사상 관계 발금 잡지	민중서원 주인 출판법 위반으로 징역 6월, 집행유예 2년	동 1931.12.3
1932.3.	종로서	서점	발금 간행물	동광당, 민중서원, 신흥서점 주인 출판법 위반으로 검거, 동광당 주인 석방, 신흥서점 주인 징역 5월	동 1932.3.18 동 1932.4. 6 중 1932.4.13
1933.5.	평양서	서점	발금 좌익서적	수백여 책 압수	조 1933.5.25
1933.6.	종로서	등대사	등대사 간행 종교서적	6월 5일, 16일 두 차례에 걸쳐 서적 13종 6만여 부 압수	동 1933.6.17
1933.6.	이원서	이원 도서관	사상서적	112책 압수	동 1933.6.13
1933.8.	평양서	서점	적색서적	압수	조 1933.8.11
1933.8.	평양서	인정 도서관	적색서적	97책 압수	동 1933.8.12
1933.8.	평양서		사회과학서적, 종교서적	3천여 권 분서	동 1933.8.15
1933.10.	경남	도서관 문고	불온서적	산하 경찰서 수색·압수 명령	동 1933.10.16
1933.	평남		적색서적	11월 현재 1년간 45종 압수	동 1933.11.17
1933.	경기		적색서적	11월 현재 1년간 16종 압수	동 1933.11.17
1933.	경남		적색서적	11월 현재 1년간 15종 압수	동 1933.11.17
1934.5.	평양서		적색·에로서적	1933년 4월부터 1934년 5월까지의 압수서적(425종 502책) 일부 분서	동 1934.5.31
1935.7.	평양서		적색서적, 신문	서적 약 2천 권, 신문 2백 관, 압수서적 일부 분서	동 1935.7.16
1937.12.	마산서	서점	좌익서적, 팸플릿, 통신물	다수 압수	동 1937.12.14
1938.2.	서대문서	도서관(연전, 이전)	불온서적	압수, 학생 2명 취조 후 석방	동 1938.2.27
1938.2.	동대문서	도서관(보전)	불온서적	3백여 권 압수	동 1938.2.27
1938.2.	종로서	서점	적색서적, 인민전선파서적	백여 권 압수	동 1938.2.27

시기	담당서	대상	서적	내용 및 처벌	비고
1938.2.	본정서	서점 70여 곳	불온서적	두 차례 걸쳐 6천여 권 압수	동 1938.2.17
1938.2.	본정서	경성법정학교		『경제학사전』 등 수십 권 압수	동 1938.2.27
1938.3.	용산서	서점·도서관	좌익서적	마르크스 관계 좌익서적 7권 등 압수	매 1938.3.1
1940.7.	종로서, 본정서	부내 각 서점	적색서적	종로서 1,500권, 본정서 70권 압수	조 1940.7.15
1940.7.	목포서		출판물·신문·잡지	'양호한 성적'의 압수	조 1940.7.18

출처: 이중연, 2001, 앞의 책, 457쪽, 일부 수정·보완.
* '비고'란의 '동'은 『동아일보』, '조'는 『조선일보』, '중'은 『중앙일보』, '매'는 『매일신보』.

고등경찰은 출판사를 대상으로 금서단속을 하기도 했다. 1933년 6월 16일에 종로경찰서 고등계에서는 서대문에 있는 '등대사'라는 출판사에 가서 13종의 종교서적 5만여 부를 압수했다. '내무성의 명령에 의한 것'이라고 하며, "종교의 선전 또는 비유를 구실로 치안방해의 불온한 문구를 나열하여 그 내용 전체가 모두 불온"했다고 그 이유를 밝혔다.[112] 경찰이 우편물로 보내는 금서를 단속하는 일도 있었다. 부산수상(水上)경찰서 고등계는 도쿄정치연구사에서 경성의 모 단체로 보내는 레닌의 『국가와 혁명』 40권을 압수했다.[113] '비밀결사·독서회'에게 금서의 전파와 독서는 중요한 의미를 갖는 활동이었는데, 이들은 서적을 유입하기 위해 우편을 이용하기도 했다.[114]

경찰은 금서를 압수하는 것에서 그치지 않고 분서(焚書)를 하기도 했다. 평양경찰서가 1933년 8월에 압수서적 2천 권을 대동강변에서 불

---

112 「등대사의 종교서적 13종 5만부 압수」, 『동아일보』 1933.6.17, 석간 2면.

113 「부산 수상서(水上署)에서 『국가와 혁명』 압수」, 『동아일보』 1930.11.27, 2면.

114 이중연, 2001, 앞의 책, 469-476쪽.

사른다고 밝히자, 『조선중앙일보』는 「동양의 『나치스』?」라는 제목을 달아 비판적으로 보도했다.[115] 평양서는 1935년 7월에 다시 압수서적을 불태웠는데, 이번에는 보관하기 곤란해서라는 이유를 밝히며 경찰서 뒤뜰에서 분서했다.[116] 이렇듯 중일전쟁 이전에도 서점 및 도서관 등에서 금서를 압수해서 불태우는 일이 있었지만, 1939년의 분서는 단순한 금서 단속에 그치는 것이 아니었다. 1939년에는 방공(防共)협회 창립 1주년 기념행사의 일환으로 각지 경찰서에서 수거한 '적색서적'을 불태워 없애는 '분서제(焚書祭)'를 벌였다. 각지에서 수백 수천 명의 '가두행진'과 동시에 이루어진 것으로서 '파시즘 열기를 고조하는 분서축제'였던 것이다.[117]

분서는 금서에 대한 통제의 강화를 상징적으로 보여주는 것이면서 동시에 전시(戰時) 파시즘체제의 광기를 드러내는 것이었다. 한편 치안방해를 이유로 발매금지되었거나 압수되었어야 할 서적들이 서점에서 판매되거나 도서관에서 발견되는 것은 언론통제체제에 누수가 나타났다는 것을 보여주는 것이기도 했다. 서점 주인에 대한 강력한 처벌이나 압수서적에 대한 분서와 같은 행위는 언론통제의 누수를 막기 위한 일종의 공포정책이었다.[118]

115 「압수서적 2천권을 평양서에서 분서」, 『조선중앙일보』 1933.8.15, 5면.

116 「압수서적 분형(焚刑)」, 『조선중앙일보』 1935.7.16, 2면.

117 이중연, 2005, 앞의 글, 114쪽.

118 문한별, 2017a, 앞의 책, 166-167쪽.

2. 사법처분

1) 신문

총독부는 강점 직후 한동안 신문사에 근무하는 언론인을 사법처분하지 않았다. 일제 강점 직후 대부분의 신문을 없애서 사법처분할 정도의 언론 활동을 하는 사람이 없었기 때문이다. 1920년 조선인의 신문 발행을 허용한 후 시간이 지나면서 총독부는 더욱 강력한 언론통제를 실시하기 위해, 행정처분뿐만 아니라 점차 언론인에 대한 사법처분도 단행했다. 일제는 이미 1922년부터 잡지 『신천지』나 『신생활』에 근무하던 언론인을 사법처분했고[119] 1925년부터는 신문은 행정처분, 관련 언론인은 사법처분을 실시했다.

〈표 10〉에 나타난 대로 1922년부터 신문지법에 따른 사법처분이 있었지만, 1924년까지는 신문지법에 따라 허가받은 잡지들을 대상으로 한 것들이었다. 신문을 대상으로 신문지법에 따른 사법처분을 처음으로 했던 시기는 1925년이다. 특히 신일용이 집필한 사설이 문제가 되어 『조선일보』가 3차 정간되고 신문 최초의 사법처분이 있었던 시기가 바로 조선공산당이 결성되고 전조선기자대회가 개최되었던 해라는 점을 고려하면, 이러한 사법처분의 배경을 어느 정도 짐작할 수 있다. 즉 일제는 행정처분만으로는 각 신문에 있는 민족운동가적 기자들을 통제하는 효

119 『신천지』와 『신생활』의 사법처분에 관해서는 바로 다음의 잡지 언론인의 사법처분 항목에서 다룰 것이다.

〈표 10〉 신문지법에 따른 조선인 사법처분 인원

내용 연도	검거	검사 송치	즉결	훈계 방면	기타	처분 미제
1922	10(1)	–	10(1)	–	–	–
1923	2(3)	2(3)	–	–	–	–
1924	1(1)	1(1)	–	–	–	–
1925	5(6)	2(3)	1(1)	1(1)	1(1)	–
1926	4(6)	2(4)	1(1)	1(1)	–	–
1927	2(2)	2(2)	–	–	–	–
1928[120]	–	–	–	–	–	–
1929	2(2)	1(1)	–	1(1)	–	–
1930	2(1)	2(1)	–	–	–	–
1931	16(3)	15(2)	1(1)	–	–	–
1932	1(1)	1(1)	–	–	–	–

출처: 각 연도 『조선총독부통계연보』 정리.
* ( ) 안은 건수.

과가 없자 직접 언론인을 사법처분하고자 했던 것이다. 사법처분에 적용된 법률들을 보면, 집필자의 경우에는 주로 보안법이나 치안유지법이 적용되었고, 발행인이나 편집인의 경우에는 신문지법이 적용되었다는 것을 알 수 있다. 집필자들의 경우에는 치안유지법이 적용되었던 신일용을[121] 제외하고는 모두 보안법 제7조의 치안방해 위반으로 사법처분을 받았다. 총독부의 언론인에 대한 사법처분은 〈표 11〉과 같다.

---

120 『조선총독부통계연보』 '1928년판'의 '범죄검거사건처분' 표에는 신문지법 위반범죄에 대한 항목이 빠져 있다. 실제로는 1928년에 신문지법 위반범죄가 있었음에도 어떤 이유에서인지 해당 항목이 빠져 있다. 1933년 이후에도 해당 항목이 없는데, 이 경우에는 실제 신문지법 위반범죄가 없었기 때문일 가능성이 크다.

121 1925년에 해외로 탈출하여 기소중지되었던 신일용에 대한 치안유지법 위반사건 재판이 다시 열려 1933년 9월 6일에 경성지법은 신일용에 대해 징역 1년 6월에 집행유예 3년을 선고했다. 「신일용씨 사건 3년 유예 언도」, 『조선일보』 1933.9.7, 2면.

〈표 11〉에서 나타난 것처럼 발행인이나 편집인의 대부분은 신문지법 제26조의 규정에 따라 집필자와 함께 사법처분을 받았는데, 이렇게 신문지법으로 발행인이나 편집인이 사법처분을 받게 되는 것에 대비하기 위해 1920년대에는 사장이나 주요 출자자가 아닌 비교적 낮은 직급의 인물들을 발행인이나 편집인으로 등록시키기도 했다. 〈표 11〉에서 보듯이 주요 출자자나 경영진이 아니었던 사람들이 발행인 겸 편집인으로 등록되어 사법처분을 받았다. 이에 대해 총독부는 "출자자들이 교묘히 자기의 처벌을 모면할 방법을 안출하여 명의상의 발행인, 편집인, 인쇄인을 고용하여 당국에 계출"했다고 하며 언론통제 수단으로서 신문지법 제26조의 한계를 지적했다.[122] 총독부는 이러한 관행 때문에 발행인에 대한 처벌이 커다란 효력을 발휘하지 못하자, 1930년대 중반 이후에는 방침을 바꾸어 사장이 반드시 발행인 겸 편집인을 맡도록 했다.[123] 이렇듯 총독부는 체형을 가하는 사법처분을 통해 기자들의 언론 활동을 위축시키려고 했다.

신문사에 근무하는 언론인에 대한 사법처분 중에 『조선일보』의 3차 정간, 『동아일보』의 2차 정간, 『중외일보』의 1차 정간 등 세 번은 발행정지처분과 함께 사법처분이 이루어졌다.[124] 그중에서도 『조선일보』의 3차 정간의 이유가 된 사설 「조선과 노국과의 정치적 관계」의 집필자 신일용에 대해 치안유지법을 적용한 것은 언론인들의 위축효과를 노린 것이었다. 신일용은 고향에 다녀온다고 해서 잠시 석방되었다가 상하이로 도

122 독립운동사 편찬위원회, 1977, 앞의 책, 1067-1068쪽.

123 한국신문연구소, 1981, 『한국언론인물지』, 한국신문연구소, 144-145쪽.

124 신문에 대해 발행정지와 사법처분이 함께 이루어진 사건은, 제4장 1절 신문의 발행정지를 다루는 항목에 원인이 되었던 기사의 내용이 나와 있다.

〈표 11〉 일제강점기 총독부의 신문사 언론인에 대한 사법처분

성명	직책	사유	적용 법률	판결 내용
김동성	『조선일보』 편집 겸 발행인	1925년 9월 8일 자 사설 「조선과 노국과의 정치적 관계」(3차 정간)	신문지법 제25조	징역 4월(발행인, 편집인으로서 각각 2월), 집행유예 2년
김형원	『조선일보』 인쇄인			징역 3월
신일용	『조선일보』 논설반 기자		치안유지법	기소중지(1933년 징역 1년 반, 집행유예 3년)
송진우	『동아일보』 주필 겸 편집국장	1926년 3월 5일 국제농민회본부가 조선농민에게 전해달라고 한 전보문 게재(2차 정간)	보안법 제7조	징역 6월
김철중	『동아일보』 발행인 겸 편집인		신문지법 제26조	금고 4월(발행인과 편집인으로 각각 2월)
최원순	『동아일보』 기자	1926년 8월 22일 자 「횡설수설」	보안법 제7조	면소
백관수	『조선일보』 편집인	1928년 1월 21일 자 사설 「보석 지연의 희생, 공산당 사건의 실례를 견(見)하고」	신문지법 제26조	벌금 100원
안재홍	『조선일보』 주필 겸 발행인		신문지법 제26조	금고 8월(2개월 감형)
이정섭	『중외일보』 촉탁	1928년 2월 21, 22일 「세계일주 기행 – 조선에서 조선으로」	보안법 제7조	징역 6월, 집행유예 2년
이상협	『중외일보』 발행인 겸 편집인		신문지법 제26조	벌금 200원
민태원	『중외일보』 편집국장	1928년 12월 6일 자 사설 「직업화와 추화」(1차 정간)	보안법 제7조	징역 3월, 집행유예 3년
이상협	『중외일보』 발행인 겸 편집인		신문지법 제26조	벌금 200원

출처: 독립운동사 편찬위원회 편, 1977, 앞의 책, 1055~1089쪽; 정진석, 2007, 앞의 책, 115~123쪽.

망가 8년 동안 지내고 1933년에 귀국했다. 귀국 후에 붙잡혀 재판을 받으며 "치안유지법이 당시 아직 처벌사례가 없었기 때문에 처벌 수위도 전혀 짐작되지 않아 두려움에 도망쳤다"고 진술했다.[125]

1928년 1월의 『조선일보』 필화는 안재홍이 집필한 「보석 지연의 희

125 이혜인, 2017, 앞의 글, 194쪽.

생, 공산당사건의 실례를 견(見)하라」가 문제가 된 것인데, 공산당사건의 피고인들에 대한 고문과 비인도적 대우를 비판한 것이었다.[126] 이 사건의 재판이 진행되는 기간에 『조선일보』는 안재홍이 집필한 사설 「제남사건의 벽상관」이 문제가 되어 발행정지처분을 받았다. 보석 중이던 안재홍은 4차 정간과 함께 보석이 취소되고 다시 수감되어 재판을 받아 최종적으로 금고 8개월을 선고받았다.[127]

1928년 2월의 『중외일보』 필화는 이정섭이 집필해 연재한 「세계일주기행-조선에서 조선으로」가 원인이 된 것인데, 아일랜드의 독립 문제를 다루면서 은연중에 조선이 독립해야 한다고 주장했다는 것이다.[128] 비단 이 기사만이 필화의 원인은 아니었고, 창간 이후의 논조에 대한 총독부의 불만이 누적되어 있다가 이 기사를 계기로 터져 나온 것이었다. 총독부는 『중외일보』가 그동안 "총독부의 시정을 비난, 공격하고 세계 약소민족의 독립운동을 빙자하여 조선이 독립"해야 한다고 주장했다고 보았다.[129] 총독부는 발행인인 이상협에 대해 일정한 기대를 갖고 있었을 텐데, 그 기대를 배반하고 『동아일보』나 『조선일보』와 크게 다르지 않은 논조를 보이자 이에 대해 처벌했다. 총독부에 대한 직접적 비판이 아니

126 안재홍은 "1928년 5월 8일부의 '제남사변의 벽상관'이란 사설로 인하여는 사(社)에도 중대한 결과가 되었고, 나로서도 제2차 입옥(入獄)의 사실상의 이유로 되었습니다"라고 2년 전의 사건을 회고했다. 안재홍에 관한 연구들에서 투옥의 원인이 된 사설이 「보석지연의 희생, 공산당사건의 실례를 견(見)하고」가 아니라 「제남사건의 벽상관」으로 잘못 나오게 된 데는 안재홍이 이렇게 주장했던 것이 영향을 주었을 것이다. 안재홍, 1930, 「노마연잔두(駑馬戀棧豆)와 설화」, 『삼천리』 1930.5, 40쪽.

127 정진석, 1990, 앞의 책, 466-467쪽.

128 위의 책, 468쪽.

129 朝鮮總督府 警務局, 1930b, 『朝鮮に於ける出版物概要』 1930년판, 朝鮮總督府 警務局, 82-83쪽.

고 외국의 사례를 통해 독립의 필요성을 은연중에 내비쳤다는 사실만으로 사법처분을 내림으로써 신문사들에게 확실한 경고를 보냈다.

1929년 이후에는 신문사에 재직하는 언론인에 대한 사법처분은 없었다. 1929년 11월 광주학생운동이 일어나 전국적으로 확산된 사실을 신문사들이 적극적으로 보도하자 총독부는 사법처분을 검토했었다.[130] 총독부는 신문사들이 일본인을 비난하는 보도를 하며, '과장·선동'하는 기사를 게재한다고 분석했다. 신간회가 민중대회를 추진하자, 신문들이 호외를 발행해 민심을 선동하려고 했다고 판단했다. 이에 『동아일보』의 사장 송진우와 편집국장 주요한, 『조선일보』의 부사장 안재홍과 업무서기 김무삼, 『중외일보』의 조사부장 이시목 등의 혐의를 조사했다. 결국 송진우, 안재홍, 이시목 등 3인은 '신병 불구속'으로 결정했고, 주요한과 김무삼은 검사국으로 송치되었다. 주요한은 불기소처분을 받았고, 김무삼은 1년 4개월의 형을 살았다.[131] 김무삼의 사법처분은 민중대회 당시 조선극장에서 전단을 뿌리고 연설을 했던 것이 이유였기 때문에 필화라고 보기는 어려웠다.

1920년대에는 신문지법이나 보안법 등에 의한 사법처분 이외에 명예훼손으로 인한 사법처분도 적지 않았다.[132] 명예훼손사건으로 사법처분을 받았던 언론인은 대부분이 지국 기자였지만, 『동아일보』의 한위건, 『시대일보』의 홍남표와 유완희 등 본사 기자들이 명예훼손으로 사법처

---

130 京城憲兵隊, 「京城ヲ中心トスル管內學生運動ノ顚末(朝京 第25號)」 1930.2.1.

131 「출두거두(出頭巨頭)의 그후, 제1·2차 공산당사건의 수뇌자, 민중운동자대회사건의 수뇌자」, 『삼천리』 1934.5, 116쪽.

132 정진석, 1975, 앞의 책, 107-115쪽.

◇喜悲交至의送迎會◇ 요사이우리조고계(操觚界)에 빈빈한필화사건으로 일변철창에서 나오는이와 또한편으로 옥중으로들어가는이가만흔데 무명회(無名會)주최로 재작 십이일오후여섯시부터 시내명월관(明月館)본뎜에서 얼마전에 조선일보필화사건으로 복역하다가 출옥한 김형원(金炯元)씨와 본보필화사건으로 불일간 입감할 본사송주필(宋主筆)의 맛고보내는 회합이열리며 주빈사이에 감격한 이야기가잇슨후 동열한시경에 헤여젓섯다더라 (사진은 그날밤의 그모임)

김형원 출옥, 송진우 입옥 송영회
(『동아일보』 1926.11.13, 2면)

분을 받는 일도 적지 않았다.[133] 명예훼손사건으로 본사 기자들이 체형을 받은 일은 드물었지만,[134] 명예훼손 조항이 일제의 경찰이나 관리들에 의해 악용되어 신문들의 비판적 논조를 약화시키는 데 일정한 역할을 했다고 할 수 있다.[135] 〈표 12〉를 보면, 경찰이나 관료들이 자신들의 비위를 보도한 지국 기자들에게 명예훼손 소송을 제기해 비판을 막으려고 했다는 것을 알 수 있다.

명예훼손으로 소송을 당한 신문지국 기자들은 대부분이 벌금형을 받

---

133 김형원과 안재홍도 명예훼손으로 벌금형을 받은 적이 있다고 한다. 이렇듯 신문에도 나타나지 않은 사건들을 포함하면 당시에 언론인이 명예훼손사건으로 사법처분을 받는 일이 적지 않았다는 것을 알 수 있다. 독립운동사 편찬위원회, 1977, 앞의 책, 1072쪽, 1080쪽.

134 유완희는 경성복심법원의 확정판결로 3개월의 금고형을 살았다. 「유완희씨 입감」, 『동아일보』 1926.11.8, 2면.

135 정진석, 1975, 앞의 책, 108쪽.

〈표 12〉 일제강점기 신문사 언론인에 대한 명예훼손 소송

성명	직책	고소인	보도 내용	판결 내용
김용희	『조선일보』 발행인	황해도 재령경찰서 순사 안재익	1923년 11월, 강간미수 보도	벌금 250원 (최종심 확인 불가)
김병옥	『조선일보』 재령 지국장			징역 6월 (최종심 확인 불가)
이광훈	『동아일보』 서산 지국장	충청남도 서산경찰서 순사 이상욱, 鎌戶榮作	1925년 2월, 강간미수 보도	무죄
한위건	『동아일보』 기자	평안남도 용강군수 차종호	1925년 4월, 독자란에 사유지 강제매수 투고	벌금 100원 (최종심 확인 불가)
하이환	『동아일보』 독자란 투고자			벌금 100원 (최종심 확인 불가)
장봉서	『동아일보』 초산 지국 기자	평안북도 초산경찰서장 坂本	1925년 7월, 농민에게 신탄(薪炭) 헐값 매도 강요 보도	공판 (결말 미상)
강기덕	『시대일보』 원산 지국장	함경남도 원산경찰서 순사 이경섭, 상인 최병규	1925년 9월, 강간사건 보도	불기소
한명찬	『시대일보』 원산 지국 기자			벌금 20원 (최종심 확인 불가)
노명우	『동아일보』 강경 지국장	충청남도 강경 고등계 특무 김형묵	1925년 9월, 「휴지통」에 비판 보도	불기소
김찬순	『동아일보』 신원 지국장	황해도 재령군 하류면 면장 김정욱, 주재소 순사 篠原仙治	1925년 9월, 지방단평으로 비행 보도	벌금 100원 (최종심 확인 불가)
김철중	『동아일보』 발행인	경상북도 김천군 대덕면장 이범숙	1926년 6월, 면서기 부정 채용 보도	무죄
최반석	『동아일보』 대덕면 분국장			벌금 30원
이명원	『조선일보』 재령 북률면 분국 기자	황해도 재령군 북률면 동척 직원 노모	1927년 3월, 동척 상대 소작쟁의 비판	구류 50일
김정호	『동아일보』 제천 지국 기자	충청북도 제천군 봉양면장 박이양	1927년 8월, 면장 성토사건 보도	징역 10월 (최종심 확인 불가)
박봉수	『중외일보』 철산 지국 기자	평안북도 철산군 경찰서 형사 이성룡	1927년 8월, 비행 보도	3개월 후 보석으로 출옥

* 경찰과 관료의 명예훼손 소송 건만 정리.

았지만, 경제적으로 어려운 지국 기자들에게 벌금은 큰 부담이었다. 실제로 『조선일보』 황해도 재령 북률면 분국 기자였던 이명원은 벌금 1백 원형을 받았으나 납부할 능력이 없어서 결국 구류 50일을 살았다.[136] 벌금을 낼 능력이 없던 지국 기자들에게 명예훼손 소송은 취재·보도 활동을 크게 위축시키는 요인이 되었다.

1920년대 중후반에 행정처분과 사법처분이 신문에 집중되었던 것은, 이 시기에 조선공산당과 신간회 등의 민족운동이 활발했고 신문의 비판 활동도 적극적이었다는 것을 보여주는 것이다. 동시에 일제가 더 이상 이런 민족운동과 언론 활동을 용인하지 않겠다는 의지를 드러낸 것이기도 했다. 총독부의 강력한 언론탄압은 신문 경영진에게는 이윤의 손실을 막기 위한 논조의 약화를 강요했고, 일선 기자들에게는 비판적 성향을 순치시켰다. 이런 변화 때문에 1930년대에는 총독부의 언론탄압이 더욱 강력해졌지만, 신문이나 기자들에 대한 탄압 건수는 오히려 급격히 줄어들었다.

1930년대의 대표적인 필화는 『동아일보』와 『조선중앙일보』의 '일장기말소사건'이었다. 4차 정간을 불러온 이 사건으로 『동아일보』에서는 11명이 연행되어 모진 고문을 당하고 13명이 퇴직했지만, 단 한 명도 사법처분을 받지는 않았다. 『조선중앙일보』도 4명이 불려가 조사를 받았지만 사법처분을 받은 사람은 없었다.[137] 채백은 "일제가 수사를 통해서 동아일보사의 간부나 임원들이 연루된 사실을 엮어내기가 어렵게 되자 평기자 몇 명을 사법처리하는 것보다는 이를 기회로 정치적으로 보다

136 「이명원씨는 결국 체형 집행」, 『조선일보』 1927.4.5, 2면.

137 채백, 2008, 앞의 책, 132-149쪽.

큰 목적을 이루려고 했던 것이 아닌가 추정해볼 수 있겠다"라고 하며 사법처분을 하지 않은 배경을 설명했다.[138] 실제로 정간해제 이후 『동아일보』의 논조가 노골적인 친일성향을 보일 정도로 변했던 것을 보면, 사법처분을 하지 않으면서 오히려 더 큰 정치적 성과를 거두려 했다는 해석에 일리가 있다.

1940년에는 총독부 기관지 『매일신보』에서도 필화가 발생했다. 총독부 경무국 도서과에서 그대로 넘겼던 기사를 조선군 사령부 보도부가 문제 삼아 관련자들을 헌병사령부로 불러서 수사한 사건이었다. 김진섭이 쓴 「구주대전과 문화의 장래 – 아직은 문제 없다」(1940.1.6)가 반전사상을 담고 있다고 트집을 잡은 것이었다. 이 사건에서도 관련자들이 헌병사령부로 불려가서 조사를 받았지만, 아무도 사법처분을 받지는 않았다.[139] 1930년대 말에 가서는 신문에서 사법처분을 할 만한 수준의 기사들이 없어졌고, 굳이 무리하게 사법처분을 해야 할 필요성도 사라졌다.

2) 신문지법 잡지

문화정치 실시 이후 잡지 최초의 사법처분은 『개벽』에게 내려졌다. 『개벽』은 신문지법으로 허가를 받기는 했지만, 처음에는 보증금 납부가 허용되지 않아 정치·시사 문제를 다룰 수는 없었다. 총독부는 『개벽』이 정치·시사 문제를 다루어 신문지법을 위반했다고 하며 발행인 이두성을 동대문경찰서로 불러 벌금형을 내리려고 했는데, 이두성은 정식 재판

138 위의 책, 146쪽.

139 정진석, 2007, 앞의 책, 152–156쪽.

을 청구했다. 이에 대해 『개벽』은 다음과 같이 보도했다.

> 이제 그 문제를 사실대로 약시(略示)하오면 객년(客年) 12월 28일 동대문경찰서로부터 본지 발행인 이두성을 호출하여 『개벽』 잡지에 대하여는 자초호(自初號) 이래로 필법의 자못 불온함을 인(認)하고 당국으로부터 누차의 주의와 경고를 주었음에 불구하고 12월 1일부 발행 제6호 '각지 청년단체에 대한 요구'라는 기사 중의 모모 절과 여(如)함은 순 시사 문제에 관한 것인 동시에 치안을 방해한 혐(嫌)이 불무(不無)하다는 취지의 일장 취조를 행하고 익(翌) 29일 이(두성-인용자) 발행인을 다시 호출하여 『개벽』지의 금회 기사는 신문지법 제26조에 해당한 바 즉결처분으로 벌금 오십원에 처한다 함으로 이씨는 '본지 6호 기사 중 하절(何節)이 사회의 질서 또는 풍속을 괴란(壞亂)한 사항인가'를 반문하고 바로 불복하였더니 익(翌) 30일 동서(同署)로 다시 발행인을 호출하여 작일(昨日)에 언도는 잘못이요 금(今)에 다시 신문지법 30조[보증금을 납부치 아니한 신문지로서 제5조 사항(학술·문예) 이외의 기사를 게재한 경우에는 발행인을 사십원 이상 백원 이하의 벌금에 처함]에 의하여 오십원 벌금을 즉결로 언도함으로 이씨는 역시 불복하고 정식 재판을 청구한바 거(去) 1월 24일 경성지방법원에서 공판을 열게 되었나이다.[140]

경찰은 처음에 치안을 방해한 혐의를 적용해 즉결처분으로 벌금 50원에 처하려 했지만, 『개벽』이 반발하자 다시 신문지법에 따라 허가를 받았

140 「본지 필화의 전말」, 『개벽』 1921.2, 148쪽.

어도 보증금을 납부하지 않은 잡지는 '학술·기예' 이외의 내용을 다룰 수 없다는 이유를 내세워 처벌하려고 했다. 『개벽』의 재판 청구로 열린 공판에서 경성지방법원은 이두성의 신문지법 위반사건에 대해 '피고를 벌금 50원에 처함'이라고 하며, 판결의 이유를 다음과 같이 내세웠다.

> 피고는 보증금의 납부를 요(要)치 않는 정기간행물 잡지 『개벽』의 발행인인데, 대정 9년(1920) 12월 1일 경성부 송현동 14번지에서 피고의 발행에 계(係)한 『개벽』 제6호 제38면 하단에 유진희라는 자의 기고에 계(係)한 '의연한 민중의 단결'이란 제목하에 학술·기예에 관한 사항 이외의 기사인 즉, 일체(一切)의 재벌의 발호(跋扈)로부터 일체의 관벌(官閥)의 위압으로부터 일체의 소유와 전통으로부터 일체의 가정적 정조로부터 일체의 향토적 애착으로부터 단연 분리하여 가성(可成)적 무산계급을 중심으로 하는 민중과 공동목적의 의식으로부터 사회적 내지 국가적 단결을 도(圖)치 아니하면 불가하다는 기사를 게재하였도다.[141]

법원은 『개벽』이 신문지법으로 허가를 받았어도 보증금 납부를 하지 못해 정치·시사를 다룰 수 없음에도 '학술·기예에 관한 사항 이외의' 정치적인 내용의 기사를 실은 것은 신문지법 위반이라고 판단했다. 『개벽』은 1922년 9월 12일에 『신천지』, 『신생활』, 『조선지광』과 함께 신문지법으로 허가를 받으며 보증금까지 납부해 비로소 정치·시사 문제를 다룰 수 있게 되었다.

---

141 「개벽 언도」, 『동아일보』 1921.2.25, 3면.

『신천지』와 『신생활』은 신문지법에 따른 허가를 받고 나서 얼마 지나지 않아 발매금지와 함께 사법처분을 받았다. 두 잡지를 신문지법으로 허가한 직후에 사법처분을 했기 때문에 당시에도 언론과 사회의 관심을 끌었다. 『신천지』에 관여한 사람들은 주간 백대진을 포함해 대부분이 총독부 기관지 『매일신보』와 직간접적으로 관계가 있었다.[142] 그럼에도 총독부는 『신천지』가 신문지법에 따라 허가를 받고 처음 발행한 1922년 11월호에 실린 백대진의 「일본 위정자에게 여(與)하노라」라는 기사를 문제 삼아 발매금지하고, 주간 백대진과 영업부장 겸 인쇄인 장재흡을 불러서 조사했다. 백대진은 기소되어 1심과 2심을 거쳐 징역 6개월이 확정되었고, 장재흡은 기소유예되었다. 장신은 "백대진은 독립을 제창하지 않았음에도 탄압을 받았다"고 하며, 『신천지』에 대한 사법처분은 민족운동의 변화와 확산을 경계하던 총독부가 신문지법 잡지의 허가와 함께 '본격적 단속을 개시'해 "조선의 언론들에게 자기검열을 압박하는 계기"가 되었다고 주장했다.[143]

백대진은 총독부 기관지 『매일신보』 출신으로 민족운동에 참여했던 인물이 아니었다. 1920년 8월에 미국 의원단이 동양 시찰을 와서 봉양을 거쳐 경성으로 오는데, 『동아일보』의 김동성과 『매일신보』의 백대진이 취재하러 갔다가, 김동성은 경찰의 강제하차 지시로 취재하지 못했고, 백대진만 취재할 수 있었다. 『동아일보』는 「배일에 반대선전」이라는 제목과 「매일신보 기자 백대진 씨 활동」이라는 부제의 기사에서 "미국 의원단 일행이 중국의 각 지방을 시찰하는 사이에 조선 사람들이 배일

142 장신, 2004, 앞의 글, 321-323쪽.

143 위의 글, 344-345쪽.

〈표 13〉 일제강점기 신문지법 잡지 언론인에 대한 사법처분

성명	직책	사유	적용 법률	판결 내용
이두성	『개벽』 발행인	1920년 12월, 「순연한 민중의 단결」	신문지법 제5조, 제30조, 제39조 조선형사령 제42조	벌금 50원
백대진	『신천지』 주간	1920년 10월, 「일본 위정자에게 고함」(하)	신문지법 제11조 제령 제7호 1조 1항	징역 6월
장재흡	『신천지』 인쇄인			기소유예
박희도	『신생활』 사장	11호(1922.11.13). 「노국혁명 5주년 기념」 「5년전 금일을 회고함」	신문지법 제령 제7호 1조 1항	징역 2년 6월
신일용	『신생활』 기자			징역 1년 6월
김명식	『신생활』 주간	12호(1922.11.18). 「민족운동과 무산계급의 전술」 「자유노동취지서」	제령 제7호 1조 1항	징역 2년 (병보석, 재수감)
유진희	『신생활』 기자			징역 1년 6월
박제호	『신천지』 기자	1923년 9월, 「약소민족에게 호소하여 단결을 재촉함」	제령 제7호	징역 1년 (병보석, 사망)
유병기	『신천지』 기자			징역 1년

출처: 박현수, 2019b, 앞의 책, 358~372쪽; 독립운동사 편찬위원회 편, 1977, 앞의 책, 1055~1089쪽.

사상을 일행에게 선전할 모양이 분명함으로 경성일보사와 매일신보사는 그것이 허황하다는 뜻을 선전하기 위하여 미국 의원단 일행에게 '선전서'를 반포하는 일을 행하기 위하여 매일신보사 기자 백대진 씨는 일행과 봉천으로부터 동행하게 되었더라"고 보도했다.[144] 『동아일보』의 보도로 백대진은 사회적으로 비난을 받고 곤혹스러워하다가 『매일신보』를 사직하고 나와서 『신천지』 창간에 참여했다.[145] 백대진은 총독부 기관지 『매일신보』에서 근무하다 『신천지에』에 관여하게 된 것을 두고, "스스로 친일파 될 번데기였으나 이제는 배일파 될 번데기"가 되었다고 농담을

144 「배일에 반대 선전」, 『동아일보』 1920.8.25, 3면.

145 유광열, 1969, 앞의 책, 338쪽.

했다고 한다.[146] 이런 백대진에 대한 사법처분은 언론의 비판적 활동에 대한 강력한 경고였다.

『신생활』은 신문지법에 따른 발행 허가를 받아 정치·시사를 다루게 되자마자 사회주의적 기사들을 게재하면서 탄압의 대상이 되었다.[147] 『신생활』 11호와 12호의 기사들이 원인이 되어 발매금지와 함께 사법처분을 받았다. 『신생활』은 『신천지』의 백대진과 장재흡이 소환된 날로부터 이틀 뒤인 1922년 11월 22일에 사장 박희도와 인쇄인 노기정 등이 소환되어 취조받고 구금되었다. 3일 뒤인 11월 25일에는 김명식, 유진희, 신일용 등이 소환되어 조사를 받고 구금되었다. 『신생활』 관련자들은 모두 '사회주의에 대한 동조'를 이유로 『신천지』 주간 백대진보다 높은 형량을 받았다. 사장 박희도 2년 6월, 주간 김명식 2년, 기자 신일용과 유진희는 각각 1년의 징역형을 받았다.[148] 『신생활』 필화는 「조선 초유의 사회주의 재판」이라는 기사의 제목처럼 언론의 이념적 성향이 문제가 될 수 있음을 명확히 보여주었다.[149]

『신천지』는 1923년 9월 유병기가 쓴 「약소민족에게 호소하여 단결을 재촉함」이라는 기사가 문제 되어 다시 필화를 당했다. 검찰은 이 기사가 "현 사회제도에 불평을 말한 후, 그 사회제도를 근본적으로 파괴하고 빈민계급이 사회를 지배하여야 한다 하였나니 이것은 심히 불온한 말이요 도저히 용서할 수 없는 것"이라고 주장했다.[150] 박제호와 유병기

146 홍효민, 1980, 『행동지성과 민족문학』, 일신출판사, 369쪽.

147 박현수, 2019a, 앞의 글, 271-272쪽.

148 박현수, 2019b, 앞의 글, 358-372쪽.

149 「조선 초유의 사회주의 재판」, 『동아일보』 1922.12.27, 3면.

150 「신천지 사건의 공판, 피고 양명(兩名)에 징역 각 1년을 구형」, 『동아일보』 1923.11.10, 3면.

는 각각 1년형을 선고받고 복역했는데, 박제호는 건강이 악화되어 가출옥했다가 죽고 말았다.[151]

1922년과 1923년의 『신천지』와 『신생활』 필화를 통해 총독부는 매체들에게 '불온한' 내용을 실으면 행정처분에 그치지 않고 사법처분으로 강력하게 처벌하겠다는 확실한 의지를 보여주었다. 총독부는 1924년 이후에는 신문지법에 따라 발행된 잡지를 상대로 사법처분을 하지는 않았지만 1925년부터는 신문들을 대상으로 자주 사법처분을 내렸다.

신문지법으로 발행되는 잡지인 『조선지광』을 상대로 1928년 5월 29일에 경기도 고등경찰계가 수색해 동인 이성태 등을 검거했고,[152] 6월 19일에 다시 종로서가 수색해 7명을 검거하는 사건이 벌어졌다.[153] 『조선지광』은 「편집후기」를 통해 "우리는 그때도 늦기는 하였으나 잡지를 다 편집해놓고 재명일간(再明日間)을 발행하려고 하던 차에 지난달 19일 아침 돌연 불상사가 일어났다. 이것에 대하여는 길게 말하고 싶지 않다. 왜? 우리가 작금 새삼스럽게 말하지 않더라도 제군은 너무나 잘 알고 있는 일이니까"라고 불만을 토로했다.[154] 1928년 12월 6일에 치안유지법 위반으로 이성태, 한명찬, 윤택근 등 3명이 공판에 회부되었고,[155] 이성태와 윤택근은 6년, 한명찬은 5년의 징역형을 선고받았다.[156] "피고 이성태가 오랫동안 조선지광에 붓을 들고 이론투쟁을 해왔다"고는 했지만,

---

151 정진석, 2007, 앞의 책, 151-152쪽.

152 「이성태 등 2인 치유(治維)법으로 공판에」, 『조선일보』 1928.12.8, 2면.

153 「종로서(鐘路署) 아연(俄然) 활동, 조선지광사를 포위」, 『중외일보』 1928.6.20, 2면.

154 「편집후기」, 『조선지광』 1928.7; 계훈모 편, 1979, 앞의 책, 1053쪽 재인용.

155 「이성태 등 사건, 양 변호사 변호」, 『조선일보』 1928.12.16, 2면.

156 「이성태 등 판결 언도, 최고 6년 최하 5년」, 『동아일보』 1929.2.28, 2면.

이 사건은 공산당과 관련되어 치안유지법으로 처벌받았기 때문에 필화라고 보기는 어려웠다.[157]

3) 출판법 잡지와 단행본

출판법으로 가장 많은 사람이 한꺼번에 처벌을 받은 일은 3·1운동 당시에 벌어졌다. 3·1운동이 시작되면서 독립선언서를 포함해 각종 지하신문과 전단을 만들어 배포한 것에 대해 출판법 제11조를 적용해 처벌했다. 출판법 제11조는 허가를 받지 않고 출판한 저작자나 발행자를 처벌하도록 했고, 특히 1호에서는 "국교를 저해하거나 정체(政體)를 변괴(變壞)하거나 국헌을 문란하는 문서, 도서를 출판할 시(時)는 3년 이하의 역형"에 처하도록 규정했다. 실제로 3·1운동 참여자 중에 상당수가 출판법으로 처벌을 받았다.

3·1운동 참가자의 죄명으로는 보안법 위반이 71.7%, 형법의 소요죄 21.8%, 출판법 위반이 3.5%, 제령 제7호 위반이 2.15%였다.[158] 출판법 제11조 1호 위반으로 처벌받은 사람들이 276명이나 되었고, 특히 2년 이상의 형을 받은 사람이 74명이 될 정도로 지하신문과 전단을 발행하거나 배포하다가 처벌받은 사람들이 많았다. 독립선언서에 서명한 33명과 3월 1일의 시위를 계획한 15인을 포함해 48인 중에 출판법이 적용되어 처벌받은 사람이 12명이나 되었다. 손병희, 최린, 권동진, 오세창, 한용운, 이종일 등 6인이 출판법과 보안법 위반으로 징역 3년을 받았고, 함

157 「공산당 사건 관련, 이성태 등 공판 개정」, 『동아일보』 1929.2.21, 2면.

158 장신, 2007a, 앞의 글, 145쪽.

태영은 출판법 위반만으로 징역 3년을 받았다. 이갑성, 김창준, 오화영 등 3인은 출판법과 보안법 위반으로 2년 6월을 받았고, 최남선은 출판법 위반만으로 2년 6월을 받았다. 이종일의 지시에 따라 독립선언서를 인쇄했던 김홍규는 출판법 위반만으로 징역 1년을 받았다.[159]

〈표 14〉는 1920년 1월 당시 재판이 종결된 결과만을 취합한 것으로 이후 재판의 결과는 반영되지 않았다. 3·1운동으로 경기·인천 지역에서 검거되어 유죄 판결을 받은 사람의 재판 결과를 보면, 전체 563명 중에 46명이 출판법 위반으로 처벌받아 8.2%를 차지해서, 〈표 14〉의 출판법 위반 비율 3.5%에 비해 훨씬 높은 비율을 나타냈다. 다만 2년 이상 1명, 1년 이상 7명, 6월 이상 10명, 6월 미만 4명, 태형 21명, 벌금 3명으로 형량은 대체로 낮은 편이었다.[160] 경기·인천 지역에서 검거된 사람 중에 전단이나 지하신문을 직접 발행한 사람은 드물어서 높은 형량 대상자가 많지 않았던 듯하다.

이후에도 절차를 제대로 밟지 않고 계속출판물(잡지)과 보통출판물(단행본)을 발행해 출판법으로 처벌받는 일이 자주 발생했다. 비밀리에 전단이나 격문을 만들어 배포해도 출판법으로 사법처분을 했다. 그래서 〈표 14〉에 나타난 것처럼, 출판법 위반자는 신문지법 위반자에 비해 그 수가 훨씬 더 많았다. 잡지나 단행본이 발행절차를 지키지 않아 출판법으로 처벌을 받을 때에 그 내용으로 인해 치안유지법을 함께 적용받기도 했다.

1925년 11월에 황해도 옹진군의 정덕순은 『모파(慕波)』라는 문예잡

159 위의 글, 147-149쪽.

160 한성민, 2019, 앞의 글, 130-132쪽.

〈표 14〉 3·1운동 참가자의 죄명과 형량

형량 / 죄명	무기형	유기형								벌금	구류	과료	태형	합계
		10년 이상	5년 이상	2년 이상	1년 이상	6월 이상	6월 미만	계	집행유예					
보안법				163	1,093	2,535	355	4,146	434	15	6	6	1,428	5,501
소요죄			35	416	412	494	66	1,423	104	75			202	1,700
출판법				74	84	89	16	263	8				13	276
제령제7호				13	32	67	14	126	18				25	161
기타	5	21	8	4	8	20	0	66	1	3	2	1	6	178
계	5	21	43	670	1,629	3,205	451	6,024	565	93	8	7	1,674	7,816

출처: 조선총독부 법무국, 1920.1, 『망동사건처분표』; 장신, 2007, 앞의 글, 145쪽 재인용.

지 10여 권을 등사해 나누어 주었다가 출판법 위반으로 옹진경찰서에서 취조를 받았다.[161] 1927년 2월에는 경남 통영의 '정화회'라는 단체가 회지 『거화(炬火)』를 원고검열이 끝나지 않은 상태에서 인쇄해서 회원에게 배포해 출판법 위반으로 조사받았고, 내용이 불온하다고 하여 치안유지법까지 적용되었다.[162] 출판법과 치안유지법 위반으로 기소되어 발행인 김재학은 9월, 편집인 방정표는 8월의 구형을 받았으나 재판에서는 증거불충분으로 둘 다 무죄를 받았다.[163]

1927년 4월에는 함북 회령에서 발행하는 잡지 『북야성(北野聲)』에 대해 회령경찰서가 불온한 내용을 삭제하고 도서과에 보내라고 했음에도 편집 겸 발행인 함춘성이 삭제하지 않고 그대로 보내 불허가되었고, 발행인 함춘성과 편집인 한용화가 조사를 받고 풀려났다. 그 후 동인 중

161 「시집 등사죄로 경찰에 취조중」, 『시대일보』 1925.11.29, 2면.

162 「경찰이 원고검열후 회원간 배부가 필화」, 『중외일보』 1927.3.2, 2면.

163 「14일에 거화 사건 무죄 언도」, 『중외일보』 1927.5.16, 3면.

에 김영수가 '서장에게 반항'했다는 이유로, 정인덕이 "수필 「내 회령아」를 쓴 것이 당국의 기휘(忌諱)에 저촉"되어 검거되었다.[164] 「굴종」이라는 소설을 실었던 한용화와 「오! 홀로 외치노라」라는 시극(詩劇)을 썼던 함춘성은 재판을 받아, 한용화는 금고 5월, 함춘성은 금고 4월에 집행유예 3년을 선고받았다.[165] 1927년 7월에는 어윤호가 『새벽』이라는 잡지를 "발행하고 싶은 마음만 가지고 발행 수속을 염두에 두지 않았던 까닭"에 허가를 받지 않고 발행을 시도해 신의주지방법원 정주지청 검사국에 송치되었다.[166]

1930년 5월에는 잡지 『문예광』 창간호가 발간금지당했는데, 충남 예산군의 홍병철이 금지처분을 받기 전에 친구에게 3~4부를 주었다는 이유로 출판법 위반으로 재판을 받아 금고 1월을 언도받았다.[167] 1933년 4월에는 20대의 이 모와 김 모라는 청년이 『서종(曙鍾)』이라는 시집을 발행하려고 경무국 도서과에 원고를 제출하여 검열을 받았으나 불허가 되고 서대문경찰서 고등계에서 취조를 받았다.[168] 『우리동무』라는 잡지를 허가받지 않고 발간해 출판법 위반으로 기소된 신고송은 금고 10월, 이찬·강호·김태진 등 3명은 금고 8월을 선고받았다. 물론 이들이 발매금지된 공산주의 서적을 사서 회람했다는 혐의까지 적용된 결과이기는 했지만, 출판법 위반으로는 상당히 높은 형량이 나왔다.[169]

---

164 「북야성 필화」, 『동아일보』 1927.4.21, 5면.

165 「'북야성'사 사건 양씨 집행 유예」, 『중외일보』 1927.6.7, 2면.

166 「출판법 모른 문예잡지사」, 『매일신보』 1927.7.20, 3면.

167 「잡지 배부하고 1개월 금고」, 『조선일보』 1930.5.4, 석간 7면.

168 「양 청년 검거」, 『동아일보』 1933.4.13, 2면.

169 「신고송 등의 공판 금고 10개월 구형」, 『조선일보』 1934.8.16, 석간 2면.

1930년대 말에는 족보를 허가받지 않고 발행했다가 출판법 위반으로 처벌받는 일도 있었다. 1939년 11월에 전남 장성의 변진욱은 족보 3권을 "인쇄소에서 허가 없이 출판하였다가 장성 경찰의 엄중한 취조"를 받았고 "광주지방법원 검사국에 송치"되었다.[170] 총독부 경무국 도서과가 족보와 문집을 '구시대의 출판물'로 규정하면서 용지가 부족한 상황에서 '시국상 불필요한' 족보와 문집의 발행은 불허한다고 하자,[171] 불법으로라도 족보를 발행하려고 했다가 처벌을 받았던 것이다.

총독부는 발매반포가 금지된 서적이나 잡지를 유통시키는 행위에 대해서도 출판법 위반으로 사법처분을 내렸다. 특히 1930년대 이후 불온서적을 단속하기 위해 서점을 급습해 서적을 압수하고, 서점 주인을 사법처분까지 하는 일이 빈번해졌다. 1931년 8월에 '공산주의자 협의회' 조직사건의 검거 과정에서 관훈동 민중서원 주인 윤종덕이 검거되어[172] 발매금지 서적을 몰래 팔았다는 혐의로 9월에 검찰로 송치되었다.[173] 윤종덕은 "도쿄 방면으로부터 오는 일반 사상 관계의 잡지류 중 발매금지를 당한 것을 판매"해서 출판법을 위반했다는 혐의로 재판을 받아 징역 6월에 집행유예 2년을 선고받았다.[174]

1932년에는 발매금지 서적 판매에 대한 단속이 더욱 강화되어서 단순히 금서를 압수하는 것에 그치지 않고 사법처분까지 하는 일이 자주 벌어졌다. 1932년 2월에 동대문경찰서 고등계는 "도쿄, 오사카 등지와

---

170 「허가 없이 족보 편성 출판법 위반으로 송국」, 『동아일보』 1939.11.16, 3면.

171 이중연, 2005, 앞의 글, 100-101쪽.

172 이중연, 2001, 앞의 책, 459쪽.

173 鍾路警察署長, 「出版物取締ニ關スル件(京鍾警高秘 第11120號)」 1931.9.8.

174 「출판법 위반 사건 징역 6개월」, 『동아일보』 1931.12.3, 석간 3면.

연락하여 가지고, 발매금지당한 서적 혹은 비밀출판물을 비밀리 사들여 가지고 반포하여" 왔다는 이유로 종로구 경운동 소재 서점 신생각(新生閣)의 주인 장일환, 점원 홍영우 등 8명을 검사국에 넘겼다.[175] 장일환은 출판법 및 치안유지법 위반으로 예심부터 서대문교도소에 수감 중이다가 1932년 8월 20일에 보석으로 풀려났다.[176] 장일환은 1934년에 다시 출판법 위반으로 검거되어 금고 4월 구형을 받기도 했다.[177]

종로경찰서도 "발매금지시킨 적색서적을 판매했다는 혐의"로 견지동 신흥서점의 박하균, 관훈동 민중서원의 윤종덕과 동광당의 이정래 등 서점 주인 3인을 검거해 조사하고, 박하균과 윤종덕을 경성지방법원 검사국으로 송치했다.[178] 집행유예 기간 중이던 윤종덕은 예심에 회부되고, 박하균은 공판을 받게 되었다.[179] 신흥서점 주인 박하균은 출판법 위반으로 징역 5월의 형을 선고받고 만기 출옥했다.[180] 금서를 비밀리에 판매했다는 이유로 동광당 서점 점원 이남래도 출판법 위반으로 금고 6월을 선고받았다.[181]

이중연은 "지신당(知新堂) 서점 주인도 '하치않은' 팸플릿 한 권을 팔고 3개월의 구류처분을 당했"다고 하며 "경무국의 서점 경영인에 대한

---

175 「발금서적 판매한 신생각주 등 송국」, 『조선일보』 1932.2.13, 석간 2면.

176 「장적파 보석」, 『동아일보』 1932.8.23, 석간 2면. 장적파는 장일환의 다른 이름이다. 강만길·성대경, 1996, 『한국 사회주의운동 인명사전』, 창작과 비평사, 600쪽.

177 「신생각 주인에게 금고 4개월 구형」, 『조선일보』 1934.7.15, 석간 2면.

178 「발금서적 판매혐의로 세 서점 주인 송국」, 『중앙일보』 1932.4.4, 석간 2면.

179 「박은 공판에 윤은 예심회부, 발금서적 판매혐의로 경성지방검사 기소」, 『매일신보』 1932.4.13, 석간 2면.

180 「박하균씨 출옥」, 『동아일보』 1932.10.4, 2면.

181 「동광당점원 금고언도」, 『조선일보』 1932.7.17, 석간 2면.

물리적 통제가 더욱 강화됨을 보여주고 있다"고 했다.[182] 지신당 서점은 민중서원과 함께 "경성제대 미야케 시카노스케(三宅鹿之助) 교수를 중심으로 한 선내(鮮內) 적화공작사건"에 관련되었던 것으로 보이는데, 이 서점에서 팔았다고 하는 '팸플릿'은 '경성공산주의자그룹'이 기관지로 발행한 『프롤레타리아』 1호(1934.5.5)였을 것이다. 1면에 '1부 5전'이라고 나와 있는 것을 통해 비밀리에 팔기는 했지만 유가로 팔았다는 것을 알 수 있다.[183] 사회주의운동조직의 출판물이 서점을 통해 은밀하게 유통되기도 했지만, 일제의 통제 강화로 1930년대 중반 이후 서점을 통한 발매금지서적이나 비밀출판물의 유통은 훨씬 더 어려워졌다.

4) 단파방송청취사건

일제강점기 방송인 중에 방송 활동으로 인해 사법처분을 받은 사람은 단 한 명도 없었고, 방송인들이 사법처분을 받은 것으로는 단파방송청취사건이 유일하다. 단파방송청취사건은 방송 내용이 문제가 되어서 처벌받은 것이 아니라 방송인이 단파방송을 청취해서 그 내용을 주변에 알린 행위를 유언비어를 퍼트린 것이라고 처벌했던 사건이었다. 이미 중일전쟁이 발발한 1937년부터 유언비어를 단속하던 총독부는 1941년에 태평양전쟁이 시작된 이후 단속을 더욱 강화했다. 개성방송소에 근무하던 기술자 성기석은 1942년 9월 "경성에 올라가 보니 골목과 가로에

182 이중연, 2001, 앞의 책, 459-460쪽.

183 京畿道知事, 「城大教授三宅鹿之助ヲ中心トスル鮮內赤化工作事件検擧ニ關スル件(警高特秘 제2410號)」 1934.8.31.

는 '경고문' 벽보가 곳곳에 붙어 있었고 신문에도 매일 경고문이 게재되었다"고 하며, 그 내용은 "날조된 유언비어에 속지 말 것이며 유언비어를 날조 선동하는 자는 엄벌에 처함. 유언비어를 날조 선동하는 자는 경찰에 신고해주기 바람. 허가 없이 3인 이상의 집합을 금함" 등이었다고 회고했다.[184]

1940년대 들어서서 대중매체에 대한 통제를 더욱 강화했음에도 대인(對人) 채널을 통해 일제에 비판적인 다양한 정보들이 계속 유통되자, 총독부는 이를 막기 위한 활동에 더욱 적극적으로 나섰다. 1940년대에 소련 영사 부인으로 조선에 체류했던 파냐 이사악꼬브나 샤부쉬나는 1943년에 유언비어 단속을 위해 총독부가 어떻게 활동했는지를 자신의 경험을 통해 다음과 같이 설명했다.

> 조선인을 감시하는 데도 신중을 기했다. 그러나 신중해졌다는 것이 소홀해졌다는 것을 의미하는 것은 아니었다. 조선인들을 감시하는 목적은 불평분자들, 가장 우선적으로 공산주의자들과 그 동조자들을 적발하는 데 있었다. 그들 모두를 간첩으로 불렀다. 이런 방법들이 널리 적용되기 시작했다. 즉 경찰과 그 앞잡이들이 학생복으로 갈아입거나 거지나 무당인 체하거나 또는 사무직원이나 상인으로 사칭하면서 배급(하이뀨)줄에 여러 시간 동안 서서 식량부족과 전시의 어려움 등에 대해 이야기를 늘어놓으며 금지된 주제들에 대한 대화를 유도했다. 그런 이후에 '불평분자'들에 대해 그에 따른 조치를 취했다. 기차와 전차에도 앞잡이들이 들끓었다. 그들은 노동징집자들을 배

184 성기석, 1979b, 「나의 방송시절」 2, 『신문과 방송』 1979.12, 63쪽.

웅하는 사람들 사이에 잠입하기도 했다. 사람들은 침묵하려고들 애썼다. 때때로 폭발되는 강요된 침묵이 온 도시를 휩쓸었다. 서울은 더욱 더 군사수용소를 연상시키게 되었다.[185]

샤부쉬나가 설명한 내용처럼 유언비어의 단속을 위해 군중 속에 몰래 숨어들어 단속하는 방법이 일반적이었다. 1939년 여름에 가뭄으로 고통받던 농민들 사이에 각종 '유언'이 떠돌자 경무국 보안과는 "고등경찰 기능을 발휘하는 데 유감없도록" 하라고 하면서, "유언의 적극적 단속, 수집"을 하고, "불온언동자 단속을 한층 엄중하게 하도록 지시"했다.[186] 총독부는 '애국반'이나 부락연맹같은 주민조직을 통해서도 '유언 단속'을 하도록 요구하기도 했다.[187] 경찰이 단속하고 주민들이 상호 감시하도록 하는 현실에서 당시 잡지에 "A: 쉬잇!(입에 손을 대고). B: 왜 그러나! A: 말도 절약! B: 귀에도 벽이 있다. A: 뭐! B: 아니 참. 벽에도 귀가 있다. 스파이를 경계하라"라고 하며, 어디에서든 말을 잘못하면 처벌받는다는 것을 풍자하는 내용이 실리기도 했다.[188]

그럼에도 "1941년 들어 이른바 전시 유언비어가 격증"했고, 그 내용은 "구체적인 전황이나 국내의 정세 변화와 밀접한 관련"이 있었으며, 1942년부터는 일본의 패전을 전망하는 내용도 나오기 시작했다.[189] 총

185 파냐 이사악꼬브나 저, 김명호 역, 1996, 『식민지 조선에서』, 한울, 201쪽.

186 宮田節子 저, 이형랑 역, 1997, 『조선 민중과 황민화 정책』, 일조각, 8-9쪽.

187 김영희, 2000, 「일제 말기 국민총력운동의 전개와 농촌통제정책」, 『한국독립운동사연구』 14집, 274-275쪽.

188 「오분간 만담-실없는 친구」, 『조광』 1941.2, 198쪽.

189 변은진, 2013, 앞의 책, 281-290쪽.

독부는 전쟁에 계속 이기고 있다는 보도만을 하도록 언론을 통제하고 있음에도 일본의 패전을 전망하는 내용이 계속 유포되자 그런 정보의 출처에 관해 수사하기 시작했다. 국내에 있는 선교사들이 추방되면서 단파수신기도 모두 회수했다. 하지만 방송국에는 업무용 단파수신기가 있었고, 당시 방송인들은 이런 단파수신기에 쉽게 접근할 수 있었으며, 일부 기술직 직원들은 스스로 단파수신기를 만들기도 했다. 방송인들은 단파수신기를 통해 해외방송을 듣고 그 소식을 주변에 알리기도 했는데, 이런 이유 때문에 총독부는 '전시 유언비어'의 근원지 중 하나로 방송국을 주목하고 조사했다.[190] 경성방송국 기술부 직원이었던 아카미야 요시마(若宮義磨)는 "누가 유포했는지 모르지만 패전이 가까워질 무렵 항간의 소문에 대해 관헌들의 단속이 심해지면서 드디어 소문의 출처가 우리 방송국의 직원"이라고 보고 고등계 형사가 찾아왔다고 회고했다.[191] 이미 경찰은 방송국 직원들을 미행하며 결정적인 증거를 찾으려고 활동하고 있었다.

> 우리 방송인들은 직접, 간접으로 많은 사람이 단파수신에 관계되어 있었지만, 경성중앙방송국의 아나운서인 송진근은 고향이 개성이라 개성송신소의 성기석을 자주 만나게 되었고, 따라서 은밀하게 단파방송의 소식을 서로 이야기할 기회가 많았었다. 이것이 은연중 일경(日警)의 눈에 요주의 인물로 점찍히면서 미행을 당하고 있었지만, 본인은 일경들의 이 눈치를 까맣게 모르고 있었다. 그 해도 저물어

190 성기석, 1979b, 앞의 글, 67쪽.

191 篠原昌三 외 저, 김재홍 역, 2006, 앞의 책, 27쪽.

가는 1942년 12월 24일 노상에서 우연히 같은 방송국 동료인 박용신을 만나자 크리스마스 축하의 술자리를 같이 하게 되었고, 송진근은 그가 청취한 단파방송의 이야기를 은밀하게 속삭였다. 이것이 바로 단파방송의 화근이었다. 그 말은 곧장 그들 바로 옆에 귀를 곤두세우고 있던 미행한 일경 고등계 형사에게 들켰고 그들은 즉시 현장에서 검거되어 끌려가 극심한 고문을 당하게 되었다.[192]

경찰은 경성방송국 직원들이 유언비어의 출처라고 생각하고 미행을 하다가 무심코 한 발언을 듣고 검거했던 것이다. 경기도 경찰부 고등경찰과 제1사찰계 주임인 사이가 시치로(齊賀七郞)가 12월 27일에 개성송신소로 가서 소장 이이덕을 연행하고, 다음 날에 성기석도 체포했다. 송진근, 박용신, 이이덕, 성기석 외에 송진근과 함께 개성에 와서 이이덕에게 단파수신 내용을 듣던 양제현도 검거되었고, 양제현을 통해 그 내용을 전달받았던 홍익범과 송남헌도 체포되었다.[193]

이후 일제는 전국적으로 방송국의 단파방송청취 사실을 조사했다. 1942년 말부터 시작된 단파방송청취사건으로 경성중앙방송국의 40여 명을 포함해 조선방송협회 직원 150여 명과 방송국 직원이 아닌 사람들 180여 명이 검거되어 전체적으로 350명 가량이 경찰에 체포되었다.[194] 1년 동안의 혹독한 취조와 예심을 거쳐 1943년 11월 결심공판에서

192 한국방송공사, 1977, 앞의 책, 56-57쪽.

193 성기석, 1979a, 「나의 방송시절」 1, 『신문과 방송』 1979.11, 39-43쪽; 성기석, 1979b, 앞의 글, 64-65쪽; 유병은, 1991, 『단파방송 연락운동: 일제하 경성방송국』, KBS문화사업단, 205-206쪽.

194 유병은, 1991, 위의 책, 86-87쪽.

20명 가량의 방송인들이 실형 선고를 받아 옥고를 치르거나 벌금형을 받았다.

- 징역: 성기석(기술) 2년, 이이덕(기술) 1년 6월, 염준모(기술) 1년 2월, 김건이(보수) 1년, 김남득(기술) 1년, 김동하(기술) 1년, 김종호(보수) 1년, 노중현(보수) 1년, 송진근(방송) 1년, 양제현(편성) 1년, 조종국(공사) 1년, 홍근호(보수) 1년, 홍진석(공사) 1년, 이근창(보수) 8월, 이창득(보수) 금고 8월, 김중웅(보수) 6월, 김필상(기술 견습생) 6월, 박용신(방송) 6월, 박훈상(보수) 6월, 손정봉(방송) 6월
- 벌금: 박도신(기술) 300원, 송용운(기술) 300원, 이전세(기술) 300원, 한진동(기술) 300원, 신상운(보수) 200원, 황태영(기술) 100원[195]

방송국 직원 중에 확인된 것만으로도 징역형을 받은 사람이 20명(금고 1명 포함)이었고, 벌금형을 받은 사람은 6명이었다. 처벌을 받은 방송국 직원 대부분이 기술과, 보수과, 공사과 등의 기술직이었던 것은, 이들이 단파수신기에 접근하기가 상대적으로 쉬웠기 때문이었다. 이 사건으로 검거되어 조사만 받고 풀려났던 이현은 "이 사건은 조직적으로 생긴 것이 아니라 많은 피검자들이 각기 개별적으로 걸려든 것으로서 방송을 들은 것은 무선전신법 위반, 들은 내용을 남에게 얘기했으면 유언비어 유포죄에 해당하고, 또 그 내용 중에 육군의 전황에 관한 말이 나오면 육

195 위의 책, 164-268쪽; 국사편찬위원회, 2007, 『한민족독립운동사자료집 70-대일항쟁기 단파방송사건』, 국사편찬위원회.

군형법에 저촉, 해군 것이면 해군형법 위반, 이렇게 얽어 넣으니 형의 언도가 어마어마할 수밖에 없었다"고 설명했다.[196] 『동아일보』 기자를 지낸 홍익범과 『조선일보』 영업국장을 지낸 문석준이 조사 과정에서의 고문으로 목숨을 잃었을 만큼 총독부는 '단파방송청취사건'에 대해 강력하게 탄압했다.[197]

총독부가 해외방송을 듣고 그 내용을 주변에 알렸다는 이유만으로 강력하게 처벌했던 것은, 전황에 관한 정확한 정보의 유통이 가져올 영향을 염려했기 때문이었다. 즉 총독부는 과거처럼 유언비어로만 치부할 수 없는 전황에 관한 정보에 대해 강력하게 대응하지 않으면 전쟁 동원 체제를 계속 유지하기가 어려워지리라 보았을 것이다. 단파방송청취사건으로 체포된 인물들의 재판기록에는 실제로 이들이 단파방송청취를 통해 일본의 패망을 예상하고, 이를 주변에 알렸다는 내용이 많이 나와 있다.[198] 비록 조직적이고 의도적인 활동은 아니었다 하더라도, 일부나마 조선인들이 전황에 대해 정확히 알고 해방의 가능성을 생각하며 해방 이후를 준비하게 만들었다는 점에서 단파방송청취사건은 큰 의미를 지닌다. 단파방송청취사건을 통해 총독부는 방송인들에 대해 더욱 확실하게 통제할 필요가 있다고 판단했을 것이다.

---

196 이현, 1979, 앞의 글, 69-70쪽.

197 정진석, 2007, 앞의 책, 159-161쪽.

198 유병은, 1991, 앞의 책, 164-268쪽; 국사편찬위원회, 2007, 앞의 책.

제5장
언론·출판·방송 구조개편과 선전체제 구축

1. 신문 통폐합과 조선인 발행 신문의 폐간

1) 통폐합 계획의 수립

1930년대 말에 대부분의 신문들은 용지난과 자재비 인상 등으로 인해 제작비는 상승했던 반면에 판매나 광고시장의 확대에는 한계가 있었기 때문에 경영상 어려움을 겪을 수밖에 없었다. 특히 이미 일본에서는 1938년부터 용지 부족으로 '신문용지공급제한령'[1]에 따른 용지 할당제가 시행되었고,[2] 조선에서도 용지 부족이 매우 심각한 상태였다.[3] 다만 경영상 어려움의 구체적인 원인에는 조선인 발행 신문과 일본인 발행 신문들 사이에 차이가 있었고, 일본인 발행 신문 중에도 총독부 기관지와 민간지, 중앙지와 지방지 사이에 다소의 차이가 있었다.

일제는 중일전쟁이 발발한 후 전쟁이 장기화될 기미를 보이자 용지 부족 등 물자난을 해소하는 것은 물론 언론을 더욱 효율적으로 통제하고 전쟁 수행에 적극적으로 활용하기 위해 신문사의 통폐합을 추진했다. 우선 일본에서는 1938년부터 자국 내 '약소지와 지방지'의 통폐합을 시

---

1 일본에서는 1938년 8월 5일 물자조정국 차장이 신문사와 잡지사 대표들을 불러 용지 문제에 관해 양해를 구했다. 그중 가장 대표적 내용이 "신문용지는 작년(1937년-인용자) 7월 1일부터 금년(1938년-인용자) 3월 30일까지의 실적을 기준으로 1할 2분의 공급 제한, 잡지는 최저 2할, 기타는 3할 이상을 공급을 제한을 한다"는 내용이었다. 박승완, 1938, 「용지계의 현세와 장래」, 『조광』 1938.10, 51쪽.

2 山本文雄 외 저, 김재홍 역, 2000, 앞의 책, 209쪽.

3 동아일보사, 1975, 앞의 책, 386쪽; 조선일보사, 1990, 『조선일보 70년사』, 조선일보사, 346쪽.

행했다. 이후 일제는 1941년 5월 일본신문연맹을 설립하고, 이를 내세워 대규모 신문사들도 '1현(縣) 1지(紙)'의 원칙을 가지고 통폐합을 추진했다.[4]

총독부의 조선 내 신문사 통폐합 계획에는 조선인 발행 신문뿐만 아니라 당연히 일본인 발행 신문도 포함되어 있었다. 하지만 일본인 발행 신문에 대한 통제 사유는 조선인 발행 신문들과는 다소 달랐다. 총독부는 일본인 발행 신문들의 논조가 대체로 '온건'하다고 평가하고 있었다.[5] 따라서 일본인 발행 신문에 대한 통폐합은 주로 경영상의 어려움을 해결해주고, 이를 통해 신문들을 전쟁 수행의 효율적 도구로 동원하고자 하는 목적에서 비롯된 것이었다고 볼 수 있다.

우선 총독부는 물가가 크게 오르고, 자재의 통제는 강화되던 가운데 일본 내 유력지들까지 진출하면서 조선 내 일본인 발행 신문들의 경영난이 매우 심각해졌기 때문에 '합리적 강화'를 위한 군소 신문의 통폐합이 필요하다고 판단했다.[6] 또한 일제는 극히 일부나마 '자유주의적' 색채를 보이는 일본인 발행 신문들에 대한 통제도 강화할 필요가 있다고 생각했는데, 총독부에 다소 비판적이던 경성의 『조선신문』과 부산의 『조선시보』가 주된 대상이었다. 결국 총독부는 군소 신문과 '자유주의적' 신문을 정리함으로써 신문들이 정책 수행에 적극적으로 협조할 수 있도록 하는 통제지도체계를 완성하고자 했다.[7]

---

4 山本文雄 외 저, 김재홍 역, 2000, 앞의 책, 208-212쪽, 228-231쪽.

5 朝鮮總督府 警務局, 1941a, 『朝鮮出版警察概要』 1940년판, 740-741쪽.

6 朝鮮總督府 警務局, 1941b, 「第79回 帝國議會說明資料(警務)」, 민족문제연구소 편, 2000, 『일제하 전시체제기 정책사료총서』 14, 한국학술정보, 97쪽.

7 朝鮮總督府 警務局, 1939a, 「朝鮮ニ於ケル言論機關ノ統制指導策」, 숭실대학교 한국

총독부는 일본인 발행 신문에 대한 통폐합 계획을 중앙지와 지방지로 나누어 수립했다. 중앙지의 경우 『조선신문』과 『조선일일신문』을 합병한 새로운 신문이 총독부 기관지 『경성일보』와 상호 견제하도록 하고, 지방지의 경우 1도 1지를 원칙으로 하되, 대도시가 있는 도의 경우는 2개지를 인정할 수 있다는 방침을 세웠다.[8] 총독부는 대체로 중앙지는 2개 정도, 지방지는 각 도에 1개씩 남겨 놓는다는 방침을 세워놓았다. 이미 1940년 초반에 총독부가 중앙의 일본어 신문 4개는 2개로 통합하고, 지방의 일본어 신문 7개는 폐간시키려는 방침을 세웠다는 보도가 나오기도 했다.[9]

총독부는 통폐합 방법으로서 자진폐간을 종용하고 매수하는 것을 원칙으로 하되, 이에 응하지 않는 경우 재정적 압박을 가하거나 용지 공급을 제한하여 자멸하도록 한다는 계획을 세웠다. 총독부는 통제자금으로 국비와 도비를 사용하거나 『경성일보』의 자본금을 200만 원으로 늘리는 방안을 세웠다. 또한 총독부는 통폐합 후 지방 신문의 배포 지역을 인접 지역까지로 제한하고, 신문이 없는 강원도는 『경성일보』 지방판으로, 충청북도는 충청남도의 『중선일보』나 『경성일보』 지방판으로 '지원지

기독교박물관 소장본, 1-2쪽. 1930년대 말에 '언론구조 개편방안'을 다루었던 문건은 2개가 있다. 하나는 「조선 언론기관의 통제지도책(朝鮮ニ於ケル言論機關ノ統制指導策)」인데 숭실대학교 한국기독교박물관에 소장되어 있다. 다른 하나는 「언문신문통제안(諺文新聞統制案)」인데 민족문제연구소가 편찬한 『일제하 전시체제기 정책사료총서』 37권에 실려 있다. 장신은 앞의 문서는 1939년 4월 이전, 뒤의 문서는 1939년 6월 이후에 작성된 것으로 보았다. 장신, 2021c, 앞의 책, 210-211쪽.

8 朝鮮總督府 警務局, 1939a, 앞의 글, 5쪽.

9 「기밀실: 민간신문 통제설」, 『삼천리』 1940.3, 21쪽.

(地元紙)'의 기능을 하도록 한다는 방침을 세웠다.[10] 이렇듯 일본어 신문의 통폐합에는 총독부 기관지 『경성일보』를 강화하고자 했던 목적도 상당 부분 작용했다.

조선인 발행 신문들의 경우 1930년대 중반 이후 발행 부수가 정체되어 있었다. 『동아일보』의 부수는 1934년에 52,393부, 1939년에 55,977부였고, 『조선일보』의 부수는 1934년에 38,653부, 1939년에 59,394부로 나타났다. 조선인의 교육 및 경제 수준이 낮아 신문 독자가 늘기 어려웠고, 그나마 조선인 중에 총독부 기관지 『경성일보』나 일본에서 이입되는 신문을 보는 사람들이 늘었기 때문이다.[11] 일본어 해독률이 다소 높아지고, 의식의 변화도 어느 정도 나타나면서 일본어 신문을 보는 독자들이 늘어났던 것이다.[12] 또한 일본 광고에 주로 의존했던 광고수입도 1930년대 중반 이후 거의 늘지 않았고, 발행 면수의 감소로 인해 갈수록 더욱 줄어들 수밖에 없었다.[13] 반면에 용지 가격 인상 등 제작원가는 상승하게 됨으로써 심각한 경영난을 겪게 되었다.[14]

반면에 총독부 기관지 『매일신보』의 부수는 1935년에 30,937부였지만, 1939년에는 95,939부로 대폭 증가했다. 『매일신보』의 부수가 크게 늘어난 데는 총독부의 적극적인 지원이 작용했다. 그리고 『매일신보』

---

10 朝鮮總督府 警務局, 1939a, 앞의 글, 6-7쪽.

11 정진석, 1978, 「일제하의 언론 출판 연구〈상〉」, 『신문연구』 26호, 272쪽.

12 김영희, 2009, 『한국사회의 미디어 출현과 수용: 1880~1980』, 커뮤니케이션북스, 100-106쪽.

13 동아일보사, 1975, 앞의 책, 409쪽; 정진석, 1991, 「광고사회사」 Ⅱ, 『광고연구』 12호, 356-358쪽.

14 朝鮮總督府 警務局, 1939a, 앞의 글, 16쪽.

〈표 1〉 일제 말기 신문의 발행 부수 현황

신문명 \ 연도	1929	1934	1939
『동아일보』	37,802	52,383	55,977
『조선일보』	23,486	38,653	59,394
『매일신보』	23,033	27,400	95,939

출처: 정진석, 1990, 앞의 책, 553쪽.

의 독자가 증가한 것이 『동아일보』나 『조선일보』의 독자수 정체에 어느 정도 영향을 주었을 것이다. 『매일신보』의 부수 증가가 조선인의 '민심의 전향'에 의한 것이 아니라 주로 총독부의 막대한 '지원 덕택'이라는 주장도 있었고,[15] 조선인의 '사상적 격변' 등으로 인한 자연스러운 결과라는 평가도 있었다.[16] 또한 『매일신보』는 조선인 발행 신문과는 달리 1939년에 들어서서 광고수입도 많이 늘어나는 경향을 보여주었다.[17]

1939년에 일제는 조선어 신문에 대해서도 통폐합을 구체적으로 구상하기 시작했다. 조선어 신문에 대한 통폐합 조치는 일본에서도 진행하던 통폐합 정책의 연장선상에서 시행한 것이었지만, 한편으로는 민족말살정책의 일환으로 이루어진 것이기도 했다. 일제는 조선어 신문의 통폐합이 필요한 요인으로 가장 먼저 '문화공작상'의 이유를 들었다.[18] 일제는 조선인 발행 신문들이 내선일체의 실현, 즉 조선인을 황국신민화하는 데 여전히 장애물이 된다고 판단했다. 하지만 1930년대 말 조선인 발행

15 朝鮮總督府 警務局, 1939b, 「諺文新聞統制案」. 민족문제연구소 편, 2000, 『일제하 전시체제기 정책사료총서』 37, 한국학술정보, 265-267쪽.

16 朝鮮總督府 警務局, 1939a, 앞의 글, 12쪽.

17 정진석, 1991, 앞의 글, 354쪽.

18 朝鮮總督府 警務局, 1939b, 앞의 글, 261-262쪽.

신문들의 논조는 이미 총독부 기관지인 『매일신보』와 큰 차이를 보이지 않을 정도였다.[19] 총독부도 조선인 발행 신문들의 논조에 대해 중일전쟁 발발 이후 크게 변화했지만, 여전히 '소극적으로 민족의식을 암시'하는 기사가 있다고 지적하기도 했다.[20] 이렇듯 논조가 크게 변질되었음에도 총독부가 통폐합을 구상하게 된 원인은 바로 조선인 발행 신문의 '존재 자체'가 조선인의 민족의식에 영향을 준다고 보았기 때문이었다.[21] 윤치호도 『동아일보』와 『조선일보』의 폐간이 "민족주의에 대한 미련을 완전히 뿌리뽑기 위한 것"이라고 했다.[22] 즉 일제는 기사의 내용이 아니라 조선인 발행 신문이 갖는 '상징성'이 문제가 될 수 있다고 보았던 것이다.[23]

또한 총독부는 언론을 "국책 수행에 충실한 협력자"의 역할을 하도록 만들어야 한다고 판단하고, 이를 위해 우선 "비교적 실행이 용이한" 조선어 신문을 총독부 기관지 하나로 통폐합해 "전체주의적 편집방침 준행의 모범"을 보이고자 했다.[24] 즉 총독부는 언론을 통제하는 것을 넘어서서 적극적으로 이용하려고 했고, 이를 위해 우선 조선어 신문의 통폐합을 시도하고자 했다. 언론을 검열하고 금지하던 것에서, 언론을 활용해 선전하고 권장하는 방식으로 정책을 전환했다. 이를 위해서는 '체제 순

---

19 일제 말기의 논조에 관한 이런 주장은 일제강점기의 조선인 발행 신문에 대해 비판적인 연구만이 아니고 대부분의 연구에서 나타난다. 김규환, 1978, 앞의 책, 291쪽; 정진석, 1990, 앞의 책, 538쪽; 최민지, 1978, 앞의 책, 234쪽; 최준, 1960, 앞의 책, 311-312쪽.

20 朝鮮總督府 警務局, 1940, 『朝鮮出版警察概要』 1939년판, 38-42쪽.

21 朝鮮總督府 警務局, 1939b, 앞의 글, 262-263쪽.

22 김상태 편역, 2013, 앞의 책, 545쪽.

23 최유리, 1993, 「일제 말기 언론정책의 성격」, 『이화사학연구』 20·21합집, 194쪽.

24 朝鮮總督府 警務局, 1939b, 앞의 글, 263-264쪽.

응적 매체'만을 존치시키는 개편이 필요했다.[25]

총독부가 내세운 또 다른 이유로는 일본어 보급 장려와 『매일신보』 강화의 필요성을 들 수 있다.[26] 일제는 1938년의 3차 교육령 개정을 통해 일본어 상용을 결정하고, 가능하면 아예 조선어 신문을 모두 없애려고 했다. 그러나 1939년까지도 일본어 보급률이 13.8%에 불과했기 때문에[27] 총독부는 일본어 해독 인구가 늘어나도 조선어 신문이 단기간 내에 쇠퇴하지는 않을 것이라고 보았다.[28] 당분간 조선어 신문을 존속시키되, 『매일신보』 하나로 통폐합해 남긴다는 방침을 세웠다. 또한 『매일신보』를 강화하는 것만으로 조선인 발행 신문들의 활동을 위축시키기에 한계가 있다고 보았기 때문에 차라리 조선인 발행 신문들을 폐간시키는 것이 필요하다고 판단했던 것이다.

이외에도 총독부는 광고주와 구독자의 부담 경감, 지면의 획일화에 따른 유사 신문 병존의 필요성 상실, 신문용 자재의 절약, 신문의 경영난 등을 조선어 신문의 통폐합이 필요한 이유로 들었다.[29] 그러나 이런 문제들은 비단 조선어 신문만 지니고 있던 것은 아니었고, 오히려 조선 내 일본어 신문의 경우가 더 심각했다고 보아야 할 것이다. 따라서 총독부가 이런 이유들을 내세웠던 것은 조선어 신문의 통폐합을 정당화하기 위한 다양한 명분 찾기에 불과했다. 일제의 조선어 신문 통폐합은 조선인 발행 신문을 없애고 『매일신보』를 강화하는 데 중점이 있었다. 총독부는

---

25 정근식, 2013, 앞의 글, 225-229쪽.

26 朝鮮總督府 警務局, 1939b, 앞의 글, 264-267쪽.

27 京城日報社, 『朝鮮年鑑』 1945년판, 130쪽.

28 朝鮮總督府 警務局, 1940, 앞의 책, 44-45쪽.

29 朝鮮總督府 警務局, 1939b, 앞의 글, 267-274쪽.

처음에 『동아일보』와 『조선일보』를 인수해 『매일신보』를 강화하고, 『매일신보』도 총독부 일본어 기관지 『경성일보』에 합병시키는 방법을 고려했다.[30] 총독부정책의 기본적인 방향은 조선인 발행 신문의 폐간과 총독부 기관지의 강화였다.

총독부의 조선어 신문 통폐합 방식에 대한 구상은 몇 가지로 나뉘어 구체화되었다. 첫 번째 방법은 모든 조선어 신문을 정리, 통합해 『매일신보』 하나만을 남기는 것이었다. 두 번째 방법은 『조선일보』를 평양, 『동아일보』를 대전으로 이전시켜 지방지로 전환하는 것이었다. 세 번째는 『조선일보』와 『동아일보』를 통합해 새로운 민간지를 만들어 『매일신보』와 병존시키는 방법이었다. 네 번째는 『동아일보』를 산업 · 경제 · 시사를 보도하는 특수신문으로, 『조선일보』를 일본어 신문으로 만드는 방법이었다. 다섯 번째는 『동아일보』와 『조선일보』를 매수, 합병해 산업 · 경제 · 시사를 보도하는 새로운 특수신문으로 만들되, 『매일신보』의 자회사로 두는 방법이었다.[31]

조선어 신문 통폐합의 필요성은 대단히 높았지만 그만큼 민감한 문제였기 때문에 총독부는 사전에 다양한 방안을 검토했다. 총독부는 조선인 발행 신문의 폐간이 가져올지 모를 조선인의 '악감정'을 염려했다. 이 때문에 총독부는 한때 『동아일보』와 『조선일보』를 없애는 대신 매수, 합병해 특수신문으로 만드는 다섯 번째 방법을 유력하게 검토했었다. 총독부는 『동아일보』와 『조선일보』를 합병한 특수신문을 일간 8면으로 발행하고, 41,000부를 목표로 한다는 등의 내용을 담은 구체적 사업계획까

30 朝鮮總督府 警務局, 1939a, 앞의 글, 12-13쪽.

31 朝鮮總督府 警務局, 1939b, 앞의 글, 275-279쪽.

지 수립해 놓았다. 특히 총독부는 『동아일보』가 매수 교섭에 응하지 않을 때의 대책도 마련해 놓을 필요가 있다고 판단했다.[32]

총독부는 조선인 발행 신문의 인수에 필요한 비용을 미리 산출해 놓았다. 총독부는 '매수비'로서 『조선일보』는 80만 원, 『동아일보』는 50만 원을 책정하고 매수 교섭에 나섰다.[33] 뒤에 더욱 구체적으로 계획을 수립해 『조선일보』의 경우 영업권 16만 원, 건물과 기계 등의 유체재산 64만 원, 『동아일보』의 경우 영업권 14만 원, 유체재산 56만 원, 기타 신문의 경우 영업권 1만 5천 원을 산정해 놓았다. 총독부는 『동아일보』나 『조선일보』의 유체재산 매수 여부에 따라 총 매수 비용에는 차이가 있을 것이라고 예측하고, 매수 자금 조달을 위해 『매일신보』가 100만 원을 증자하고 부족할 경우 차입하여 해결하려는 계획을 세웠다. 또한 총독부는 『동아일보』나 『조선일보』에 근무하던 직원의 전직에 대한 나름대로의 대책도 세워놓았다.[34]

2) 조선어 신문의 통폐합 시행

총독부는 1939년 말부터 『동아일보』와 『조선일보』의 매수 교섭에 나서 두 신문의 자진폐간을 종용했다. 1939년 12월 22일 총독부 경무국장 미쓰하시 고사부로(三橋孝三郎)는 『조선일보』 사장 방응모를 관사로 불러 신문사 통폐합에 관한 당국의 방침을 전했다.[35] 미쓰하시 경무국

---

32 위의 글, 284-285쪽.

33 朝鮮總督府 警務局, 1939a, 앞의 글, 13쪽.

34 朝鮮總督府 警務局, 1939b, 앞의 글, 279-283쪽.

35 『동아일보』와 『조선일보』의 폐간 과정에 관한 자세한 내용은 장신의 연구에 잘 나와

장과 방응모가 12월 24일에 만났을 때 방응모는 여섯 가지 폐간 조건을 내걸었고, 12월 28일에는 이 조건을 반영한 각서를 작성하고, 폐간계에는 폐간일을 1940년 2월 11일로 못 박았다.[36] 경무국장, 보안과장과 방응모 사이의 협상이 진행되어 1940년 1월 12일에 합의하고 13일에 5개 항의 각서에 날인하고는, 14일에 2월 11일을 기한으로 하는 폐간계를 조선총독 앞으로 제출했다. 합의한 5개 항은 다음과 같다.

1. 조선일보는 국책적 견지에 조선총독부의 통제 방침에 따라 소화 15년(1940년 – 인용자) 2월 11일을 기한으로 일간신문 조선일보의 발행을 폐지할 것으로 미리 폐간계를 제출한다.
2. 전항의 경우에 해산 수단으로서 당국이 20만 원을 지불한다.
3. 동아일보에 대해서는 조선일보 폐간계 제출 직후에 이의 정리에 대해 교섭을 개시한다.
4. 잡지, '조광, 여성, 소년'은 계속 출판을 인정한다.
5. 종업원에 대해서는 조선일보사에서 퇴직상여금 및 해산수당을 지급하는 외에 전직 희망자에 대해서 당국도 될 수 있는 한 이의 알선 등을 강구한다.[37]

있다. 이 연구는 숭실대학교 한국기독교박물관에 소장된 「언문신문 통제에 관한 건(諺文新聞統制ニ關スル件)」(1940.2.15)을 활용해서 두 신문의 폐간 과정을 자세히 살펴보았다. 이 문서는 경무국장이 정무총감에게 보냈던 것으로서 『동아일보』와 『조선일보』 폐간 시도의 경과를 정리하면서, 애초의 계획대로 안 된 이유를 설명하고 있다. 장신, 2021b, 앞의 글, 197–235쪽.

36 위의 글, 218쪽.

37 위의 글, 221쪽.

경무국장으로서는 다른 내용은 그대로 시행하면 되는 것이었지만, 『동아일보』의 폐간은 설득이 필요한 어려운 일이었다. 경무국장은 1940년 1월 16일에 『동아일보』 사장 백관수와 전 사장이자 고문인 송진우를 관사로 불러 당국의 통제 방침을 전달했지만, 백관수나 송진우는 "어쨌든 국책이라면 따라야 하지만 후일에 대답하겠다"고 약속한 뒤 나왔다.[38] 미쓰하시는 용지 사정과 '전시보국체제'라는 점을 들어 일본의 건국기념일인 2월 11일까지 두 신문을 폐간해 『매일신보』와 통합하라고 종용했고,[39] 자진폐간 요구에 응하면 전 사원의 1년간 봉급을 지급하고 윤전기 등 시설 일체를 매수하겠다고 했다.[40]

송진우는 일본의 조선총독부 지원단체인 중앙조선협회에 경무국장의 폐간 압박을 전보로 알렸고, 중앙조선협회는 총독에게 『동아일보』의 '폐간 통고에 자중할 것'을 요구하는 편지를 보냈다. 1월 22일에 백관수는 경무국 보안과장을 방문해 총독부의 제안을 거부한다는 의사를 전했고, 경무국장은 다시 24일에 백관수와 송진우를 관사로 불러 권유했으나 『동아일보』 측은 거절했다.[41] 1월 25일에 『동아일보』 인사들은 유억겸을 통해 윤치호에게 총독을 만나서 폐간 결정 철회를 간청해 달라고 요청했고, 윤치호는 당일 오후 총독부 비서관을 만나 『동아일보』의 요구를 전달했다.[42] 1월 하순에는 송진우가 일본에 건너가 중앙조선협회의

---

38 위의 글, 222쪽.

39 동아일보사, 1975, 앞의 책, 383쪽.

40 인촌기념회, 1976, 앞의 책, 412쪽.

41 장신, 2021b, 앞의 글, 223-224쪽.

42 김상태 편역, 2013, 앞의 책, 527-528쪽.

주요 인물 등을 만났다.[43]

1940년 2월 11일이 다가와도 『동아일보』와의 동시 폐간이 결정되지 않자 『조선일보』 측은 새로운 협상 조건을 경무국에 제시했다. 『동아일보』와 『조선일보』를 인수, 합병해 새로 만들려는 특수신문의 경영을 자신들에게 맡기고, 2월 11일의 폐간도 3월 31일로 연기해줄 것을 요청했다. 경무국은 『조선일보』가 새 신문에 투자자의 하나로 참여할 수는 있을 것이고, 폐간을 늦추면 『조선일보』에게 경제적으로 좋지 않을 것이라고 답변했다.[44] 『조선일보』는 경무국으로부터 원하는 답을 듣지 못했다. 2월 7일에는 방응모의 요청으로 경무국 도서과장 사무실에서 『조선일보』의 방응모와 『동아일보』의 백관수, 송진우가 처음으로 함께 모였다. 경무국장은 『조선일보』와의 협상 내용을 『동아일보』에게 알렸지만 완강한 반대 의사로 결국 자진폐간에 합의할 수 없었다. 장신은 이날의 모임을 "『동아일보』는 『조선일보』와 경무국의 '비밀합의'를 처음 듣는 자리였고, 『조선일보』는 『동아일보』와 함께 폐간할 수 없음을 깨닫는 자리"였다고 평가했다.[45]

이런 과정을 거쳐 일단 두 신문은 폐간 기한인 2월 11일을 넘기게 되었다.[46] 『조선일보』의 방응모는 원래 약속했던 폐간 기일을 넘긴 2월 14일에 경무국을 방문해 『동아일보』와 같은 날에 폐간하겠다는 입장을

---

43 동아일보사, 1975, 앞의 책, 383-384쪽.

44 장신, 2021b, 앞의 글, 226-227쪽.

45 위의 글, 226쪽.

46 일본의 '우익 계통' 신문인 『東亞日日新聞』은 1940년 2월 20일 자에서 이런 논란에도 불구하고 총독부가 강력하게 대처해야 한다고 주장했다. 「諺文新聞東亞日報に對する內地新聞の主張」, 『思想彙報』 1940.3, 165-166쪽.

밝혔다. 경무국장은 방응모에게 폐간이 늦어졌을 때의 불이익을 거론하며 경고했지만, 결국 『조선일보』도 폐간하지 않아서 처음의 '협의' 폐간은 성과 없이 끝나고 말았다. 두 신문의 매수 협상이 실패로 끝나면서, 특수신문을 발행할 설비도 전혀 확보하지 못했다. 이에 따라 특수신문을 만들려던 검토안은 무산되었고, 『동아일보』와 『조선일보』를 통폐합하여 『매일신보』만 남겨 놓는 안으로 가게 되었다.[47] 조선에서는 『동아일보』와 『조선일보』를 그냥 폐간시키는 것이 아니고 이런 신문들을 합병해 새로운 신문의 창간을 시도하는 것이 실패로 돌아갔지만, 대만에서는 실제로 대만인 발행 신문 등 6개를 합병하여 『대만신보』를 만들어서, 이 신문을 일본인 발행 신문인 『대만매일신문』에 위탁경영을 맡겼다.[48]

이렇듯 조선인 발행 신문에 대한 폐간이 제대로 시행되지 못하던 가운데 1940년 3월 22일 신문사들의 모임인 조선춘추회는 간사회에서 협의한 후 경무국장을 만나 자신들의 입장을 전달했다. 조선춘추회 간사들이 조선인 발행 신문의 폐간을 포함해 신문사 통폐합정책을 강력히 추진할 것을 요구하자, 미쓰하시 경무국장은 실시 시기는 확답할 수 없으나 원래의 방침대로 추진할 것임을 밝혔다. 일본의 일부 반대 여론 때문에 잠시 주춤하던 총독부는 두 신문의 창간 20주년 행사가 끝나는 4월 말쯤부터 다시 폐간을 추진하겠다는 입장을 밝혔다.[49]

이후 총독부는 강력한 폐간 반대 움직임을 보인 『동아일보』를 상대로 5월부터 폐간의 빌미를 찾기 위한 다양한 시도를 했다. 윤치호가

---

47 장신, 2021b, 앞의 글, 228쪽.

48 정근식, 2014, 앞의 글, 241쪽.

49 「기밀실: 민간신문 문제 진상」, 『삼천리』 1940.5, 13-16쪽.

1940년 4월 21일 자 일기에서 이미 총독부가 "동아일보를 문 닫게 할 구실을 얼마든지 찾아낼 수 있다"고 했던 것처럼 다양한 방법을 통해 압력을 가했다.[50] 총독부는 6월 초부터 신문 파지를 통제가격 이상으로 팔아서 경제통제령을 위반했고, 신문사의 이익금을 개인 명의로 저축하고 이 중 일부를 보성전문학교에 대여해서 탈세와 배임을 저질렀다는 이유로 『동아일보』의 주요 간부들을 구속했다.[51] 또한 비밀결사를 조직하려고 했고 독립자금을 임시정부에 보냈다고 몰아세우기도 했다.[52] 이런 압력 끝에 『동아일보』가 7월 26일에 폐간을 최종적으로 결정하자 『동아일보』와의 동시 폐간을 희망했던 『조선일보』도 뒤따라 곧 폐간을 결정했다. 두 신문의 폐간 직후 경무국장의 담화에서 나온 '국책에 순응'했던 『조선일보』와 '당국의 진의를 오해'했던 『동아일보』 등의 표현을 통해 저간의 사정을 잘 드러내 주었다.[53]

1940년 8월 10일에 '자진폐간'하면서 『동아일보』와 『조선일보』는 『매일신보』로부터 각각 15만 원과 20만 원을 받았다.[54] 이 돈은 해직 사원들의 생활을 보조하기 위한 해산수당 또는 해당위로금으로 사용되었다.[55] 『동아일보』는 『매일신보』로부터 받은 15만 원에다가 회사에서 15만 원을 더 내 30만 원을 만들어 215명의 사원에게 2년치 봉급에 해당하는 퇴직금을 지급했다. 또한 『조선일보』도 『매일신보』로부터 받은

50 김상태 편역, 2013, 앞의 책, 534쪽.

51 「특보: 조선일보 동아일보 자진 폐간 진상과 금후」, 『삼천리』 1940.9, 15쪽.

52 동아일보사, 1975, 앞의 책, 384-388쪽.

53 「조선·동아의 양지(兩紙) 명일부터 폐간」, 『매일신보』 1940.8.11, 석간 1면.

54 「특보: 조선일보 동아일보 자진폐간 진상과 금후」, 『삼천리』 1940.9, 12-16쪽.

55 장신, 2021b, 앞의 글, 231쪽.

20만 원으로 270명의 사원에 대해 1년간의 생활비를 지급하고, 5만 원을 보태서 3년 이상 근무한 사원에 대해 법정퇴직금을 지급했다. 『매일신보』는 일단 식산은행으로부터 기채(起債)하여 이 비용을 지불하고 뒤에 증자하기로 했다.[56]

폐간 후 일제는 두 신문의 시설 인수 비용으로 『동아일보』에 50만 원, 『조선일보』에 80만 원을 지급했다.[57] 『동아일보』와 『조선일보』를 폐간시키면서 바로 시설 인수가 이루어지지 않으면서 인수비도 늦게 지급된 것 같은데, 이를 두고 한 잡지는 두 신문의 윤전기 등의 시설 정리가 아직 결정되지 않았다고 보도하기도 했다.[58] 시설 인수 논의 과정에서 『동아일보』는 고속윤전기를 『매일신보』에 넘기라는 총독부의 지시에 불응하고 오사카의 『일간공업신문』에 16만 원에 매각했다.[59] 『조선일보』의 경우 마리노식 윤전기 2대 중 1대는 대만으로, 1대는 『만선일보』로 넘겼고, 고속윤전기는 『경성일보』에 강제 매각했다.[60] 이미 통폐합 계획을 수립할 당시 총독부는 시설 인수 비용으로 50만 원과 80만 원을 책정한 바 있었는데[61] 시설 인수 과정에서 차질이 생겼었음에도 애초에 책정된 액수대로 지급했던 것 같다. 처음부터 협조적인 자세를 보였던 『조선일보』는 잡지와 도서의 간행을 목적으로 하는 주식회사 조광사와 장

---

56 「특보: 조선일보 동아일보 자진폐간 진상과 금후」, 『삼천리』 1940.9, 16쪽; 日本新聞研究所, 1941, 『日本新聞年鑑』 1941년판, 120쪽.

57 조선일보사, 1990, 앞의 책, 374쪽; 최준, 1960, 앞의 책, 329쪽. 반면에 『동아일보』는 시설 인수비조로 51만 원을 받았다고 주장했다. 동아일보사, 1975, 앞의 책, 393쪽.

58 「기밀실: 신문사의 정황」, 『삼천리』 1940.10, 15-16쪽.

59 동아일보사, 1975, 앞의 책, 393쪽.

60 계초전기간행회, 1980, 『계초 방응모전』, 조선일보사, 179쪽.

61 朝鮮總督府 警務局, 1939a, 앞의 글, 13쪽.

학 및 연구 지원을 하는 동방문화학원을 설립할 수 있었다.[62]

3) 통폐합 이후의 언론

1930년대까지 『매일신보』는 선전을 위해서라도 읽히는 신문을 만들어야 했기 때문에 오락적이고 흥미 위주의 내용으로 대중성을 강화하고자 했다. 대중성 강화의 일환으로 다양한 연재소설이나 각종 기획물을 자주 게재했다.[63] 그러나 1937년에 중일전쟁이 발발하면서 선전 매체로서의 역할이 더 중요해지면서 신문의 내용에 큰 변화가 나타났다. 1938년 4월 29일에 『매일신보』는 『경성일보』로부터 독립해 자본금 100만 원의 주식회사가 되었고, 최린이 최초의 사장이 되었다. 『매일신보』의 분리·독립은 중일전쟁이 발발한 이후 조선인을 상대로 하는 선전을 강화할 필요가 있다는 판단 때문이었다.[64] 1941년 6월에는 최린이 물러나고, 경찰 출신으로 충청남도 도지사를 지낸 이성근이 사장으로 취임했다. 이성근은 취임하며 "보도보국(報道保國), 언론보국(言論保國)의 적성을 다하여 국론을 통일"하는 것이 『매일신보』의 사명이라고 밝혔다.[65] 총독부는 1930년대 말 이후 경영진이나 편집간부 인사에 적극적으로 개입해 『매일신보』를 더욱 효과적인 선전도구로 활용하고자 했다.

---

62 장신, 2021b, 앞의 글, 232쪽.

63 이희정, 2017, 「일제말기(1937년~1945년) 『매일신보』 문학의 전개양상」, 『한국문학이론과 비평』 21권 2호, 210-211쪽.

64 「기밀실-우리 사회의 제 내막」, 『삼천리』 1940.12, 15쪽; 정진석, 2005, 앞의 책, 444-453쪽.

65 「취임사」, 『매일신보』 1941.6.17, 석간 1면.

조선인 발행 신문의 폐간으로 "『매일신보』 단독체제의 출현"이 실현되면서 이제 "조선어 신문에 대한 금지와 단속의 시간이 끝나고 본격적인 선전과 동원의 시간이 도래"했다.[66] 『매일신보』는 "황민화의 제일보로 국어(일본어) 보급에 총력전을 전개"한다는 등 지면에 총독부의 정책에 부응하는 내용을 다각도로 다루고 관련 기사와 특집, 좌담회를 실었다. 『매일신보』는 1940년 10월 10일 자에 '국어란(일본어란-인용자)'을 신설해 학예면 또는 가정면에 배치했다. 1942년 7월 5일에는 '국어교실'을 부록 형태로 독립시키면서도, 본지에도 '국어교실'란을 만들어 일본어 보급에 적극적으로 나섰다. 또한 '국어보급회'를 설치하여 전국 300개 소의 지사·지국과 보급소를 총동원한 '국어보급' 강습회를 개강하여 매년 3만여 명에게 일본어를 보급하겠다는 계획을 세우기도 했다.[67] 조선어 신문이 적극적으로 일본어 보급에 앞장서는 역할을 했는데, 일본어 보급을 위한 이런 활동이 조선어 신문인 『매일신보』를 남겨놓은 가장 중요한 이유였던 셈이다.

1940년대에 들어서서 일제는 신문들을 더욱 철저히 통제하고 이용하기 위한 정책들을 실시했다. 일제는 1941년 1월 10일에 국가총동원법 20조의 시행 규정이라고 할 수 있는 '신문지 등 게재 제한령'을 칙령 제37호로 공포했다.[68] 또한 1941년 12월 13일에는 칙령 제1107호인 '신문사업령'을 공포했다.[69] 전자가 신문기사를 더욱 강력하게 규제하

66 강부원, 2015, 「총력전 시기 『每日新報』의 지면 구성과 매체 운용」, 『대동문화연구』 89집, 407-408쪽.

67 정진석, 2005, 앞의 책, 198-199쪽.

68 임종국, 1985, 앞의 책, 175-176쪽.

69 위의 책, 181-182쪽.

겠다는 내용이었다면, 후자는 신문사업 전반에 대해 강력한 통제 권한을 부여한 것이었다. 특히 신문사업령은 '통제적 견지'에서 양도·양수·합병을 명령할 수 있도록 규정함으로써 경기도의 일본어 신문이 통폐합되는 데 결정적 영향을 주었다.[70] 또한 총독부는 1941년 11월에 정보과를 신설해 정보 선전 활동의 강화를 의도하기도 했다.[71]

통폐합이 완결된 이후에도 총독부는 언론에 대해 더욱 강력한 통제를 가했다. 미쓰하시 경무국장은 신문사 통폐합을 완료하면서 "보도보국의 전념(專念)하에 신문통제에 의한 소기의 목적 달성을 위하여 기여할 것을 절망(切望)"한다고 표현하기도 했다.[72] 총독부는 이후 더욱 구체적으로 신문의 '금지기사사항'을 명령했는데, 그 내용은 전쟁 수행에 다소라도 장애가 될 수 있는 기사는 철저하게 금지하겠다는 것들이었다.[73] 또한 총독부는 신문을 효율적으로 통제하기 위한 인사조치를 하기도 했다. 일제는 1941년 6월 13일에 『매일신보』의 인사를 개편했는데, 새로 사장으로 취임한 이성근(창씨명 金川聖)을 포함해 주요 간부 3명이 모두 경찰 출신이었다.[74] 언론통제에 앞장섰던 경찰 출신 간부들의 등장은 『매일신보』를 전시총동원체제의 수단으로 삼겠다는 확실한 의지를 보여주는 것이었다. 당시 『매일신보』에 근무하던 조용만은 이성근을 사장으로 임명한 것에 대해 "고등경찰에 오래 있어서 사상범을 많이 다루어 왔으

70 김규환, 1978, 앞의 책, 315쪽.

71 위의 책, 321쪽.

72 「신문통제 완료에 제하여(三橋警務局長談)」, 『朝鮮新聞』 1942.2.28; 이해창, 1971, 앞의 책, 135쪽 재인용.

73 김규환, 1978, 앞의 책, 318-321쪽.

74 「사회 각 방면의 중요 사실 진상: 매일신보 신진영」, 『삼천리』 1941.7, 70-71쪽.

므로 이 사람에게 말썽 많은 신문사를 맡긴 모양"이라고 주장했다.[75]

총독부는 1941년 12월 태평양전쟁에 돌입하면서 언론통제를 더욱 강화하여, 1942년 5월 1일에는 기존의 조선춘추회 대신 조선신문회를 결성하도록 했다.[76] 총독부 경무국장과 조선군 보도부장이 참석한 가운데 창립총회가 열려 『경성일보』 사장 미타라이 타쓰오(御手洗辰雄)가 회장을, 『매일신보』 사장 이성근이 부회장을 맡았다. 조선신문회는 전쟁 수행을 위해 언론을 더욱 효과적으로 통제하고 이용하기 위한 조직에 불과했다.[77] 또한 총독부는 1945년 6월 8일에는 "성전(聖戰) 완수에 매진"하고 "내선일체(内鮮一体) 이상을 구현"하는 것을 목적으로 한다는 조선언론보국회를 결성하도록 했다.[78]

『매일신보』는 물론 통폐합 이후 살아남게 된 일본어 신문들까지 모두 일본어 보급이나 징병제 권유 등 "시국의 요청에 부응"하는 '보도보국'의 역할을 적극적으로 수행하게 되었다.[79] 특히 『경성일보』나 『매일신보』 같은 총독부 기관지들은 말할 것도 없고,[80] 다른 민간신문들도 '교화(教化) 선전차'를 이용해 선전 활동을 하거나 강연회, 좌담회를 개최하는 등 전쟁 수행 도구로서의 역할을 적극적으로 수행했다.[81] 특히 1940년대의 총독부 기관지는 오로지 전쟁 수행을 위한 도구적 역할만

75 조용만, 1974, 앞의 글, 268쪽.

76 계훈모 편, 1979, 앞의 책, 884쪽.

77 김규환, 1978, 앞의 책, 331-332쪽.

78 임종국, 1966, 『친일문학론』, 평화출판사, 173-176쪽.

79 日本電報通信社, 1943, 『新聞總攬』 1943년판, 156-179쪽.

80 최준, 1960, 앞의 책, 330-333쪽,

81 日本電報通信社, 1943, 앞의 책, 156-161쪽; 임종국, 1966, 앞의 책, 65쪽.

을 했으며, 때로는 직접 총독부의 특명을 받아 활동하기도 했다. 『매일신보』 기자였던 조풍연은 당시 신문에는 "미영(米英) 격멸과 멸사봉공(滅私奉公), 그리고 호국충성을 구가하는 말이 기사 속에 반드시 끼여 있었다" 고 회고했을 정도로 신문이 전쟁 도구화되어 있었다.[82] 1941년에 『매일신보』 정치부장이 되었던 이원영은 총독부 정무총감과 경무국장이 직접 불러 민족지도자들을 인터뷰하라는 특별 지시를 내린 일이 있었다고 회고했고,[83] 1943년에 『경성일보』 기자가 된 김달수도 '각계 조선인 명사' 명단을 가지고 인터뷰하라는 지시를 받았다고 했다.[84] 또한 『경성일보』 와 『매일신보』의 언론인들은 조선언론보국회 등의 각종 친일단체에서 주도적인 역할을 하기도 했다.

총독부가 신문사 통폐합을 추진한 중요한 목적 중의 하나가 바로 총독부 기관지를 강화하고자 하는 것이었다. 따라서 일제는 신문사 통폐합 계획을 수립할 때부터 『매일신보』와 『경성일보』를 중심으로 하는 통폐합 방안뿐만 아니라 통폐합 이후 두 신문의 발전 방안도 미리 강구해 놓았다. 일제는 이런 정책을 통해 총독부 기관지를 중심으로 하는 선전 활동을 강화하고자 했다. 총독부는 『동아일보』와 『조선일보』의 폐간 이후 『매일신보』의 사명이 더 중요해졌다고 하며, 『매일신보』는 '반도 민중의 황국신민화'를 위한 역할을 수행해야 한다고 보았다.[85]

---

82 조풍연, 1978, 「부끄러운 기자 생활-연단만은 소득」, 『언론비화 50편』, 한국신문연구소, 287쪽.

83 이원영, 1978, 「신익희 씨의 정치자금 3백원과 성토」, 『언론비화 50편』, 한국신문연구소, 95쪽.

84 金達壽, 1999, 『わがアリランの歌』, 中央公論社, 232-236쪽.

85 朝鮮總督府 警務局, 1941a, 앞의 책, 17쪽.

우선 『매일신보』는 『사진특보』를 확장하고, 간이 일본어 신문을 발행하며, 주요 도시에서의 호외 발행을 강화하려는 계획을 세웠다.[86] 『경성일보』는 자본금을 200만 원으로 늘리고, 경영·인사 방식을 대폭 개선하려고 했다. 또한 지방판을 늘리고 호외 발행을 허가하며, 판매망도 타사와의 경쟁에서 유리하게 직영 또는 전매점 제도로 바꾸려는 계획도 세웠다. 그리고 당시 11개 법원의 등기공고가 신문의 중요한 재원임을 감안해, 기존과는 달리 11개 법원이 모두 『경성일보』와 『매일신보』에는 반드시 등기공고를 하도록 하는 정책도 만들었다.[87] 실제로 총독부는 기관지에 반드시 등기공고를 하도록 하여 광고수입을 늘릴 수 있게 해주었고,[88] 지방판을 확충하고 지방의 판매망도 강화해 발행 부수도 증가하도록 해주었다.[89] 다만 『매일신보』가 통폐합 이후 증자하여 자본금이 150만 원이 되었던 반면에 『경성일보』는 애초의 계획과 달리 증자하지는 않았다.

이와 같은 시도들은 총독부 기관지의 발행 부수 증가로 나타났다. 『매일신보』는 『동아일보』와 『조선일보』가 폐간된 직후부터 바로 부수가 증가하기 시작하여, 〈표 2〉에 나타난 대로 1944년 9월에는 388,337부가 되었다. 총독부는 1940년 말 현재 『매일신보』의 발행 부수가 34,786부 늘어났다고 했다.[90] 다른 자료에는 『동아일보』와 『조선일보』가 폐간된 지 1개월 반 정도 지나 『매일신보』의 발행 부수가 기존에 비해 약 80%

86 朝鮮總督府 警務局, 1939a, 앞의 글, 13-14쪽.

87 위의 글, 7-11쪽.

88 정진석, 1991, 앞의 글, 362-363쪽.

89 日本電報通信社, 1943, 앞의 책, 156-161쪽.

90 朝鮮總督府 警務局, 1941a, 앞의 책, 733쪽.

〈표 2〉 통폐합 이후 신문의 발행 부수 변화

지역		통폐합 전 부수	통폐합 후 신문명	통폐합 후 부수
경기도	조선어	211,310	『매일신보』	388,337
	일본어	104,124	『경성일보』	373,158
			『조선상공신문』	20,658

출처: 『조선출판경찰개요』 1939년판, 280-285쪽; 宮田節子 저, 이형랑 역, 1997, 앞의 책, 4쪽.
* 통폐합 전 부수는 해당 지역 발행 신문의 1939년 부수를 모두 합친 것임.
* 통폐합 후의 부수는 1944년 9월 말 현재 발행 부수임.

늘어났다고 나와 있다.[91] 이같이 급격히 늘어나 『매일신보』의 1944년 발행 부수는 1939년 발행 부수인 95,939부의 네 배쯤 되었고, 1939년 말 현재 『동아일보』와 『조선일보』를 포함한 조선어 신문 전체 발행 부수인 211,310부의 거의 두 배에 도달했다. 이후 『매일신보』의 발행 부수는 더 늘어나 1945년 6월에는 50만 부에 이르게 되었다.[92] 이 같은 급격한 발행 부수 증가는 "불안한 전국(戰局)을 조금이라도 더 많이 알기 위해" 조선인들이 불가피하게 『매일신보』를 읽게 되었기 때문이었다.[93] 이 점은 1940년대에 조선인 라디오 청취자 수가 늘어난 것과 마찬가지 현상이라고 이해할 수 있다.[94] 『매일신보』는 부수 증가 등으로 인해 1939년에 비해 1944년에는 총수입이 4배 이상으로 크게 늘어났다.[95]

또한 통폐합 이후 『경성일보』의 발행 부수도 크게 늘어나 1941년

91 「기밀실-우리 사회의 제 내막」, 『삼천리』 1940.10, 14쪽.

92 최준, 1960, 앞의 책, 332쪽.

93 정비석, 1978, 「어용신문의 우국기자들 일 패망 점쳐」, 『언론비화 50편』, 한국신문연구소, 456쪽.

94 宮田節子 저, 이형랑 역, 1997, 앞의 책, 3쪽.

95 정진석, 1991, 앞의 글, 354-355쪽.

말에는 18만 부를 발행하게 되었다.[96] 이 같은 부수는 불과 2년 전인 1939년 말 『경성일보』 발행 부수 61,976부의 세 배쯤 되는 것이었고, 경기도 내 일본어 신문의 총 부수인 104,124부의 두 배 가까운 것이었다. 〈표 2〉에 나타난 것처럼 『경성일보』의 발행 부수는 1944년 9월에는 다시 373,158부로 늘어났다. 『경성일보』가 이같이 발행 부수를 늘릴 수 있었던 것은 조선인 독자들을 확대할 수 있었기 때문이었다. 최준은 "시국의 변천과 더불어 민간 지식계층에서는 국문판 『매일신보』보다도 오히려 '경일(京日)'을 보는 경향과 풍조가 생겼다"고 하며, 대체로 『경성일보』의 독자 중 40%가 일본인이라면 조선인은 60% 정도를 차지했다고 주장했다.[97] 총독부 기관지에는 미치지 못했지만 일본에서 발행되는 주요 신문의 이입 부수도 꽤 늘어났다. 1943년 9월 현재의 이입 부수가 『오사카아사히신문』은 109,670부, 『오사카마이니치신문(大阪每日新聞)』은 106,266부였다.[98] 1924년생의 구술자는 중학생 시절 경성에 살 때 삼촌과 고모들이 『요미우리신문(讀賣新聞)』, 『아사히신문』, 『마이니치신문(每日新聞)』 등을 구독했고, 『경성일보』와 『매일신보』도 봤다고 대답했다.[99] 이 같은 일본어 신문의 부수 증가는 일본어 보급이 확대되고 동화정책의 영향도 작용한 결과였다.

이렇듯 통폐합 이후인 1940년대에는 안정적인 재정 기반을 확보한 총독부 기관지가 완전히 지배하는 언론구조가 만들어졌다. 『매일신보』

96 김규환, 1978, 앞의 책, 332쪽.

97 최준, 1960, 앞의 책, 334-335쪽.

98 朝鮮總督府 警務局, 1943, 「第84回 帝國議會說明資料(警察)」, 민족문제연구소 편, 2000, 『일제하 전시체제기 정책사료총서』 19, 한국학술정보, 44쪽.

99 서울특별시사편찬위원회, 2011, 『서울 사람이 겪은 해방과 전쟁』, 선인, 27쪽.

〈표 3〉 총독부 기관지의 자매지

본지	자매지	창간일	특징	발행 부수
『매일신보』	『국민신보』	1938.4.3	청소년 대상 일본어 주간신문	
	『매신사진순보』	1939.9.18	주 3회 발행된 화보(畵報)	1만 부
	『국어교실』	1942.7.5	주 2회 본지 부록으로 발행	10만 부
	『새소식』	1945.3.8	한글 전용 주간신문	20만 부
『경성일보』	『소국민신문』	1938.4.29	『소학생신문』을 개제	13만 5천 부
	『황민일보』	1942.6.25	조선인 대상 일본어 신문	35만 부
	『월간 소국민』	1943.12.1	월간 소년 잡지	10만 부
	『연성화보』	1943.12.1	월간 잡지	5만 부

나 『경성일보』는 1940년 이후 다양한 자매지를 발행했다. 『매일신보』의 경우 이미 1938년에 일본어 주간지 『국민신보』, 1939년에 『사진순보』 등을 발행했다. 이후 1942년 7월에 『국어교실』을 발행했고, 1945년 3월에는 『새소식』[100]이라는 타블로이드 일간지도 창간했다.[101] 『경성일보』는 1938년 4월에 『소학생신문』을 창간했다가 1942년 4월에 『소국민신문』으로 제호를 바꿔 발행했다. 1942년 6월에는 『황민일보(皇民日報)』, 1943년 12월에는 『월간소국민』과 『연성화보(鍊成畵報)』를 창간했다.[102]

100 최준은 『새소식』이 1945년 5월에 창간되었다고 했지만, 당시 신문에 『새소식』은 1945년 3월 8일에 창간된 것으로 명확하게 나와 있다. 최준, 1960, 앞의 책, 333-335쪽; 「새 언문신문 오는 8일부터 발행」, 『매일신보』 1945.3.5, 2면.

101 임종국, 1966, 앞의 책, 51쪽; 정진석, 2005, 앞의 책, 197-201쪽; 최준, 1960, 위의 책, 332-333쪽.

102 김규환, 1978, 앞의 책, 332-333; 최준, 1960, 앞의 책, 335쪽.

총독부 기관지들은 연령대별로 다양한 신문이나 잡지를 발행했다. 『매일신보』의 자매지 중에 가장 특이한 것은 『국어교실』과 『새소식』이었다. 『국어교실』은 『매일신보』가 타블로이드 2면으로 발행한 본지 부록으로, 처음에는 일요일에 1회 발행하다가, 8월 23일부터는 목요일과 일요일 2회 발행했고, 뒤에는 화·목·토 3일씩 발행하기도 했다. "국어(일본어)의 해득은 황국신민된 자의 절대의 의무다. 국어를 해득치 못하고서는 진정한 황국신민이라고 할 수 없다"고 하며 『매일신보』는 『국어교실』을 창간했다.[103] 1943년의 징병제 실시를 앞두고 일본어 교육을 서두를 필요가 있었기 때문에 『국어교실』을 발행했다. 『매일신보』는 이미 1937년 1월에 '국어면'을 둔 적도 있었고, 1940년 10월에 '국어란'을 두었다가 1941년 7월에는 '국어교실'란으로 바꾸어 일본어 학습에 도움이 되도록 했다. 1942년 7월에 부록으로 독립된 『국어교실』을 발행하다가 중단하고, 1943년 9월 14일부터는 다시 본지 4면을 일본어로 발행하는 것으로 변경했다.[104]

조선어 신문인 『매일신보』의 노력에도 여전히 일본어 보급률이 높지 않아 선전을 위해 어쩔 수 없이 1945년에 3월에는 한글 신문인 『새소식』을 발행했다. 군수를 지내고 『매일신보』 '특수신문부장'이었던 최병협[105]이 "어려운 『매일신보』를 읽을 만한 자는 대개 『경성일보』를 읽고

---

103 「국어 초학자의 호반려(好伴侶) - 일요부록 국어교실」, 『매일신보』 1942.7.1, 석간 1면.

104 정진석, 2005, 앞의 책, 198-199쪽.

105 최병협은 1915년 경성고등보통학교 부설 교원양성소를 나와 이후 계속 교직에 있으며 1937년에 훈8등 서보장을 받았고, 1938년 7월에 고등관 7등의 군수로 승진해 충북 옥천군수로 부임했다. 1939년에 훈7등 서보장을 받았고, 1940년 12월에 고등관 5등으로 승진해 영동군수로 옮겼다. 1941년 훈6등 서보장을 받았고, 1942년 4월에 퇴임했다. 최병협은 1938년 『조선의 여명』을 써서 지원병제도를 찬양하고 선

있은 즉, 난해한 '매신(매일신보)'보다는 무식한 일반 대중을 위하여 순한글로 시사를 알림이 효과적이라는" 내용으로 '경무국에 진언'하여 『새소식』이 창간되었다.[106] 『매일신보』는 다음과 같이 『새소식』 창간을 알렸다.

> 국어를 아직 모르는 가운데에서 한층 정보가 얕은 사람들에게도 이 중대시국을 잘 알리어 씩씩한 정신과 기운을 가지고 이 전쟁을 싸워 이기게 하기 위하여 본사에서는 이번 새로 『새소식』이라는 언문신문을 따로 발행하여 전조선안 애국반마다 한 벌씩 무료로 보내기로 되었습니다. 이 『새소식』은 가장 알기 쉬운 말로 전쟁과 시국의 모양을 알리는 외에 증산에, 또는 일상생활에 필요한 것 등 유익하고 재미있는 이야기를 추리려고 합니다. 이 신문은 한 주일에 한 번씩 박는데 조선 13도를 다섯 구역으로 나누어 그 지방마다 특색을 나타나게 된 것이니 우선 오는 8일 대조봉대일에 '중선판'을 필두로 아래와 같이 차례차례 내기로 되었습니다. 2천 6백만 애국반원은 한 분도 빠지지 말고 읽도록 이 신문이 가는 대로 속히 회람하여 주시기 바랍니다. ▲ 목요일 중선판 ▲ 금요일 남선·경상판 ▲ 토요일 남선·전라판 ▲ 화요일 평안·황해판 ▲ 수요일 함경판[107]

전했으며, 조선인 최초의 지원병 전사자인 이인석의 죽음을 미화하는 글을 기고하고 충혼비 건립을 주도했다. 그는 퇴직하고 나서 1945년에 『매일신보』에 입사해서, 조선인 농민을 전쟁에 동원하기 위해서는 쉬운 내용의 순한글 신문이 필요하다고 주장해 『새소식』을 창간하도록 했다. 친일반민족행위진상규명위원회, 2009, 『친일반민족행위진상규명보고서』 Ⅳ-17, 870-886쪽.

106 최준, 1960, 앞의 책, 333쪽.

107 「새 언문신문 오는 8일부터 발행」, 『매일신보』 1945.3.5, 2면.

최병협의 건의대로 교육 수준이 낮은 독자들을 대상으로 『새소식』을 발행해서 무료로 배포하고, 조선인을 전쟁에 동원하는 데 이용했다. 최병협은 "앞으로는 '매신'도 없애고 『새소식』 하나만 남기는 것이 용지 절약과 '국어(일본어－인용자) 보급'에 일석이조의 묘책"이라고 해서 『새소식』을 창간할 수 있었다.[108] 『매일신보』는 「애국반 신문 『새소식』－신천읍서 회람요망」이라는 기사에서, 신천읍 '국민총력계'에서 "나날이 급박한 결전에 당하여 우리는 좀 더 애국반원들이 현 시국을 잘 인식하고 일층 분발하여 일로 미영 격멸에 용왕매진하기를 바라마지 않는 바이다. 다행히 매일신보사에서 발행하는 『신소식』(『새소식』－인용자) 주간지를 애국반원들에게 보이게 되었음은 실로 뜻깊은 일이며 기대하는 바 클 것이다"라고 하며 구장과 반장들이 반원들에게 『새소식』을 적극 회람시키도록 요청했다고 보도했다.[109] 『매일신보』는 지면을 통해 『새소식』 발행을 다시 홍보하고, 『새소식』을 발행하는 『매일신보』의 역할도 강조했다.

『매일신보』는 「계몽에 유일한 독물(讀物)－본사 발행 『새소식』 민중의 환영 절대」라는 기사에서, "오늘과 같은 긴박한 정국에 대처하여 일억 동포의 총무장, 총돌격 태세는 착착 갖추어가고 있거니와 민도가 낮기 때문에 전열에 뒤떨어지는 대중의 계몽, 향도야말로 시급한 문제의 하나이다"라고 하며, 『새소식』에 대해 "읽기 쉽고, 재미있고, 이롭고 그러면서 오늘의 시국을 잘 이해할 수 있으며 곧 전쟁에 크게 협력할 수 있도록 만든 것이 이 신문이며 전선 애국반마다 구석구석 회람된다는 특수성을 가지고 있는 만큼 상당한 효과를 거두고 있는 사실"이라고 주

108 최준, 1960, 앞의 책, 333쪽.

109 「애국반 신문 『새소식』 신천읍서 회람 요망」, 『매일신보』 1945.5.8, 2면.

장했다.[110] 애국반은 1938년 7월 7일 국민정신총동원조선연맹이 조직되면서 "각 정동리(町洞里) 부락연맹과 관공서 학교, 은행 기타 제 단체로 결성된 각종 연맹 산하에 10호 단위로 만들어진 조직"인데,[111] 『새소식』은 1945년에 바로 이런 애국반에서 회람하는 일종의 기관지 같은 역할을 했다. 1943년에도 조선인 중에 일본어를 이해하는 사람의 비율이 22%밖에 되지 않던 현실에서[112] 순한글 신문 『새소식』은 매우 중요한 선전 수단이었다.

국민정신총동원조선연맹은 기관지로 『총동원』을 발행했고, 일본어를 모르는 조선인을 대상으로 『새벽』을 35만 부씩 발행해 애국반 단위로 회람하게 했었다. 『새벽』은 1940년 8월에 제호를 『애국반』으로 바꾸어 발행했다.[113] 인천시립박물관에 1943년 7월에 발행된 『애국반』이 소장되어 있는 것을 보면,[114] 적어도 이때까지는 『애국반』이 발행되다가 그 뒤 어느 순간 발행이 중단되었고, 『매일신보』가 발행한 『새소식』이 그 역할을 대신했던 것으로 보인다. 즉 애국반원들을 위해서는 순한글 신문이 필요했고, 총독부 조선어 기관지 『매일신보』가 나서서 그 역할을 떠맡았던 것이다.

다양한 독자층을 대상으로 하는 자매지들까지 발행하면서 총독부 기관지의 영향력은 상당히 커졌다고 할 수 있다. 다만 "한국인의 매스미디어에 대한 불신"이 컸기 때문에 총독부 기관지의 영향력이 절대적이

110 「계몽에 유일한 독물, 본사 발행 『새소식』 민중의 환영 절대」, 『매일신보』 1945.5.17, 2면.

111 이종민, 2004, 「전시하 애국반 조직과 도시의 일상 통제」, 『동방학지』 124권, 841쪽.

112 최유리, 1997, 『일제 말기 식민지 지배정책연구』, 국학자료원, 159-160쪽.

113 이종민, 2004, 앞의 글, 844-846쪽.

114 www.incheon.go.kr/museum/MU010301/1930510.

었다고 단정하기는 어렵지만,[115] "반대선전을 접할 기회가 거의 봉쇄되어" 있던 당시 현실에서 지배적인 매체로서 총독부 기관지들이 조선인들에게 미친 영향은 상당히 컸을 것이다.[116] 1940년대 전반에 지방에서 군수를 지냈던 이항녕은 총독부 기관지와 일본인 발행 지방신문에 "매일 대서특필로 일본이 이긴다고 했으니까요. 지방에서 그렇다고 다른 정보를 얻을 도리도 없고. 시골에서는 신문보도에 나온 것처럼 일본이 승승장구한다고만 알고 있었어요"라고 회고하기도 했다.[117] 이것이 총독부 기관지만을 남겨 놓고 다른 신문들을 통폐합시킨 이유였을 것이다.

1943년 5월에는 조선군 보도부가 '제1차 조선군 보도연습'을 주관해서 "신문, 방송, 영화, 사진, 잡지, 예문(藝文) 관계자 등을 동원하여 30일부터 일주일 동안 평양 부근에서 반도에서는 처음인 보도연습을 실시하고 그들로 하여금 군사기초적 훈련을 체득케 하여 보도전사로서의 유사 즉응의 태세를 갖추게 하기로" 했다.[118] 55명의 기자나 문인들을 상대로 군사교육과 함께 전시보도를 위한 훈련을 실시했던 것이다. 1943년 10월에는 34명의 기자와 문인을 대상으로 호남 지방에서 '보도연습'이 실시되었다.[119]

1944년에는 8월과 12월에 '경성지구'에서 보도연습이 실시되었다. 1944년 8월 21일에 실시된 보도연습에는 총독부, 조선군, 헌병대, 해군

115 宮田節子 저, 이형랑 역, 1997, 앞의 책, 1-28쪽; 변은진, 2013, 앞의 책, 89-90쪽.

116 김규환, 1978, 앞의 책, 348쪽.

117 이항녕, 2005, 「민족 앞에 부끄러운 사람이 되어」, 『8·15의 기억-해방공간의 풍경, 40인의 역사체험』, 한길사, 202쪽.

118 「진지(眞摯) 연마를 맹세, 제1차 조선군 보도연습 선서식」, 『매일신보』 1943.5.30, 3면.

119 「보도연습반 출발, 경성사단 연습에 참가」, 『매일신보』 1943.10.19, 2면.

제1차 조선군 보도연습 선서식
(『매일신보』 1943.5.30, 3면)

무관부, 경기도, 조선연맹, 신문회, 각 신문사, 동맹(통신사 – 인용자) 지국, 방위총본부 기자회, 방송협회 등의 각 단체 관계자들이 경무국 정보과에 임시로 설치된 총본부 보도실에 모여 호외 및 신문 발행과 홍보기관 사이의 긴밀한 연락 등에 대한 '보도연습'을 실시했다.[120] 1944년 12월 21일에는 "본부 보도실(정보과)을 중심으로 경성일보사, 상공신문사, 매일신보사 등 세 신문사와 동맹통신 및 방송국, 총력연맹 등이 참가하여 적의 공습 아래 반도 계발·선전기관으로서의 기능을 충분히 발휘"하는 훈련을 실시했다.[121] 이제 신문들에게는 오로지 전쟁 수행을 위한 노골적인 선전기관으로서의 역할만이 남았을 뿐이었다.

120 「실전적인 긴장 속에 제1회 경성지구 보도연습」, 『매일신보』 1944.8.22, 2면.
121 「제2회 경성지구 보도연습 실시」, 『매일신보』 1944.12.22, 2면.

2. 잡지의 통폐합과 친일잡지의 등장

1) 잡지의 통폐합

1930년대 말부터 잡지의 수가 급격히 줄어들었는데, 김근수는 "일제의 언론탄압, 통제, 용지난, 자재의 가격 등이 그 원인"이었다고 설명했다.[122] 용지난이나 자재 가격 인상은 신문, 잡지, 서적 등 모든 인쇄매체에 공통적인 위기 요인이었지만, 자본 규모가 비교적 컸던 신문사보다는 상대적으로 영세했던 잡지사나 출판사에 더 큰 타격을 주었다. 총독부는 중일전쟁이 일어난 직후부터 용지 절약을 강조했다.[123] 1938년 이후 총독부는 용지 절약을 위해 잡지를 폐간시키기 시작했다.

> 경무국 도서과에서는 얼마 전부터 전조선 잡지, 회보, 기타 계속 간행물의 최근 발행, 발매 상황을 상세히 조사하여 용지 제한에 대한 것을 검토하던 중 요즘 구체적 방침이 결정되었으므로 전조선 각 관계 방면에 대하여 그 취지를 주지시키는는 동시에 민간은 물론이오 각 관청과 공공단체에서 발행하는 잡지에 대하여도 증간의 제한, 발행 횟수의 감소, 휴간 혹은 폐간 등의 방법으로 축소를 단행하며 또는 지질을 저하하는 등 사용 절약에 대하여 관계자와 간담, 종용(慫慂)한 후 국책에 순응하도록 할 터인데 이에 특히 주목할 것은 잡지 기

122 김근수, 1980, 앞의 책, 219쪽.

123 「총독부에서 지류(紙類)절약 실행」, 『동아일보』 1937.9.15, 2면.

타 계속간행물의 휴간 혹은 폐간인데 시국에 하등 관련이 되지 않는 동시에 사회, 교육, 실업 등에 그다지 큰 관계가 없는 잡지 기타 계속 간행물은 부득이 이때 휴간 혹은 폐간을 단행하도록 명령적 종용을 하기로 되었다.[124]

총독부는 용지가 부족한 상황에서 전쟁 수행에 도움이 되지 않는 잡지는 폐간하도록 '명령적 종용'을 하겠다는 입장을 밝혔다. 1939년 들어 총독부는 다시 "잡지와 회보에 사용되는 종이를 2할 절약"하겠다고 하며, 잡지 수를 줄이겠다는 의지를 보였다.[125] 1940년에 총독부 도서과는 "종이를 구하지 못하여 신문 페이지 수를 줄이거나 잡지를 폐간할지도 모르는 궁박한 정세에 있다"고 재차 밝혔다.[126] 용지난뿐만 아니라 전반적으로 제작비가 증가하자 총독부는 '경영 곤란'으로 잡지들이 '자연도태'할 것이라고도 전망했다.[127]

실제로 1939년과 1940년에 주요 잡지들이 대부분 폐간했다. 『조선문학』이 1939년 7월에 폐간했고, 『사해공론』이 1940년 2월에 폐간했다.[128] 1931년에 창간되어 사회주의 성향을 보이며 10년 가까이 발행되던 『비판』도 1940년 3월에 폐간했다.[129] 『비판』이 3개월 휴간 끝에 복

---

124 「잡지, 계속간행물 등 용지절약 적극종용」, 『조선일보』 1938.10.13, 2면.

125 「용지절약을 더욱 강화」, 『동아일보』 1939.2.3, 2면.

126 「심각한 종이기근, 일부의 희생을 난색」, 『조선일보』 1940.5.29, 2면.

127 朝鮮總督府 警務局, 1940, 앞의 책, 55쪽.

128 유석환, 2017, 「경쟁하는 잡지들, 확산되는 문학 (2)－1930년대 『중앙』과 『사해공론』, 『조광』의 사례」, 『한국문학연구』 53집, 425쪽.

129 유석환, 2009, 앞의 글, 262쪽.

간했다가 바로 폐간한 데는 총독부의 '명령적 종용'과 경영상 어려움이 모두 영향을 주었다. 이미 모든 잡지가 친일논조를 보이고 있었기 때문에 비판적 내용에 대한 통제로 인해 잡지들이 강제 폐간되었다고 보기는 어렵다. 『비판』은 3개월의 휴간 끝에 복간했던 1940년 1월호에 「성전하의 제3년 – 개가(凱歌) 높은 사변 2주년을 맞으며」, 「총후(銃後)미담 – 지원병의 군국 가화(佳話)」, 「내선일체의 길」 등 노골적으로 친일적인 글들을 실었다. 「내선일체의 길」에서는 "결코 무연(無緣)한 이민족 간의 실력에 의한 정치적 통합이 아니고 한 가족이 되고 한 형제가 되는 마음으로부터 내선일체가 된다면 얼마나 유쾌하고 얼마나 행복한 일이랴"라고까지 표현했다.[130] 이미 1939년에 박승극이 "사변 이후의 『비판』은 나의 보던 바에 의해서는 과거의 특색이 모조리 제거되었다"고 했을 정도로 이미 논조가 변질되어 있었는데, 이후에는 더욱 노골적인 친일성향을 보였던 것이다.[131] 다만 총독부의 압력도 작용하기는 했는데, 『사해공론』 발행인 김해진이 "작금 언론수난기에 직면하여 난관에 봉착되어 고심중"이라고 했던 것에서 경영상의 어려움에 더해지는 압력의 영향을 파악할 수 있다.[132]

총독부는 1940년 8월 『동아일보』와 『조선일보』를 폐간시킨 후에 잡지의 추가적인 폐간도 추진했다. 계용묵은 두 신문의 폐간 후에 총독부는 "잡지의 정리로 들어갔다. 자진하여 폐간하라는 명령이 내렸다"고 하며, 다음과 같이 그 과정을 설명했다.

---

130 「내선일체의 길」, 『비판』 1940.1, 31쪽.

131 박승극, 「아관(我觀)」, 『비판』 1939.5, 36쪽; 유석환, 2009, 앞의 글, 261쪽 재인용.

132 김해진, 「4주년을 맞이하여」, 『사해공론』 1939.5, 12쪽; 유석환, 2017, 앞의 글, 428쪽 재인용.

그러나 이런 명령이 있었음에도 불구하고 발행을 계속하고 있는 『문장』, 『인문평론』 『신세기』 이 세 잡지의 책임자를 호출하여 이 셋 가운데서 어느 것이든 하나만을 존속시키게 하고 두 잡지는 서로 상의하여 자진폐간하도록 하라고 재차 명령이 있음에 『문장』은 자진폐간에 응하였으나 『인문평론』과 『신세기』는 그 어느 편에서나 양보를 하지 아니하고 계속 간행을 고집하다가 『신세기』는 드디어 강제폐간이 되고 그대로 존속을 하게 된 『인문평론』은 『국민문학』으로 개제를 함과 동시에 그 시책에 응하여 일문반(日文半)의 편집으로 협력하는 기관이 아니 됨을 면치 못하게 되었다.[133]

김근수는 "『문장』, 『인문평론』, 『신세기』를 병합하여 하나를 만들되 일어 반분(半分)에 조선어를 반분하여 '황도(皇道)정신' 앙양에 적극 협력하라"는 '강제적 종용'에 불응하고, 『문장』은 "금반 국책에 순응하여 이 제4권 제4호로 폐간합니다"라는 말을 남기고 사라졌다고 했다.[134] 『문장』과 『인문평론』이 1941년 4월에 폐간했던 반면에 『신세기』는 1941년 6월에 가서야 폐간했던 것을 보면, 『신세기』가 통폐합을 위한 폐간에 쉽게 동의하지 않았다는 것을 알 수 있다.

계용묵이나 김근수의 주장과 달리 『문장』과 『인문평론』만이 통폐합의 대상이었다는 주장도 있다. 당시 『문장』에 근무했던 조풍연은 "『인문평론』과 합치라는 총독부의 명령이 내렸고, 그리고 지면의 절반을 일본말로 채워야 한다"는 요구도 있어서, "『문장』은 드디어 스스로 폐간하고 말

133 계용묵, 1957, 앞의 글, 54쪽.

134 김근수, 1980, 앞의 책, 230쪽.

았다"고 설명했다.[135] 최재서는 『동아일보』와 『조선일보』의 폐간 이후 '언문 문예잡지 통합의 문제'가 대두되었는데, 『문장』과의 통합은 경무당국이 '주동'했던 것으로서 '용지 절약'과 '조선 문단의 혁신'을 의도한 것이었다고 설명했다.[136] 통합 과정에서 『인문평론』은 "금일의 비상한 내외의 정세에 적응하며 국책의 문화적 협력을 꾀하기 위하여" 경영과 편집을 혁신했고,[137] "임전체제 아래 국민이 읽어야 할 국민적 인문학 잡지의 발행을 목표로" 새로 『국민문학』으로 출범하게 되었다고 밝혔다.[138] 경무국 도서과장 혼다 다케오(本多武夫)는 1941년 9월 29일 『국민문학』 좌담회에서 『인문평론』과 『문장』의 통폐합 과정에 대해 다음과 같이 평가했다.

> 솔직히 말씀드립니다만 우리 과거 검열 당국의 느낌에서 본다면, 과거 『인문평론』 혹은 『문장』 같은 것은 신문으로 비유해보면 『조선일보』, 『동아일보』 같은 것이라 해도 지나치지 않다고 생각합니다. 결국 작년 언문 신문의 통제에 의해 두 신문이 사라지고 새로운 『매일신보』가 만들어졌습니다. 형태는 같지만 내용에서는 새롭게 태어난 자식이죠. (중략) 최재서 님이 새롭게 잡지에 있어서 『매일신보』를 만들고, 얼굴도 새로운 『국민문학』 가운데 문인 모두가 뜻을 모아서 만들어 가겠다는 이야기를 듣고 우리들은 무척 공명하였고, 『국민문학』은 문예인 동원의 하나의 기연(機緣)이 되리라 확신을 가질 수 있

---

135 조풍연, 1978, 앞의 글, 286쪽.

136 崔載瑞, 1943, 『轉換期の朝鮮文學』, 人文社, 82-83쪽.

137 「'인문평론'지의 개제, '국민문학'지로 새출발」, 『매일신보』 1941.6.29, 4면.

138 「국민문학 발회 피로회」, 『매일신보』 1941.9.8. 2면.

었습니다.[139]

『문장』을 폐간하고 『인문평론』이 『국민문학』으로 새로 출발한 것을 『동아일보』와 『조선일보』를 폐간하고 『매일신보』를 강화시킨 것에 비유한 것은 분명히 과장된 것이었지만, 경무국 도서과가 그만큼 『국민문학』에 대해 큰 기대를 갖고 있었다는 것만은 분명했다. 당연히 잡지의 통폐합에도 언론통제의 필요성과 용지 부족의 현실이 모두 작용했다. 총독부 경무국 도서과의 검열관이던 김성균은 "시국의 급진 긴박화에 따른 언론통제의 필요성과 용지 부족의 요청에 의해 여러 잡지들의 할거가 용납될 수 없어서 『문장』·『인문평론』 등 순문예 잡지는 자연히 폐간을 피할 수 없었고, 『춘추』·『신시대』·『삼천리』 등 종합잡지도 이에 자극을 받았는지 문예면을 축소 내지 제한"했다고 밝혔다.[140]

『인문평론』을 『국민문학』으로 제호를 바꿔 종래의 합자회사를 주식회사로 개조했는데, 총독부 기관지인 『매일신보』에서 3만 원을 출자했다.[141] 총독부 기관지의 출자가 있었다는 것을 통해서도 『국민문학』의 특성을 파악할 수 있다. 『인문평론』은 『국민문학』이란 이름으로 1941년 11월부터 발행되기 시작했다. 최재서는 통합 과정에서 당국과의 '곤란한 절충'이 있었다고 하며, 그런 과정을 통해 『국민문학』의 편집요강이 "국체관념의 명징, 국민의식의 앙양, 국민사기의 진흥, 국책의 협력, 지도

139 「辛島驍 他, 文藝動員を語る(座談會)」, 『국민문학』 1942.1, 110쪽; 장문석, 2020, 「경성중심성·문화적표준·종교적인 것–최재서의 국민문학론에 관한 몇 개의 주석」, 『한국학연구』 58집, 인하대학교 한국학연구소, 448쪽 재인용.

140 金聲均, 「昭和十六年の半島文學の回顧」, 『朝鮮』 1942.1, 48쪽.

141 「정보실–우리 사회의 제 사정」, 『삼천리』 1941.9, 86쪽.

적 문화이론의 수립, 내선문화의 종합, 국민문화의 건설"로 정해졌다고 밝혔다.[142] 이런 편집요강의 제시는 "규제 지향적이고 처벌 중심적인 소극적 검열과는 다른, 말하자면 적극적인 검열로서 미리 편집지침을 제공하고 각종 좌담회를 통해 총력전시대 문학이 어떠해야 함을 사전에 통지하는 검열방식"이었다.[143] 이런 편집요강은 비단 『국민문학』에만 국한되지 않고 사실상 전시파시즘 시기 모든 매체에게 요구되는 것이었다.

기존 잡지 중에 제호를 바꾸지 않고도 그대로 계속 발행된 잡지는 『조광』 하나밖에 없었다. 『조광』은 『조선일보』가 폐간 과정에서 협조한 덕택으로 계속 발행될 수 있었을 뿐만 아니라 그렇게 원했던 대로 신문지법에 따른 허가를 받고 계속 발행되었다. 조광사 편집부 명의의 사고(社告)에는 『조광』이 신문지법으로 출범함으로써 어떤 실익을 얻게 되었는가가 잘 정리되어 있다.

> 소화 15년(1940년 – 인용자) 10월 15일부 총독부 지령 제6호로서 『조광』지는 신문지에 의한 발행이 허가되었습니다. 조선문 민간잡지로서 신문지에 의한 것은 오직 본지가 있을 뿐으로 이에 대한 본지의 사명과 책임도 또한 중하거니와 이제 이것으로서 본지는 검열수속을 요치 않게 되었을 뿐만 아니라 발행일자도 종래보다 훨씬 단축할 수 있게 되었습니다. 시사 기타 기사에 있어 언제나 생신(生新)한 것을 취급할 수 있게 된 것은 시사를 취급하는 잡지로서 그 사명을 수행하

142 최재서, 1943, 『전환기의 조선문학』, 인문사, 83–84쪽.

143 김인수, 2005, 「총력전기 일본어 글쓰기의 사상공간과 언어검열」, 공제욱·정근식 편, 『식민지의 일상–지배와 균열』, 문화과학사, 530–531쪽.

는 데 큰 도움을 얻게 되었습니다.

만천하 독자 제위에게 이 소식을 전해 함께 기쁨을 나누고자 하는 바입니다. 그리고 이 기회에 독자 제씨의 양해를 구할 것은 10·11 양개월호(個月號)가 엄청 늦어진 점입니다. 비록 우리로서는 부득이한 사정이 있었다 하더라도 이 부득이한 사정이 그대로 독자에게까지 통할 수는 없을 것을 잘 알고 있습니다. 다만 애독자 제위에게 사죄하는 동시에 12월 송년호부터는 단연코 중순까지에 여러분의 손에 『조광』지가 놓여지도록 노력하기를 굳게 맹서하는 바입니다.[144]

최수일은 위의 사고에서 '검열수속을 요치 않게' 되었다거나 '신문지법'이 아니라 '신문지에 의한 발행'이라는 표현을 사용한 것이, "『조광』이 조선문 잡지이자 조선인이 발행하는 잡지임에도 일본인에게나 적용되던 신문지규칙에 의거하여 발행되었거나, 혹은 예외적으로 그에 준하는 특별 대우를 받아, 발행 후에 '계출(屆出: 신고)'만 하면 되는 존재였을 가능성이 높다"고 주장했다.[145]

『삼천리』는 중일전쟁 발발 이후 이미 친일논조를 보이기 시작했다. 1940년 1월부터는 매호 '국어판'을 고정란으로 만들어 일본어 기사를 게재했다.[146] 1942년 3월에 제호를 『대동아』로 바꾸어 발행했다. 『삼천리』는 이미 노골적으로 친일논조를 보이고 있었음에도 제호인 '삼천리'가 일제

144 「사고(社告)」, 『조광』 1940.11, 241쪽; 최수일, 2013, 「1930년대 미디어 검열에 대한 독법의 문제: 『조광』의 비문자 표상을 중심으로」, 『민족문학사연구』 51호, 107쪽 재인용.

145 최수일, 2013, 위의 글, 108쪽.

146 정진석, 1996, 앞의 글, 237쪽.

가 싫어하는 단어라는 점 때문에 아예 제호까지 바꾸었다. 1942년 3월호의 '편집후기'에서 제호 변경의 배경을 다음과 같이 설명했다.

> 회고하매 소화 4년(1929년 – 인용자) 4월에 창간하여 14개 성상을 『삼천리』의 제호 밑에서 발간하여 왔으나 지금 돌이켜보건대 세계의 발걸음은 바야흐로 큰 약전(躍轉)을 준비하고 있어 우리들 동아 13억 민중의 전도는 실로 광명과 희망에 가득 차고 있습니다. 본지 깊이 성찰한 바 있어 제호를 『대동아』로 개(改)하옵고 이 『대동아』 건설의 선전이 사상전, 문화전의 용감한 전사로서 진두에 서기를 기하나이다.[147]

김동환은 『삼천리』라는 제호를 『대동아』로 바꾸면서까지 잡지를 계속 발행하려고 했지만, 아마 그렇게 하면서까지 희망했을 신문지법에 따른 허가를 받지는 못했다. 『대동아』는 "대부분이 일어 기사로 편집되었고, 친일논조로 일제의 전쟁 수행에 협력하는 내용"으로 채웠지만 1943년 3월호까지 발행되고 폐간되었다.[148]

1940년대 이후 조선인 발행 잡지를 통폐합하고 조선인 발행 잡지도 일본어로 발행하도록 했기 때문에 전체적으로 일본어 잡지가 조선어 잡지보다 훨씬 많았다. 총독부 경무국 도서과에 근무하던 기시 가시로(岸加四郎)가 1942년 1월부터 9월까지 발행된 잡지들을 분석한 결과에 따르면 일본어 잡지는 3,799부(관청 2,380부, 민간 1,419부)인 데 반해 조선어

147 「편집 후기」, 『대동아』 1942.3, 13쪽.

148 정진석, 1996, 앞의 글, 239쪽.

잡지는 164부에 불과했다.[149] 단행본처럼 매월 발행 허가된 종수를 전체적으로 집계한 것인데, 일본어 잡지가 많을 뿐만 아니라 그중에서도 관청에서 발행하는 잡지가 많았다는 사실을 통해 용지 부족 속에서도 총독부가 선전을 위한 잡지를 많이 발행했다는 사실을 알 수 있다.

총독부는 조선인 발행 신문은 완전히 없애고 조선어 신문으로는 총독부 기관지인 『매일신보』 하나만 남겨 놓았던 반면에 기존 조선인 발행 잡지 중에 일부는 계속 발행하도록 했고, 새로운 잡지들의 창간까지 허용했다. 용지난으로 잡지 발행에 필요한 종이를 확보하기 어려운 상황에서 총독부가 조선인의 잡지 발행을 계속 허용한 이유는 확실하지 않다. 아마 잡지가 선전 매체로서 나름의 특성을 지니며 상대적으로 통제하기도 쉽다고 판단했을 수 있다. 즉 잡지들이 전쟁 협력과 전시동원을 위한 체계적인 논리를 제공하는 선전 매체로서의 역할을 할 수 있다고 보았을 것이다. 그럼에도 총독부는 일제 말기까지 검열의 끈을 놓지는 않았다. 『춘추』를 발행했던 양재하는 광복 이후 속간호의 권두언에서 일제 말기의 상황에 대해 다음과 같이 변명했다.

> 이러한 정세하에 우리 『춘추』는 어떠한 길을 걸어왔는가! 생각건대 1940년! 때가 어려운 때라 난산도 난산이지만은 산후난(産後難)이 거익심난(去益甚難)이었었다. 그러나 끝까지 백분지일, 만분지일이라도 우리 문화계에 책임과 사명을 저버리지 않으려고 만신천고를 직분으로 알며 자재난, 검열난도 문제시 않고 꾸준히 5개 성상(星霜)을 헤치고 나왔던 것이다. 어느 때 말썽이 없고, 어느 달 벌책이 없

149 岸加四郎, 「朝鮮出版文化小觀」, 『朝鮮』 1942.10, 52–54쪽.

었을까만은 그 어느새 엄동(嚴冬)에 검열에 걸리어 억울한 벌칙 명목으로 경찰서 내에서 경관 입회하에 3일간 원고를 정리했던 일까지 있었다. 얼마나 가혹한 일이랴! 그렇다고 독자 여러분께 만족한 작품 하나라도 제공했느냐 하면 과연 부끄러운 일이었다. 가면 갈수록 비양심적인 결과를 초래하고 독자께 의혹만 끼치게 될진대 차라리 당분 휴간하는 것이 선책(善策)이겠다고 생각한 당사에서 1944년 10월호를 마지막으로 발간하고 내두(來頭) 정세만 관망간(觀望刊)하고 그날그날을 지내왔던 것이다.[150]

광복 이후에 나온 변명이니 양재하의 주장을 그대로 믿을 수는 없지만, 이 글을 통해 적어도 일제 말기까지 계속 철저한 검열을 시행했다는 사실만큼은 확인할 수 있다. 친일적인 기사만으로 채워진 잡지들을 상대로도 '선전' 효과를 극대화하기 위한 '검열'은 필요했을 것이다. 김근수는 "일제의 정책에 추수(追隨)하고 동조하고 그들에게 아부하며 나아가서는 그네들의 만행을 찬양하지 않았던가?"라고 하며 일제 말기의 친일잡지들을 비판했다.[151] 용지 사정이 좋지 않던 시기에 친일잡지를 창간하기 위해서는 총독부의 신임을 얻어야만 했다. 따라서 일제 말기에 친일잡지 발행에 참여했던 인물들의 친일행적이 얼마나 심각했는지를 짐작할 수 있다. 많은 지식인들이 생계 유지를 위해서든 사회적 지위를 얻기 위해서든 이들 잡지에 다양한 친일적 글들을 게재했다. 일제 말기 친일잡지의 내용은 '대부분 파시즘체제와 침략전쟁을 찬양·선전하는 내용'

---

150 「권두언」, 『춘추』 1946.1, 2-3쪽; 계훈모 편, 1979, 앞의 책, 1215쪽 재인용.

151 김근수, 1980, 앞의 책, 210쪽.

이었다. 즉 "글의 형식과 표현 방식은 달랐지만, 그 목적과 지향하는 바는 어느 글이든 내선일체와 황민화의 정당성, 침략전쟁 미화와 전쟁 협력, 혹은 신체제 옹호 등에서 크게 벗어나지 않았다"고 할 수 있다.[152]

가장 마지막까지 발행된 잡지는 『조광』으로 1945년 6월 1일에 '5·6월 합병호'까지 발행했다.[153] 사실상 일본어로만 발행한 『국민문학』과[154] 『동양지광』은 1945년 5월호까지 발행했다.[155] 세 잡지가 가장 늦게까지 발행될 수 있었던 데는 총독부의 지원과 배려가 작용했을 것이다. 『조광』 마지막 호의 내용을 보면, 일본의 패전의 기미를 알아차릴 수 없다. 『조광』 1945년 5·6월 합병호는 국회도서관 데이터베이스에서 원문을 볼 수 있다. 「권두언 – 생산진에 격함」, 「독일의 항복과 태평양 전국」(함상훈), 「전시교육의 방도 – 전시교육령제도」 등의 기사들은 여전히 일본 패전의 기미를 보이지 않고 있다. 최수일은 "『조광』의 편집진은 전세가 불리함을 알았지만, '숙명'처럼 발화(發話)를 멈추지 않았다"고 설명했다. 친일잡지들의 '숙명'은 마지막까지 일제의 선전도구로서의 역할을 다하는 것이었다.[156]

---

152 박수현, 2006, 「전시파시즘기(1937–1945) 조선 지식인의 체제협력 양상과 논리 – 신문·잡지의 친일 글을 중심으로」, 『한국민족운동사연구』 46집, 168–176쪽.

153 최수일, 2012, 「〈조광〉에 대한 서지적 고찰」, 『민족문학사연구』 49호, 327쪽.

154 김형섭, 2008, 「『국민문학』의 서지 및 성격 고찰」, 『일어일문학』 39호, 157–176쪽.

155 『동양지광』은 1945년 5월까지 발행되었다는 설명이 있지만, '영인본'을 통해서는 1945년 1월호까지만 확인된다. 사희영, 2018, 「잡지 〈동양지광〉으로 본 동양과 서양」, 『일어일문학』 77집, 267–284쪽; 최덕교, 2004c, 『한국잡지백년』 3, 현암사, 400쪽.

156 최수일, 2012, 앞의 글, 329쪽.

2) 친일잡지의 등장

총독부는 기존 잡지들을 폐간하는 한편 친일잡지들의 창간을 허용했다. 1939년 1월 『동양지광』(박희도), 1940년 1월 『내선일체』(박남규)와 『태양』(서춘), 1941년 1월 『신시대』(노익형), 1941년 2월 『춘추』(양재하)가 창간되었다.[157] 최준은 『춘추』, 『신시대』, 『대동아』가 창간 허가를 받는 조건으로 매호에 10~20쪽의 일본어 기사를 싣기로 했다고 주장했다.[158] 실제로 총독부는 '국어(일본어-인용자) 장려정책'에 대한 대응으로 잡지에 일본어 기사를 삽입하라고 요구했고,[159] 이런 요구대로 친일잡지들은 잡지 전체 또는 일부를 일본어 기사로 채웠다. 『동양지광』과 『내선일체』는 아예 일본어로 발행했고, 『국민문학』은 극히 일부를 제외하고는 거의 대부분을 일본어 기사로 채웠다. 『국민문학』은 원래 1년에 조선어로 8회, 일본어로 4회 발행하려고 했지만, 실제로는 1942년 2월호와 3월호에서만 조선어 기사와 일본어 기사를 함께 실었고, 1942년 4월호부터는 일본어 기사만 실었으며 1942년 7월호부터는 광고에서도 조선어는 완전히 사라졌다.[160] 반면 『태양』, 『신시대』, 『춘추』는 부분적으로만 일본어 기사를 실었는데,[161] 일본어 기사가 실리면서 필자 중에 일

---

157 박문서관에서 발행하던 『박문』에서는 "새해에 들어 새 종합잡지 『신시대』와 『춘추』가 굳은 지반 위에 새 출발을 비롯"한다고 알렸다. 그러나 실제로는 『춘추』가 『신시대』보다 한 달 뒤에 창간되었다. 「출판 토픽」, 『박문』 1941.1, 23쪽.

158 최준, 1964, 「한국의 출판연구: 1922年부터 1945年까지」, 『중앙대학교 논문집』 9집, 355-356쪽.

159 朝鮮總督府 警務局, 1941a, 앞의 책, 25쪽.

160 김형섭, 2008, 앞의 글, 159쪽.

161 최덕교, 2004c, 앞의 책, 400-418쪽.

본인도 포함되기 시작했다.

『동양지광』은 일제 말기의 친일잡지 중에 가장 먼저 창간되어 '내선일체'를 적극적으로 주장했다. 재조 일본인이 만든 황민화 단체인 녹기연맹에서 활동하던 모리타 요시오(森田芳夫)는 "『동양지광』이 조선 사람들에 의하여 '내선일체'의 주장 아래 태어난 것은 실로 기뻐하여야 할 일"이라고 하며, "사장 박희도 씨는 신념과 담력이 있는 사람으로 정치적 수완도 훌륭하다"고 주장했다.[162] 특히 모리타 요시오는 『동양지광』이 "내선일체에 관하여 내선인 쌍방의 주장을 싣고" 있다는 점을 높게 평가했다. 그럼에도 총독부는 "이 잡지가 종이 소비에 비해 효과가 적다"는 이유로 발간 중단을 종용하여 1940년 2월부터 1941년 11월까지 발간이 중단되었다.[163] 그러나 박희도의 간청으로 1941년 12월부터 속간되었는데, 이후 더욱 노골적인 친일논조를 보이며[164] 1945년 5월까지 발행되었다.[165]

『내선일체』는 박남규가 1940년 1월에 창간한 친일 일본어 잡지로서 1944년 10월까지 발행되었다. 『내선일체』는 황도정신의 발양, 내선일체의 구현, 내선 풍속·관습의 이해 및 개선, 상의(上意)의 실천화, 하의의 선도·하달, 내선 결혼 창도(唱導)·실천, 총후(銃後) 후원의 강화, 보건기관의 보급화, 독학·역행의 창도, 국어(일본어 – 인용자) 보급의 철저 등

---

162 森田芳夫, 「조선사상 제 진영의 전망」, 『동양지광』 1940.1; 최원규 편, 1988, 『일제 말기 파시즘과 한국 사회』, 청아, 397쪽.

163 임종국, 1966, 앞의 책, 63쪽.

164 류종렬, 2013, 「이주홍의 일제 말기 일문 작품 연구」 1, 『한국문학논총』 65집, 486–487쪽.

165 김근수, 1980, 앞의 책, 241쪽.

을 강령으로 삼았다.[166] 박남규는[167] 우가키 가즈시게(宇垣一成) 총독과 친분이 있던 자인데, "대일본제국의 진짜 신하라는 의미에서 오토모(大朝實臣)라고 창씨개명"을 했고, '내선일체는 일선 통혼으로부터'라는 슬로건을 내걸고 '내선일체실천사'라는 회사까지 설립해 활동했다.[168]

1940년 1월에 창간된 또 다른 친일잡지는 『태양』이다. 『동아일보』와 『조선일보』에서 활동한 바 있던 서춘이 발행한 『태양』은 『동양지광』이나 『내선일체』와는 달리 조선어와 일본어를 혼용했다. 서춘은 창간사에서 『태양』이 지향하는 목표로서, 신동아 건설 및 내선일체의 구현에 관한 신이론체제의 창설·확립, 건전한 사상의 양성, 개인 위인의 배출·조성, 시비선악의 준별 등을 내세웠다.[169] 이 잡지는 1940년 2월호를 마지막으로 2호 만에 발행을 중단했다. 서춘은 『태양』 발행을 중단하고 얼마 지나지 않은 1940년 5월에 총독부 기관지 『매일신보』의 주필이 되었다.[170] 서춘은 조선군 보도부에서 검열업무를 담당하던 정훈 소좌, 『삼천리』를 발행하던 김동환 등과 함께 '목요회'라는 친일친목단체에서 활동했는데, 『태양』의 창간이나 『매일신보』 입사에 이런 활동이 영향을 주었을 것이다.[171]

---

166 위의 책, 244쪽.

167 『친일인명사전』에는 박남규가 단순히 일본의 오쿠라고등상업학교를 나와 목포에서 병원을 운영했다고만 나와 있는데, 정운현은 박남규를 '의사 출신'이라고 했다. 정운현, 2011, 『친일파는 살아 있다』, 책으로 보는 세상, 110쪽; 친일인명사전편찬위원회, 2009, 『친일인명사전』 1, 민족문제연구소.

168 정운현, 2011, 위의 책, 110쪽.

169 「創刊の辭」, 『태양』 1940.1, 12쪽.

170 정진석, 2005, 앞의 책, 186-188쪽.

171 森田芳夫, 1940, 앞의 글; 최원규 편, 1988, 앞의 책, 398쪽.

박문서관은 "지난 1년간 애쓴 보람을 얻어"서[172] 드디어 "관계 당국의 이해 깊은 내락을 얻고 용지의 준비도 대략 자신을 얻게" 되었다고 하며 『신시대』 창간 계획을 알렸다.[173] 박문서관은 『신시대』가 "신질서하의 일본의 참된 자태를 구명(究明)하고 일본의 이상, 일본의 정신을 깨닫고 또 세우기 위하여 또 그것을 조선말을 통하여 조선말을 아는 동포에게 널리 전해드리고자 함이 그 최대한 목표"라고 밝혔다.[174] 『신시대』는 창간사의 끝을 "그리하여 영광스런 새날에 함께 우렁찬 만세를 높이 높이 불러 황국(皇國)의 대이상의 완성에 축배를 들 것이다"라고 맺고 있다.[175]

『춘추』는 1941년 2월에 양재하에 의해 창간되어 1944년 10월 통권 39호까지 발행되었다. 양재하는 『조선일보』를 거쳐 『동아일보』에서 폐간될 때까지 기자로 활동했다. 양재하는 『동아일보』가 폐간된 직후부터 잡지 발간을 준비했던 듯하다.[176] 『춘추』는 창간호 앞부분에 미나미 총독의 사진과 연두사를 내세우고, 다음에는 나카무라 조선군 사령관의 '성전을 완수'라는 메시지를 실었다. 이어서 실은 권두언에서 "2천 3백만 대중이 협심하여서 국민정신 앙양과 국가총력 발휘에 그 소임을 다할 각오를 새롭게 하여야 하겠다"고 주장했다.[177]

1940년대에 창간된 다른 잡지들이 아예 일본어로 발행하거나 아니

---

172 「창간 2주년, 새 잡지의 탄생」, 『박문』 1940.10, 2쪽.

173 「편집실 일기」, 『박문』 1940.10, 22쪽.

174 「창간 2주년, 새 잡지의 탄생」, 『박문』 1940.10, 3쪽.

175 「신시대변(新時代辯)-창간사에 대신하여」, 『신시대』 1941.1, 319쪽.

176 1941년 2월호인 창간호를 2권 1호로 발행했다. 아마 1940년 연말 전에 창간호를 내려고 했는데, 원고가 검열에 걸려 발행되지 못하고, 1941년에 창간호를 내면서 2권 1호로 표현했던 듯하다. 김근수, 1980, 앞의 책, 244-245쪽.

177 「권두언」, 『춘추』 1941.2, 17쪽.

면 일본어 기사를 다수 실었던 것과는 달리 『춘추』는 일본어 기사를 극히 일부만 게재했다. 『춘추』는 종합잡지임에도 문예란이 상당 부분을 차지했는데, "이 시기 다른 매체에 비해 상대적으로 대일 협력에 대한 유연한 문학적 대응 방식을 보여주는 작품들이 이 매체에 다수 발표"되었다.[178] 뒤로 갈수록 "거의 일제에 충성하고 전쟁에 협력하는 시국적인 잡문으로 채워진 느낌"이라는 평을 들을 정도로[179] "내선일체화 운동의 친일지로 전락"해버리고 말았다.[180] 일제가 총동원체제를 구축해 언론을 통제하는 것을 넘어서서 전쟁에 동원하던 시절에 발행된 잡지는 결국 친일로 치달을 수밖에 없었다.

총독부는 극우 일본인 지식인들이 발행한 『녹기(綠旗)』나 한국인이 발행하는 친일잡지들이 다수 있었음에도 관변단체를 통해 잡지를 발행했다. 『녹기』는 일본인으로만 구성된 녹기연맹에서 1936년 1월에 창간해 1944년 2월까지 통권 96호가 발행되었다. 『녹기』는 처음에는 일본인만이 필진으로 참여했고, 1937년에 현영섭 등의 글이 실리기 시작했지만, 폐간 때까지 조선인 필진의 수는 얼마 되지 않았다.

『총동원』은 1939년 6월에 국민정신총동원조선연맹에 의해 창간되어 1940년 8월 통권 15호로 종간되었다. 1940년 10월에 국민정신총동원조선연맹이 더욱 강력한 기구인 국민총력조선연맹으로 개편되면서, 1940년 11월에는 『총동원』의 후신이라고 할 수 있는 『국민총력』이 창간되었다. 『총동원』이나 『국민총력』 모두 황민화정책의 수행을 목적으

---

178 장성규, 2009, 「1940년대 전반기 한국어 소설 연구: 〈춘추〉 소재 작품을 중심으로」, 『국제어문』 47집, 69-70쪽.

179 최덕교, 2004c, 앞의 책, 414쪽.

180 김근수, 1980, 앞의 책, 235쪽.

로 발행한 것이었다. 『총동원』은 창간호부터 가정과 주부의 역할을 강조해, 국민정신총동원운동은 가정에서 주부들부터 자신의 역할을 다하는 것이어야 한다고 주장하기도 했다.[181]

이 잡지들은 조선인을 상대로 발행했던 만큼 '창씨개명'이나 '총후봉공(銃後奉公)' 등 조선인을 상대로 하는 정책의 성공적 수행을 목적으로 하는 내용이 대부분이었다. 일본어 잡지였지만 필자 중의 상당수는 조선인이었다. 『총동원』 창간호만 해도 윤치호, 김활란, 김용제 등이 필자로 참여했다. 국민총력조선연맹에 최린, 김성수, 윤치호 등의 조선인이 참여하고 있었던 만큼[182] 『국민총력』에도 조선인이 필자로 포함되어 있었다. 『국민총력』은 1945년 5월까지 발행되면서 총독부 황민화정책의 가장 중요한 수단이 되었다.

『반도의 빛(半島の光)』은 조선금융조합연합회가 1936년 12월에 창간해 1941년 3월까지 발행했던 『가정의 벗(家庭の友)』의 제호를 바꾸어 발행했던 잡지이다. 『가정의 벗』은 일제강점기 농촌부인을 대상으로 발행한 유일한 관변잡지로, 조선인 필자가 조선어로 기사를 작성했고, 독자는 금융조합 조합원의 부인들이었다.[183] 1941년 4월부터 『반도의 빛』으로 제호를 바꾸어 1944년 8월까지 발행되었다. 『반도의 빛』은 조선어 기사가 대부분이며 일본어 기사가 일부 섞여 있던 『가정의 벗』과는 달리 아예 조선어판과 일본어판으로 나누어 발행했다.

---

181 전은경, 2008, 「'창씨개명'과 『총동원』 모성담론의 전략」, 『한국현대문학연구』 26집, 364-365쪽.

182 임종국, 1966, 앞의 책, 113쪽.

183 문영주, 2007, 「일제 말기 관변잡지 『家庭の友』(1936.12~1941.03)와 '새로운 부인'」, 『역사문제연구』 17호, 179-180쪽.

『반도의 빛』은 내선일체와 황민화를 부추기고, '성전(聖戰)'의 연전연승을 거짓으로 꾸며냈다. 특히 농촌의 남녀노소 모두를 대상으로 하는 다양한 내용으로 채웠고, 필자로 최정희, 채만식, 이원수, 이석훈, 김억, 김동인, 정인택, 안회남, 주요한, 김동환, 이하윤, 이헌구, 박계주, 이기영, 이광수, 정비석, 장혁주, 차상찬 등이 참여했다.[184] 농촌 각 부락에 무료로 배포되어 10만 부나 발행했던 이 잡지는 농촌에 거주하는 조선인들에게 상당히 큰 영향력을 발휘했다. 관변잡지였던 만큼 다른 잡지들보다 폭넓게 필자를 확보할 수 있었다.

『총동원』(그 후신 『국민총력』 포함)과 『반도의 빛』 모두 총독부의 정책 수행을 위해 발행했다는 점에서는 비슷한 면이 있었지만, 전자가 지식인 등을 상대로 발행되었다면, 후자는 농촌 주민을 상대로 발행했다는 점에서 차이가 있었다. 두 잡지 모두 발행 주체는 조선인이 아니었지만, 발행 부수나 지면 구성 등을 볼 때 조선인에게 미친 영향은 조선인 발행 친일잡지보다 더 컸다.

『녹기』, 『총동원』, 『반도의 빛』 외에도 단체가 발행한 친일잡지들이 더 있었다. 그중 가장 특이한 잡지가 조선방송협회가 발행한 『방송지우』였다. 조선방송협회는 1941년부터 이미 잡지 발간 계획을 갖고 있었다. 당시 잡지에 "경성 제이방송국에서는 반도 민중에게 시국을 더욱 인식케 하기 위하여 삼종의 월간잡지를 발간하기로 계획 중이라는데 『국어보급』이라는 잡지와 『문예』와 『아동잡지』 삼종인 바, 모두 조선문 잡지

---

184 류종렬, 2016, 「일제 말기 이주홍의 만문만화 연구 1, 『家庭の友』와 『半島の光』을 중심으로」, 『한국문학논총』 74집, 401-402쪽.

라 한다"는 기사가 나오기도 했다.[185] 조선방송협회가 방송뿐만 아니라 잡지를 통해서도 선전에 나서려고 했던 것이다. 그러나 총독부의 허락이 없었기 때문인지 결국 세 잡지를 발행하지는 못했고 1943년에 가서야 『방송지우』를 발행할 수 있었다. 『방송지우』는 제목에서 드러나듯이 방송잡지로서의 성격을 명확히 하면서도 "일본제국주의와 조선총독부의 정책을 효율적으로 수행하기 위한 대중계몽 및 선전잡지로서의 성격"을 가지고 있었다.[186] 『방송지우』는 1943년 1월의 창간호에 실린 「독자 여러분께」라는 글에서 다음과 같이 잡지 발간의 취지를 밝히고 있다.

> 방송을 들으시는 분들로부터 어떤 방송을 한 번 더 듣고 싶다거나 글로 읽고 싶다는 이야기를 심심찮게 듣습니다. 전시하의 방송에서 우리 국민이 어떻게 생활해야 하는지, 어떻게 하면 훌륭한 황국신민이 될 수 있는지 하는 문제에 대해 명사의 칼럼, 좌담회, 기타 연예 등 다양한 형태로 들을 수 있지만, 이를 다 듣지 못해 아쉽다는 것은 우리가 가장 많이 듣고 있는 이야기입니다. 이런 까닭에 방송된 것 중에서 특별히 몇 가지를 골라내어 흥미 있게 읽을 수 있도록 하기 위해 여기 『방송지우』를 출판하게 되었습니다. 본지의 특색은 읽기 쉽다는 것입니다. 국어(일본어-인용자)도 언문도 매우 쉽게 씌어져 있기 때문에 누구든지 읽을 수 있으며, 특히 부인과 청소년들에게는 아주 흥미 있게 여겨질 것이라고 믿습니다. 반드시 이겨야만 하는

---

185 「정보실-우리 사회의 제 사정」, 『삼천리』 1941.9, 79쪽.

186 서재길, 2011, 「식민지 말기의 매체 환경과 방송잡지 『방송지우』의 성격」, 『근대서지』 3호, 188쪽.

대동아전쟁하에서 세계에 그 유례가 없는 우리나라의 국체를 분명히 하는 한편으로 징병제도의 준비와 기타 일반의 지식을 고양시키기 위해 본지가 여러분들이 찾고 있는 마음의 양식이자 좋은 벗이 될 수 있다면 더없는 기쁨이 될 것입니다.[187]

『방송지우』는 위의 내용대로 방송된 내용을 그대로 싣는 일이 많았지만 방송되지 않은 내용을 게재하는 것도 있었다. 『방송지우』는 한때 2만 부까지 발행되었다고 하는데, 서재길은 "당시의 물자난과 출판용지 할당제 속에서도 적지 않은 부수가 발간되었다는 사실은 그만큼 총독부 측에서 이 잡지를 중요하게 여기고 있었다는 것을 의미한다"고 주장했다.[188] 『방송지우』는 1945년 4·5월호를 마지막으로 발행을 중단했다.[189]

대일본부인회 조선본부에서 1944년 4월에 창간한 『일본부인』 '조선판'은 여성의 동원을 목적으로 창간된 선전계몽잡지로서 1945년 4월까지 1년 정도 발행된 것으로 보인다.[190] 대일본부인회는 "전시하 문부성계의 대일본연합부인회, 내무성계의 애국부인회(상류층으로 구성), 군부계의 대일본국방부인회(서민층으로 구성)를 통합한 관제단체로, 전시하 성

---

187 「독자 여러분께」, 『방송지우』 1호(1943.1), 13쪽.

188 서재길, 2011, 앞의 글, 189쪽.

189 『방송지우』는 총 19호가 발행되었고, 서재길은 이 중 11권을 확인했다고 한다. 현재 국립중앙도서관 디지털도서관에서 5권(1권 1호와 2호, 2권 1호와 8호, 3권 1호)을 볼 수 있다. 이 자료는 원래 아단문고에 있던 자료를 데이터베이스화한 것이다. 서재길, 2011, 앞의 글, 187쪽.

190 『일본부인』 조선판은 『아단문고 미공개 자료 총서: 여성잡지』(2014) 29권에 6호(1권 1호·4호·5호·8호, 2권 2호·4호)가 실려 있다.

인 여성이 거의 대부분 참가한 최대의 여성조직"이었다. 이런 대일본부인회의 조선지부가 결성된 것은 1942년 3월의 일로 본부장은 총독의 부인, 부본부장은 군사령관과 정무총감의 부인이 맡았다.[191]

대일본부인회 일본본부에서 발행하는 기관지 『일본부인』으로는 한국의 여성들에게 선전과 계몽의 효과를 기대하기는 어려웠기 때문에 별도로 조선판 발행을 결정했던 것이다. "조선의 징병제 실시를 앞두고 일제는 조선의 여성들에게 명예로운 군인의 어머니이자 아내, 누이로서의 역할을 적극 선전하고 계몽할 필요"에 직면해 『일본부인』 조선판을 발행했다. "용지 부족으로 대개의 매체가 통합되거나 폐간되던 전쟁 말기에 『일본부인』 조선판을 창간한 것은 조선의 징병제 실시에 대한 관과 군 당국의 우려가 그만큼 짙었다"는 것을 보여주었다.[192] 『일본부인』 조선판이 "어머니부터 의식화 교육을 시켰던 이유는 징병제 실시로 식민지인들에게 병영을 맡겨야 한다는 실질적 필요성 때문"이었다.[193]

3. 서적 발행 억제와 선전용 책자 발행

중일전쟁 발발 이후 용지 부족으로 어려움이 생겼지만, 1930년대 말까지 출판사들은 심각한 문제에 봉착하지는 않았다. 김종수는 "1933~

191 최주한, 2012, 「이광수의 친일문학을 다시 생각한다: 『방송지우』 및 『일본부인』(조선판) 소재 조선어 단편을 중심으로」, 『근대서지』 6호, 542-543쪽.

192 최주한, 2012, 위의 글, 543-544쪽.

193 박윤진, 2007, 「대일본부인회 조선본부(大日本婦人會 朝鮮本部)의 결성과 활동, 1942~45년」, 『한국문화연구』 13호, 207-211쪽.

1939년까지를 한성도서주식회사의 전성기"라고 하며, "이 시기를 대표하는 한성도서주식회사의 문학서적은 신문연재소설의 단행본과 일제강점기 조선에서 최초로 간행한 '현대조선장편소설전집'이었다"고 했다.[194] 방효순도 1937~1940년 사이의 기간을 앞선 시기에 비교해 '부흥기'라고 하며 "다양한 장르 및 수준의 서적들이 출판"되었고, 특히 "문예서가 차지하는 비율은 매년 늘어 당대 최고의 출판물군을 형성"했다고 평가했다.[195] 방효순은 1938년의 조선교육령으로 조선어 교육을 폐지시키고, 1939년부터 조선어 잡지와 신문을 폐간시키는 상황에서 조선어 서적에 대한 대중들의 관심이 커졌기 때문에 용지난 속에도 서적 발행이 활발해졌다고 주장했다.[196] '오락출판물의 증가'라는 제목의 기사는 이런 현상에 대한 경무국의 대책을 보여준다.

> 작년도에 종이 대금의 4, 5할 격증으로 하여 종래 조선의 빈약한 출판계에 크나큰 치명상을 주어 평년에 비하여 2할 이상의 감소를 보였다. 이에 반하여 일반 독서계서는 활발해지지만은 당국의 언명을 들으면 특히 시국에 관한 출판물이 없다는 것이다. 이리하여 각 방면에 통제의 손을 펴고 있는 오늘 총독부 경무당국에서는 출판업자의 자각을 촉하여 시국인식을 철저히 시킬 출판물을 더 많이 출판시키도록 지도하려고 하며 풍속상으로나 사상적으로 악영향을 줄 것

194 김종수, 2009, 「일제강점기 경성의 출판문화 동향과 문학서적의 근대적 위상-한성도서주식회사의 활동을 중심으로」, 『서울학연구』 35집, 263쪽.

195 방효순, 2001, 「일제시대 민간 서적 발행활동의 구조적 특성에 관한 연구」, 이화여자대학교 박사학위논문, 160-162쪽.

196 위의 글, 160쪽.

> 은 물론 그다지 사회적으로 좋은 영향을 적극적으로 주지 않는 서적은 발행을 중지시킬 방침이라고 한다. 금년 신년호 계속출판물에 대하여 적극적으로 협력케 하려는 것으로 금후에는 종래 당국이 취체의 방침에만 그쳤던 것을 제일선에 나서서 통제, 지도하려는 것이라 한다. 작년도 조선문 출판계에는 종합잡지가 폐간된 것이 있으나 특수한 오락물은 증가되었고, 앞으로 이 방면은 더 할 것이라고 하며 시국을 표방한 간행물과 잡지가 증가되어 갈 것이라고 한다.[197]

'사상적으로 악영향'을 줄 서적의 발행을 막겠다는 것은 기존에도 검열을 통해 해오던 일이었지만, 이제부터는 "시국인식을 철저히 시킬 출판물을 더 많이 출판"하도록 하는 일에도 비중을 두겠다는 입장을 밝힌 것이다. 이중연은 이에 대해 "도서과의 통제 방침은 '금지'의 강화를 통해 '조장'을 담보하려는 것"이라고 해석했다. 용지가 부족한 현실에서 전쟁 협력용 '시국 출판물'을 발행하기 위해서는 과거보다 더욱 엄격한 검열로 서적 발행을 줄일 필요가 있었다.[198] 경무국 도서과는 족보·문집을 구시대의 출판물로 규정하고, '시국상 불필요'하기 때문에 발행을 허용하지 않겠다고 했고, 실제로 발행이 줄어들었다.[199] 총독부는 족보·문집에 "내선(內鮮)관계의 사실(史實)에 관한 비분강개의 문구"가 들어 있는 등 불온한 면이 있다고 보았기 때문에 발행 허가에 대해 엄격히 대응했다.[200] 1939년에 조선인이 발행을 허가받은 단행본의 수가 1,812권이

---

197 「오락 출판물의 증가」, 『동아일보』 1939.1.1, 15면.

198 이중연, 2005, 앞의 글, 100쪽.

199 위의 글, 100-101쪽.

200 朝鮮總督府 警務局, 1940, 앞의 책, 57-58쪽.

었고, 1940년에는 880권으로 급격히 줄어들었는데,[201] 이런 감소 경향은 1940년대 이후 계속되었을 것이다.

총독부의 출판정책도 다른 매체와 마찬가지로 금지에서 권장으로 나아갔다. 친일단체나 총독부 스스로 선전 목적의 책을 발행했다. 현영섭이 1938년에 발행한 『조선인의 나아갈 길(朝鮮人の進むべき道)』은 조선인이 집필한 친일서적들의 본격적인 출발을 알리는 것이었다.[202] 이 책에는 조선총독부 학무국장 시오바라 도키사부로(塩原時三郎), 녹기연맹 이사장이자 반관반민단체 국민총력조선연맹 참사였던 쓰다 사카에(津田榮)가 쓴 서문이 실려 있다. 철저한 내선일체론자인 현영섭은 "이 작은 책자를 일본 국민으로서 살려고 하는 진실한 면목을 지닌 조선인 청년 여러 형제에게 바친다"라고 하며, 젊은이들을 대상으로 하고 있음을 밝혔다. 이 책은 7개월 만에 11판을 기록하고, 1938년 말까지 1만 부가 판매되었는데, 그 이면에는 총독부의 적극적인 지원이 있었다.[203]

총독부가 직접 나서서 서적의 발행을 기획하기도 했다. 총독부는 1938년 말에 전쟁을 정당화하고 협력을 이끌어내기 위해 중일전쟁 '보도반원'이었던 히노 아시헤이(火野葦平)의 『보리와 병대(麥と兵隊)』를 조선에 보급할 계획을 세우고 경무국 도서과의 검열관이자 통역관인 니시무라 신타로에게 번역을 맡겼다.[204] 1939년 7월에 『보리와 병정』이라

---

201 정진석, 2012, 앞의 글, 39쪽.

202 『조선출판경찰개요』 1939년판 '출판규칙에 의해 발행된 국문출판물'을 설명하는 항목의 '주요 단행본' 목록 가장 앞부분에 『조선인의 나아갈 길(朝鮮人の進むべき道)』이 나와 있다. 朝鮮總督府 警務局, 1940, 앞의 책, 47쪽.

203 이중연, 2001, 앞의 책, 482쪽.

204 이중연, 2005, 앞의 글, 101쪽.

는 이름으로 번역되어 발행된 이 책은 검열기구였던 경무국 도서과에서 기획하고 번역했으며, 『매일신보』를 통해 대대적으로 홍보하고 판매해 "1940년 8월까지 수십만 권이 판매 또는 배포되었다"고 한다.[205] 이 책에 대한 찬양 일색의 비평이 17편이나 나왔을 정도로 이 책을 홍보하려는 움직임이 활발하기도 했다.[206]

니시무라는 "후방의 조선인이 적성(赤誠)을 보이고는 있으나 실제 전쟁이라는 것이 어떤 식으로 이루어지는지 모르는 자가 많다는 의견이 있어서 황군(皇軍)이 어떻게 고생하고 있는가를 확실히 주지시킬 수 있고, 황군에 대한 감사의 마음을 불러일으켜 후방의 국민으로서 각오를 올바르고 강하게 할 수 있다면 바람직할 것이라고 상사들 사이에서 합의가 이루어져 내가 번역을 명령받게 된 것"이라고 『보리와 병정』의 출간 배경을 밝혔다. 니시무라는 미하시 경무국장과 후루카와 도서과장이 자신에게 명령했다는 사실을 언급했고, 『조선일보』 홍종인과 『동아일보』 홍효민의 서평에 감사한다고도 했다. 총독부는 조선인들이 중일전쟁에 대해 무관심하거나 일본의 전황 보도를 믿지 않고 있다는 사실을 알고 있었기 때문에[207] 여론을 돌리기 위한 작업을 할 필요가 있다고 판단했고, 그 일환으로서 『보리와 병정』을 출간했다.

총독부는 사상 통제와 종이 부족을 이유로 조선어 서적의 발행은 최대한 억제하면서도 『보리와 병정』 같은 선전용 서적은 자신들이 직접 기획해서 발행했다. 「약진하는 조선출판－전쟁문학이여 많이 나와라」라는

205 정근식, 2013, 앞의 글, 250－252쪽.

206 이석, 2020, 「『麥と兵隊』 번역 양상 연구－조선어, 중국어로의 번역을 중심으로」, 성균관대학교 석사학위논문, 7쪽.

207 변은진, 2013, 앞의 책, 343－358쪽; 宮田節子 저, 이형랑 역, 1997, 앞의 책, 11－13쪽.

기사에서 후루카와 가네히데(古川兼秀) 도서과장은 다음과 같은 기대를 표명했다.

> 내지(일본-인용자)에서는 전체적으로 종이 절약을 하고 있으나 조선에서는 건전한 문화건설과 내용 충실하고 전시적인 색채를 띄운 출판물이라면 다소의 무리를 하더라도 '종이 절약'의 예외를 만들 작정이다. 그만큼 출판물을 통하여 조선의 문화 수준을 높이는 것과 또는 총후의 지킴을 더욱 뚜렷이 하는 데에 눈을 통하여, 서책을 통하여 하는 것이 가장 좋은 방법인 만큼 '좋은 출판물' 또는 '전쟁문학' 같은 훌륭한 것이 좀 더 활발하게 머리를 들고 나서기를 새해를 맞으며 고대한다.[208]

도서과장은 종이가 부족하더라도 전쟁 협력 출판은 적극적으로 지원하겠다는 뜻을 밝힌 것이다. 1940년대 이후 용지 부족은 더욱 심각해졌고, "출판가의 용지 불안은 지난 연말부터 오늘까지 아직도 해소 안 된 채 내려오고 있다"는 절박한 목소리가 나왔다.[209] "출판업자들의 고심은 이제 와서는 원고난도 판매난도 선전난도 아니요. 오직 용지난이 가장 큰 고민이다"라는 탄식도 나왔다.[210] 1940년 5월 11일에 "박문서관, 삼천리사 등을 비롯하여 약 오십여 처의 부내에 있는 출판사 대표자들이 모여서 조선출판협회 결성회를 열었는데, 회는 삼천리사 사장 김동

---

208 「약진하는 조선출판-전쟁문학이여 많이 나와라」, 『매일신보』 1939.12.22, 3면.

209 「출판 토픽」, 『박문』 1940.2, 22-23쪽.

210 「출판 사담」, 『박문』 1940.3, 22쪽.

환 씨의 개회사로 시작되어 황성요배와 묵도가 있은 다음 경과 보고와 규약 통과가 진행"되었다. 협회의 이사로는 녹기연맹, 박문서관, 한성도서주식회사, 삼천리사, 인문사 등이 포함되었다.[211] 조선출판협회는 규약 제2조에서 '국책에 순응'하며 '도서보국'을 하겠다고 규정하고, "시국에 관하여 당국과 협력"하며 "용지 배급에 관하여 공동운동"을 하겠다고 밝혔다.[212] 총독부에 적극적으로 협력하겠다는 입장을 명확히 밝히며 용지 배급을 해달라는 요구를 했던 것이다.

총독부는 용지 부족의 현실과 전쟁 협력의 필요성을 결합한 정책을 실시하려고 했다. 즉 용지의 배급과 출판검열을 결합한 '검열적 배급'을 실시하기로 했다.[213] 실제로 총독부 기획부는 '잡지용지규정요령'을 발표하고 1941년 6월 1일부터 잡지, 출판물의 용지 사용에 승인제를 실시한다고 발표했다. 총독부 기획부는 경무국 도서과, 문서과 및 관계된 각국과 협의하여 검토한 후에 용지 사용을 승인한다는 방침을 밝혔다.[214] 이런 방침에 따라 변화가 나타났는데, 『대동아』는 "본사의 서적 출판 방침은 지물(紙物)이 귀하고 인쇄물자 또한 점귀(漸貴)한 이때이기에 진실로 국가사회와 전시에 필요한 것이 아니면 아니 발간할 방침으로 나아"간다고 밝히기도 했다.[215]

이런 상황 속에서 1941년 11월 26일에 총독관방에 정보과가 설립되

211 「조선출판협회 결성」, 『조선일보』 1940.5.12, 2면.

212 「갈추어(葛秋語)」, 『인문평론』 1940.4, 86–87쪽; 계훈모 편, 1979, 앞의 책, 1196쪽 재인용.

213 關根康喜, 1941, 『出版國策の方向』, 成史書院, 53–54쪽.

214 「잡지출판물 용지사용에 승인제 실시」, 『매일신보』 1941.4.17, 석간 2면.

215 「편집 후기」, 『대동아』 1942.3, 189쪽.

어, 종래 문서과에 있던 정보 및 계발 선전업무를 분리해서 맡고, 체신국에 소속되어 있던 방송국 지도업무도 넘겨받았다. 오노 로쿠이치로(大野錄一郞) 정무총감은 비상시국에서 '공고한 사상전체제를 정비'하기 위해 정보과를 신설했다고 하며, 정보과는 '국내 여론을 통일하고 계발선전'하는 역할을 해야 한다고 했다.[216] 즉 정보과는 "선전과 홍보를 통해 전쟁 수행의 효율화를 기하자는 목적"으로 설립되었다.[217] 이제 도서과나 문서과가 아니라 정보과가 시국출판물에 관한 업무를 전담하게 되었다.

1943년 9월에 총독부는 '출판물통제협의회'를 설치하고 출판에 대한 강력한 통제 방침을 밝혔는데, 정보과가 '출판물통제협의회'에서 중심적인 역할을 맡도록 했다. 과거에는 식산국 상공과가 주관했던 '출판물용양지사용승인'에 관한 사무가 '출판물통제협의회'가 설립되면서 정보과로 이양되었다. 종래에는 상공과가 도서과 등과 협의해 출판통제를 했다면, 이제부터는 정보과가 주무과가 되어 도서과와 협의한 후 기획실, 상공과, 문서과, 학무과, 육해군 측과도 협의해 출판통제를 하게 되었다.[218] 이 협의회의 가장 중요한 역할은 심의대상 출판물이 '전시출판물'로서 적절한지를 심의하는 것이었다. '출판물승인 및 추천 실시요강'은 '출판물승인의 선결방침', '출판물승인에 있어 그 구체적인 내용', '출판물추천 및 우량출판물의 지도조성' 등에 관한 사항을 근거로 출판물을 승인하거나 추천하도록 규정했다. 다음과 같은 '출판물승인의 선결방침' 중 하나인 '조선의 특수 사항에 의해 보는 적부' 내용을 통해 어떤 출판

216 이연, 2013, 앞의 책, 518-519쪽.

217 정진석, 2007, 앞의 책, 60-61쪽.

218 이연, 2013, 앞의 책, 483-485쪽.

물을 승인하려고 하는지를 알 수 있다.

1. 국체본의(國體本義)의 투철상 효과의 유무
2. 문단의 국어화 촉진으로의 기여 후박(厚薄: 정도 – 인용자)
3. 문화 수준의 향상을 기도(企圖)하는 견지에서 하는 적부
4. 언문만을 이해하는 대중에 대해 공여해야 하는 언문 출판물로 보는 내용의 적부
5. 조선 민중의 민족의식, 미영 숭배관념, 그외 반도 특수사상 동향에 대한 영향
6. 기타 조선인의 황민(皇民)자질, 연성(鍊成)상 패익(稗益: 역할 – 인용자)의 유무[219]

이런 기준은 고이소 구니아키(小磯國昭) 총독의 시정 방침을 반영한 것이며, 전쟁 협력과 동원에 기여할 수 있는가를 보기 위한 것이었다. 신문이나 잡지도 '출판물용양지사용승인신청서'를 제출해 승인을 받아야 했고, 단행본은 여기에다가 '출판기획신고서'까지 추가로 작성해서 인쇄하기 두 달 전 10일까지 정보과에 제출해야 했다.[220] 용지난이 심각하던 현실에서 '출판물통제협의회'는 철저하게 심사해 출판 승인을 했을 것이고, 이런 과정을 통과한 서적들은 당연히 "일제의 정치적 시책에 부응하는 내용이거나 최소한의 일상적 독서물"에 불과했을 것이다.[221]

219 위의 책, 486쪽.
220 위의 책, 489–490쪽.
221 방효순, 2001, 앞의 글, 162쪽.

총독부는 출판물에 대한 통제를 강화하는 차원에서 출판사 폐업을 강제하기도 했다. 1942년에 대동출판사는 모든 편집부원이 일본 경찰에 검거되었고 결국 출판사까지 폐업했다. 직원들의 검거 이유는 "고서점에서 일제 비밀문건을 입수한 것"이었다. 당시 대동출판사에 근무하던 이관구는 관훈동의 금항당과 당주동의 유길서점에 조선총독부가 폐기처분한 고문서 가운데 '비(秘)'자가 찍힌 서류뭉치가 들어왔다는 소문을 듣고 가서 문서 50여 권을 샀는데 총독부에서 이를 알고 자신과 출판사 직원, 서점 주인 등을 검거해 고문했고, 자신은 100일 이상 고생했고 다른 사람들도 모두 3주 동안 고생했다고 한다.[222] 당시 대동출판사에 근무했던 박노갑은 일제당국의 지시를 제대로 듣지 않고 '눈만 속이려' 한 것이 원인이 되었다고 했다. 즉 "통제에 저항한 것이 출판사 폐업의 이유"였던 것이다.[223] 1940년대에 용지를 구하지 못하거나 출판실적이 미미한 출판사들은 사실상 '강제로 퇴출'당한 셈이었다.[224] 총독부는 1943년 3월 1일부터 '출판사업령'을 시행하며, "출판사업을 새로 시작하는 데는 조선총독의 허가를 맡아야" 한다고 해서 출판사의 설립 자체를 어렵게 만들기도 했다.[225]

총독부는 자신들이 직접 다양한 출판물을 간행하기도 했다. 이미 총독부는 1930년대부터 각종 선전용 인쇄물을 만들어 널리 배포했는데, 1937년에 '황국신민서사'는 110만 부나 배포했다.[226] 태평양전쟁이 벌

222 정진숙, 「제82화 출판의 길 40년(23) 대동 출판사」, 『중앙일보』 1985.4.22, 7면.

223 이중연, 2005, 앞의 글, 111쪽.

224 방효순, 2001, 앞의 글, 162쪽.

225 「출판물에 전시체제-신문과 같이 서적과 잡지도 통제」, 『매일신보』 1943.5.30, 2면.

226 이연, 2013, 앞의 책, 418-419쪽.

어지면서 '시국총서'라는 이름으로 '팸플릿'을 발행했는데, 『이기자 대동아전쟁』, 『견디자 장기전』, 『미국을 친다』, 『미국과 미국인의 정체』 등 '적개심 앙양'의 자료로서 관청, 학교, 단체 등에 배포되었다.[227] 친일조선인들의 시국출판물보다 훨씬 더 많은 양의 총독부 전쟁 동원 출판물이 광복 직전까지 계속 발행되었다. 1942년 1월부터 9월까지 발행된 단행본을 분석한 결과 일본어 서적 650권, 조선어 서적 161권으로 나타났던 것을 보면,[228] 총독부가 일본어로 전쟁 동원을 위한 서적을 많이 발행했다는 것을 알 수 있다.

4. 제2 방송 폐지·부활과 방송의 총동원체제

일제강점기 방송은 총독부의 지원을 받기는 했지만, 기본적으로는 수신료 수입을 통해 운영해야 했기 때문에 청취자 확보를 위해 노력해야 했다. 1933년 4월에 이중방송을 실시하면서 조선인 청취자 확보를 위해 음악프로그램이나 드라마 등의 오락프로그램을 대폭 늘렸다.[229] 그러나 중일전쟁이 발발하면서 방송의 선전 매체로서의 중요성이 더 커지면서 편성에 변화가 나타났다.

중일전쟁 발발 이전에 이미 총독부 학무국 사회교육과가 주동해서 "내선일체의 선각자들을 총동원해서 사회교화의 일선 역할을 수행하게

---

227 김규환, 1978, 앞의 책, 325쪽.

228 岸加四郎, 「朝鮮出版文化小觀」, 『朝鮮』 1942.10, 52-54쪽.

229 박용규, 2010, 「일제하 라디오 방송의 음악프로그램에 관한 연구」, 『언론정보연구』 47권 2호, 145-146쪽.

할 목적"으로 방송선전협의회를 발족시켰다. 총독부는 방송을 검열하고 통제하는 것에서 그치지 않고 조선어 방송강좌를 체계적으로 운영해서 조선인들을 대상으로 하는 선전 활동에 적극적으로 이용하려고 했다. 1937년 1월 13일에 조선호텔에서 제1차 협의회가 열렸는데, '관계관, 방송관계자 및 총독부의 위촉을 받은 강사'들인 김활란, 서춘 등이 참석했다.[230] 중일전쟁이 발발하면서 사회교육과가 주도하는 시국강좌를 더욱 강화했다. 사회교육과가 계획을 세웠지만, 전조선교화단체연합회가 주최하고 학무국은 이를 후원하는 형식으로 해서 민간에서 자발적으로 개최하는 모양을 갖추었다. 방송강좌에 참여하는 사람들의 범위도 늘어나 최남선, 김성수, 유억겸, 백관수 등이 강사로 활동하게 되었다.[231]

일제는 방송을 선전에 더욱 적극적으로 활용하기 위해 제국주의 네트워크체제를 구축하려고 했다. 1938년 말에 이미 일본방송협회와 조선방송협회를 합쳐서 조선의 방송망 구축을 강화하자는 주장이 나오기도 했다.[232] 1939년 4월 10일에 일본, 조선, 대만의 각 방송협회와 만주전신회사주식회사 4개 단체가 "성전(聖戰)의 진전에 따라 동아신질서 건설에 연대를 강화하고 방송사업에 부과된 본래의 사명"을 달성하기 위해 '동아방송협의회'를 결성했다.[233] '제국' 방송의 연대를 통해 '사상전, 선전전'에 대비하겠다는 포석이었다.

---

230 임종국, 1991, 『실록 친일파』, 돌베개, 186쪽.

231 장신, 2009b, 「일제 말기 김성수의 친일 행적과 변호론 비판」, 『한국독립운동사연구』 32집, 277-278쪽.

232 「방송 일원화론 대두, 조선방송협회를 일본방송협회에 합체」, 『조선일보』 1938.9.22, 2면.

233 津川泉 저, 김재홍 역, 1999, 앞의 책, 108쪽.

총독부는 1939년 9월 1일에 조선어 방송 담당부서를 제2 방송과에서 제2 방송부로 격상시켰다. 총독부의 이런 조치는, 일본어 해독률이 높지 않은 현실에서 선전 활동을 위해서는 조선어 방송을 할 수밖에 없었기 때문이었다. 1938년에 '국어 상용화'란 이름으로 일본어 사용이 강제되던 현실에서 불가피하게 조선어 방송을 강화했던 것에 대해 송영호는 '그때 시국으로 봐서는 약간 이율배반적인 현상'이었다고 표현했다.[234] 제2 방송부장으로는 "일본인의 총애를 가장 많이 받았다"고 하는 노창성이 임명되었다.[235]

조선어 방송의 제2 방송부로의 격상은 1938년 4월에 총독부 조선어 기관지 『매일신보』를 일본어 기관지 『경성일보』로부터 독립시켜 별도의 주식회사로 출범시켰던 것과 같은 맥락에서 이루어진 조치였다. 조선방송협회 회장 하지 모리사다(土師盛貞)는 1938년 6월 4일의 방송에서 "일본어를 모르고 조선어만으로 생활하는 사람들은 문화적 자극을 받을 수 없고, 또 사회적 교육도 받지 못한 채 홀로 국어인 일본어와 친해지는 것은 도저히 생각할 수 없다. 일본어의 보급을 위해서도 조선어 방송은 필요하다. 조선어 방송의 존재는 국어 보급에 적지 않게 기여를 하게 될 것이고, 결코 국어 보급에 모순되는 것이 아니다"라고 하며, 조선어 방송 폐지에 대한 반대 의견을 밝혔다.[236]

담당부서의 위상이 높아지면서 조선어 방송은 본격적으로 선전방송 체제를 갖추어 나갔다. 특히 1941년 12월에 태평양전쟁이 벌어지면서

---

234 송영호, 「나의 방송시절」, 『신문과 방송』 1979.7, 70쪽.

235 이혜구, 1970, 앞의 책, 35쪽.

236 土師盛貞, 1938, 「朝鮮の放送事業」, 『ラジオと朝鮮』, 朝鮮放送協會, 10-15쪽; 이연, 2013, 앞의 책, 347쪽 재인용.

경무국 정보과, 체신국, 조선군 보도부 관계자들이 모여 방송의 '필승체제'를 구축한다고 하며 다음과 같은 '제2 방송의 개혁'안을 내놓았다.

> 먼저 뉴스 보도에 있어 전에는 주야 다섯 번밖에 없던 것을 이번에 횟수를 배로 늘려 오전 6시, 8시, 10시, 정오, 오후 3시, 5시, 6시 50분, 7시, 9시, 10시 30분의 하루 10회의 정시뉴스 시간을 갖게 되었고, 다시 특별한 뉴스는 임시뉴스로서 강연이나 연예의 중간이라도 언제나 집어넣게 된 것이다. 이 임시뉴스야말로 전시 방송진의 성격이 뚜렷이 나타났다고 말할 수 있다. 그리고 해설을 전보다 훨씬 늘려 새 지명의 지리, 산업, 경제 그 밖에 해설이 필요한 것을 매일 밤 9시에 하기로 되었다. 그리고 일요일 밤마다 지난 일주일 간의 전국을 돌아보는 '대전주사'라는 것을 내보낸다. 다음에 사회교화 부분에는 '우리의 결의'라는 것으로 요전처럼 명사들 연설회의 중계방송을 하거나 또는 직접 방송국 마이크 앞에 초대하여 외치게 한다. 또 '국민에 고한다'는 (JO)AK에서 하는 대신들의 방송을 번역하여 다음날 7시 반에 방송한다. 연예는 건전 오락주의를 가지고 나아가는데 문인협회에 의뢰하여 조선 문사들에게 전쟁문학 1편씩을 제공시켜 이것을 차례로 낭독시키거나 라디오 드라마로 방송을 한다.[237]

1942년 2월 이후에는 총독부 정보과, 경무국, 체신국, 조선군 사령부에다가 국민총력연맹대표까지 모여서 전시방송을 위한 방침을 논의

---

237 「필승체제 전파전, 제2 방송 개혁 실현」, 『매일신보』 1941.12.20, 2면.

했다.[238] 총독부는 뉴스를 강화하고, 강연프로그램을 확대하며, 오락도 전쟁 수행에 도움이 되도록 하겠다는 방침을 정하고 방송을 통제했다. 1942년 이후 제2 방송은 "국어보급은 내선일체의 절대요건"이라는 총독의 지시에 따라 일본어 회화 시간을 대폭 강화했다.[239] 전쟁에 조선인을 동원하기 위해서는 일본어 보급이 절실했고, 방송이 그 역할을 하는 데 유용했기 때문이었다. 1940년대에 들어서면서 오락프로그램에 해당하는 음악프로그램이나 드라마는 거의 편성하지 않았다. 청취자의 확대를 통해 청취료 수입을 올리기 위해서는 오락프로그램이 필요했지만, 전쟁 협력을 위한 선전 매체로서의 역할이 커지면서 이런 프로그램들이 편성될 여지가 줄어들었다.

점차 전쟁이 격화되면서 조선에서도 '국토방위의 필요성' 때문에 '전파관제(管制)'[240]를 실시하면서, 1942년 4월 27일부터 제2 방송을 중단하고, 일본어 방송인 제1 방송과 같은 채널로 송출하게 되었다.[241] 즉 별도의 채널로 송출하던 조선어 방송을 중단하고 "일본어 방송인 제1 방송에 더부살이 신세를 지게" 된 것이다.[242] 일본에서는 이미 태평양전쟁 발발 직후에 시작했던 전파관제를 조선에서도 실시했던 것으로, 전파를 포착해 이루어지는 공습을 피하기 위해 송신기 출력을 감축하고 전국을 동

238 김규환, 1978, 앞의 책, 326쪽; 이연, 2013, 앞의 책, 480쪽.

239 「국어 회화 시간, 제2 방송에 신설키로」, 『매일신보』 1942.4.24, 석간 2면.

240 이범경은 '관제'는 '기술적 차원의 필요 불급의 의미'를 내포하고 있다면, 통제는 여기에서 더 나아가 '유·무형의 부정적 요소를 투영'한 용어인데, 일제 말기의 '전파관제'는 '관제'를 넘어 '통제'를 한 것이기 때문에 '전파통제'라고 불러야 한다고 주장했다. 이범경, 1994, 앞의 책, 178-179쪽.

241 「제1·제2 방송 전파관제, 오늘부터 방송 푸로도 전부 변경」, 『매일신보』 1942.4.28, 2면.

242 한국방송70년사 편찬위원회, 1997b, 앞의 책, 162쪽.

일 주파수로 통일하면서 조선어 방송채널을 없앴다.[243] '전파관제'가 조선어 방송 폐지의 일차적 이유였던 것은 분명하지만, 단일방송체제로 가면서 자연스럽게 조선어 프로그램을 줄여보려는 의도도 영향을 주었을 것이다. 독자적인 조선어 방송채널이 없어지면서 조선인 청취자 수의 증가가 정체되었다. 조선인 수신기 등록대수가 1940년에 116,935대에서 1941년에는 144,912대로 급격히 늘어났지만, 1942년에는 149,653대로 증가세가 급격히 둔화되었다.[244]

독자적인 조선어 방송채널이 없던 1943년 6월에 경성중앙방송국 무타 요시노부(牟田義信) 방송부장은 일본방송협회와의 대담에서 '군국모성'이라는 단어를 사용하며, "조선인에게 완전한 황민교육을 시키자는 점에서는 방송국도 큰 역할과 사명감을 가지고 있다"고 하며, 징병제를 실시하기 위해서는 방송이 '군국모성의 단련'이라는 차원에서 "가정의 주부부터 서서히 일본식으로 교육"시키는 역할을 해야 한다고 주장했다.[245] 독자적인 채널이 사라지면서 조선어 방송프로그램이 대폭 줄어들던 현실에서 조선인을 상대로 하는 방송의 역할을 강조한 것은 별도의 조선어 채널이 필요하다는 뜻을 내비친 것이다. 일본어 해독률이 높지 않은 주부를 대상으로 방송하기 위해서는 조선어 프로그램이 필요하다는 인식이 깔려 있었을 것이다.

조선어 방송의 존속 여부에 대한 재조 일본인들의 설문조사에서는 폐지 의견이 더 높게 나타났다. 『조선공론』이 1943년 5월경 경성에 거

243 유병은, 1998, 앞의 책, 110-112쪽.

244 김영희, 2009, 앞의 책, 127-131쪽.

245 津川泉 저, 김재홍 역, 1999, 앞의 책, 160쪽.

주하는 일본인 100명을 상대로 엽서를 이용해 '조선어 방송 가부(可否)'라는 여론조사를 실시했다. 응답한 84통 중 폐지를 주장한 것이 49통으로 반이 넘었고, 일부 존속을 바라는 것이 17통, 시기상조라는 의견이 18통이었다.[246] 조선어 방송이 일본어 방송채널에 통합되어 제한적으로 운영되던 시절에 일본인 사이에는 아예 조선어 방송을 완전히 없애자는 의견이 많았던 것이다. 그 이유로 조선 민족은 이미 황국신민으로 일본어 상용이 권장되는 중에 징병제 실시, 시국선전 등도 일본어로 행하고 있으니 조선어 방송은 당연히 금지되어야 한다는 점을 들었다.[247] 반면 일부 존속을 바라거나 시기상조라는 주장을 한 사람들은 일본어 해독률이 여전히 낮은 상황에서 조선어 방송을 통한 선전이 필요할 뿐만 아니라 일본어 교육을 위해서도 조선어 방송이 필요하다는 견해를 밝혔다.

이렇듯 일본인 사이에도 조선어 방송의 존폐에 관해 다양한 의견이 존재하던 상황에서 총독부는 결국 1943년 11월 11일부터 저녁 시간에만 조선어 방송을 별도 채널로 송출하기로 결정했다. 시라이시 코지로(白石光治郎) 체신국장은 "조선어 방송은 단순한 조선어의 방송이 아니고 국어를 모르는 사람들을 지도, 계발하려는 뜻에서 실시하는 것"이라고 하며 다음과 같은 입장을 밝혔다.

> 이번에 제2 방송을 부활하게 된 뜻은 청취자의 대상을 전혀 반도인(조선인) 중에 국어(일본어)를 모르는 사람 또는 국어 방송을 이해하기 어려운 사람들에게 편의를 주자는 것이다. 따라 조선어의 방송으

246 「鮮語放送の可否」, 『朝鮮公論』 1943.7, 114-128쪽.

247 이연, 2013, 앞의 책, 481쪽.

로 계발, 교화와 국책의 보편적인 침투를 꾀하며 한편 징병제도, 해군특별지원병제도의 실시, 황민(皇民)·연성(鍊成)운동의 철저에 국어상용을 강화하려 함에 오히려 조선어 방송을 부활하는 의의가 있다. 따라 방송 내용도 이런 방면에 중점을 두고 쓰는 말도 되도록 쉽게 하기로 된 만큼 이 방송실시에 있어 방송사업의 국가적 사명에 국관민(國官民)이 더한층 깊은 이해와 협력을 하여 주기를 바라마지 않는 바이다.[248]

조선어 방송을 일본어 방송채널에 함께 편성하면서 조선어 프로그램이 줄어드는 것은 물론 일본어 교육도 하기 어렵게 되자 불가피하게 다시 저녁 시간에만 조선어 방송을 별도 채널로 송출하려고 했다. 오전과 오후 시간에는 계속 한 채널에 조선어와 일본어 방송을 함께 송출했고, 저녁 7시를 전후한 시간부터 조선어 방송을 별도 채널로 송출하며 황민화정책과 일본어 교육을 위한 프로그램 위주로 편성했다. 조선어 방송 시간은 부활 직후에는 오후 6시부터 시작되었지만, 시간이 지나면서 오후 7시 이후로 점차 늦게 시작하는 것으로 나타났다. 1943년 11월 11일 조선어 방송은 오후 6시에 시작했는데, 오후 6시 소국민의 시간, 6시 45분 국민가요(레코드)에 이어서 7시 20분부터는 지원병제도를 위한 특집 프로그램으로 채워졌다. '황국교학(皇國教學)의 본의와 학도의 사명'[총독부 학무국장(번역), 총독부 시학관], '특별지원병을 보내는 우리의 감루'(녹음, 최남선), '아들을 지원시킨 어머니로서'(대담 瑞原圭信·기획부원), '전장은 우리를 부른다'(명륜전문학교생도 伊坂鍾萬·이인범) 등 다양한

248 「국어보급을 목표, 제2방송 부활의 요점」, 『매일신보』 1943.10.31, 3면.

사람들의 강연·대담·연설이 이어졌고, 마지막에는 '군국가요'와 선전극 '우리는 간다'(서항석 작)가 편성되었다.[249]

제2 방송이 저녁 시간에나마 부활했지만, 조선어 방송을 담당하는 제2 방송과는 다시 만들어지지 않았다. 조선어 방송채널이 사라진 상태였던 1943년 6월에 기존의 제1, 제2 방송부는 없어지고, 기획부와 방송부가 생겼다. 기획부에는 기획과와 편성과가 생겼고, 방송부에는 제1, 제2 보도과가 생겼다. 기획과장은 이정섭, 제2 보도과장은 이혜구가 맡았다.[250] 제2 방송부가 폐지되었지만, 그렇다고 제2 방송과가 부활된 것도 아니어서, 새로 생긴 제2 보도과가 조선어 방송을 담당하게 되었다. 이 시기의 방송은 철저하게 "사기앙양과 전력증강이라는 한 면에만 초점이 모아진 편성"을 했다.[251] 태평양전쟁 이후의 편성지침은 다음과 같다.

1. 보도 부문: 대동아전쟁에 대응해서 전황의 속보를 비롯해 내외 제정세에 관한 인식에 철저하게 주력하고, 특히 제2 방송에 있어 뉴스의 횟수를 도모하는 동시에 그 실시에 관해서는 가장 효과적인 방법을 연구한다.
2. 방송의 각 부문을 통해 정부의 정책, 군의 전시국방 등에 관해 지도적 프로그램을 편성하는 한편 민중 가운데서 쏟아 나오는 힘을 방송으로 표현해 그 국민적 감격을 조장한다.

---

249 「라디오」, 『매일신보』 1943.11.10, 3면.

250 유병은, 1991, 앞의 책, 58쪽.

251 津川泉 저, 김재홍 역, 1999, 앞의 책, 166쪽.

3. 강연, 강좌 부문에 있어서는 Ⅰ) 국민의 전시의식 앙양, Ⅱ) 총후(銃後) 국민의 총력발휘, Ⅲ) 국민사상의 통일, Ⅳ) 영미의 동아 침략을 폭로하고, Ⅴ) 황국필승의 신념을 북돋는 프로그램을 고려한다.
4. 연예 부문: 전시국민의 사기를 고무하고, 건전·활달, 위안을 주는 취지에 따라 전진(戰陣)문학, 군가, 군사물어(軍事物語) 등의 종목을 편성함으로써 반도민중의 내선일체감 및 총후사기의 앙양을 도모한다.
5. 소국민의 시간: 무적 황군의 무력물담(武力物談), 군가의 방송을 비롯해 동아공영권 제 지역의 인문지지 소개에 힘쓴다.[252]

1940년대 초에 경성방송국에서 아나운서로 근무했던 이현은 "당시 뉴스는 통신사의 통신에 의존하는 것이 전부"였고, "감독관이 있는 체신국에 편집한 제목을 써 보내서 당시 설치된 직통 전용전화로 허락을 받아야"만 방송을 할 수 있었다고 했다.[253] 1943년에 경성방송국에 입사했던 윤길구는 '국민총력조선연맹' 같은 친일단체의 '연맹공보' 시간이 있었다고 회고했다.[254] 이혜구는 "일어 상용, 영어 배격이 횡행하던 때라 황실(皇室) 용어, 인명 기타 특히 필요한 고유명사는 일본어로 뉴스방송을 하였고, '하기 싫다'는 인사를 강제로 강연 방송시켜 욕을 뵈었다"고 했다.[255] 당시 경성방송국에 근무했던 사람들의 회고를 통해서도 당

252 日本放送協會, 1943, 『ラジオ年鑑』 1943년판, 452-453쪽; 권태철, 1996, 「일제하 한국방송의 전개과정과 성격에 관한 연구」, 서울대학교 석사학위논문, 89쪽 재인용.
253 이현, 1979, 앞의 글, 64쪽.
254 이규일 외, 1994, 앞의 글, 65쪽.
255 이혜구, 1970, 앞의 책, 35쪽.

시 방송에서 보도와 공보, 강연이 가장 큰 비중을 차지했다는 점을 알 수 있다.

이덕근은 "편성과에는 촉탁 같은 형식으로 와 있는 사람들이 있었는데 그때로서는 경기도 경찰부 고등계 소속의 앞잡이었던 것으로 생각되었다"고 하며, "이들은 대개의 경우 공갈로 명사들을 끌어내곤 했다"고 주장했다.[256] 방송 내용은 오로지 '승리하고 있다'는 일본 통신사의 가짜뉴스와 승리를 위해 '협력해야 한다'는 친일인사들의 강변으로 채워졌다. 실제로 당시에 방송강연을 했던 윤치호는 1940년 6월 29일과 30일 일기에 다음과 같이 기록했다.

> 군 당국이 최린 씨를 통해 충칭(重慶)의 상황에 대해 라디오방송 연설을 해달라고 청해왔다. 군 당국이 이 연설을 주관하는 것인 만큼, 난 더더욱 이 요청을 수락해야 했다. 난 당연히 우리말로 연설하는 것이라고 생각했다. 그런데 영어로 연설해야 하고, 연설문 원고도 번역해주어야 한다고 방송국이 오늘 오후에 알려주었다. 대단히 성가신 일이 아닐 수 없었다. 하지만 난 꼬박 3시간이나 걸려가면서 원고를 번역해야만 했다(6월 29일).
>
> 밤 10시 사촌동생 치영과 함께 방송국에 가서, 라디오방송을 통해 연설원고를 단숨에 읽어내려갔다. 내가 연설을 마치자, 한 중국인이 표준 중국어로 통역했다. 난 충칭의 중국인이 내 연설을 듣고 감화를 받아 교훈을 얻었으면 좋겠다. 그건 그렇고, 내가 라디오를 통해 연설하기는 이번이 처음이다. 그것도 영어로 연설했다. 이번에 중국인

256 이덕근, 1986, 앞의 책, 60쪽.

에게 라디오방송을 통해 연설한 게 처음이자 마지막이었으면 좋겠다 (6월 30일).[257]

윤치호의 일기를 통해 방송강연을 '군 당국'이 주도했고, 국내 청취자뿐만 아니라 해외 청취자를 상대로도 방송강연을 했다는 것을 알 수 있다. 윤치호는 방송강연을 하기가 싫었는지 "마지막이었으면 좋겠다"고 표현했다. 그러나 윤치호는 이후에도 계속 방송강연을 해야 했다. 1943년 7월 23일 일기에 다시 "8월 1일 밤에 방송할 5분 강연을 준비했다. 주제는 '조선에서 징병제가 공식적으로 시행되는 오늘의 환희를 무엇에 비길 수 있을까'였다"고 기록했다.[258]

1943년 말에 조선어 방송채널이 부활하면서 조선인의 수신기 등록대수는 급격히 늘어나 1942년에 149,653대였었던 것이 1944년에는 168,884대가 되었다. 조선인 전체 인구에 비해 많았던 것은 아니지만, 전쟁 상황에서 정보 욕구가 높아지면서 대도시 지역을 중심으로 조선인의 수신기 등록대수가 늘어났던 것이다.[259]

『매일신보』에 실린 편성표를 보면, 광복 때까지 저녁 시간에 조선어 방송을 별도로 계속 송출했다는 것을 알 수 있다. 한국방송사를 정리한 통사들에는 1945년 2월 11일부터 다시 조선어 방송을 폐지했던 것으로 나와 있지만[260] 이런 내용은 명백히 잘못된 것이다. 1945년 2월 12일에

257 김상태 편역, 2013, 앞의 책, 541-542쪽.

258 위의 책, 580쪽.

259 김영희, 2009, 앞의 책, 127-131쪽.

260 한국방송공사, 1977, 앞의 책, 124쪽; 한국방송공사, 1987, 『한국방송 60년사』, 한국방송공사, 70쪽; 한국방송 70년사 편찬위원회, 1997b, 앞의 책, 162쪽.

는 저녁 7시 20분부터, 광복 직전인 8월 13일에는 저녁 7시 45분부터 조선어 방송이 시작되는 것으로 편성되어 있었다.[261] 일제의 지배가 끝날 때까지 조선어 방송이 별도 채널로 송출되었다는 것은, 광복 직후 경성중앙방송국의 일본인 국장이 "지금까지 제2 방송으로서 별도의 파장으로 송출해오던 조선어 방송을 일본어 방송과 같은 파장"으로 하자고 제안했다는 것을 통해서도 확인된다. 이것은 "조선 측의 프로그램 편성이 정비되는 대로 조선어 방송의 비중을 늘려간다면 조선어를 우위에 둔다는 인상을 주는 심리적인 효과를 노릴 수도 있다는 생각"에서 나온 것이었다.[262] 일제 말기로 갈수록 조선어 방송은 더욱 철저하게 전쟁을 위한 선전도구로 활용되었고, 이런 '전쟁 협력 방송'으로나마[263] 광복 때까지 계속 송출될 수 있었다.

---

261 「라디오」, 『매일신보』 1945.2.11, 2면; 「라디오」, 『매일신보』 1945.8.12, 2면.

262 篠原昌三 외 저 · 김재홍 역, 2006, 앞의 책, 113쪽.

263 이덕근, 1986, 앞의 책, 60쪽.

결론

일제의 언론·출판·방송 통제의 특성과 영향

1. 일제의 언론·출판·방송 통제의 내용과 특성

언론통제는 사상통제의 일환으로 식민지 지배를 위해 대단히 중요했다. 일제강점기 35년 동안 총독부의 언론통제정책은 강력하고도 체계적으로 수행되었다. 매체의 허가와 규제에 관한 사항을 구체적으로 규정한 법률을 가지고, 자신들의 지배정책에 부응하는 매체만 허가해주며, 검열을 통해 자신들이 정해 놓은 기준을 어긴 매체를 찾아내고, 행정처분과 사법처분으로 매체와 언론인을 처벌하며, 매체를 강제로 폐간시키거나 선전에 동원하기도 했다. 물론 이런 언론통제가 항상 의도했던 대로 완벽하게 수행된 것은 아니었지만, 일제강점기 내내 총독부는 시기에 따라 수위와 방법을 조절하며 언론을 통제해서 소기의 목적을 달성하곤 했다.

일제는 대한제국 시기에 통감부의 요구로 입법된 '신문지법'과 '출판법'을 강점 이후에도 계속 언론통제를 위해 사용했다. 조선의 신문지법은 일본의 신문지법과 달랐고 조선에 거주하는 일본인에게 적용되는 신문지규칙과도 달랐다. 조선인에게 적용되는 신문지법에는 허가제, 재조 일본인 대상의 신문지규칙에는 인가제, 일본에서의 신문지법에는 신고제 등 세 가지 제도가 운용되었다. 대만의 대만신문지령에서도 허가제를 규정했지만, 적어도 대만에서는 민족별로 다른 법률이 적용되지는 않았다.

조선인에게 적용되는 신문지법에는 '발행 전에' 미리 신문을 납본하도록 해서 원칙적으로는 사전검열을 받게 되어 있었던 반면에 재조 일본인 대상의 신문지규칙이나 일본의 신문지법은 '발행한' 신문을 납본하도록 해서, 사전검열을 받지 않도록 규정했다. 대만신문지령도 조선인 대상의 신문지법처럼 원칙적으로는 발행 전에 미리 납본하도록 해서 사전검열을 받도록 규정했다. 조선이나 대만에서 현실적으로는 교정쇄검열을 받는 셈이었지만 원칙적으로 사전검열을 규정하고 있는 것이 주는 심리적 압박이 컸다.

조선인에게 적용되는 출판법도 일본의 출판법과 달랐고, 당연히 일본의 출판법을 준용하는 재조 일본인 대상의 출판규칙과도 달랐다. 조선인 대상의 출판법은 원고검열을 통한 허가제를 규정했던 반면에 일본의 출판법과 재조 일본인 대상의 출판규칙은 원고검열을 받지 않아도 되는 신고제를 채택하고 있었다. 대만출판규칙에도 신고주의를 규정하고 있어서, 출판 관련 법에서는 조선과 대만 사이에 차이가 있었다.

조선에서 단행본을 발행할 때는 당연히 원고검열을 통해 허가를 받아야 했다. 반면 잡지는 신문지법으로 허가를 받아 발행할 수도 있었고, 출판법에 따라 매호마다 단행본처럼 허가를 받아서 발행할 수도 있었다. 조선인이나 재조 일본인이나 모두 신문 관련 법으로 허가받지 않은 잡지는 정치나 시사 문제를 다룰 수 없었다. 재조 일본인의 경우 신문지규칙과 출판규칙에 의해 발행되는 잡지들은 기사 내용에만 차이가 있었지만, 조선인의 경우 신문지법과 출판법에 의해 발행되는 잡지들은 기사 내용의 차이뿐만 아니라 원고검열의 유무라는 차이도 있었다.

조선인에게 적용되는 신문지법과 출판법은 모두 재조 일본인 대상이나 일본 내의 관련 법보다 훨씬 더 언론탄압적인 성격을 지니고 있었다. 신문 관련 법에서는 대만도 조선과 마찬가지로 허가제와 납본검열제를 규정하고 있었다. 반면 출판 관련 법에서는 대만의 경우 신고제를 규정해서 원고검열을 통해 허가를 받아야 했던 조선에 비해서는 어느 정도 언론의 자유가 있었다. 전체적으로 매체의 허가와 검열에 관해서 조선인이 가장 엄격한 규정을 적용받고 있었는데, 그만큼 조선인의 비판과 저항이 거셌다는 것을 보여주는 것이기도 했다. 매체 관련 법에 더해지는 다양한 사상통제법의 적용도 조선의 언론 활동을 통제하는 데 큰 영향을 주었다.

방송은 신문과 달리 '제국의 네트워크'라는 차원에서 같은 법률과 제도로 출발할 수 있었다. 일본과 조선은 공통적으로 무선전신법과 방송용사설무선전화규칙의 적용을 받아 방송을 시작할 수 있었다. 방송의 경우 법적으로 충분히 뒷받침되지 않은 가운데 개국했다는 점에서 일본, 조선, 대만이 모두 같았다. 신문과 달리 방송은 허가와 규제에 관한 내용이 법적으로 충분히 규정되어 있지는 않았다.

총독부는 실제로 명분을 살리기 위한 최소한의 매체만 신문지법에 따른 허가를 해주었다. 3·1운동의 여파로 1920년에 신문을 허용하면서 조선인의 전체적인 정치적 지형을 고려하며 3개를 허가해주었고, 이후 단 한 개의 신문도 추가로 허가해주지 않았다. 물론 판권의 변동은 있었지만, 그 경우에도 정치적 성향을 고려해 발행을 허용해주었다. 1936년 8월 이후에는 2개의 신문만이 존재하다가 1940년 이후에는 아예 조선인 발행 신문이 사라지고 말았다. 총독부는 1920년대에는 신문지법으로 잡지를 허가하고 보증금 납부까지 허용해서 원고검열을 받지 않으면서 정치·시사를 다룰 수 있는 잡지들이 활동할 수 있도록 해주었다. 이런 잡지들이 발행정지를 당하거나 경영 곤란으로 자진폐간하면서 1930년대에는 신문지법에 따라 허가받고 보증금 납부까지 허용된 잡지가 단 한 개도 없었다. 1940년에 『조광』의 신문지법에 따른 허가는 대단히 이례적인 일이었고, '협력의 대가'라는 상징적인 성격을 보여주었다.

보통출판물(단행본)은 물론 계속출판물(잡지)도 출판법에 따라 매호마다 원고검열을 통해 허가를 받아야 했다. 단행본이든 잡지든 출원한 것 중에는 90% 이상이 허가를 받았지만, 자기검열을 했거나 삭제를 감수하면서 검열을 통과하려고 했기 때문에 이런 결과가 나왔다. 잡지의 경우 원고검열을 받으며 매번 '정시성'을 염려해야 했고, 단행본은 검열 통과가 어려운 책의 발행은 아예 포기하는 경향을 보였다. 철저한 사전 검열이 비판을 막는 것은 물론 최소한의 표현의 다양성도 억압했다.

방송은 조선, 일본, 대만 모두가 체신당국의 강력한 통제 속에 다양한 출자자들이 참여한 사단법인의 형태로 시작되었다. 제국일본이나 식민지 조선과 대만에서나 모두 신문보다 훨씬 더 국가가 효율적으로 통제할 수 있는 방송체제를 만들었다. 특히 조선의 방송은 형식은 사단법인이었지만, 사실상 국영방송이나 다름없었다.

매체의 내용에 대한 검열은 사상통제의 차원에서 이루어졌다. 신문, 잡지, 서적은 모두 경무국 도서과에서 검열업무를 담당했다. 총독부 직제개편에 따라 다소 변화가 있기는 했지만, 검열업무는 경무국을 벗어나지는 않았고, 일본과 대만에서도 검열은 경찰이 담당했다. 방송에 대한 검열업무는 경무국 보안과와 체신국 감리과로 나뉘어 있었다. 보안과가 방송원고검열을 하고, 감리과는 방송 내용을 감시했다. 뒤에 방송원고의 검열업무를 보안과가 아니라 도서과로 넘겨서 검열의 통일성을 기하고자 하기도 했다. 방송은 보안과와 감리과의 검열에다가 '감청'이라는 실시간 감시제도도 가동할 정도로 철저히 통제했다.

검열기준은 처음에는 공개하지 않다가 1930년대 이후에는 공개하기 시작했다. 검열기준의 공개로 자기검열을 유도하기 위한 것이었다. 검열기준의 구성도 단순히 사례를 열거하던 방식에서 개념화된 기준을 제시하는 방식으로 변화했다. 조선의 검열기준은 일본이나 대만보다 더 많고 더 엄격한 내용들을 담고 있었다. 제국일본이나 식민지 조선과 대만 중에 조선이 허가제도나 검열의 수위에서 가장 언론탄압적인 요소를 갖고 있었다.

신문지법에 따라 허가를 받은 신문과 잡지는 납본검열을 받았고, 출판법에 근거해 발행되는 계속출판물(잡지)과 보통출판물(단행본)은 원고검열을 받아야 했다. 모두 경무국 도서과에 인쇄물 또는 원고를 제출해 검열을 받아야만 발행할 수 있었다. 그러나 이런 납본검열과 원고검열의 구분이 반드시 명확하게 잘 지켜진 것은 아니었다. 현실적인 이유 때문에 신문과 잡지는 사실상 교정쇄검열로 수렴되었다. 그럼에도 검열은 모든 매체에게 매우 부담스러운 일이었고, 언론들은 검열에 항의하거나 검열을 우회하는 다양한 방법을 사용했다. 성공할 가능성이 높지 않았고 위험 부담도 컸기 때문에 뒤로 갈수록 검열을 통과하기 위해 자기검열을 강화하는 경향을 보였다. 방송의 경우 보안과와 감리과의 검열과 방송현장의 감청까지 이루어지는 현실에서 검열을 회피할 여지는 전혀 없었다.

검열의 결과는 삭제, 압수, 발행정지 같은 행정처분으로 나타나거나 언론인에게 체벌을 가하는 사법처분으로 나타났다. 삭제나 압수는 빈번하게 일어났는데, 특히 압수는 큰 손실을 초래하기 때문에 언론으로서는 부담스럽고 회피하고 싶은 일이었다. 발행정지는 일정 기간 신문이나 잡지를 발행할 수 없기 때문에 가장 위협적인 조치였다. 일장기말소사건으로 인한 『동아일보』의 4차 정간을 제외하고, 신문지법에 따라 허가받은 모든 신문과 잡지의 발행정지는 1920년대에 일어났다. 발행정지가 큰 부담을 주는 만큼 신문과 잡지들은 발행정지를 당하지 않기 위해서도 일제의 통제가 강화된 1930년대 이후 철저한 자기검열을 했기 때문이다.

언론인에 대한 사법처분은 1920년대 초부터 있었다. 1920년대 초반에 『개벽』, 『신천지』, 『신생활』 등의 잡지에 대한 사법처분이 있었고,

1920년대 중후반에는 『조선일보』, 『동아일보』, 『중외일보』 등에 대해 사법처분이 이루어졌다. 언론보도에 대해 체형을 가하는 일은 일제의 통제가 가혹했다는 것을 보여주는 것이었다. 다만 사법처분 사례가 아주 많지 않은 것은 사전검열을 통해 문제가 될 만한 기사들을 걸러냈기 때문이었다. 철저한 사전검열로 인해 보도로 인한 사법처분이 많이 이루어지지 않는 역설적인 상황이었다. 다만 발매금지된 책의 배포 등으로 인해 출판법 위반으로 처벌받는 사례는 1930년대까지도 상당히 많았다. 경찰이 서점을 지속적으로 단속하고 서적을 불태우기까지 했던 것은, 출판을 통한 민족운동이 지속되면서 이를 강력히 단속해야 할 상황이었다는 것을 보여준다.

1937년에 중일전쟁이 발발하고, 1941년에 태평양전쟁이 벌어지면서 총독부는 더 이상 매체들의 활동을 허용하고 수위를 따져가며 규제하는 방식의 언론통제를 할 의사가 없어졌다. 매체를 아예 없애거나 아니면 선전도구화하는 선택을 하려고 했다. 『조선일보』와 『동아일보』를 폐간시켰고, 대부분의 잡지도 발행할 수 없도록 만들었다. 조선어 신문은 총독부 기관지 『매일신보』 하나만 남았고, 잡지는 새로 창간된 친일잡지와 완전히 친일화된 기존 잡지 몇몇만 살아남았다. 존재 자체가 지배의 정당성을 위해 필요한 것이기도 해서 어쩔 수 없이 허용했던 매체들도 총동원체제가 되면서 그대로 둘 수 없게 되었다.

이제 모든 매체들은 전시총동원체제 속에 전쟁 협력을 위한 역할만을 해야 했다. 검열은 더욱 강화되어 조선인의 전쟁 동원과 협력에 기여할 수 있는 내용을 담고 있어야만 발행이 허용되었다. 민족말살정책의 일환으로 조선어 폐지가 주장되기도 했지만, 일본어 해독률이 여전히 높지 않은 현실에서 전쟁 동원을 위해 일본어 교육이 필요했고, 그 역할을 조선어 매체들이 해야 한다는 이유로 『매일신보』와 경성방송국의 조선어 채널, 그리고 친일잡지들이 살아남았다. 조선어 매체들은 조선인들을 상대로 하는 선전 활동을 통해 자신의 존재가치를 인정받아야만 생존할 수 있었다.

총독부의 언론통제는 강력하게 탄압하는 것에 그치지 않고 일제 말기로 가면 언론을 적극적으로 동원하는 것으로 나타났다. 일제강점기에 행정처분이나 사법처분으로 인해 언론 활동을 제대로 하지 못했던 것도 문제지만, 일제 말기의 적극적 동원으로 친일언론의 행적을 남기게 만든 것은 더 큰 문제였다. 일제의 언론통제는 광복 이후의 언론정책에도 영향을 주었다. 식민지 시기 언론통제의 잔재들이 해방 이후 언론을 통제하는 데 사용되기도 했다는 것이다. 총독부의 언론통제를 살펴보는 것은 단순히 일제강점기 언론의 실상을 이해하기 위한 것만이 아니라 광복 이후 한국 언론통제의 뿌리를 찾기 위해서도 반드시 필요한 일이다.

2. 일제의 언론·출판·방송 통제의 잔재와 영향

해방 직후 미군정은 언론의 자유를 허용하겠다고 했지만, 후기로 갈수록 자신들의 점령정책 수행에 장애가 되는 언론에 대한 통제를 강화했다. 미소공동위원회와 좌우합작이 성과를 거두지 못하고 분단정부 수립이 현실로 다가오자 좌익이나 중도 언론은 물론 일부 우익 언론도 탄압하기 시작했다. 미군정은 진주 직후부터 맥아더 포고 제2호를 근거로 언론을 통제하고, 미군정 법령 제88호를 제정해 허가제를 실시했다. 미군정은 언론에 대한 벌칙을 강화한 '신문 기타 정기간행물법'을 제정하려고 했지만, 이 법안은 언론들의 반발로 공포되지 못하다가 과도입법의원의 해산으로 자동 폐기되고 말았다. 언론탄압의 과정에서 일제강점기의 악법이었던 '(광무)신문지법'까지 활용했다.[1]

광복 이후에는 신문지법보다 주로 광무신문지법이라고 불렀다. 일제강점기가 아니라 대한제국 시기에 제정된 법이라는 점을 강조하고자 하는 의도가 엿보였다. 일제가 조선의 언론을 탄압하는 데 적용했던 악법이기는 했지만, 애초에는 이민족인 일본이 조선 언론을 탄압하기 위해 만든 법이 아니라 대한제국 정부가 만든 법이기 때문에 존속시켜도 괜찮다는 것을 강조하려는 정치적 의도가 깔린 용어의 사용이었다고 할 수 있다.

미군정이 "종족을 이유로 차별을 낳는" 법률은 폐지해야 한다는 군정법령 제11호로 일제강점기의 법률들을 폐지하면서 출판법은 폐기되었지만, 군정법령 제11호에 명시되어 있지 않던 신문지법은 결과적으로 존속하게 되었다.[2] 반면 1945년 9월 27일 미군정은 일본 정부에게 전시에 출판의 자유를 제한했던 법령들을 폐지하도록 명령했는데, 여기에는 신문지법까지 포함되어 있었다. 다만 일본 정부가 폐지하지 않아 일본에서도 사실상 신문지법이 존속되었다.[3]

신문지법은 일제 언론통제의 대표적인 잔재로서 실제로 미군정기에

1 조소영, 2003, 「미군정의 점령정책으로서의 언론정책과 언론법제의 고찰」, 『법과 사회』 24집, 189–209쪽.

2 정근식·최경희, 2011, 「해방 후 검열체제의 연구를 위한 몇 가지 질문과 과제–식민지 유산의 종식과 재편 사이에서(1945~1952)」, 『대동문화연구』 74집, 19–20쪽.

3 石川達三 저, 이상복·오성숙 역, 2017, 『전쟁과 검열』, 맑은 생각, 256쪽.

언론 활동을 처벌하기 위해 적용되면서 논란이 되었다. 미군정은 맥아더 포고 제2호로 처벌을 하거나 군정법령 제88호로 허가제를 실시했지만, 언론을 효과적으로 규제할 수 있는 입법에는 성공하지 못했다. 이런 상황에서 언론통제의 필요성이 생기자 신문지법까지 사용했다. 맥아더 포고 제2호로는 미군정을 비판하는 것은 처벌할 수 있었지만, 그 외의 사항에 대해서는 언론인을 처벌하기가 어려웠기 때문이다.

1946년 11월 11일에 주간지 『건국』의 주간 김광수가 '정판사 위폐 사건 공판기사 문제'로[4] 신문지법에 저촉되어 징역 8월에 집행유예 2년을 선고받았다.[5] 이것은 '해방 후 최초의 신문지법 위반사건'이었다. 그럼에도 이때까지는 신문지법의 적용이 큰 논란이 되지는 않았다. 그러나 김광수가 1947년 7월에 남로당 기관지 『노력인민』에 쓴 「무사혈투 일관의 이관술 선생」이라는 글이 문제가 되어 맥아더 포고 제2호 및 신문지법 위반으로 기소되면서 신문지법 적용이 논란이 되었다.[6] 식민지 시기에 한국의 언론을 탄압하는 데 사용되었던 악법을 해방 이후에도 계속 적용하는 것에 대해 비판의 목소리가 나왔다.

1947년 8월 7일에 공보부 공보국장 함대훈은 언론인 검거 선풍에 관해 얘기하면서 "신문지법은 치안유지법과 함께 미군 진주 직후 철폐되었으므로 이 법의 적용은 있을 리 없다. 여기에 대하여는 공보부장

---

4 당시 신문들에는 '조선정판사 위폐사건 기사' 때문이라고만 나오는데, 당시 발행된 연감에는 "고 전해련군 피살에 관한 동지(同誌) 호외기사"가 신문지법에 저촉되었다고 나와 있다. 전해련은 경동중학교 3학년생으로 위폐공판 소요사건 중에 경찰의 발포로 사망했다. 조선통신사, 1948, 『조선연감』 1948년판, 361쪽.

5 「김광수씨에 집행유예 언도」, 『조선일보』 1946.11.12, 2면.

6 송건호, 1990, 『한국현대언론사』, 삼민사, 59-60쪽.

과 사법부장의 공동발표 형식으로라도 일반이 주지토록 하겠다"다고 밝혔다.[7] 그러나 이틀 뒤인 8월 9일에 경무부장 조병옥은 "남조선을 파괴하려는 행동을 선동하는 보도에 대해서 발본적 처단이 내릴 때가 올 것이다. 신문지법이 폐지되었다고 하지만 나로서는 신문지법이 아직 적용될 여지가 있다고 보며 또 적용하도록 할 용의가 있다"고 밝혔다.[8] 좌익을 처벌하기 위해서는 일제강점기의 악법까지 활용해도 좋다는 인식은 좌익에 맞서기 위해 친일파를 중용해도 무방하다는 인식과 같은 맥락에 있는 것이었다.

1947년 11월 13일의 재판에서 '사광욱 심판관'은 김광수에 대해 신문지법 위반으로 금고 10월을 선고하며 다음과 같이 그 이유를 밝혔다.

> 법령 제88호로 인하여 광무 11년(1907) 발표된 신문지법 중 신문 기타 정기간행물 발행규정 조건은 폐지되었다고 볼 수 있으나 전기 제88호에는 기사 내용에 대한 형벌규정이 없는 고로 광무 11년 발표의 신문지법 중 형벌규정은 아직도 존속하고 있다고 보지 않을 수 없다. 따라서 변호인의 주장은 그 이유를 배척하는 바이다.[9]

기사 내용에 대한 적절한 처벌규정이 없어서 신문지법을 존속시켜야 한다는 내용이 판결문에 나왔던 것은, 결국 법원이 검찰 및 경찰 당국의 요구를 그대로 받아들인 것이나 다름없는 것이었다. 김광수가 항소하여

7 「신문지법은 철폐되었다, 이 법령 적용은 있을 리 없을 것」, 『자유신문』 1947.8.8, 2면.
8 「선동 보도에 발본적 처단, 조경무부장담」, 『조선일보』 1947.8.10, 2면.
9 「신문지법 일부 존속, 김광수씨에 금고 10개월을 언도」, 『독립신보』 1947.10.14, 2면.

〈표 1〉 광무신문지법에 따른 사법처분, 행정처분

시행일	대상 매체	처분 내용
1946.11.11	『건국』	주간 김광수, 광무신문지법 위반으로 징역 8월, 집행유예 2년 선고
1948.5.21	『노력인민』	김광수, 기고 글이 광무신문지법 위반, 2심에서 신문지법이 폐기된 것으로 봄, 검찰 비상상고, 3심에서 신문지법이 유효하다고 봄, 다만 김광수는 그대로 무죄 인정
1948. 7.20	『우리신문』	편집인 박소봉, 광무신문지법 및 맥아더 포고 제2호 위반으로 금고 8월
1948.8.28	『민주중보』	편집국장 이만용, 광무신문지법 및 맥아더 포고 제2호 위반으로 벌금 1만 원
1948.9.15	『조선중앙일보』	'국시위반죄'로 광무신문지법에 따른 발행정지
1948.10.13	『조선통신』	광무신문지법 제3조 위반으로 발행 허가 취소
1948.10.29	『국민신문』	광무신문지법과 군정법령 제88호 위반으로 발행 허가 취소
1948.12.2	『대한일보』	'국회모독'으로 광무신문지법에 따른 발행 허가 취소
1948.12.2	『민중신문』	'국회모독'으로 광무신문지법에 따른 발행 허가 취소
1949.1.13	『세계일보』	광무신문지법 제11조, 제12조 위반으로 발행 허가 취소
1949.3.5	『국제신문』	광무신문지법 위반으로 발행 허가 취소
1949.3.28	『대구시보』	광무신문지법 위반으로 발행 허가 취소
1949.5.3	『서울신문』	광무신문지법 제12조, 제21조, 군정법령 제88호 4조 다항 위반으로 발행정지
1952.2.26	『동아일보』	광무신문지법 제11조, 일본 형법 제105조 3항 위반 인정 심문, 1952.4.4: 광무신문지법 폐지, 1953.9.18: 일본 형법 제103조 3항 폐지, 1955.9.24: 공소 기각

* 신문지법을 적용한 사법처분이나 행정조치가 확정된 경우만 정리.

열린 '고등심리원'에서의 항소심에서는 "신문지법 위반이란 기소 이유는 심판관의 파훼 언명으로 파기"되면서 김광수는 무죄를 선고받았고, 단지 포고령 위반으로만 벌금 3만 원을 언도받았다.[10] 검찰총장 이인은 대법원에 바로 비상상고를 하며 "신문지법은 광무 11년에 제정한 것인 만큼

10 「포고령 위반뿐, 김광수씨 상고심 벌금 3만원 언도」, 『조선일보』 1948.4.8, 2면.

한일합방 전에 시행되었으니 하등 종족을 차별하는 법령이 아니었으며 또한 현재에 있어서도 일당을 대변하여 민심을 교란케 하는 신문이 있음에 비추어 동 법령은 철폐할 수 없다"고 대법원에 비상상고를 했다.[11]

대법원은 1948년 5월 21일에 "이른바 광무신문지법에 대하여 이 법률은 아직 존속하고 있다는 판결을 내려 원판결을 파기"한다고 하면서도 "이번 대법원의 판례는 금후부터 효력을 발생"한다고 해서 김광수의 무죄는 그대로 확정했다.[12] 검찰총장 이인은 1948년 5월 26일에 "신문지법이 폐지되었다는 판결은 대검찰청에서 비상상고로 파훼되어 신문지법이 여전히 존재하므로 질서와 치안을 파괴할 경향이 있을 때는 엄중 처단하겠다"는 내용의 지령문을 관하 각 검찰청에 내려보냈다.[13] 신문지법을 대체하기 위한 '신문 기타 정기간행물법안'이 1948년 5월 20일에 입법의원의 해산으로 제정되지 못하게 되면서[14] 검찰이나 경찰이 신문지법의 존속에 더욱 집착할 수밖에 없었다.

김갑수는 "신문지법은 법령 제11호 제2조에 의하여 전체적으로 실효되었음이 분명하다"고 주장했다. 그는 "이 점에 관한 이해에 있어서 범연할 리 없는 대법원이 신문지법의 존속을 긍정한 것은 필시 현재의 혼란한 사회정세를 감고(勘考)한 결과로서의 고충의 소치임은 양해할 수 있으나 법률해석을 과히 정책에 예속시킨 과오는 크게 지적되어야 한다고 할 것이다"라고 비판했다.[15] 대법원이 법리에 따른 판단을 하지 않고

---

11 「신문지법은 존속한다고 검찰총장이 신판례 비상상고」, 『자유신문』 1948.4.17, 2면.

12 「신문지법은 존속, 그러나 김광수씨 사건은 무죄」, 『한성일보』 1948.5.23, 2면.

13 「신문지법은 살아있다, 소요관계자 엄중처단」, 『조선일보』 1948.5.27, 2면.

14 조소영, 2003, 앞의 글, 203-205쪽.

15 김갑수, 「신문지법의 실효여부」, 『법정』 1948.7, 13쪽.

사실상 정치적 판단을 했다고 비판한 것이었다.

송건호는 "악명높은 광무신문지법을 민족이 해방된 마당에서도 여전히 사용한다는 것은 어느모로 보나 납득할 수 없다는 여론이 높았다"고 하며, 더욱이 "미군정기가 끝나고 대한민국 정부가 수립된 이후에도 계속 존속한다는 견해를 취하여 한국언론사상 하나의 오점"이 되고 말았다고 비판했다.[16] 실제로 〈표 1〉에 나타나는 대로 신문지법이 유효하다는 판결이 나온 이후 언론에 대해 사법처분이나 행정조치를 하는 데 신문지법이 자주 적용되었다.[17] 1951년 9월에 『동아일보』에서 국민방위군 보도로 인해 필화가 생기며, 편집인 고재욱과 취재기자 최흥조를 신문지법 위반으로 처벌하려고 하자 언론과 야당을 중심으로 신문지법 폐기 움직임이 활발해졌다.[18] 『동아일보』의 공판이 진행되던 1952년 3월 19일에 국회에서 신문지법 폐기가 결정되었고 4월 4일에 공포되었다.[19] 일제 언론통제의 상징과도 같았던 신문지법이 정부 수립 이후에도 한동안 존속하며 계속 한국언론을 통제하는 데 사용되었다는 사실은 일제 잔재의 청산이 확실하게 되지 않았었다는 것을 잘 보여준다.

일제강점기의 허가제와 검열제가 광복 이후에도 한동안 계속되었다는 사실은 일제강점기 언론통제의 경험과 연관해 해석할 수 있다. 미군정은 1946년 5월 29일에 공포한 군정법령 제88호로 허가제를 실시했다. 일제강점기 내내 허가제를 경험했기 때문인지 큰 저항 없이 미군

16 송건호, 1990, 앞의 책, 59-60쪽.

17 김학재, 2009, 「여순사건과 예외상태 국가의 건설-정부의 언론탄압과 공보정책을 중심으로」, 『제노사이드연구』 6호, 184-185쪽.

18 김영희, 2015, 『한국전쟁기 미디어와 사회』, 커뮤니케이션북스, 44-51쪽.

19 정진석, 1985, 『한국현대언론사론』, 전예원, 258-261쪽.

정기는 물론 이승만 정권 시기까지 허가제가 계속 시행되다가 1961년 12월 30일에야 가서야 비로소 폐지되었다.[20] 미군정은 점령정책의 효율적 수행을 위해 방송을 사실상 국영방송처럼 운영하면서 초기부터 방송 내용에 대해 엄격한 검열을 시행했고, 한국인 직원들은 별다른 반발 없이 미군의 통제와 검열에 순응했다. 장영민의 주장처럼 "방송국 직원들은 이미 오랫동안 일제의 엄한 감독 아래 길들어 있었으므로, 미군의 통제와 검열이 새삼스럽지 않았을 것"이다.[21] 이승만 정권이 출범한 이후에도 군사관계 보도에 대해 사전검열이 실시되었고, 한국전쟁이 발발하면서는 모든 보도 내용에 사전검열이 실시되었다.[22] 일제강점기에 형식적으로는 사단법인이었지만 실질적으로는 국영이나 다름없던 방송이 이승만 정권 출범 이후에는 아예 국영이 되었던 것도 일제강점기 방송의 영향이 컸다고 할 수 있다.

직접적인 검열은 한국전쟁 이후 사라졌고, 신문 허가제는 1961년에 폐지되었으며, 국영방송은 1973년에 공사체제로 전환되었다. 그럼에도 우리는 권위주의 정권 시기를 거치는 동안 '등록제'로 가장한 사실상의 '허가제'를 경험했고, '보도지침'이라는 이름의 실질적인 '검열제'로 고통받았다. 또한 오랫동안 언론과 언론인에 대한 가혹한 탄압으로 힘들어 했으며, 언론사 통폐합으로 강제폐간의 쓰라림을 겪어야만 했다. 공영방송으로 전환된 이후에도 오랫동안 방송의 독립성 부재는 비판의 대상이 되기도 했다. 일제강점기의 치안유지법이 국가보안법으로 이어져 언론

---

20 조소영, 2003, 앞의 글, 201-202쪽.

21 장영민, 2020, 앞의 책, 79쪽.

22 김영희, 2015, 앞의 책, 4-26쪽.

통제의 수단으로 활용되기도 했다. 해방 이후 오랫동안 한국의 언론통제에는 일제강점기의 언론통제와 유사한 양상들이 나타났다. 이런 현상을 일제 언론통제의 잔재이자 그 영향 때문이라고만 설명할 수는 없겠지만, 분명히 일제강점기 언론통제의 경험이 작용했다고 할 수 있을 것이다.

일제의 언론통제가 가혹했다는 사실은 명백하다. 허가제와 검열제, 사법처분과 행정처분, 폐간과 동원 등 언론의 자유를 무참히 짓밟는 제도가 존재했고 다양한 조치들이 시행되었다. 이런 언론통제는 일제의 식민지 지배의 본질적 성격을 잘 드러내는 것이다. 일제의 언론통제는 당대 언론의 활동을 억압했을 뿐만 아니라 해방 이후 한국언론의 특성에도 영향을 주었다. 탄압받고 동원되던 언론의 상처를 제대로 치료하기 위해서는 일제 언론통제의 실상을 더욱 깊이 이해할 필요가 있다. 일제강점기 언론통제의 실상을 정확히 파악하려는 시도는, 식민지 언론통제의 유산을 청산하는 것은 물론 그런 언론통제의 산물인 친일언론의 잔재를 일소하는 데도 기여할 수 있다.

부록

시기별 주요 법령·정책 및 사건

날짜	내용
1904.7.20	일본군 '군사경찰훈령' 발표, 2항에서 사전검열을 규정
1904.10.9	'군정 시행에 관한 내훈' 시달, 치안방해 신문 정지·금지 규정
1904.10.10	일본 헌병사령부가 『제국신문』 무기정간 명령
1905.1.8	'군사경찰 시행에 관한 내훈' 신문과 언론인에 대한 처벌 포함
1905.11.21	『황성신문』 「시일야방성대곡」으로 발행정지(~1906.2.11), 장지연은 체포
1907.7.24	신문지법 공포
1907.7.29	보안법 공포
1908.4.20	신문지법 개정
1908.4.30	신문지규칙 공포
1908.5.5	'신문지 압수처분에 관한 건' 제정
1910.5.28	출판규칙 공포
1910.8.3	『황성신문』 발행정지(~1910.8.6)
1910.8.9	『대한매일신보』 발행정지(~1910.8.12)
1910.8.17	『대한매일신보』 발행정지(~1910.8.24)
1910.8.18	『대한민보』 발행정지(~1910.8.24)
1910.8.25	『소년』 발행정지(1910.12.7)
1910.8.29	일제의 조선 강제합병
1910.8.30	『대한매일신보』 제호를 『매일신보』로 바꾸어 총독부 기관지로 발행
1910.10.11	『경남일보』 발행정지(~1910.10.25)
1910.12.5	『중외의약신보』 발행정지(~1911.2.6)
1911.1.25	『소년』 발행정지(~1911.4.10)
1911.5.15	『소년』 발행정지
1918.5.15	『천도교회월보』 발행정지(~1918.7.3)
1919.4.15	조선총독부 제령 제7호 '정치에 관한 범죄 처벌의 건' 공포
1920.1.6	『동아일보』, 『조선일보』, 『시사신문』 발행 허가
1920.3.5	『조선일보』 창간
1920.4.1	『동아일보』, 『시사신문』 창간
1920.5.22	『개벽』 신문지법으로 발행 허가(보증금 납부하지 못함)
1920.8.27	『조선일보』 1차 정간(~1920.9.27)

날짜	내용
1920.9.5	『조선일보』 2차 정간(~1920.11.24)
1920.9.25	『동아일보』 1차 정간(~1921.1.10)
1921.1.29	『유도(儒道)』 신문지법으로 발행 허가
1922.5.27	『동명』, 『공영』 신문지법으로 발행 허가
1922.9.12	『개벽』, 『신천지』(보증금 납부 허용), 『신생활』, 『조선지광』 신문지법으로 발행 허가
1923.1.8	『신생활』 발행금지
1924.6.7	언론집회압박탄핵회 조직
1924.9.6	조선총독부령 제48호 '시사음악 기타 사항을 방송 또는 청취하기 위하여 시설하는 사설무선전화에 관한 건' 공포
1925.4.15	전조선기자대회 개최(~1925.4.17)
1925.4.21	일본에서 치안유지법 공포
1925.5.12	칙령 제175호에 따라 치안유지법을 조선에서도 적용
1925.8.1	『개벽』 발행정지(~1925.10.15)
1925.9.8	『조선일보』 3차 정간(~1925.10.15)
1926.3.7	『동아일보』 2차 정간(~1926.4.19)
1926.4.24	경무국 도서과 신설
1926.8.1	『개벽』 발행금지
1926.9.18	『중외일보』 발행 허가
1926.11.30	사단법인 경성방송국 설립
1926.12.9	경성방송국의 방송무선전신전화 시설 허가
1926.12.11	사단법인 경성방송국 법인 등기
1927.1.10	『현대평론』 신문지법으로 발행 허가
1927.2.16	경성방송국 개국
1928.5.9	『조선일보』 4차 정간(~1928.9.19)
1930.4.17	『동아일보』 3차 정간(~1930.9.1)
1931.10.14	『중앙일보』 발행 허가
1932.4.3	『동아상공시보』, 『조선실업구락부』, 『내외고무정보』, 『제생월보』 신문지법으로 허가
1932.4.7	경성방송국의 법인명을 조선방송협회로 개칭
1932.10.31	『중앙일보』 최선익과 윤희중이 인수
1933.3.7	『중앙일보』 제호를 『조선중앙일보』로 바꿈
1933.4.26	경성방송국 이중방송 실시
1933.9.19	출판법 잡지의 원고검열을 교정쇄검열로 변경
1934.9.28	체신국 감리과에 방송감독계 신설
1936.6.13	일본에서 불온문서임시취체법 공포
1936.8.8	일본의 불온문서임시취체법을 조선에 적용한 조선불온문서임시취체령 시행

날짜	내용
1936.8.27	『동아일보』 일장기말소사건으로 4차 정간(~1937.6.2)
1936.9.5	『조선중앙일보』 일장기말소사건으로 자진휴간
1937.11.5	『조선중앙일보』 발행 허가 효력 상실로 폐간
1938.1.30	조선춘추회(전조선 일간 26개사 대표자회) 조직
1938.4.1	국가총동원법 공포
1938.4.29	『매일신보』, 『경성일보』로부터 분리, 독립
1938.7.8	『기독신문』 신문지법으로 발행 허가
1940.1.6	『매일신보』 김진섭의 「아직은 염려 없다」로 필화
1940.8.10	『동아일보』, 『조선일보』 폐간
1940.10.15	『조광』 신문지법으로 발행 허가
1941.1.10	'신문지 등 게재 제한령' 공포
1941.6.1	총독부 기획부, 잡지·출판물의 용지 사용에 승인제를 실시한다고 발표
1941.11.26	총독부 관방과에 정보과 신설
1941.12.13	'신문사업령' 공포
1942.4.27	제2 방송(조선어 방송채널) 중단, 제1 방송(일본어 방송)에 통합
1942.5.1	조선신문회 결성, 조선춘추회를 발전적 해소하고 창립
1942.12.24	'단파방송청취사건' 검거 시작
1943.3.1	'출판사업령' 공포
1943.5.30	조선군 보도부 주관, 신문·방송·영화·잡지·예문(藝文) 관계자 보도연습
1943.9	총독부하에 출판물통제협의회 설치
1943.11.11	제2 방송(조선어 방송채널) 부활, 저녁에 한해 별도 채널로 방송
1944.8.21	경성지구 제1회 보도연습
1944.12.21	경성지구 제2회 보도연습
1945.3.8	『매일신보』 한글 전용 주간지 『새소식』 발행
1945.6.8	조선언론보국회 결성

법령

신문지법(新聞紙法)

[광무 11년(1907) 7월 27일 법률 제1호: 개정 융희 2년(1908) 4월 29일 법률 제8호]

제1조 신문지를 발행하고자 하는 자는 발행지를 관할하는 관찰사(경성은 경무사)를 경유하여 내부대신에게 청원하여 허가를 받아야 한다.

제2조 앞 조의 청원서에는 아래 사항을 기재해야 한다.

1. 제호 2. 기사 종류 3. 발행 시기 4. 발행소 및 인쇄소 5. 발행인·편집인·인쇄인의 성명·거주·연령

제3조 발행인·편집인·인쇄인은 연령 20세 이상의 남자로 국내에 거주하는 자에 한한다.

제4조 발행인은 보증금으로 금 3백 원정을 청원서에 첨부하여 내부에 납부해야 한다. 보증금은 확실한 은행의 임치금 증서로써 대납할 수 있다.

제5조 학술·기예(技藝), 물가 보고에 관한 사항만 기재하는 신문지는 보증금 납부를 필요로 하지 않는다.

제6조 제2조 제1호·제2호 또는 제4호의 사항을 변경하려는 때는 미리 청원하여 허가를 받아야 하고, 기타 각호의 사항을 변경하려는 때는 1주일 이내에 신고해야 한다. 발행인·편집인·인쇄인이 사망하거나 제3조의 요건을 상실한 때는 1주일 이내에 후계자를 정하여 청원하여 허가를 받아야 한다. 그 허가를 받기까지는 담임자를 임시로 정하

여 신고한 후에 발행을 계속할 수 있다.

제7조 발행을 정지하는 경우에는 기한을 정하여 신고해야 하며, 발행정지 기간은 1개년을 넘길 수 없다.

제8조 앞 2개조의 청원과 신고는 제1조의 절차에 따라야 한다.

제9조 발행 허가일이나 신고에 관계된 발행정지의 최종일로부터 2개월을 넘어서 발행하지 않을 때는 발행 허가의 효력을 상실한다. 신고 없이 발행을 정지하여 2주일을 넘긴 때도 역시 같다.

제10조 신문지는 매회 발행에 앞서 미리 내부 및 그 관할 관청에 각 2부를 납부해야 한다.

제11조 황실의 존엄을 모독하거나 국헌을 문란하거나 혹 국제 교의를 저해할 사항을 기재할 수 없다.

제12조 기밀에 관한 관청 문서나 의사(議事)는 해당 관청의 허가를 받지 않으면 상략(詳略)을 불구하고 기재할 수 없다. 특수한 사항에 관하여 해당 관청에서 기재를 금지한 때도 역시 같다.

제13조 범죄를 비호하거나 형사피고인, 범죄인을 구호(救護)하거나 또는 상휼(賞恤)을 위한 사항을 기재할 수 없다.

제14조 공판에 넘기기 이전이나 공개하지 않은 재판 사건을 기재할 수 없다.

제15조 타인을 비방·훼손하기 위해 허위 사항을 기재할 수 없다.

제16조 의혹 사항의 기재 여부와 정정, 취소 여부로 조건을 만들어 보수를 약속하거나 수령할 수 없다.

제17조 신문지는 매호에 제호, 발행의 시기, 발행소, 인쇄소, 발행인, 편집인, 인쇄인의 성명을 기재해야 한다.

제18조 기사에 관해 재판을 받을 때는 그 다음에 발행하는 지상에 선고

(宣告) 전문을 기재해야 한다.

제19조 관보에서 초록(抄錄)한 사항으로서 관보에서 정오(正誤)할 때는 그 다음에 발행하는 지상에 이를 기재해야 한다.

제20조 기사에 관해 관계자가 정오를 청구하거나 반박서의 게재를 청구할 때는 그 다음에 발행하는 지상에 기재해야 한다. 정오서, 반박서의 자수가 원 기사 글자수의 2배를 초과할 때는 그 초과 글자수에 대해 보통 광고료와 동일한 금액을 요구할 수 있다. 정오, 반박 취지, 단어가 본법으로 기재를 금지한 것과 요구자의 성명·거주를 명기하지 않은 자의 요구는 불응할 수 없다.

제21조 내부대신은 신문지가 안녕질서를 방해하거나 풍속을 괴란하는 것으로 인정할 때는 발매·반포를 금지하고 압수하며 발행을 정지하거나 금지할 수 있다.

제22조 보증금은 신문지 발행을 폐지하여 발행 허가의 효력을 잃거나 또는 발행을 금지할 때는 반환한다.

제23조 기사에 관해 재판에 부쳐 재판확정일로부터 1주일 이내에 재판비용과 벌금을 완납하지 않을 때는 보증금으로 충당하고 부족한 금액은 형법 징상(徵償)처분에 처한다.

제24조 보증금으로 재판비용과 벌금에 충당할 때는 발행인은 통지를 받은 날로부터 1주일 이내에 보증금을 보전해야 한다. 만약 기일 내에 보전하지 않으면 이를 보전하기까지 신문지 발행을 계속할 수 없다.

제25조 제11조를 위반한 경우에 발행인·편집인·인쇄인을 3년 이하 징역형에 처하고 그 범죄에 사용된 기계를 몰수한다.

제26조 사회의 질서나 풍속을 괴란하는 사항을 기재한 경우에는 발행인·편집인을 10개월 이하의 금옥(禁獄)이나 50원 이상 3백 원 이하

의 벌금에 처한다.

제27조 제12조·제16조에 위반한 경우에는 편집인을 10개월 이하의 금옥 또는 50원 이상 5백 원 이하의 벌금에 처한다.

제28조 제21조에 기초해 행한 처분에 위반한 경우에는 발행인·편집인·인쇄인을 50원 이상 3백 원 이하의 벌금에 처한다.

제29조 제13조·제14조를 위반한 경우에는 편집인을 50원 이상 2백 원 이하의 벌금에 처한다.

30조 제1조의 허가를 받지 않고 신문지를 발행하거나 제23조를 위반하여 발행을 계속하거나 보증금을 납부하지 않은 신문지로 제5조의 사항 이외의 기사를 게재한 경우에는 발행인을 50원 이상 1백 원 이하의 벌금에 처한다.

제31조 제18조·제19조·제20조 제1항을 위반한 경우에는 편집인을 10원 이상 1백 원 이하의 벌금에 처한다.

제32조 제3조·제6조·제10조·제17조를 위반한 경우에는 발행인을 10원 이상 50원 이하의 벌금에 처한다.

제33조 제15조를 위반한 경우에는 형법 조언률(造言律)에 따라서 처단하되 피해자나 관계자의 고소를 기다려 그 죄를 논한다.

제34조 외국에서 발행한 국문, 국한문, 한문 신문지와 외국인이 국내에서 발행한 국문, 국한문, 한문 신문지로서 치안을 방해하거나 풍속을 괴란한다고 인정할 때는 내부대신은 해당 신문지를 국내에서 발매·반포함을 금지하고 해당 신문지를 압수할 수 있다[융희 2년(1908) 법률 제8호로 개정 추가].

제35조 제34조의 금지를 위반하여 신문지를 발매·반포한 내국인은 3백 원 이내의 벌금에 처한다[융희 2년(1908) 법률 제8호로 개정 추가].

제36조 내국인이 제34조에 따라서 발매·반포가 금지된 것을 알고 해당 신문지를 수송하거나 배포한 자는 50원 이내의 벌금에 처한다[융희 2년(1908) 법률 8호로 개정 추가].

제37조 신문지의 기사에 관해 편집인을 처벌하는 경우에는 그 기사에 서명하는 자는 모두 편집인과 함께 그 책임을 지게 한다.

제38조 본법을 범한 자는 자수감등이죄이상처단례(自首減等二罪以上處斷例)와 수속처분례(收贖處分例)를 적용하지 않는다.

부칙

제39조 본법의 규정은 정기발행하는 잡지류에 준용한다.

제40조 본법은 반포일로부터 시행한다.

제41조 본법 반포 전에 발행하던 신문지는 본법 반포 후 2개월 이내에 본법의 규정에 따라서 상당한 절차를 행해야 한다.

출판법(出版法)

[융희 3년(1909) 3월 26일 법률 제6호]

제1조 기계와 기타 어떠한 방법을 물론하고 발매·반포를 목적으로 문서와 도화를 인쇄함을 출판이라 하고, 그 문서를 저술하거나 번역하거나 편찬하거나 도화를 만드는 자를 저작자라 하며, 발매·반포를 담당하는 자를 발행자라 하고, 인쇄를 담당하는 자를 인쇄자라 한다.

제2조 문서·도화를 출판하려는 때는 저작자, 그 상속자와 발행자가 연인(連印)하고 고본(稿本)을 첨부하여 지방장관[한성부에서는 경시총감(警視總監)으로 함]을 경유하여 내부대신에게 허가를 신청해야 한다.

제3조 관청의 문서·도서, 타인의 연설 또는 강의 필기를 출판하려는 때와 저작권을 가진 타인의 저작물을 출판하려는 때는 앞 조의 신청서에 해당 관청의 허가서와 연설자·강의자·저작권자의 승낙서를 첨부해야 한다. 앞 항의 경우에 허가나 승락을 얻은 자를 저작자로 간주한다.

제4조 사립학교, 회사, 기타 단체에서 출판하는 문서·도화는 해당 학교, 회사, 기타 단체를 대표하는 자와 발행자가 연인(連印)하여 제2조의 절차를 행하여야 한다. 앞 항의 대표자는 저작자로 간주한다.

제5조 제2조의 허가를 얻어서 문서·도화를 출판할 때는 즉시 제본(製本) 2부를 내부에 납부해야 한다.

제6조 관청에서 문서·도화를 출판할 때는 그 관청에서 제본 2부를 내부에 송부해야 한다.

제7조 문서·도서의 발행자는 문서·도서를 판매함으로 영업하는 자로 한정한다. 단 저작자, 그 상속자는 발행자를 겸할 수 없다.

제8조 문서·도화의 발행자와 인쇄자는 그 성명·주소·발행소·인쇄소 및 발행·인쇄의 연월일을 해당 문서·도화의 말미에 기재하고, 인쇄소가 영업상 관용 명칭이 있는 경우에 그 명칭도 기재해야 한다. 여럿이 협동하여 발행, 인쇄를 경영하는 경우 업무상의 대표자를 발행 또는 인쇄자로 간주한다.

제9조 문서·도화를 재판(再版)하는 경우 저작자나 그 상속자, 발행자가 연인(連印)하여 제본 2부를 첨부하여 지방장관을 경유하여 내부대신에게 신고해야 한다. 단 개정·증감하거나 주해, 부록, 회화 등을 첨가하려는 때는 제2조의 절차를 따라야 한다.

제10조 서간·통신·보고·사칙·인찰(引札)·광고·제예(諸藝)의 차제서

(次第書)·제종(諸種)의 용지류, 사진을 출판하는 자는 제2조·제6조·제7조에 따를 필요가 없다. 단, 제11조 제1호·제2호·제3호에 해당하는 경우 본법에 따라서 처분한다.

제11조 허가를 받지 않고 출판한 저작자·발행자는 아래의 구별에 따라 처단한다.

1. 국교(國交)를 저해하거나 정체(政體)를 변괴(變壞)하거나 국헌을 문란하는 문서·도화를 출판할 때는 3년 이하의 역형(役刑).
2. 외교와 군사의 기밀에 관한 문서·도화를 출판할 때는 2년 이하의 역형.
3. 앞 2호의 경우 외에 안녕질서를 방해하거나 풍속을 괴란(壞亂)하는 문서·도화를 출판할 때는 10개월 이하의 금옥.
4. 기타의 문서·도화를 출판할 때는 백 원 이하의 벌금. 앞 항의 문서·도화의 인쇄를 담당하는 자의 벌도 역시 같음.

제12조 외국에서 발행한 문서·도화와 외국인이 국내에서 발행한 문서·도화가 안녕질서를 방해하거나 또는 풍속을 괴란시켰다고 인정될 때 내부대신은 그 문서·도화를 내국에서 발매·반포함을 금지하고 인쇄본을 압수할 수 있다.

제13조 내부대신은 본법을 위반하여 출판한 문서·도화의 발매·반포를 금지하고 해당 각판과 인쇄본을 압수할 수 있다.

제14조 발매·반포를 금지한 문서·도화인 줄 알면서 발매·반포하거나 외국에서 수입한 자는 6개월 이하의 금옥에 처한다. 단 출판물로 제11조 제1항 제1호, 제3호의 하나에 해당하는 때는 동 조례에 비추어 처단한다.

부칙

第15조 본법 시행 전 이미 출판한 저작물을 재판(再版)할 때는 본법의 규정에 따라야 한다.

第16조 내부대신은 본법 시행 전에 이미 출판한 저작물로서 안녕질서를 방해하거나 또는 풍속을 괴란할 우려가 있다고 인정한 경우 발매·반포를 금지하고, 해당 각판이나 인쇄본을 압수할 수 있다.

편집에 관한 희망 및 주의사항(1939)

1. 황실의 존엄을 모독할 염려가 있는 기사와 사진을 일절 취급하지 말 것. 기사와 사진을 취급할 때에는 극히 정중하게 취급하며 더욱이 문자에 오식(誤植)이 없도록 주의할 것.
2. 왕공족(王公族)에 관한 기사, 일한병합 후 기술한 문장에는 아래의 여러 가지를 주의할 것.
   1) 조선 역대 왕의 호(號)에다 성상(聖上)·금상(今上)의 자구를 사용하지 말 것. 단 태조·정조·순조·철종·동비·민비(명성황후)에 대한 추존(追尊)은 무방함.
   2) 고종·순종·동비에게 대해서는 황제·황후를 사용하지 말 것.
   3) 왕실기사에는 순종 이후(일한병합 이후)의 기사까지 이를 기입할 것.
3. 조선통치정신에 배반되는 기사.
   1) 역사에 관하여. (1) 일한병합 및 현재까지의 사실(史實)도 기입할 것. (2) 일한병합 후 기술한 문장에는 아조(我朝)·본조(本朝)·대명(大明)·황명(皇明)·황조(皇朝)·천조(天朝)·천사(天使)·천장(天將)·천병(天兵) 등의 자구를 사용하지 말 것. (3) 숭명배청(崇明排淸) 사

상을 고취하여 배일(排日)의 자료를 제공하려는 기사, 일한병합 전후의 내선관계의 사실(史實)에 대하여 비분강개의 문장·자구, 일한병합에 반대한 인물을 칭찬하는 문장·자구. (4) 일한조약·한국병합에 반대한 인물의 성명을 다수 나타내는 것. (5) 배외사상을 고취한 외구(外寇)를 토벌한 인물을 칭찬하는 기사. (6) 고려 말기의 충신·전사를 칭찬하는 문장으로서 병합 이후 제작, 기술하여 병합 전후의 상황에 비유하려는 기사. (7) 임진역(壬辰役)에 관한 기사로서 일본군의 능묘장굴(陵墓藏掘)·방화간음·학살 등 잔인무도한 행위를 표한 것과 적(賊)·구(寇)·도이(島夷)·도추(島醜)·적추(賊酋)·왜노(倭奴)·소왜(小倭)·서적흉추(鼠賊凶酋)·영(獰)의 자구, 단 적(敵)·장(將)·왜(倭) 등 적당한 자구는 무방함. 그리고 임진왜란에 관계없는 구(寇)의 자(字)는 사용하여도 좋음. (8) 일한병합의 당사자·공로자의 기사는 말살하지 말 것.

2) 연호. (1) 일한병합 후 기술한 문장에는 원칙적으로 황기(皇紀) 또는 명치(明治)·대정(大正)·소화(昭和)의 연호를 사용하고 서력 및 중국력은 보충적으로 사용할 것. (2) 단기(檀紀)·불기(佛紀)·공기(孔紀)·포덕(布德) 등의 연호는 정치적 의미가 없는 것에 한하여 각 종교파벌에 따라 이를 사용함을 인정함. (3) 서력은 정치·역사적 의미가 없는 것과 세계적 기사에 한하여 사용할 것.

4. 총독 진퇴에 관한 기사는 조선통치에 영향을 주는 바가 큰 만큼 함부로 이를 취급하지 않을 것.
5. 내선일체 및 내선융화에 관한 기사는 그 예가 극히 적은 것은 유감이다. 이후로는 단지 형식적으로 흐르지 말고 성의를 가지고 차종(此種)의 선량한 기사를 취급할 것.

6. 내선관계 문자의 사용에 있어서 일본내지·일본내지인·도쿄유학생 등 마치 내지를 외국과 같이 취급하는 경향이 있으나 이는 온당치 않으므로 주의할 것.
7. 총독부의 국어(일본어)장려에 순응하여 이후 될 수 있는 대로 국어 기사를 다수 취급할 것.
8. 사회주의 또는 민족주의자로서 운동 중의 소작(所作: 지은 글)은 전향 후에는 출판하지 말 것.

참고문헌

신문·잡지

『개벽』, 『경무휘보』, 『경성일보』, 『동광』, 『동아일보』, 『매일신보』, 『방송지우』, 『별건곤』, 『비판』, 『사상휘보』, 『삼천리』, 『세대』, 『시대일보』, 『신동아』, 『신문과 방송』, 『신문평론』, 『신민』, 『월간 중앙』, 『저널리즘』, 『조광』, 『조선일보』, 『조선중앙일보』, 『중앙일보』, 『중외일보』, 『철필』, 『혜성』.

단행본

강동진, 1980, 『일제의 한국침략정책사』, 한길사.

강동진, 1987, 『일본 언론계와 조선(1910-1945)』, 지식산업사.

강만길·성대경, 1996, 『한국 사회주의운동 인명사전』, 창작과 비평사.

검열연구회 편, 2011, 『식민지 검열: 제도·텍스트·실천』, 소명출판.

계초전기간행회, 1980, 『계초 방응모전』, 조선일보사.

계훈모 편, 1979, 『한국언론연표: 1881-1945』, 관훈클럽신영연구기금.

고명식 외, 1987, 『대기자 홍박: 언론인 55명이 본 홍종인선생』, 세문사.

고하선생전기편찬위원회, 1965, 『고하송진우선생전』, 동아일보사.

국사편찬위원회, 2007, 『한민족독립운동사자료집 70-대일 항쟁기 단파방송사건』, 국사편찬위원회.

宮田節子 저, 이형랑 역, 1997, 『조선 민중과 황민화 정책』, 일조각.

김규환, 1978, 『일제의 대한(對韓) 언론·선전 정책』, 이우출판사.

김근수, 1980, 『한국잡지사』, 청록출판사.

김동명, 2006, 『지배와 저항, 그리고 협력: 식민지 조선에서의 일본제국주의와 조선인의 정치운동』, 경인문화사.

김동선, 2014, 『미군정기 『서울신문』의 정치 성향 연구』, 선인.

김민환, 1996,『한국언론사』, 사회비평사.
김민환·박용규·김문종, 2008,『일제강점기 언론사 연구』, 나남.
김상태 편역, 2013,『물 수 없다면 짖지도 마라 – 윤치호 일기로 보는 식민지 시기 역사』, 산처럼.
김영희, 2009,『한국사회의 미디어 출현과 수용: 1880 ~ 1980』, 커뮤니케이션북스.
______, 2015,『한국전쟁기 미디어와 사회』, 커뮤니케이션북스.
김을한, 1960,『사건과 기자』, 신태양사.
______, 1971,『신문야화: 30년대의 기자수첩 』, 일조각.
______, 1975,『한국신문사화: 내가 만난 선구자들 』, 탐구당.
김종준, 2010,『일진회의 문명화론과 친일활동』, 신구문화사.
김학민·정운현 편, 1993,『친일파 죄상기』, 학민사.
독립운동사 편찬위원회, 1977,『한민족독립운동사자료집 70 – 문화투쟁사 자료집』, 독립유공자사업기금운용위원회.
동아일보사, 1975,『동아일보사사』 권1, 동아일보사.
로빈슨, M. 저, 김민환 역, 1990,『일제하 문화적 민족주의』, 나남.
문한별, 2017,『검열, 실종된 작품과 문학사의 복원』, 고려대학교 민족문화연구원.
민족문제연구소 편, 2000,『일제하 전시체제기 정책사료총서38 – 황국신민화정책』, 한국학술정보.
박경식, 1986,『일본제국주의의 조선지배』, 청아.
박용규, 2015,『식민지시기 언론과 언론인』, 소명출판.
______, 2015,『한국의 언론인, 정체성을 묻다: 지사에서 샐러리맨으로』, 논형.
______, 2021,『언론과 친일 – 친일 언론의 역사와 잔재』, 선인.
박용규·채백·윤상길, 2019,『3·1운동과 항일지하신문』, 한국언론진흥재단.
박찬승, 1992,『한국 근대정치사상사 연구: 민족주의 우파의 실력양성운동론』, 역사비평사.
변은진, 2013,『파시즘적 근대체험과 조선민중의 현실인식』, 선인.
山本文雄 외 저, 김재홍 역, 2000,『일본 매스커뮤니케이션사』, 커뮤니케이션북스.
서울특별시사편찬위원회, 2011,『서울사람이 겪은 해방과 전쟁』, 선인.
서정억, 1978,『고금청담』, 성화사.
서중석, 1992,『한국 현대 민족운동 연구: 해방후 민족국가 건설운동과 통일전선』 2판,

역사비평사.

石川達三 저, 이상복·오성숙 역, 2017, 『전쟁과 검열: 이시카와 다쓰조 재조명』, 맑은생각.

篠原昌三 외 저, 김재홍 역, 2006, 『조선방송협회 회상기』, 커뮤니케이션북스.

송건호, 1990, 『한국현대언론사』, 삼민사.

松田利彦 저, 김인덕 역, 2004, 『일제시기 참정권문제와 조선인』, 국학자료원.

우승규, 1978, 『나절로 만필: 신문생활 반세기의 조각보』, 탐구당.

유광열, 1969, 『기자반세기』, 서문당.

유병은, 1991, 『단파방송 연락운동: 일제하 경성방송국』, KBS문화사업단.

______, 1998, 『초창기 방송 시대의 방송야사』, KBS문화사업단.

윤해동, 2010, 『근대역사학의 황혼』, 책과 함께.

이균영, 1993, 『신간회 연구』, 역사비평사.

이덕근, 1986, 『산 있고 물 있고』, 호서문화사.

이민주, 2020, 『제국과 검열 – 일제하 신문통제와 제국적 검열체제』, 소명출판.

이범경, 1994, 『한국방송사』, 범우사.

이연, 2013, 『일제강점기 조선언론통제사』, 박영사.

이중연, 2001, 『'책'의 운명: 조선~일제강점기 금서의 사회·사상사』, 혜안.

이해창, 1971, 『한국신문사 연구』, 성문각.

이형식, 2018, 『齋藤實·阿部充家 왕복서한집』, 아연출판부.

이혜구, 1970, 『만당 문채록』, 한국국학학회.

인촌기념회, 1976, 『인촌 김성수전』, 인촌기념회.

임근수, 1984, 『언론과 역사』, 정음사.

임종국, 1966, 『친일문학론』, 평화출판사.

______, 1985, 『일제하의 사상탄압』, 평화출판사.

______, 1991, 『실록 친일파』, 돌베개.

장신, 2021, 『조선·동아일보의 탄생: 언론에서 기업으로』, 역사비평사.

장영민, 2020, 『한국방송의 성장과 미국의 대한선전』, 선인.

정근식 외, 2016, 『검열의 제국: 문화의 통제와 재생산』, 푸른역사.

정운현, 2011, 『친일파는 살아 있다』, 책으로 보는 세상.

정진석, 1975, 『일제하 한국언론투쟁사』, 정음사.

______, 1985, 『한국현대언론사론』, 전예원.

______, 1990, 『한국언론사』, 나남.

______, 1995, 『인물 한국 언론사』, 나남.

______, 2005, 『언론조선총독부』, 커뮤니케이션북스.

______, 2007, 『극비 조선총독부의 언론검열과 탄압』, 커뮤니케이션북스.

정진석 편, 2014, 『일제강점기 금지도서목록』, 소명출판.

朝鮮放送協會, 1938, 『昭和12年度事業報告書』.

조선일보사, 1990, 『조선일보 70년사』, 조선일보사.

朝鮮總督府, 1920, 『朝鮮に於ける新施政』, 朝鮮總督府.

_________, 1922, 『施政に關する諭告 · 訓示竝演說』, 朝鮮總督府.

朝鮮總督府 警務局, 1930, 『高等警察關係年表』, 朝鮮總督府 警務局.

______________, 1930, 『朝鮮に於ける出版物概要』 1930년판, 朝鮮總督府 警務局.

______________, 1938, 『朝鮮出版警察概要』 1937년판, 朝鮮總督府 警務局.

______________, 1940, 『朝鮮出版警察概要』 1939년판, 朝鮮總督府 警務局.

______________, 1941, 『朝鮮出版警察概要』 1940년판, 민족문제연구소 편, 2000, 『일제하 전시체제기 정책사료총서』 38, 한국학술정보.

朝鮮總督府 警務局 저, 김봉우 역, 1989, 『일제식민통치비사 – 일제하 조선의 치안상황 1938년판』, 청아.

朝鮮總督府 遞信局, 1935, 『朝鮮總督府 遞信年報』, 朝鮮總督府 遞信局.

조선통신사, 1948, 『조선연감』, 조선통신사.

조영복, 2007, 『문인 기자 김기림과 1930년대 활자 – 도서관의 꿈』, 살림.

조용만, 1985, 『울 밑에 핀 봉선화야: 남기고 싶은 이야기』, 범양사.

津川泉 저, 김재홍 역, 1999, 『JODK, 사라진 호출부호』, 커뮤니케이션북스.

채백, 2008, 『사라진 일장기의 진실』, 커뮤니케이션북스.

___, 2012, 『부산언론사연구』, 산지니.

___, 2015, 『한국언론사』, 컬처룩.

최덕교, 2004, 『한국잡지백년』 1, 현암사.

______, 2004, 『한국잡지백년』 2, 현암사.

______, 2004, 『한국잡지백년』 3, 현암사.

최민지, 1978, 『일제하 민족언론사론』, 일월서각.

최수일, 2008, 『『개벽』 연구』, 소명출판.

최원규 편, 1988, 『일제 말기 파시즘과 한국사회』, 청아.

최유리, 1997, 『일제 말기 식민지 지배정책연구』, 국학자료원.

최준, 1960, 『한국신문사』, 일조각.

___, 1976, 『한국신문사논고』, 일조각.

최재서, 1943, 『전환기의 조선문학』, 인문사.

친일반민족행위진상규명위원회, 2007, 『친일반민족행위관계사료집』 Ⅰ(조약과 법령), 친일반민족행위진상규명위원회.

______________________________, 2009, 『친일반민족행위진상규명보고서』 Ⅳ-17, 친일반민족행위진상규명위원회.

친일인명사전편찬위원회, 2009, 『친일인명사전』 1, 민족문제연구소.

파냐 이사악꼬브나 저, 김명호 역, 1996, 『식민지 조선에서』, 한울.

한국방송70년사 편찬위원회, 1997, 『한국방송 70년사』 별책, 한국방송협회 · 한국방송공사.

___________________________, 1997, 『한국방송70년사』, 한국방송협회 · 한국방송공사.

한국방송공사, 1977, 『한국방송사』, 한국방송공사.

____________, 1987, 『한국방송 60년사』, 한국방송공사.

한국신문연구소, 1975, 『한국신문 100년 자료집』, 한국신문연구소.

______________, 1978, 『언론비화 50편』, 한국신문연구소.

______________, 1981, 『한국언론인물지』, 한국신문연구소.

한국신문협회, 1968, 『한국신문연감』 1968년판.

한국정신문화연구원 한민족문화연구소, 2001, 『내가 겪은 해방과 분단』, 선인.

한기형, 2019, 『식민지 문역』, 성균관대학교 출판부.

한만수, 2015, 『허용된 불온-식민지시기 검열과 한국문학』, 소명출판.

한익교 저, 김명수 역, 2007, 『한상룡을 말한다』, 혜안.

홍정선 편, 1988, 『김팔봉 문학전집』 Ⅱ, 문학과 지성사.

홍효민, 1980, 『행동지성과 민족문학』, 일신출판사.

京城日報社, 『朝鮮年鑑』 1937년판, 1942년판, 1945년판.

高峻石, 1976, 『抗日言論闘争史』, 東京: 新泉社.

關根康喜, 1941,『出版國策の方向』, 成史書院.

國民協會本部, 1921,『國民協會史』第一.

金達壽, 1999,『わがアリランの歌』, 中央公論社.

東京新聞研究所, 1941,『日本新聞年鑑』1941년판.

原奎一郎 編, 1950,『原敬日記』, 東京: 乾元社.

日本放送協會, 1943,『ラジオ年鑑』1943년판.

日本電報通信社, 1942,『新聞總攬』1942년판.

____________, 1943,『新聞總攬』1943년판.

朝鮮行政編輯總局, 1937,『朝鮮統治秘話』, 東京: 帝國地方行政學會.

中川利吉, 1933,『朝鮮社會運動取締法要義』, 京城: 帝國地方行政學會朝鮮本部.

中村健太郎, 1969,『朝鮮生活五十年』, 熊本: 青潮社.

千葉了, 1925,『朝鮮獨立運動秘話』, 東京: 帝國地方行政學會.

崔載瑞, 1943,『轉換期の朝鮮文學』, 人文社.

玄永燮, 1938,『朝鮮人の進むべき道』, 綠旗聯盟.

NHK放送文化研究所, 2003,『20世紀 放送文化史: 資料編』, 東京: 日本放送出版協會.

Brasch, Walter M. and Ulloth, Dana R., 1986, *The Press and The State: Sociohistorical and Contemporary Interpretations,* Lanham, Maryland: University Press of America.

논문

강동진, 1984,「문화주의의 기본성격」,『한국사회연구』2.

강부원, 2015,「총력전 시기『每日新報』의 지면 구성과 매체 운용: 學藝面을 중심으로」,『대동문화연구』89집.

강창일, 1994,「일제의 조선지배정책 – 식민지 유산문제와 관련하여」,『역사와 현실』12호.

강혜경, 2011,「일제 말기 조선방송협회를 통해 살펴본 방송통제」,『한국민족운동사연구』69집.

계용묵,「암흑기의 우리 문단」,『현대문학』1957.2.

고바야시 소메이, 2011,「한국 통신검열 체제의 기원 – '제국검열'과 식민지 조선」,『아세아연구』54권 1호.

고영수, 1986,「일제하의 금서출판소고」,『출판학연구』28호.

권보드래, 2007, 「〈소년〉·〈청춘〉과 근대 초기의 일상성」, 『〈소년〉과 〈청춘〉의 창: 잡지를 통해 본 근대 초기의 일상성』, 이화여자대학교 출판부.

권태철, 1996, 「일제하 한국방송의 전개과정과 성격에 관한 연구」, 서울대학교 석사학위논문.

김갑수, 「신문지법의 실효여부」, 『법정』 1948.7.

김경택, 1998, 「1910·20년대 동아일보 주도층의 정치·경제사상 연구」, 연세대학교 박사학위논문.

김근수, 1974, 「1920년대 언론과 언론정책 – 잡지를 중심으로」, 『일제 치하 언론출판의 실태』, 영신아카데미.

김길연, 2013, 「한국 금서의 시대별 양상 연구」, 서경대학교 박사학위논문.

김동노, 2006, 「일본 제국주의의 조선 지배의 독특성」, 『일제 식민지 시기의 통치체제 형성』, 혜안.

김동인, 1964, 「지난 시절의 출판물 검열」, 『동인 전집』 제10권, 홍자출판사.

______, 1964, 「문단 30년의 자취」, 『동인 전집』 제8권, 홍자출판사.

김문경, 1992, 「추억의 마이크」, 『한국방송사료집』 Ⅱ, 한국방송사료보존회.

김민환, 1993, 「일제시대 언론사의 시기구분」, 『언론과 사회』 1호.

______, 1994, 「일제시대 민족지의 사회사상」, 『언론과 사회』 4호.

김영희, 2000, 「일제 말기 국민총력운동의 전개와 농촌통제정책」, 『한국독립운동사연구』 14집.

김은우, 1978, 「경성일보 우리 손에 넘어오던 순간」, 『언론비화 50편』, 한국신문연구소.

김인수, 2005, 「총력전기 일본어 글쓰기의 사상공간과 언어검열」, 공제욱·정근식 편, 『식민지의 일상 – 지배와 균열』, 문화과학사.

______, 2007, 「1930년대 후반 조선주둔 일본군의 대(對)소련, 대(對)조선 정보사상전」, 『한국문학연구』 32집.

김종수, 2009, 「일제강점기 경성의 출판문화 동향과 문학서적의 근대적 위상 – 한성도서주식회사의 활동을 중심으로」, 『서울학연구』 35집.

김창록, 2006, 「일제강점기 언론·출판법제」, 『한국문학연구』 30집.

김철수, 1995, 「일제식민지 시대 치안관계 법규의 형성과 적용에 관한 연구」, 『한국사회학』 29권 1호.

김학재, 2009,「여순사건과 예외상태 국가의 건설－정부의 언론탄압과 공보정책을 중심으로」,『제노사이드연구』 6호.
김형섭, 2008,「『국민문학』의 서지 및 성격 고찰」,『일어일문학』 39호.
나문경, 1995,「일제시대 금서에 관한 연구」, 성균관대학교 석사학위논문.
남상일, 1978,「고종 승하 때 덕수궁 출입기자로」,『언론비화 50편』, 한국신문연구소.
鈴木敬夫, 1989,「법을 통한 조선식민지 지배: 식민지통치법에 의한 민족교육과 독립사상의 탄압」, 고려대학교 박사학위논문.
류종렬, 2013,「이주홍의 일제 말기 일문 작품 연구」 1,『한국문학논총』 65집.
_____, 2016,「일제 말기 이주홍의 만문만화 연구 1,『家庭の友』와『半島の光』을 중심으로」,『한국문학논총』 74집.
문영주, 2007,「일제 말기 관변잡지『家庭の友』(1936.12～1941.03)와 '새로운 부인'」,『역사문제연구』 17호.
문한별, 2017,「〈조선출판경찰월보〉에 수록된 납본 도서의 시기별 변화 양상과 의미－1, 2차 납본 도서의 성격 변화를 중심으로」,『어문논집』 79집.
_____, 2018,「일제강점기 대만의 사상검열에 끼친 식민지 조선의 영향력－〈대만출판경찰보〉의 출판검열 자료를 중심으로」, *Journal of Korean Culture* 40.
박수현, 2006,「전시파시즘기(1937－1945) 조선 지식인의 체제협력 양상과 논리－신문·잡지의 친일 글을 중심으로」,『한국민족운동사연구』 46집.
박용규, 1988,「미군정기 한국언론구조의 형성과정에 관한 연구」, 서울대학교 석사학위논문.
_____, 2001,「일제 말기(1937－1945)의 언론통제정책과 언론구조변동」,『한국언론학보』 46권 1호.
_____, 2005,「식민지 시기 문인기자들의 글쓰기와 검열」,『한국문학연구』 29집.
_____, 2010,「일제하 라디오 방송의 음악프로그램에 관한 연구: 1930년대를 중심으로」,『언론정보연구』 47권 2호.
_____, 2012,「대한제국 말기『국민신보』의 특성과 역할」,『한국언론학보』 56권 2호.
_____, 2015,「1920년대 초 〈시사신문〉의 창간과 특성」,『한국언론학보』 59권 5호.
_____, 2018,「1920년 조선어 민간신문 창간의 배경과 과정」,『한국언론학보』 62권 5호.

박용상, 1980, 「한국의 언론법사」 상, 『신문연구』 21권 2호.
박윤진, 2007, 「대일본부인회 조선본부(大日本婦人會 朝鮮本部)의 결성과 활동, 1942~45년」, 『한국문화연구』 13호.
박인식, 「일제하 3대 민간지인 시사신문 허가일 재규명」, 『신문과 방송』 2006.3.
박종린, 2008, 「〈공영〉을 통해 본 대동동지회의 활동과 친일논리」, 『역사와 현실』 69호.
박헌호, 2005, 「'문화정치'기 신문의 위상과 반일검열의 내적논리: 1920년대 민간지를 중심으로」, 『대동문화연구』 50집.
______, 2018, 「검열연구의 여정과 가능성」, 『한국학연구』 51집.
박헌호·손성준, 2010, 「한국 근대문학 검열연구의 통계적 접근을 위한 시론: 『조선출판경찰월보』와 식민지 조선의 구텐베르크 은하계」, 『외국문학연구』 38호.
박현수, 2019, 「신문지법과 필화의 사이: 〈신생활〉 10호의 발굴과 연구」, 『민족문학사연구』 69호.
______, 2019, 「〈신생활〉 필화사건 재고」, 『대동문화연구』 106집.
방효순, 2001, 「일제시대 민간 서적 발행활동의 구조적 특성에 관한 연구」, 이화여자대학교 박사학위논문.
배병욱, 2019, 「한말·일제하 웅본(熊本) 국권당(國權黨)의 '조선어학생 파견사업' 연구」, 동아대학교 박사학위논문.
백순재, 「일제의 언론정책과 필화사건 – 〈개벽〉지를 중심으로」, 『신동아』 1967.5.
백철, 1978, 「일본의 이중 얼굴과 보호색의 대결」, 『언론비화 50편』, 한국신문연구소.
사희영, 2018, 「잡지 〈동양지광〉으로 본 동양과 서양 – 아시아 중심주의 모색과 좌절」, 『일어일문학』 77집.
森田芳夫, 「조선사상 제진영의 전망」, 『동양지광』 1940.1.
서재길, 2011, 「식민지 말기의 매체 환경과 방송 잡지 『방송지우』의 성격」, 『근대서지』 3호.
西村眞太郎, 1939, 「〈보리와 병정〉을 조선어로 번역하고」, 『모던조선』 조선판.
서항석, 1978, 「사령(辭令) 써놓고 입사 기다린 동아」, 『언론비화 50편』, 한국신문연구소.
성기석, 1979, 「나의 방송시절」 1, 『신문과 방송』 1979.11.
______, 1979, 「나의 방송시절」 2, 『신문과 방송』 1979.12.
성봉현, 2007, 「일제시기 문집간행과 출판검열」, 『서지학보』 31집.
성주현, 2009, 「1930년대 이후 한글신문의 구조적 변화와 기자들의 동향: 〈동아일보〉와

〈조선일보〉를 중심으로」, 『한국민족운동사연구』 58집.

손지연, 2007, 「식민지 조선에서의 검열의 사상과 방법: 검열 자료집 구축 과정을 통하여」, 『한국문학연구』 32집.

송민호, 2014, 「대한제국시대 출판법의 제정과 출판검열의 법 – 문자적 기원」, 『한국현대문학연구』 43집.

송영호, 「나의 방송시절」, 『신문과 방송』 1979.7.

水野直樹 저, 이영록 역, 2002, 「조선에 있어서 치안유지법 체제의 식민지적 성격」, 『법사학연구』 제26집.

심재욱, 2004, 「1910년대 '조선귀족'의 실태 – 〈매일신보〉 기사를 중심으로」, 『사학연구』 76집.

안춘근, 1965, 「현대한국출판문화사략」 2, 『도서』 8호.

엄진주, 2016, 「일제강점기 대만의 라디오 방송에 관한 연구」, 『한중인문학연구』 53집.

오하타 히로시, 1992, 「헤게모니 관점에서 재조명한 일제하 언론사 연구」, 『한국사회와 언론』 2호.

＿＿＿＿＿＿, 1992, 「일본방송사 – 국가통제로부터 자기통제로」, 『세계방송의 역사』, 나남.

위종기, 「최근 조선 보통출판물 개황」, 『조선』 1928.4.

유광열, 「동아일보가 창간되던 무렵」, 『사상계』 1960.1.

유봉영, 1978, 「독립운동 초지 굽혀 몸담은 '조선 36년'」, 『언론비화 50편』, 한국신문연구소.

유석환, 2009, 「1930년대 잡지시장의 변동과 잡지 〈비판〉의 대응: 경쟁하는 잡지들, 확산되는 문학」, 『사이』 제6호.

＿＿＿, 2017, 「경쟁하는 잡지들, 확산되는 문학 (2) – 1930년대 『중앙』과 『사해공론』, 『조광』의 사례」, 『한국문학연구』 53집.

유재천, 1980, 「한국언론투쟁사」, 『한국현대문화사대계』 V – 문화운동·민족항쟁사, 고려대학교 민족문화연구소.

윤병석, 2001, 「1910년대 일제의 언론 정책과 '독립신문'류」, 위암장지연선생기념사업회 편, 『한국 근대언론과 민족운동』, 커뮤니케이션북스.

윤석중, 1978, 「굶는 것이 자랑이었던 그때의 기자」, 『언론비화 50편』, 한국신문연구소.

윤성상, 1978, 「3전짜리 팥죽 한 그릇에 구국의 필봉」, 『언론비화 50편』, 한국신문연구소.

이규수, 2005, 「조선총독부의 치안관계자의 한국인식: 미공개 녹음기록의 분석」, 『동학연구』 18집.

_____, 2009, 「민본주의자, 요시노 사쿠조(吉野作造)의 조선 인식」, 『역사비평』 88호.

이규일 외, 1994, 「10년 이상 근속자의 좌담회 – 넘어야 했던 수 많은 산 건너야 했던 수 많은 강」, 『한국방송사료집』 제4집, 한국방송사료보존회.

이기훈, 2009, 「1920 – 30년대 '조선귀족'의 경제 상황과 조선총독부의 귀족정책」, 『역사문제연구』 21집.

이민주, 2010, 「일제시기 조선어 민간신문의 검열에 대한 연구」, 서울대학교 박사학위논문.

_____, 2011, 「일본어 잡지기사에 나타난 일제하 언론정책과 언론상황」, 『한국언론학보』 55권 6호.

_____, 2011, 「일제시기 검열관들의 조선어 미디어와 검열업무에 대한 인식」, 『한국언론학보』 55권 1호.

이상돈, 1978, 「동아 폐간, 사중구생(死中救生)의 심경」, 『언론비화 50편』, 한국신문연구소.

이석, 2020, 「『麥と兵隊』 번역 양상 연구 – 조선어, 중국어로의 번역을 중심으로」, 성균관대학교 석사학위논문.

이선근 · 남재희 · 조남조, 「편집국장론」, 『신문평론』 1974.1.

이승엽, 2012, 「'문화정치' 초기 권력의 동학과 재조일본인사회」, 『일본학』 35집.

이완범, 2009, 「김성수의 식민지 권력에 대한 저항과 협력: '협력적 저항'에서 '저항적 협력'으로」, 『한국민족운동사연구』 58집.

이용창, 2012, 「일제강점기 '조선귀족' 수작 경위와 수작자 행태 – 대한정책의 순응과 대가」, 『한국독립운동사연구』 43집.

이원영, 1978, 「신익희 씨의 정치자금 3백원과 성토」, 『언론비화 50편』, 한국신문연구소.

이재진 · 이민주, 2006, 「1920년대 일제 '문화정치' 시기의 법치적 언론통제의 폭압적 성격에 대한 재조명」, 『한국언론학보』 50권 1호.

이종민, 2004, 「전시하 애국반 조직과 도시의 일상 통제 – 경성부를 중심으로」, 『동방학지』 124권.

이종호, 2016, 「검열의 상전이(相轉移) – 친일문학이라는 프로세스」, 『검열의 제국: 문화의 통제와 재생산』, 푸른역사.

이중연, 2005, 「중일전쟁 이후 일제의 출판·독서 통제」, 『한국문화연구』 8집.
이태훈, 2007, 「〈공영〉 – 1920년대 전반 친일세력의 고민과 세계관」, 『역사문제연구』 17호.
______, 2008, 「〈시사평론〉을 통해 본 국민협회의 근대국가 인식과 참정권 청원론」, 『역사와 현실』 69호.
이하윤, 1978, 「폐간만 지켜 본 기자생활 6년」, 『언론비화 50편』, 한국신문연구소.
이항녕, 2005, 「민족 앞에 부끄러운 사람이 되어」, 『8·15의 기억 – 해방공간의 풍경, 40인의 역사체험』, 한길사.
이현, 1979, 「나의 방송 시절」, 『신문과 방송』 1979.9.
이형식, 2017, 「'제국의 브로커' 아베 미쓰이에(阿部充家)와 문화통치」, 『역사문제연구』 37호.
이혜인, 2017, 「혁신의 동요와 굴절: 1924~25 조선일보의 혁신과 사원해직사건」, 『역사연구』 32집.
이희정, 2017, 「일제말기(1937년~1945년) 『매일신보』 문학의 전개양상: 미디어적 전략과 상관성을 중심으로」, 『한국문학이론과 비평』 21권 2호.
장문석, 2020, 「경성중심성·문화적표준·종교적인 것 – 최재서의 국민문학론에 관한 몇 개의 주석」, 『한국학연구』 58집.
장석흥, 1992, 「일제의 식민지 언론정책과 총독부 기관지 〈매일신보〉의 성격」, 『한국독립운동사연구』 6집.
______, 1998, 「1924년 언론집회압박탄핵운동의 전개와 성격」, 『한국학논총』 21집.
장성규, 2009, 「1940년대 전반기 한국어 소설 연구: 〈춘추〉 소재 작품을 중심으로」, 『국제어문』 47집.
장신, 1998, 「1920년대 민족해방운동과 치안유지법」, 『학림』 19집.
____, 2004, 「1922년 잡지 신천지 필화사건 연구」, 『역사문제연구』 13호.
____, 2007, 「삼일운동과 조선총독부의 사법 대응」, 『역사문제연구』 18호.
____, 2007, 「대정친목회와 내선융화운동」, 『대동문화연구』 60집.
____, 2009, 「1920년대 조선의 언론·출판관계법 개정 논의와 '조선출판물령'」, 『한국문화』 47집.
____, 2009, 「일제 말기 김성수의 친일 행적과 변호론 비판」, 『한국독립운동사연구』 32집.

____, 2011, 「한국강점 전후 일제의 출판통제와 '51종 20만권 분서사건'의 진상」, 『역사와 현실』 80권.

____, 2011, 「〈주보 조선지광〉의 발굴과 몇 가지 문제」, 『근대서지』 4집.

____, 2018, 「연세대 소장 『조선신문』 '한글판' 해제」, 『근대서지』 18집.

____, 2021, 「1920년 대정친목회의 조선일보 창간과 운영」, 『조선·동아일보의 탄생』, 역사비평사.

____, 2021, 「조선총독부의 언론통제와 동아일보·조선일보 폐간」, 『조선·동아일보의 탄생』, 역사비평사.

전명혁, 2019, 「1920년대 '사상사건'의 치안유지법 적용 및 형사재판과정」, 『역사연구』 37집.

전성현, 2013, 「부산일보의 언문신문 발행과 의미」, 홍순권·전성형 엮음, 『일제시기 일본인의 부산일보 경영』, 세종출판사,

전은경, 2008, 「'창씨개명'과 『총동원』 모성담론의 전략」, 『한국현대문학연구』 26집.

정근식, 2003, 「식민지적 검열의 역사적 기원」, 『사회와 역사』 64권.

______, 2005, 「일제하 검열기구와 검열관의 변동」, 『대동문화연구』 51집.

______, 2012, 「식민지검열과 '검열표준': 일본 및 대만과의 비교를 통하여」, 『대동문화연구』 79집.

______, 2013, 「식민지 전시제체하에서의 검열과 선전, 그리고 동원」, 『상허학보』 38집.

______, 2014, 「일제하 대만 출판경찰과 검열텍스트」, 『사회와 역사』 104권.

정근식·최경희, 2006, 「도서과의 설치와 일제 식민지 출판경찰의 체계화, 1926–1929」, 『한국문학연구』 30집.

____________, 2011, 「해방 후 검열체제의 연구를 위한 몇 가지 질문과 과제–식민지 유산의 종식과 재편 사이에서(1945~1952)」, 『대동문화연구』 74집.

정비석, 1978, 「어용신문의 우국기자들 일 패망 점쳐」, 『언론비화 50편』, 한국신문연구소.

정진석, 1978, 「일제하의 언론 출판 연구 〈상〉: 일제의 언론정책을 통해 본 한인·일인의 신문·잡지·단행본 발행 실태 비교」, 『신문연구』 26호.

______, 1981, 「每日申(新)報 연구」, 『인석 박유봉박사 화갑기념논총』, 전예원.

______, 1991, 「광고사회사」 Ⅱ, 『광고연구』 12호.

______, 1996, 「파인 김동환과 『삼천리』」, 『관훈저널』 63호.

______, 「일제 말기 『매일신보』 필화의 전말」, 『문학사상』 2005.7.
______, 2012, 「일제 강점기의 출판환경과 법적 규제: 1920 ~ 1930년대 조선총독부의 출판통계를 중심으로」, 『근대서지』 6권.
조국, 1988, 「한국 근현대에서의 사상통제법」, 『역사비평』 1호.
朝鮮總督府 警務局, 1937, 「第73回 帝國議會說明資料(警務)」, 민족문제연구소 편, 2000, 『일제하 전시체제기 정책사료총서』 2, 한국학술정보.
______________, 1939, 「朝鮮ニ於ケル言論機關ノ統制指導策」, 숭실대학교 한국기독교박물관 소장본.
______________, 1939, 「諺文新聞統制案」. 민족문제연구소 편, 2000, 『일제하 전시체제기 정책사료총서』 37, 한국학술정보.
______________, 1941, 「第79回 帝國議會說明資料(警務)」, 민족문제연구소 편, 2000, 『일제하 전시체제기 정책사료총서』 14, 한국학술정보.
______________, 1943, 「第84回 帝國議會說明資料(警察)」, 민족문제연구소 편, 2000, 『일제하 전시체제기 정책사료총서』 19, 한국학술정보.
조소영, 2003, 「미군정의 점령정책으로서의 언론정책과 언론법제의 고찰」, 『법과 사회』 24집.
조영렬·문한별, 2019, 「일제하 출판 검열 자료 『불온소년소녀독물역문』(1927.11) 연구」, 『현대문학이론연구』 77집.
조용만, 「파면 기자 시절, 나의 30대」, 『월간 중앙』 1974.8.
______, 1978, 「일본 패망과 매일신보와 자치위」, 『언론비화 50편』, 한국신문연구소.
______, 1984, 「최악의 무리」, 『조용만 창작집 – 9인회 만들 무렵』, 정음사.
조좌호, 1996, 「산운 장도빈의 생애」, 『산운 장도빈의 생애와 사상』, 산운학술재단.
조풍연, 1978, 「부끄러운 기자생활 – 연단만은 소득」, 『언론비화 50편』, 한국신문연구소.
주요한, 1978, 「만보산 사건과 송사장과 그 사설」, 『언론비화 50편』, 한국신문연구소.
지창하, 1978, 「백백교 사건과 서류 빼내기 작전」, 『언론비화 50편』, 한국신문연구소.
진필수, 2016, 「일제 총동원 체제의 기원과 특징에 대한 재검토」, 『비교문화연구』 22집 2호.
진학문, 「나의 문화사적 교류기」, 『세대』 1973.11.
채백, 2010, 「애국계몽운동기 일제의 언론통제와 한국언론의 대응」, 『언론과학연구』 10권

2호.

최기영, 1981, 「광무신문지법에 관한 연구」, 『역사학보』 92집.

최말순, 2017, 「『대만출판경찰월보』를 통해 본 식민지 대만의 언론검열과 조선문제」, 대만·만주·조선의 식민주의와 문화교섭 국제 심포지엄 발표문.

최수일, 2012, 「〈조광〉에 대한 서지적 고찰: 종간, 복간, 중간의 문제를 중심으로」, 『민족문학사연구』 49호.

______, 2013, 「1930년대 미디어 검열에 대한 독법의 문제: 『조광』의 비문자 표상을 중심으로」, 『민족문학사연구』 51호.

______, 2017, 「『중앙』과 검열의 문제–굴신(屈伸): 타협과 저항 사이에서」, 『민족문학사연구』 63호.

______, 2020, 「잡지 『신동아』와 검열의 역학–검열 현황과 검열의 명시」, 『한국학연구』 57집.

최유리, 1993, 「일제 말기 언론정책의 성격: 동아·조선일보의 발간을 중심으로」, 『이화사학연구』 20·21합집.

최주한, 2012, 「이광수의 친일문학을 다시 생각한다: 『방송지우』 및 『일본부인』(조선판) 소재 조선어 단편을 중심으로」, 『근대서지』 6호.

______, 2016, 「박문서관과 이광수」, 『근대서지』 13호.

최준, 1964, 「한국의 출판연구: 1922年부터 1945年까지」, 『중앙대학교 논문집』 9집.

한성민, 2019, 「경기·인천 지역 3·1운동 판결과 정치적 함의」, 『역사와 현실』 113호.

한영학, 2011, 「광무신문지법과 일본 신문지법의 비교」, 『한국언론학보』 55권 1호.

加藤元宣, 「放送制度の成立と犬養毅」, 『放送研究と調査』 2011.4.

兼田要, 「新聞の取締に就いて」, 『警務彙報』 1936.9.

京畿道知事, 「城大教授三宅鹿之助ヲ中心トスル鮮內赤化工作事件檢擧ニ關スル件(警高特秘제2410號)」 1934.8.31.

京畿道警察部長, 「京城日報社長ノ不穩ラジオ放送ニ關スル件(京高秘第2930號)」 1940.11.8.

京城憲兵隊, 「京城ヲ中心トスル管內學生運動ノ顚末(朝京 第25號)」 1930.2.1.

金聲均, 「昭和十六年の半島文學の回顧」, 『朝鮮』 1942.1.

金宅源, 「諺文定期刊行物出版許可申請手續改正に關して」, 『警務彙報』 1933.10.

多菊和郎, 2009, 「放送受信料制度の始まり」, *Communication & Society* 19, 江戶川大學.

閔元植, 1920,「騷擾先後策」,『朝鮮統治問題』, 東京: 黑龍會本部.

朴仁植, 2007,「植民地朝鮮における民間三紙許可の政治的意圖」, 東京: 富士ゼロックス小林節太郎記念基金.

釋尾春芿,「文化政策の價値を疑はる」,『朝鮮及滿洲』1920.9.

松田利彥, 2008,「朝鮮總督府秘書課長と文化政治」,『日本の朝鮮, 臺灣支配と植民地官僚』, 東京: 國際日本文化センター.

岸加四郎,「朝鮮出版文化小觀」,『朝鮮』1942.10.

李炯植, 2006,「初期における朝鮮總督府官僚の統治構想」,『史學雜誌』115권 4호.

朝鮮總督府 警務局,「京城民情彙報: 民心の傾向, 獨立資金募集者 檢(高警第26490號)擧」1919.10.18(e-gonghun.mpva.go.kr/portal/url.jsp?ID=PV_JS_0004_00000116).

鍾路警察署長,「出版物取締ニ關スル件(京鍾警高秘 第11120號)」1931.9.8.

千葉了, 2003,「3·1事件後の朝鮮に赴任して(秘話體驗談)」,『東洋文化研究』5호.

土師盛貞, 1938,「朝鮮の放送事業)」,『ラジオと朝鮮』, 朝鮮放送協會.

恒錄, 1930,「朝鮮に於ける出版物の考察」2,『警務彙報』1930.10.

____,「朝鮮に於ける出版物の考察」3,『警務彙報』1930.12.

____,「朝鮮に於ける出版物の考察」6,『警務彙報』1931.3.

Newell, S., 2016, "Paradoxes of Press Freedom in Colonial West Africa," *Media History*, Vol. 22 Issue 1.

찾아보기

ㅇ

ㅈ

ㅊ

동북아역사재단 일제침탈사 연구총서 42

일제의 언론·출판·방송 통제

초판 1쇄 인쇄 2021년 11월 10일
초판 1쇄 발행 2021년 11월 30일

지은이 박용규
펴낸이 이영호
펴낸곳 동북아역사재단

등 록 제312-2004-050호(2004년 10월 18일)
주 소 서울시 서대문구 통일로 81 NH농협생명빌딩
전 화 02-2012-6065
팩 스 02-2012-6189
홈페이지 www.nahf.or.kr
제작·인쇄 역사공간

ISBN 978-89-6187-672-8 94910
978-89-6187-669-8 (세트)